Ilteangach, Ilseiftiúil

Fearghus MacGiolla Easpaig, Príomh-Aralt na hÉireann

CHUIG GACH AON A LÉIFIDH AN SCRÍBHINN SEO BEATHA AGUS SLÁINTE.

De bhrí gur chuir Nicholas Jonathan Anselm Williams, Dochtúir le Fealsúnacht, Ollamh le Teanga na Gaeilge agus Eolaí Araltais, a rugadh i Londain Shasana agus a bhfuil cónaí air anois i gCathair Bhaile Átha Cliath, mac le Frederick Henry Thomas Williams as Londain céanna agus mac mic le Henry Williams as an áit chéanna, achainí chugamsa á iarradh go ndearfaí Síneacha Armais faoi leith a chumadh agus a chogairsiú dó a d'fhéadfadh sé gan dochar gan díobháil do dhuine ar bith eile a iompar agus a fhoilsiú as seo agus choíce, agus de bhrí gur impigh an Nicholas Jonathan Anselm Williams sin orm freisin na Síneacha céanna a dheonú agus a shannadh le húdarás dleathach dó agus a ndaingniú agus a gcur ar taifead in Oifig Phríomh-Aralt na hÉireann chun go mbeadh caoi ag na hOifigigh Armais agus ag cách eile archeana na Síneacha réamhráite a bhreathnú agus eolas beacht a fháil orthu de réir mar ba ghá.

Anois, tar éis dom an t-iarratas sin a fhiosrú agus na dálaí a iniúchadh go fréamh, is toil liomsa, Príomh-Aralt sin na hÉireann, an achainí a éisteacht, agus de thairbhe an údaráis atá dílsithe dom chuige sin, déanaim leis an Scríbhinn seo an tArmas a leanas, eadhon:- Ar airgead dhá dhing ar fud na scéithe dearg agus trí chúigdhuille tí-aistrithe, leis an Chírín:- Ar fhleasc airgidí agus dearg Glasóg shráide, tus síoda sa ghob aici, agus a uile sin dualdaite ar chlogad an brat dearg líneálta airgidí agus leis an Rosc:- GRÁSTA DÉ A BHFUIL AGAMSA, agus a iomlán sin deartha níos léire ar a imeall seo, a dheonú agus a shannadh don Nicholas Jonathan Anselm Williams sin agus dá shliocht go deo, chun é a iompar, a úsáid, a nochtadh, a thaispeáint agus a fhoilsiú ar sciath nó ar bhratainn nó eile de réir Dlíthe an Armais agus Nós na hOifige seo, gan cosc, gan srian, gan éigean, gan agóid, gan cur isteach ó dhuine nó ó dhream ar bith.

I bhfianaise air seo chuireas m'Ainm agus mo Theidheal leis seo agus ghreamaíos Séala m'Oifige dhe an chéad lá de mhí na Samhna, dhá mhíle agus a sé.

GRÁSTA DÉ A BHFUIL AGAMSA

IMLEABHAR: Z LEATHANACH: 82

Fearghus Mac Giolla Easpaig
PRÍOMH-ARALT NA hÉIREANN

Armas pearsanta Nicholas Williams
(buíochas le Nicholas Williams)

ILTEANGACH, ILSEIFTIÚIL

Féilscríbhinn in ómós do Nicholas Williams
A festschrift in honour of Nicholas Williams

in eagar ag
Liam Mac Amhlaigh agus Brian Ó Curnáin

ARLEN HOUSE

ILTEANGACH, ILSEIFTIÚIL

Foilsithe i 2012 ag
ARLEN HOUSE
42 Grange Abbey Road
Baldoyle
Dublin 13
Éire
Fón/Facs: 00 353 86 8207617
Ríomhphost: arlenhouse@gmail.com

Dáileoirí idirnáisiúnta
SYRACUSE UNIVERSITY PRESS
621 Skytop Road, Suite 110
Syracuse, NY 13244–5290
Fón: 315–443–5534/Facs: 315–443–5545
Ríomhphost: supress@syr.edu

ISBN 978–1–85132–068–4, crua

Is le cabhair deontais i gcomhair tograí Gaeilge a d'íoc an tÚdarás um Ard-Oideachas trí Choláiste na hOllscoile, Corcaigh, a foilsíodh an leabhar seo.

Clúdach & Dearadh ¦ Arlen House
Clódóirí ¦ Brunswick Press

Clár Ábhair ¦ Contents

Aoir / Satire

Brollach ¦ Preface

Is iomaí scoláire a shaothraigh i ngort Léann na Gaeilge sna hollscoileanna in Éirinn le tamall de bhlianta. Ach ní hiomaí sin duine ar éirigh leis máistreacht a bhaint amach go hilteangach ar réimsí eile de léann na dteangacha Ceilteacha. Thug N. J. A Williams faoin leithead ilspéise go fonnmhar, agus chaith sé tríocha bliain sa Choláiste Ollscoile, Baile Átha Cliath ag múineadh na Gaeilge agus na dteangacha Ceilteacha araon.

Duine de na scoláirí Gaeilge is iomráití ag deireadh an fichiú haois, agus fear a d'fhág rian suntasach dearfach ar ghlúin de mhic léinn san ollscoil lena linn, tá trí scóir agus deich mbliana le ceiliúradh ag an Ollamh Nicholas Williams in 2012 agus tá an fhéilscríbhinn seo réitithe in ómós dó ag beirt ar mhaith leo a mhaíomh gurb iad an bheirt iarscoláirí dá chuid is mó atá faoina chomaoin.

San imleabhar dátheangach seo, tá ocht n-alt déag ar ghnéithe de shaíocht agus léann na Nua-Ghaeilge agus na dTeangacha Ceilteacha, an Chornais ach go háirithe, le scoláirí aitheanta i gcóngar agus i gcéin. Chuir Nicholas an-spéis i réimsí áirithe léinn i gcaitheamh breis agus daichead bliain. Ina measc sin, tá: teanga na Nua-Ghaeilge, an t-araltas, an dúlra, an Bíobla, cúrsaí aistriúcháin, rainn do pháistí, an Ghaeilge agus na Protastúnaigh; agus an Mhanainnis. Feictear rian de na hábhair sin go léir ar leathanaigh na féilscríbhinne seo. Ar ndóigh is é barúil údair na n-alt éagsúil a bhfuil is gach alt ar leith.

Gabhaimid ár mbuíochas leo seo a leanas:

- Alan Hayes agus Arlen House as gach dua a chaitheamh le dearadh agus foilsiú an leabhair;
- Coiste Léann na Gaeilge, Acadamh Ríoga na hÉireann as maoiniú a chur ar fáil don fhoilseachán;
- Alan Titley agus Dónall Ó Braonáin araon a thug go cumasach faoin Réamhrá agus faoin Iarfhocal;

- na scríbhneoirí a thoiligh ailt a chur ar fáil don fhéilscríbhinn, agus iad siúd nár éirigh leo, ar chúiseanna ama go háirithe, alt iomlán a sholáthar don chnuasach deireanach;
- Máire de Grás, a réitigh an clár saothair go críochnúil;
- Caitríona Ní Chléirchín, Ríona Nic Congáil agus Aifric Mac Aodha, iar-mhic léinn de chuid Nicholas, a chuir cruthaitheacht agus maorgacht na litríochta ar fáil don imleabhar;
- Caitlín Mhic Clúin, agus foireann na Nua-Ghaeilge sa Choláiste Ollscoile, Baile Átha Cliath as a ndúthracht leanúnach; agus
- Micheál Ó Conghaile, Pádraig Ó Fiannachta, Seosamh Ó Murchú, Eibhlín Nic Dhonncha agus Seán Hutton lena gcabhair le hathfhoilsiú iomhánna sa leabhar.

Thar aon ní eile, is mian linn mórbhuíochas a ghabháil le Nicholas Williams, agus aitheantas a thabhairt dó, as a scoláireacht agus as a chomhluadar.

Go mba fada buan é féin agus a shaothar, a bhean agus a gclann!

Liam Mac Amhlaigh agus Brian Ó Curnáin
1 Meán Fómhair 2012

2000. *English-Cornish dictionary: Gerlyver Sawsnek-Kernowek*. N. Williams, editor, M. Everson, advisory editor, M. Gunn. Dublin, Everson Gunn; Redruth: Agan Tavas: Society for the Promotion of the Cornish Language.
(le caoinchead Nicholas Williams)

Alan Titley

RÉAMHRÁ

Téann díom smaoineamh ar theideal níos oiriúnaí ar fhéilscríbhinn don Ollamh Nicholas Williams ná *Ilteangach, Ilseiftiúil*. Ní móide go bhféadfadh aon dá fhocal a bhfuil déanta aige a cheapadh go comair ach is 'tùs tòiseachaidh' iad. Óir, is é an chéad rud a rithfeadh leat ná gur beag scoláire sna teangacha Ceilteacha a bhí chomh fairsing, chomh caitliceach, chomh huileghabhálach leis, má bhí riamh. Rinne sé an ghnáthbheart, mar a dhéanann go leor, téacsaí a chur in eagar, mionléirmheasanna a scríobh ar eagráin daoine eile, beachtaíocht chóir bhéasach a dhéanamh mar ba cheart ar an léann a tháinig faoina bhráid, ach fairis sin, réim na Gaeilge agus na dteangacha Ceilteacha a raibh dúil aige iontu a leathnú, a chraobhú is a shaibhriú.

Rinne sé an méid sin mar tá intinn neamhghnách aige, agus más ceadmhach é a rá, croí maith mór. Ní féidir dul sa scoláireacht mar a rinne sé gan bá thar meon a bheith don phobal agus do na daoine a chleacht an urlabhra ar a bhfuil sé féin, agus an chuid eile againn, inár seasamh. Ní bá bhaoth bhlascaodúil í seo a chaoineann an saol atá caite, ach bá lena bhfuil le rá ag na teangacha féin, agus ag a raibh á rá ag lucht a labhartha. Níorbh aon scoláire aontoiseach riamh é a bhí sásta leis an scoláireacht mar earra cúng, ach ar nós an scoláire eile sin a bhfuil splanc ar bith ann, bhí sé sásta dul amach ar an tseiscinn dhomhain, róid neamhchoitianta a shiúl, agus ní is annaimhe fós, a chuid tuairimí a thabhairt uaidh gan scáth, gan eagla.

Fairsing go deo a chuid eolais agus suime. Bheadh a ainm in airde mar scoláire de shaghas amháin, mura mbeadh ach gur chuir sé sraith d'eagráin d'fhilíocht thraidisiúnta ar fáil dúinn, gach ceann díobh go cruinn, beacht, tomhaiste, comhlíontach dá raibh ag teastáil chun eagráin scolártha a chur ar fáil. Ba leor *The Poems of Giolla Brighde Mac Con Midhe* agus Amhráin Riocaird Bairéad agus *Dánta Mhuiris Mhic*

Dháibhí Dhuibh Mhic Gearailt lena ainm a chur in airde i measc príomhscoláirí téacsúla na Gaeilge. Baineann sé le réasún, mar sin, go mbeadh staidéir anseo ó Katherine Simms, a bhfuil a oiread sin déanta aici le gabhlánacht na bairdne a nochtadh dúinn lena haiste 'Bardic Poems of Apology and Reconciliation,' agus ó Mharc Caball a ghabhann isteach go dána sa pholl guaise sin arb é an ceangal idir an pholaitíocht agus an cultúr é sna blianta deireanacha den 16ú haois. Ba mhinic gur díol fiche bliain d'obair scoláireachta ceann amháin d'eagráin sin Nicholas i gcás daoine eile, ach ba dhóigh leat go raibh rud éigin san obair seo nár shásaigh a thochas intleachtúil ar fad. Is dá réir sin a thug sé aghaidh ar *Pairlement Chlainne Tomáis,* ar saothar é a bhí i mbéal phobal na Gaeilge, ach ar sceimhligh go leor roimhe, a ghabhlánaí is a bhí an stair a bhain leis, is a ghuaisí is a bhí cuid den ábhar a bhí ina lúib. Bhí toise eile ag baint leis, áfach, toise nach dtógtar ceann de go rómhinic. Is é sin, bhí rud éigin sa Phairlement chéanna a d'oir do shamhlaíocht shaorghaoitheach oscailte Nicholas Williams, imir láidir ar bhain sé gach leas as sna haistriúcháin a rinne sé níos déanaí ar shaothar Lewis Carroll agus Rabelais féin.

Ní i dtaobh leis an litríocht 'chlasaiceach' ná 'iarchlasaiceach' a bhí sé riamh, gan amhras. Arna thógaint le chéile, ní foláir nó bhí Riocard Bairéad ar dhuine de na filí ba mheasa dar shiúil Contae Mhaigh Eo riamh, agus comórtas dian faoi leith is ea é sin. Ina choinne sin, chum sé ar a laghad dhá amhrán a deirtear fós, agus is oidhreacht luachmhar an méid sin d'fhile ar bith. B'fhiú le Nicholas a shaol is a chúlra a thaighde, is ciall a bhaint as cuid de na láimhscríbhinní a breacadh san ortagrafaíocht bharbartha, ar gaisce í a roiseadh ó chéile. Mar le filíocht de, cibé a thuigimid leis sin, b'fhearr go mór fada é Peadar Ó Doirnín a n-éiríonn le Seosamh Watson scagadh máistriúil a dhéanamh ar ghnéithe dá chuid filíochta anseo. Tugann le fios an greann, agus b'fhéidir an íoróin atá iontu mar dhánta, agus nochtann an t-agallamh drámatúil mar sheift litríochta aige. Tugann nod leis, leis, go bhféadfadh gur 'pearsana' nó 'carachtair' dá chuid ba ea a chuid urlabhraithe, rud a shaibhreodh ár gcuid léamha air go mór. Is de shuimiúlacht gurb é réimse bhrí an fhocail *suairceas* is ábhar d'aiste

Pheadair Mhic Cuillinn, mar is focal é a luaitear gan stad leis an éigse i rith an 17ú agus an 18ú haois. Cé gur ag díriú ar an tréimhse ó 1600 go dtí 1660 atá sé sa tráchtaireacht seo, is léir gur fairsinge ná sin é. Má tá baint ag 'béascna, dea-iompar, deisbhéalaí' le *suairceas* is follas gur scoláire fileata suairc is ea Nicholas Williams chomh maith céanna.

Is den riachtanas é nach mbeadh rud ar bith róshuarach d'intinn an mhórscoláire. Ba dhóigh leat go raibh bearna mhór idir lándáiríreacht na ndánta ag Giolla Brighde Mac Con Midhe ar leith amháin agus a bhfuil de rannaireacht in *Cniogaide Cnagaide,* an cnuasach de rainn thraidisiúnta a bhailigh is a chóirigh Nicholas Williams, ar an leith eile. Tá de bhearna eatarthu, gan amhras, ná gur mhinic gur fearr iad véarsaíocht *Cniogaide Cnagaide* mar scaoiltear leis na focail agus gluaiseann an tsamhlaíocht le rithim bhuile na hóige, arb í buaic na filíochta í. Ní hionann 'aigne linbh' Uí Ríordáin, agus 'aigne leanbaí', bíodh go bhféadfadh 'aigne stóinsithe' a bheith ag páiste chomh maith le duine lánfhásta. Níl aon amhras ormsa ná go bhfuil an *Cniogaide Cnagaide* céanna ar cheann de na leabhair nua-fhilíochta is fearr dá bhfuil againn, gan rud ar bith a fhágaint as an áireamh. Is ardléiriú, leis, é ar an tsamhlaíocht dhúchais, pé í féin, a bhí ginte i rithimí agus i mblas na teanga. An té a thumfadh sa leabhar seo, shealbhódh sé an óige arís, fara cúpla céad bliain den Ghaeilge chraicneach nár chodail amuigh.

Níl aon scoláire eile Gaeilge ná scoláire sna teangacha Ceilteacha ábalta ar bheachtaíocht chóir chruinn a dhéanamh ar shaothar Nicholas Williams. Leanaimid go soiléir díreach é trí eanaigh *I bPrionta i Leabhar* arb é an saothar is dírí agus is inléite é ar an gcorraíl shuaithinseach intleachtúil maidir le reiligiún agus foilsitheoireacht timpeall ar aimsir na heiriceachta agus an athraithe chreidimh. Is mó sin alt agus aiste atá againn ar an tréimhse chéanna, ach gaisce ann féin é an t-iomlán a chur i bhfóire a chéile ar chuma a leanfadh an duine nach raibh puinn cur amach ar an ábhar aige. Cuid den scoláireacht, leis, is ea an tiomsú, an cur le chéile, an scagadh, an leagadh amach, an cur ar fáil.

Tosnaíonn sé ar chuid againn a fhágaint ina dhiaidh nuair a ghabhann le feithidí, is le luibheanna leighis, is le mamaigh, is le biaphlandaí, is leis an saol sin go léir ar chóir den chuid againn a bhfuil dhá shúil againn a bheith eolach orthu. Duine ar bith a shiúil an cúpla slat féin leis, ba ghearr go dtuigfeadh sé go raibh aigne chomh beo aige le gluaiseacht na bhfeithidí a bhí ag princeam faoi do chosa, nó ag guairdeall ar do chloigeann, nó ag seordán i do chluasa. Bhain an t-ana-bhús intleachtúil sin leis, ba chuma cad a bhí sa treis. Níos faide fós a chuaigh sé uainn nuair a chuir sé treise bhreise lena chuid staidéir ar an gCoirnis, go háirithe ó lár na nóchaidí amach, bíodh go raibh a aird riamh anall uirthi. An chuid againn nach bhfuil sé de phribhléid againn é a leanúint isteach in uaimh sin na n-iontas, gheobhaidh sé blas beag éigin ar na haistí léannta atá sa leabhar seo. Ní foláir nó gur gaiscíoch teanga agus oibre duine ar bith a d'aistreodh An Bíobla Naofa go Coirnis mar a dhein Nicholas le *An Baybel Sans,* saothar, is é sin an Bíobla, a bhfuil sé saineolach air i scata teangacha. As corp mo chuid aineolais féin, tá an chuma air gurb é an saineolaí is mó ar an gCoirnis é dá bhfuil beo, agus é sin, bíodh gur scoláire Gaeilge go príomha é. Déanann sé féin trácht gonta ar dhíospóireachtaí chineál na Coirnise ina aiste 'Bás agus Athbheochan na Coirnise' a foilsíodh in *Bliainiris 2001* is a mheabhródh cuid d'aighnis na Gaeilge do dhuine, bíodh nach ionann in aon chor an dá chás.

Is den cheart, mar sin, aiste Philip Payton a bheith le fáil anseo ina gcuireann sé síos ar na díospóireachtaí éagsúla maidir le nádúr na Coirnise, díospóireachtaí nach bhfuil éagsúil ar fad leis na díospóireachtaí a bhí sa Ghaeilge i dtréimhse thosaigh na hathbheochana, cé go bhfuil difríochtaí móra eatarthu chomh maith céanna, mar a chaithfeadh a bheith. Mar chloch bhreise ar charn sin na Coirnise tá an aiste bhreá sa leabhar seo ar athruithe fuaime na teanga le hAlbert Bock, aiste atá ardteicniúil, agus ach an oiread le go leor eile atá faoi sheithe an tsaothair seo, gur dócha gurb é Nicholas is mó a bhainfidh meabhair, meon, ciall agus craiceann as. Samhlaím go mbainfidh sé taitneamh chomh maith céanna as staidéar Jon Mills in 'The Depiction of Tyranny in the Cornish Miracle Plays' agus ina léirítear gurb é an Béarla a bhí á labhairt ag lucht pianpháise agus ciaptha, greann íoróineach éigin a d'aithneodh sé gan doic. Ar an gcuma chéanna ar ais, níl aon duine a chaith níos mó ná cúpla nóiméad i bhfochair Nicholas Williams ná gur thuig sé go raibh an Bíobla ar eolas go mionchúrsach aige i scata teangacha; is dá réir sin atá aiste KEP Williams ar *Y Bibyl Ynghymraec,* 'Bíobla dearmadta na Breatnaise' thar a bheith ceart is cóir sa chnuasach seo.

Cé nach buan mo chuimhne ar fad, meabhraím léacht a thug sé uaidh ag Tionól de chuid na hInstitiúide Ard-Léinn uair éigin i nóchaidí na haoise seo caite. Is dóigh liom gur canúintí de chuid na Meán-Choirnise a bhí sa treis aige. Mar is eol dúinn ar fad, is cuma nó cluiche gliaireachta go minic páipéir sin na hInstitiúide, duine seachas a chéile ag iarraidh an ceann is fearr a fháil ar a chéile comhraic, scoláire amháin ag cosaint a ghoirt mheacain féin ar aon nuálaí amhulchach a thiocfadh an treo. Ba mhinic fuil mheafarach ina slaoda ar urláir na hInstitiúide. Tar éis do Nicholas a chuid cainte a dhéanamh, áfach, ní raibh de thoradh air ach ciúnas. Is dóigh liom gur síneadh ceist amháin chuige ar son béasa, ach is deimhnitheach nach raibh scian ar bith amuigh le faobhar mar nach bhféadfaí iad a bhaint amach as a dtruaill.

Liosta do-áirithe nach mór is ea a bhfuil de léirmheasanna, d'ailt ócáidiúla, d'aistí tathagacha curtha ar fáil aige sna hirisí léannta, leathléannta, breacléannta agus idireatarthu léannta ó thosnaigh sé ar bhóthar seo na foghlamtha: ina measc siúd *Éigse, Studia Hibernica, Celtica, Zeitschrift für celtische Philologie, Scríobh, Comhar, An tUltach, Bliainiris, Eighteenth Century Ireland Society, Cornish Studies, The Journal of the The Royal Society of Antiquaries of Ireland* fara féilscríbhinní scolártha, ciclipéidí don phobal, agus eile. Ar leibhéal áirithe, áfach, mo thuairim gur mhar a chéile aige iad. Níorbh é an ball inar shaothraigh tú an léann, ach an léann féin ba thábhachtaí. Leithríonn an méid seo féin é ó scoláirí arb iad an foilseachán piarbhreithnithe an t-aon earra amháin a mheánn ina gcruinne máguaird, fág feabhas na hoibre, úire an mhachnaimh ná doimhne an taighde as an áireamh.

Ar shlí thar a bheith tábhachtach ar fad d'fhill sé ar thraidisiún ina raibh mórscoláirí na Gaeilge comhpháirteach i léamh agus i litearthacht na teanga i measc an phobail. Chuir sé eagar, mar shampla, ar *Columba* le Prosper Mèrimèe, a d'aistrigh Cormac Ó Cadhlaigh don Ghúm sa bhliain 1929. Bhí Cormac ina Ollamh le Gaeilge i gColáiste Ollscoile Nicholas féin, agus b'fhiú leis ábhar léitheoireachta ardchaighdeáin a chur ar fáil don ghnáthphobal; ar an gcuma chéanna, chóirigh sé *Cuairt na Cruinne in Ochtó Lá* le Jules Vernes, a d'aistrigh Tórna nó Tadhg Ó Donnchadha sa bhliain 1928, agus ba scoláire mórchlú é siúd a bhí ina Ollamh le Gaeilge i gColáiste na hOllscoile, Corcaigh, i gcéad leath na fichiú haoise. Mar a chéile arís ar ais, chaighdeánaigh sé *An Eochair os Cionn an Dorais* le Maurice Walsh agus a d'aistrigh Seán Mac Maoláin, duine den dream sin a d'fhoghlaim an teanga níos cruinne agus níos slachtmhaire ná an gnáthchainteoir dúchais féin. D'ath-Ghaelaigh sé *Traigéide Mhic Bheatha* Shakespeare, agus chuir na leaganacha córa ar ais ar na pearsana faoi leith nach raibh faoi réir i gceart ag S. Labhrás Ua Súilleabháin sa leagan aige féin ón mbliain 1925. Dá réir sin, tá Donnchadh, Rí na hAlban aige, in ionad Duncan Uí Shúilleabháin, agus Bánchú in áit Banquo, agus Flaithrí ar Florence, agus gan amhras, Mac Bheatha féin mar mhalairt ar Macbeit. Fairis sin, aistríonn sé sleachta a d'fhág Ua Súilleabháin ar lár, ionas gur leagan mós iomlán agus i bhfad níos sásúla é ná an ceann cheana. Is fada uainn é a fheiscint ar an stáitse, ach bh'fhiú go mór é.

Mar scoláire a thuig canúintí na Gaeilge chomh hoilte sin ba mhór aige an caighdeán. Is chun go léifeadh pobal an lae inniu na leabhair thuas a chuir sé an caighdeán orthu, agus is chuige sin, leis, a chuir sé moltaí láidre (agus, don chuid is mó, ciallmhar) ar fáil ina phaimfléad ar son caighdeáin nua sa bhliain 2002. Bíodh is nár géilleadh ar fad dó, ba chuid thar a bheith luachmhar den dioscúrsa leanúnach iad atá ag féachaint leis na nósimeachtaí atá againn anois a scaoileadh agus cleachtaí eile a chur ina n-áit. Níor tuigeadh riamh dó gur gnó ba ea an scoláireacht a bhí ar leataoibh na slí ó imeachtaí na teanga beo, agus ba chuige sin an saothrú leanúnach seo ar ghnéithe den léann agus den scríbhneoireacht chomhaimsireach nach ndrannfadh an dara duine leo.

Chuige sin na haistriúcháin, aistriúcháin ar an gcaighdeán is airde amuigh ar *Alice in Wonderland* agus ar *Through the Looking Glass* Lewis Carroll, ar dúshláin iad don aistritheoir is ealaíonta amuigh ar a bhfuil de gheáitsíocht, d'imeartais focail, de chluichíocht cainte is de ghaois na hóige iontu. Fairis sin, is leabhair ardfhealsúnta iad a leagann a gcuid smaointe os ár gcomhair i bhfoirm buile agus grinn, dhá thréith a d'oir go seoigh don aistritheoir sa chás seo. Fág gur file é Nicholas chomh maith — óir bhí dán aige ar chearca sibhialta na Gaeltachta ar an gcéad eagrán mórbhileoige d'*Innti* agus dánta eile in *An Guth* i ndéanaí aimsire arb é léiroidhre *Innti* é gan bhréag, in éamais an aitheantais sin go fóill — ní foláir nó gur ghlac sé cumas misniúil cruthaitheachta tabhairt faoin dá shaothar seo. Ní hiontas mar sin, gur mar fhile a shonraigh Caoimhín Mac Giolla Léith é ar dtús, agus tugann an léargas beoga leathan a scaoileann sé uaidh ar dhán Sheáin Uí Ríordáin 'Ní ceadmhach neamhshuim', tráchtaireacht ina gcuimsíonn sé idir Emmanuel Levinas, Derek Mahon, John Berger agus go leor eile chun gréasáin tuisceana agus báidhiúlachta a chur ar fáil dúinn. Seans gurb é *Jabberwocky* Lewis Carroll an saothar is mó is déine dúshláin ar fad, óir is beag an bhrí atá le focal ar bith ann, ach macallaí agus fuaimeanna amháin, ach éiríonn le Nicholas é seo a chur de go héiritheach thar amhras anonn.

Briollaic a bhí ann; bhí na táibhí sleo
	Ag gírleáil 's ag gimleáil ar an taof.
B'an-chuama go deo na borragróibh
	Is bhí na rádaí miseacha ag braíomh.

Déarfá nach bhféadfadh duine ar bith dán ar an gcuma sin a aistriú seachas duine a raibh a bhfuil in *Cniogaide Cnagaide* ar bharra a theanga aige, agus bheadh sin fíor; ach ní fhéadfadh duine é a dhéanamh ach an oiread mura mbeadh sáite sa bhairdne, san amhrán, i bhfilíocht na ndaoine, sa rannaireacht áitiúil, i ngach gné de litríocht na Gaeilge thíos agus thuas, soir siar. Ní seilbh ar chraiceann na Gaeilge atá aige, ach ar na gaotha atá ag séideadh tríthi, an t-aon seilbh ar fiú pioc í.

Ar nós Nicholas féin Ollamh ollscoile ba ea Lewis Carroll, agus Ollamh Ollscoile ba ea JRR Tolkien chomh maith céanna (agus C. S. Lewis agus scata eile nach gá dul siar orthu) a léirigh nárbh aon rud páistiúil é a bheith ag scríobh do dhaoine óga, ná suim a chur ina gcuid samhlaíochta. Glacann sé na blianta fada a fhoghlaim le bheith id pháiste arís. Go deimhin, b'í an oscailteacht seo a léirigh sé nuair a bhí sé sásta tabhairt faoi litríocht na n-óg a chur ar fáil, oscailteacht ar saintréith dá chuid scoláireachta í freisin. Ní bheadh eolas ar bith ag an gcuid is mó againn ar *Emil agus na Bleachtairí,* ar clasaic de chuid litríocht na hóige é, murach gur chuir sé roimhe é aistriú dúinn. Ina choinne sin, ráineodh nár thada é suas is anuas leis na deacraí a lean aistriú *An Hobad,* ceann de leabhair mhóra ár linne atá bunaithe ar léann agus ar dhúchas Shasana agus a raibh fadhbanna móra ag leanúint na téarmaíochta ann. Go bhfios dom, níor fhág Tolkien treoracha ar bith maidir le conas tabhairt faoina shaothar a aistriú (murab ionann agus foilsitheoirí Harry Potter a dheimhnigh go bhfágfaí ainmneacha daoine agus áiteanna mar a chéile i ngach teanga), agus tá Nicholas Williams chomh cruinn is chomh coinsiasach timpeall ar cad é an leagan ceart nó an leagan ba chóra a sholáthar go bhfuair sé mórán dá dhua gach orlach den tslí. Ina dhiaidh sin, is beag aistriúchán Gaeilge lenár linn is slachtmhaire ná é, agus tá éileamh leanúnach air ó foilsíodh é.

Scoláire ildánach é Williams nach bhfuil taobh le haon ghort amháin. Is é atá ar a shocracht ag plé le heagarthóireacht, le stair, le gramadach, le foclóireacht, le canúintí na Gaeilge. Ní heol dom scoláire ar bith eile a thabharfadh faoi aiste ar nós 'Na Canúintí a Theacht chun Solais' a sholáthraigh sé don sárshaothar *Stair na Gaeilge* arb aistí iad in ómós do Phádraig Ó Fiannachta agus a raibh sé féin ina chomheagarthóir air, leis.

Sampla maith é an aiste sin dá mhodh oibre, nó de cheann amháin dá chuid modhanna oibre le fírinne. Léamh fairsing ar dtús, bunaithe ar a chuid eolais chruinn ar na canúintí go léir, aigne eagraithe ar éirigh léi a bhfuil d'fhianaise ann a leagadh go córasúil faoinár mbráid, beachtaíocht bhéasach ar shaothar scoláirí eile, léiriú leathan ar a théis féin, agus dáine smaointeoireachta nuair is gá. Trí phríomhchanúint de chuid na Gaeilge a shonraíonn sé seachas an péire a bhí thuas ó aimsir O'Rahilly, agus géilleann scoláirí eile san *opus* mór seo dó. Is é seo an ráiteas is soiléire agus is coimre ar chanúint nó ar chanúintí Chúige

Laighean, idir Laighean stairiúil agus Laighean an lae inniu dá bhfuil againn. Is deas agus is beacht mar atá sé sásta ainm a bhualadh ar an gcanúint sin, mar atá 'An Ghaeilge Ghaileonach.' Is den dáine é sin, leis, dáine atá bunaithe ar shaineolas arb ar éigean é a bheith ag an dara duine.

An tsuim leathan sin i gcanúintí fairsinge na Gaeilge tá a amhlachas le fáil in aiste fhada chuimsitheach Bhriain Uí Churnáin anseo. Tá plé aige san alt ar shaintréithe fóineolaíochta an Dáin Dhírigh, go háirithe maidir leis na cairn chonsan.

Sa leabhar céanna sin *Stair na Gaeilge* thuas, muran leor aiste scoláiriúil amháin, gabhann sé amach ar cheann eile. Sa chás seo arís, ní bheadh aon scoláire eile sásta ar chuntas cuimsitheach a thabhairt uaidh ar an Manainnis i nGaeilge, agus ní bheadh aon duine eile ábalta chuige. Teanga Ghaeilge í an Mhanainnis, gan amhras, agus níor cheart go mbeadh deacracht d'aon sórt mór ag duine ar bith dul amach uirthi ach Gaeilge na hÉireann a bheith aige, agus smut éigin den Ghàidhlig Albanach, nó a mhalairt sin timpeall, agus foighne chun an *scrabble* a bhaint dá chéile, dar linn. Ar shlí amháin is Gaeilge shimplí í, nó Gaeilge 'Lochlannaithe' mar a chuireann Nicholas os ard dúinn é, bíodh go dtugann sé smaointe uaidh ar conas go bhfuil gnéithe den teanga sin níos gaire do Ghaeilge na Mumhan seachas do Ghaeilge Oirialla trasna na bá agus na Beanna Boirche ag sméideadh anonn orthu uair nó dhó sa bhliain nuair a bhíonn an ghrian ag taitneamh.

Dyn dooyt, ta lhiattrimys mooar eddyr Cornish aaavioghit as Gaelg aavioghit. Shimmey recortys t'ain jeh ny loayrtee Ghaelgagh s'jerree as shione dooin cre gollrish ta'n çhengey sheeanal as ee goll er loayrt er loayrtee ghooie. Fodmyd yn ryddim oc as ny carryn oc y ghlackey. Fodmyd adsyn y chlastyn foast ed loayrtee ny Gaelgey jiu. Ta Gaelgeyryn Yernagh cur enn orroo, gad y vel eh myr dy beagh shin clashtyn ad dy dorraghy trooid breid. Ta traaght Nicholas soilsshaghey ny cosoylaghtan moorey as ny baarnaghyn lheaney eddyr ny çhengaghyn Gaelgagh ain. S'treih mooar eh dy jarroo, my ta, nagh vel tooilley traghtyn bentyn da' Ghaelg as letteraght ny Gaelgey sy lioar vraew shoh.

Cuid mhór den aiste sin ar an Ghaelg is ea léiriú ar an mbunús atá le focail agus le leaganacha áirithe Manainnise atá coitianta sa teanga. Rianaíonn sé siar iad ar chuma nárbh eol domsa iad, agus arís, tá sé thar a bheith sásta a chuid eolais agus aineolais a thriail ar an gcuid eile againn. Liostáileann sé samplaí d'fhocail choitianta Manainnise dúinn 'ar díol spéise iad', agus is mó is díol spéise iad nuair a nochtann sé an bunús atá leo sa Ghaeilge, go háirithe nuair a nochtann sé dúinn mar a d'athraigh brí na bhfocal i gcaitheamh na n-aoiseanna. Mar sin 'eirinagh' sa Ghaelg ar 'feirmeoir' ó 'airchinneach' na Gaeilge; nó 'cre whillen?' ('an mó?') ó 'comlín' na Luath-Ghaeilge, a bhfuil idir léann agus shamhlaíocht a dhíth lena oibriú amach. Is maith go bhfuil an scoláire mór Manainnise, George Broderick, san áireamh sa cheiliúradh seo, agus cé nach gnéithe den Ghaelg atá sa treis aige tá an leathantas agus an fhairsinge sin is dual do Nicholas féin ar fáil ina aiste ar an mbriathar substainteach sa Laidin agus sa Cheiltis. Má thuismigh an Ghaelg ón tSean-Ghaeilge, agus más rún fós dúinn mórán dar tharla ar an droichead sin trasna go dtí an teanga atá anois againn, is amhlaidh go gcaitheann Dónall Ó Baoill solas luachmhar caolchúiseach ar athruithe fuaimeanna stairiúla na Gaeilge, agus earraíocht thuisceanach á baint aige as logainmneacha, as na canúintí beo agus as an litríocht araon.

Ba dheacair duit leabhar níos sainiúla ná *Armas: Sracfhéachaint ar Araltas na hÉireann* a fháil. Sa tuiscint choiteann a bhí thuas ba dheacair géilleadh go raibh araltas ag na Gaeil, agus má bhí, b'earra Gallda anoir go brách í. Ní hé seo an t-ábhar is túisce a rithfeadh le Gael Éireannach a chur os comhair an tsaoil, ach arís is beachtléiriú é ar shuim Nicholas sna bóithre sin ar shamhlaíomar iad a bheith i leataoibh na slí ach a bhí i lár ár gcruinne le ceart. Is mó de 'shracfhéachaint' ata i leabhar an araltais, gan amhras, ach gur cuma é nó smut de stair na n-uasal Gaelach sna meánaoiseanna déanacha. Tugann sé léiriú ar bhunús an chleachtais ar dtús, bunús ar dócha é a bheith inste cheana ag scoláirí eile ann is as, ach is é an ceangal bunúil a dhéanann sé le litríocht is le heachtra na hÉireann is luachmhaire dúinne. Sa leabharliosta a sholáthraíonn sé i ndeireadh a shaothair níl oiread is aon tagairt

Ghaeilge amháin ann i leataoibh ó dhá fhoclóir, rud a fhágann gurbh uaidh féin agus as féin a rinne sé an taighde ó bhonn. Fág gur taisce luachmhar eolais é seo ar theaghlaigh uaisle na hÉireann, is de shuimiúlacht gur chuaigh sé i mbun na hoibre seo toisc suim thar tomhas a bheith aige ann. Níor chuid de thionscnamh ná de bheart é ach obair ar luigh sé isteach air toisc í a bheith i neas dá chroí.

Ar an gcuma chéanna go díreach an sárshaothar *Díolaim Luibheanna* ar díol obair choiste í, dáiríre. Ach is maith nach obair choiste í, mar éiríonn leis a shéala is a mharc a bhualadh anuas ar gach leathanach ann. Cuimsíonn sé eolas faoi aon luibh ar bith isteach in aiste ghonta ghreanta chomair ina ngairmeann sé chuige réimsí leathana faisnéise. Mar sholaoid air sin, cuir i gcás an mhír atá aige ar an bhfeileastram (*iris pseudacorus*). Cur síos díreach ar dtús faoi cén áit a bhfaightear an luibh, véarsa as dán le Nuala Ní Dhomhnaill ina dhiaidh sin, trácht ar na logainmneacha ina bhfaightear í, na cumhachtaí leighis a shamhlaítí léi, feidhmeanna agus úsáidí an phlanda in áiteanna éagsúla ar fud na tíre mar chlabhsúr. A amhlachas sin ar ais le nach mór gach planda díobh sa leabhar, agus arb aistí léannta gach ceann díobh agus colainn iomlán eolais laistigh d'aon dorn amháin iontu. Ach an oiread le haon obair eile a rinne sé is le barr corp suime a déanadh, agus ní ar son aon duais ná moladh a bhí aige le baint as. Ar an gcuid is lú dhe, agus ní rud beag é an fhoclóireacht, is foclóir atá in *Díolaim Luibheanna.* Scoláire foclóireachta é Liam Mac Amhlaigh, duine d'eagarthóirí na féilscríbhinne seo, agus is oiriúnach go gcuireann sé lenár n-eolas ar shaol agus ar shaothar Edmund Fournier, á suíomh go heolgaiseach laistigh de dhioscúrsa foclóireachta an ama, agus é ag gabháil isteach go háirithe na ndeacraí le foclóir Gaeilge ar bith a chur le chéile. Ríomhann sé na fadhbanna sin ceann ar cheann, go háirithe, ar bhain leis an gcóras litrithe agus le hainriail na gcanúintí, agus ina dhiaidh sin conas mar ar caitheadh leo.

Ba bheag ábhar nach raibh suim ag Nicholas Williams ann, agus d'fhéadfaí leabhair eile a líonadh le haistí ar ghnéithe den léann a léifeadh sé, ba dhóigh leat, nuair a bhuailfeadh an teidhe é. Mura bhfuil aon ní go sonrach scríofa aige mar gheall ar sheanbhóithre na hÉireann (go bhfios dom) is cinnte go mbainfidh sé adhmad as aiste Thomas Charles-Edwards agus na leaganacha éagsúla de na conaireacha a mbíodh daoine ag gluaiseacht orthu, fairis an bplé a dhéanann sé ar na tuiscintí éagsúla den Éirinn réamhLochlannach nach raibh aontú ar bith idir Binchy agus MacNeill fúithi. Ar rian i leataoibh na slí uaidh sin gabhann Nicholas Jacob i mbun áitimh maidir le hanáil na Gaeilge ar fhoclóir na Meán-Bhreatnaise, agus beachtaíonn teagmhálacha suimiúla idir an dá thír i bhfad na haimsire ar ais. Is deimhnitheach chomh maith gur díol suime thar amhras an cur síos a dhéanann Andrew Carpenter ar théacs Béarla — de shaghas — ó Fhine Gall, agus ar léir go bhfuil sifíní den Ghaeilge tríd. Léiriú breise den chódmheascadh agus den phobalmheascadh a bhí thuas i dtosach an 17ú haois nach luaitear go rómhinic. Agus cé a d'fhéadfadh miosúr 'Gaulish *bussu* –, Irish *bod* "penis", and Sanskrit *buddha* "aroused enlightened"' a thabhairt, i leataoibh ó Kim McCone, agus an tsanasaíocht chóir á rianadh siar tríd an nGaeilge féin, an Bhreatnais, an Ghaillis, an Bhaváiris, an Ghréigis agus eile san áireamh?

Níor cheart go mbainfeadh sé le hábhar i gcás na scoláireachta ná an léinn de, cén seasamh polaitiúil ná sóisialta a bheadh ag duine seachas a chéile. Ní hé ach an oiread go bhfuil scoláirí na Gaeilge baistithe san aon umar amháin, ná greamaithe d'aon bhuanchló simplí. Ina choinne sin thall, duine ar bith a chaith tamall gairid i gcuideachta Nicholas thuigfeadh sé an seasamh atá aige i leith na polaitíochta agus na dtíortha atá buailte suas linn. Is Ríogaí neamhleithscéalach é, is é sin, Ríogaí Sasanach, óir níl an oiread sin de ríogaithe Éireannacha againn, a bhuíochas sin do na Sasanaigh féin. Sháirsingeodh sé na teidil ríoga siar amach go beo ort ach an seans sin a thabhairt dó, rud nár cheart a dhéanamh. Thálfadh sé eolas uaidh nach mbeadh a dhíth ort, ach a bheadh intinniúil, suimiúil, eachtrúil ó bhonn. Ní bheifeá ach greas gairid ina chuideachta nuair a bheadh ciclipéid ag seordán id cheann faoin iliomad ábhar. Bhlaisfeá den ghreann diablaí fairis an dáiríreacht ionraic in aon chúpla nóiméad amháin. B'é Máirtín Ó Cadhain a mhaígh go raibh an t-idir shúgradh is dáiríre sin go smior i muintir na hÉireann, rud a léireodh gur Gael cruthanta is ea Nicholas i ngan fhios dó féin.

Ach is é atá níos Gaelaí ná na Gaeil; níos mó ar eolas aige faoin tír ná mar atá ag beagnach duine ar bith eile; é dílis don teanga, don léann, don eolas, ach sásta sinn a phleancadh is a cháineadh mar is ceart nuair atá sin tuillte againn, agus tá, formhór an ama. É chomh dílis céanna don chreideamh Gallda agus don teagasc eiriciúil a réab an Chríostaíocht ó chéile in aimsir Annraoi an bhoilg mhóir a lean Liútair agus Cailvín agus 'cuaine phréimhshliocht *Lucifer*' agus iad 'fá phian dá ngreadadh i dtinte' mar a dúirt an file gan bhréig. B'é dáine na dáine é a theacht inár measc agus béasa a mhúineadh dúinn, ach is é a rinne. Nior ghá ach é a chuimilt agus gheofá na samplaí go léir de 'Londain-Doire' i bhfilíocht na Gaeilge; níor ghá ach gaoth an fhocail a thabhairt dó agus gheofá gaotha na bhfocal ina rabhartaí líofa, iad ar fad léannta, go rómhinic ró-úrnua, ar uaire míchompordach, i gcónaí spreagúil agus samhlaíoch, agus thar aon rud eile, daonna. Chuige sin a thuigfeadh sé go binn an léiriú máistriúil a dhéanann Micheál Mac Craith ar thaisteal na nIarlaí agus ar an gceangal a bhí ag a dturas le Proinsias Naofa Assisi. Obair bhleachtaireachta den chéad rang í seo a scagann an miotas agus an dóchúlacht ach a fhágann a bhfuil de bhearnaí fós le líonadh.

Is dá réir sin gur leabhar den scoth é seo ina nochtann scoláirí éagsúla an meas atá acu air, agus ina gcuirtear leis an eolas sna réimsí sin a raibh sé féin ag saothrú iontu. Earra seansúil i gcónaí is ea an fhéilscríbhinn, mar bíodh is go dtugtar ómós don té a bhfuil an fhéilscríbhinn tiomnaithe dó, braitheann tú i gcónaí nach dtugann sé a cheart go hiomlán dó. Is amhlaidh sin, mar bíonn sé deacair tomhas a chur le saothar duine ar bith, agus níos deacra fós dul amach ar fad ar a ndearna sé do na léitheoirí a bhí aige, agus níos tábhachtaí eile ar aghaidh, do na mílte de mhic léinn ar tugadh teagasc dóibh. Is é seo an chuid a ndéantar dearmad go furasta air, gur ghaibh an áirithe mhór seo de mhic léinn éagsúla trína lámha ag éisteacht leis agus an léann a bhí ina chloigeann aige go rábach á dháileadh orthu le líofacht is le fileatacht. Is minic a dhearmadtar gurb é gnó an léachtóra a bheith ina léachtóir. Is é gnó an léachtóra teagasc a dhéanamh. Is é gnó an léachtóra dul i bhfeidhm ar a chuid mac léinn agus iad a mhealladh chun foghlama. De réir gach teiste, ba léachtóir agus ba mhúinteoir den scoth é Nicholas Williams, agus ba phribhléid do mhic léinn é a bheith acu i mbun a dteagaisc. Mar a deir Dónall Ó Braonáin san Iarfhocal greanta atá aige leis an saothar seo: 'Cá gcasfaí eolas mionchúrsach ort ar fheithidí, luibheanna, teaghlach ríoga na Breataine, stair an Anglacánachais, Gaeilge na Ceathrún Rua, agus an dán díreach in aon bhun amháin?' Is é an freagra gonta ná nach gcasfaí in áit ar bith faoin saol.

Mar fhear dána, is cuí, leis, go scríobhfaí dánta ina onóir le triúr de na filí is fearr atá againn. Rófhada an deighilt idir an scoláire nach dtuigeann an éigse, agus an éigse nach dtuigeann an scoláire. Is beag scoláire a mbeadh beatha le tuilleamh aige mura mbeadh filí agus scríbhneoirí ann chun rud éigin a rá, agus is mó sin file atá faoi chomaoin ag an scoláireacht a d'aithin go raibh rud éigin ar bun seachas gramadach agus cor canúna. Draíocht ghonta ó Aifric Mac Aodha, diamhaireacht haikúil ó Chaitríona Ní Chléirchín, agus spraoi grinn ó Ríona Nic Congáil.

The essays in this book are a fitting tribute to the various scholarly interests of Nicholas Williams as the title suggests. His own work is an excellent example of the kind of scholar who is a free spirit, and who follows his own interests wheresoever they may lead. It would be difficult to think of another contemporary scholar in the broad family of Irish studies who has written so extensively and with such a complete command of a range of related (and sometimes unrelated) disciplines. He has edited the most difficult of Irish late medieval and early modern texts, discoursed on satire, translated both interesting and challenging works of classic children's literature, collected the wonder of nursery rhymes, investigated the names, knowledge and folklore of Irish plants, examined the contribution of Protestant divines, zealots, hacks, and holy men to Irish publishing and religious learning, provided a dictionary of Irish plants with accompanying folklore and local discourse, provided an authoratitive work on heraldry with regard to the native families of Ireland, and after that much more, and whatever you are having yourself. It is a most wonderful contribution to our knowledge of Ireland, and without his work, what we know about ourselves would be much shallower, our wisdom much blunted, and our understanding more blinkered.

He is, as far as I am aware, the only contemporary Irish scholar with a working knowledge of all the Celtic languages. There are corners of our disciplines that nobody has visited apart from him. There are swathes of our disciplines which he has revived, invented, cajoled and made young. There are chunks of our forgotten knowledge of ourselves which he has dragged into the limelight and washed anew. He is a scholar who has not trodden the well-beaten tracks only, although he has tramped them also, but has been willing to follow his own inclinations, and genius, which is not a word which I would use lightly.

The greatest compliment we can pay him is to think back and imagine what we would not know without what he has done, to begin to assess how much the poorer Irish studies and literature in all its manifold expressions would be if he had not come this way. Oh yes, it is possible that somebody else might have edited one or two of the volumes he worked on, although it is less likely that they would have been as clear, as scholarly, or as complete. They certainly would not have been done in the same length of time. For editorial work is often dogsbody stuff which may in time be performed by computers programmed accordingly. But the brainwork associated with these volumes is of a different order, and showed a passionate understanding (as there is no other) of the Irish tradition. But his work on the so-called Protestant reformers and on their heretical writings, on heraldry, on the vocabulary and lore of plants, on children's rhymes, on the possibilities of a new Irish grammar, his unsurpassable translations of *Alice in Wonderland* and *Through the Looking Glass,* not to mention Tolkien's *The Hobbit,* and chapters of Breandán Ó Doibhlin's *Gargantua agus Pantagruel,* his almost countless essays and reviews of every nook of Celtic scholarship mark him as an exceptional scholar, writer and literary companion. Beyond this, I can say next to nothing about his Cornish scholarship, and almost nothing about his Manx, except to note that he is honoured by his friends and fellow spirits in those disciplines.

An excellent scholar deserves an excellent volume, and I have no doubt that this work is a tribute which he more than deserves.

Alan Titley MRIA
Ollamh Emeritus le Nua-Ghaeilge
Coláiste na hOllscoile
Corcaigh

Aifric Mac Aodha

SCHLIEMANN AR THÓIR NA TRAÍ
don Ollamh Nicholas Williams

Léigh Schliemann scéalta Hóiméir, nuair a bhí sé an-óg. Chreid sé riamh gurb ann do chathair na Traí, ach dul i mbun tochailte.

An rogha ab fhearr ar fad leis
Go dtarlódh as féin ar an gcathair,
        Tráth scíste na náibhithe

Nó nuair a scaoilfí téad a dteanga
        Le caoilfhíon an *taverna*:
Caint acu go maidin ar a dhóigh ghallda.

2002. *Caighdeán nua don Ghaeilge*.
(An Aimsir Óg: Páipéar Ócáideach 1).
Baile Átha Cliath: Coiscéim
(le caoinchead Nicholas Williams)

George Broderick

LATIN AND CELTIC: THE SUBSTANTIVE VERB

1. Introduction

In this article we shall look at the substantive verb, the *uerbum substantiuum*, in Celtic and (Vulgar) Latin in the context of language contact.

2. The structure of the lexical field "to be" in Celtic

In a full discussion by Stefan Schumacher (2004, 2009), the lexical field "to be" in the Insular Celtic languages – especially in the earlier attested languages Irish and Welsh – exhibits the peculiarity that its present indicative displays a basic dichotomy. In the present indicative, and nowhere else, two verbal stems stand in opposition to each other, one unmarked (< PCelt. **es-/*s-* < PIE $h\ h_1es\text{-}/h_1s\text{-}$, cf. Schumacher 2004: 295–317) and one marked (< PCelt. *bujiije/o-* < PIE $bHuh_2\text{-}ije/o\text{-}$, cf. Schumacher 2004: 241–56). The identifying feature of the marked verbal stem is that it has a habitual meaning; only in rare cases is a meaning "become" more appropriate. This fact is noteworthy, because on the basis of the semantics of the inherited root (*$bHujeh_2$- 'become, arise', LIV[2] 98–101) only the meaning "become" would be expected. The much more common primary meaning "be habitually" represents a significant innovation. The lexical field "to be" is more complicated in Old Irish.

It is known that Irish exhibits a difference between the "copula" (basic meaning "to be") and the "substantive verb", *uerbum substantiuum* (basic meaning "to find oneself", cf. GOI 475–94).[1] It is, however, unclear whether this difference is an archaism or an innovation (the data from British suggests rather an innovation).[2] The following two facts are relevant:

1. In the present indicative of the verb "to be" there occurs in Insular Celtic a thorough-going opposition of habitual and non-habitual.
2. The verbal stem which is used for the habitual "to be" is a continuant of **bujiije/o-* in all four languages, including Irish.

The continuant of **bujiije/o-* in Irish developed differently, depending on whether it was used as the habitual copula (and was therefore unaccented) or whether it was used as the habitual substantive verb (and thus was a fully accented part of the sentence). In both cases it serves as the marker of habituality. The difference of non-habitual vs. habitual is in Old Irish thus the basic differentiation and the difference between the copula and substantive verb is, in relation to this, secondary.

For the purposes of our argument here, it may suffice to say that the present indicative of "to be" in Irish, just as in the other Insular Celtic languages, shows a basic opposition of unmarked, non-habitual "to be" and marked, mostly habitual "to be", and that a continuant of the verbal stem **bujiije/o-* is used for the habitual.

The following examples from Old Irish and Middle Welsh will show the difference of non-habitual vs. habitual (cf. Schumacher 2009 II: 256).

2.1. Examples from Old Irish:
Unmarked (non-habitual) present (copula *is*, substantive verb *at·tá*):

1. *is acher in gaith innocht* (St. Gallen, p. 112, TP II 290.4) 'the wind is sharp tonight'.
2. *at·tām ar ndiis i cuimriug ar christ* (Wb. 32a28) 'we two are (now) in prison for Christ's sake'.

Marked (habitual) present (copula *bid, -bi,*[3] substantive verb *biid, ·bí*):

3. *Bes ildánach bid ildírech* (legal maxim; CIH V 1617.6) 'he who is multi-skilled generally receives heavy compensation (more literally: '... is generally endowed with much compensation')'.
4. *Níbi lesach nach súanach* (legal maxim; CIH II 362.35, IV 1442.12, V 1899.3) 'a sleepy-head is usually *not* successful'.
5. *Níbi briugu nádbi cétach* (legal maxim; CIH IV 1608.14) 'He is not generally a Briugu who does not have hundred-fold possessions' (cf. Kelly 1988: 37).
6. .i. *nipi cían a masse in choirp* (Wb. 28c25) 'i.e. the beauty of the body is generally not lasting'.
7. ... *acht bid coitchenn dliges cach ngrád di grádib túaithe i Córus othrusa* (*Crith Gablach* 50ff.) '... but it is usual that each rank of the ranks of laity is liable according to the *Córus othrusa*'.
8. .i. *do·écastar imbi hinun follud bís indib 7 a cētnide; mad inun is oīnrann dano* (Sg. 188a6) 'i.e. one should see whether the substance which is usually in them is always the same as their derivational basis; if it is the same, it is then one part of speech'.
9. .i. *is uilliu a somailse isind aimsir imbi fānech indaas amal mbite cid saich nō maith són* (ML 86d11) 'i.e. their sweetness (i.e. that of food and drink) is greater at the time when one is happy than they are usually, whether this is bad or good'.
10. .i. *combi diass mór ind óengránne* (Wb. 13c23) 'i.e. so that the single grain becomes a great ear'.
11. *mescid forci combi fuil* (*Im. Brain* §16, Rawlinson B 512) 'he stirs up the sea until it becomes blood'.
12. .i. *biid sainláa leiss* (Wb. 6b16) 'i.e. he usually has a particular day'.
13. *air ni·bi nach cumachtach cen peccad* (ML 103c3) 'for a powerful one is usually not without sin'.

2.2. Examples from Middle Welsh.

Unmarked (non-habitual present) *ys, yw*:

1. *Stauell gyndylan ys tywyll heno* (R 1044.44) 'Cynddylans hall, it is dark tonight'.

Marked (habitual) present (3sg. abs. *bit*, conj. *byd*, stem *byd-*):

2. *Bit amlwc marchawc* (proverb; R 1030.11) 'a rider is usually clearly visible'.
3. *Mi a uydaf porthawr y Arthur pob dyw kalan Ionawr* (CO 83ff.) 'I am wont to be porter for Arthur every first of January'.
4. *Ny byd myssoglawc maen o vynych trauot* (proverb; *Y Cymmrodor* 7 (1884): 144.187) 'a stone does not become mossy from being moved frequently'.
5. *troetued vyd llet pob cwys* (LIB 80.16–7) 'the breadth of every furrow is usually one foot'.
6. *eman e traethwn ny o'r swydogyon aruer a'r rey deuawt a uyd e mevn llys* (LII, 17 §30.2–3) 'here we deal with the usual officers and the customary ones who conventionally are at court'.
7. *a'r gobennyd yd eistedho y brenhin y dyd a vyd dan y benn ynteu y nos* (LIB 10.8–10) 'and the pillow on which the king sits by day is usually under his own head by night'.

In Welsh the marked verbal stem can also have future meaning:

8. *ny byd gwaeth it yno nocet y Arthur yn y llys* (CO 4.96–7) 'it will not be worse for you there than for Arthur at the court'.

This future meaning is connected with the fact that this stem is derived from the root **bHujeh*$_2$- 'become, arise', and in any case it agrees well with the fact that the marked verbal stem in Old Irish can also have the meaning 'become', as can be most clearly seen in Ex.10 in §2.1.1.

Alternatively, it is possible that the future meaning in Middle Welsh is secondary in relation to the habitual meaning. Statements that refer to how things usually are can also be understood as statements about how things will be in the future. Thus, secondary futurity can arise from the predictability of such sentences.

The habitual meaning is especially prominent in Middle Welsh. In addition, all present stems in Middle Welsh, depending on context, can also have a future meaning; the only present stem that never has a future meaning is the unmarked, non-habitual present stem of "to be".

2.3. The duration of the opposition habitual vs. non-habitual in Celtic

It cannot be determined precisely how old this opposition in Celtic is, since the data of Continental Celtic are insufficient. In Gaulish the only known forms attested are:

1. ιμμι and *imi* (Schumacher 2004: 295), both representing the 1sg. present indicative and belonging to the stem of the Insular Celtic non-habitual present.
2. *biiete* (Schumacher 2004: 241), a 2 pl. imperative or present indicative belonging to the stem of the Insular Celtic habitual present.[4]

The three attestations taken together make clear that both verbal stems were present in Gaulish. Because of this meagre attestation, however, it cannot be established that the two verbal stems in Gaulish had, or did not have, the same functional distribution as in Insular Celtic. Nevertheless, the two verbal stems of the present of the verb "to be" in Gaulish derive from the continuants of PCelt. **es-/*s-* and **bʊjiije/o-* respectively. If so, then this opposition was already present in Common Celtic. This would suggest that in Insular Celtic all stem-forms of the verb "to be" outside the present and imperfect indicative derive from the root of the marked present (cf. Schumacher 2009 II: 255–7).

3. The structure of the lexical field "to be" in Latin

The verb signifying "to be" in Classical Latin was *esse*.[5] This evolved in Vulgar Latin to **essere* by attaching the common infinitive suffix *-re* to the Classical Latin infinitive. This in turn gave Italian *essere* and French *être* through Proto-Gallo-Romance **essre* and Old French *estre*. Also derived from **essere* is Spanish and Portuguese *ser*.

However, in Vulgar Latin a second copula verb "to be" developed making use of the verb *stāre* 'stand' and signified 'state of being', and as such it had a more temporary meaning. In other words, **essere* signified the "essence", while *stāre* signified the "state" of a situation. *Stāre* evolved into Spanish and Portuguese *estar* and Old French *ester* (both via **estare*), while Italian and Rumanian retained the original form.

The semantic shift that underlies this development can be sketched as follows:

> CL: *vir est in foro* 'the man is in the market-place'.
> VL: **(h)omo stat in foro* 'the man stands in the market-place'.

Here *est* (from *esse*) is replaced by *stat* (from *stāre*), as "standing" was what was perceived as what the man was doing, and the use of *stāre* here was in order, as it assumed that it meant just that, viz. 'stand'. But the shift from **essere* to *stāre* soon became more widespread, particularly in Late Latin, and in the end **essere* came only to denote situations of a certain permanence, e.g. 'he is content' (temporary) as opposed to 'he is Italian' (permanent).[6]

The reflex in PCelt. of Lat. *stō, stāre* is **tā-ije/o-*, PIE **steh₂-* (LIV² 590–2, **stə* IEW 1004–5). In a brief discussion concerning the PCelt. present stem of **tā-ije/o-* 'stand, find oneself' and Latin *stō, stāre* Schumacher (2004: 625(a)) comments as follows:

> Der urkelt. Präsensstamm **tā-ije/o-* ‚stehen, sich befinden' hat sicher denselben Ursprung wie lat. *stō, stāre*; über eine darüber hinausgehende Analyse des in beiden Fällen zugrundeliegenden Präsensstamms *stā-ije/o-* ist sich die Forschung nicht einig, eine Entscheidung ist aber möglich: Ein *ije/o*-Präsens mit der Semantik ‚stehen, sich befinden' ließe sich zwar durch Bezugnahme auf das uridg. Perfekt rechtfertigen (vgl. Meiser 1998: 187) ist es aber leichter, **stā-ije/o-* als spezifisch keltische und italische Essiv-Bildung **sth₂-h₁ije/o-* aufzufassen, zumal die Bedeutung des Verbs im Keltischen und Italischen echt essiv ist, im Gegensatz etwa zu

lit. *stóju, stóti* ‚treten' (vgl. LIV² 592, n. 27). NB: Das uridg. Essivsuffix wird in LIV² 25 als **-$h_1$ijé/ó-* angesetzt, und das Essivsuffix in der spezifischen Form **-e$h_1$ije/o-* wird als keltische und italische Umbildung von **-$h_1$ijé/ó-* aufgefasst.

Über das Alter der keltischen Stammformen außerhalb des Präsensstamms lässt sich keine definitive Aussage machen. Diese sind wohl nach dem Muster der entsprechenden Stämme von 2. **tā-ije/o-* gebildet worden, möglicherweise erst im Urinselkeltischen (siehe s.v. 2. **tā-ije/o-* und **tā-de/o-*). Der uridg. Wurzelaorist scheint im Inselkeltischen verlorengegangen zu sein, und das urinselkeltische Präteritum setzt nicht notwendigerweise das uridg. Perfekt fort. (NB: Der uridg. Präsensstamm *sti-stéh$_2$-/*sti-sth$_2$-* ist in urkelt. **sis-st-a/o-* ‚stellen; set, place' fortgestzt, siehe s.v. [**sis-st-a/o-*, SS. 571–3] (Schumacher 2004: 625(a)).[7]

Schumacher (2004: 623–5) sketches the present indicative paradigm of **tā-ije/o-*, as represented in Insular Celtic, as follows:

<u>Altirisch</u>:

A [Präsensstamm] *·tá, -ta*:
**ad-* : *at·tá* 'sich befinden, in einem Zustand oder an einem Ort sein' (DIL 59f./A-467–74): 3. Sg. *at·tá, a·tá* , 3. Sg. abs. (nur mit suff. Pron.) *táthut, tāthai, táthus, tāithiunn*, 3. Pl. *a·taat*.
[...].

<u>Britannisch</u> [Neu-Britisch]:

<u>Alt- und Mittelkymrisch</u>:

A [Präsensstamm] aky. *-tau* 'ist, steht zu' (GPC 3456): 3. Sg. aky. *padiu-i-tau* 'welchem ist, welchem zusteht', 3. Sg. mky. *y taw* ‚dass es ist', *taw* ‚[dass es ist]'.
[...].

Altbretonisch:

A [Präsensstamm] 3. Sg. *to* 'es ist'.
[...].

Mittelkornisch:

A [Präsensstamm] *otte, atta* 'es gibt, befindet sich, hier ist, siehe' (GKK 240, Nance 1990: 123).

4. The use of stāre for esse in pre-Classical and Classical Latin

As already noted above, a second copula verb 'to be' developed in Latin making use of the verb *stāre* 'stand' and signified 'state of being', and as such it had a more temporary meaning. In time *stāre* came to oust *esse* in many domains, restricting *esse* to expressions of a certain permanence.

4.1. In pre-Classical Latin

PLAUTUS (ca. 250–184 BC) *Captivi* 740:

[1] *periclum uitae meae tuo stat periculo* [...] (Lindsay 1900: 287).[8]
['a risk to my life is for you a risk'].[9]

4.2. In Classical Latin

The *Oxford Latin Dictionary* (s.v. *stō*) supplies the following examples for the use of *stāre* for *esse* in Classical Latin (paragraph numbering as per OLD):

4.2.1. §13a. *To be situated (in a particular position), be set or located; also to be placed (with a particular aspect)*:

OVID (43BC-18AD) *Epistulae ex Ponto* I, 1, 12:

[2] *quae steterant artes, pars vacat illa tibi*
['where once stood my "Art", there you have a vacant space' (Wheeler)].

OVID *Fasti* VI, 278:

[3] *suspensus in aere clauso stat globus*
['there stands a globe hung [...] in closed air' (Frazer)].

COLUMELLA (*fl.* ca.65 AD) *De re rustica* V, 9, 3:

[4] *ut sic quemadmodum in arbore steterat ramus, ita pars recte et cacumine caelum spectans deponatur*
['in order that the portion of the branch may be properly placed in the position which the branch had occupied on the tree, and with its top towards the sky' (Forster & Heffner)].

LUCAN (39–65 AD) *Bellum civile* X, 509–11:

[5] *insula quodam in medio stetit illa mari sub tempore vatis Proteos*
['in the time of Proteus the seer this was an island in the middle of the sea'].

4.2.2. §14. To be placed or established (in a particular situation, condition etc.):

LUCRETIUS (ca.97-ca.55 BC) *De rerum natura* II, 181:

[6] *tanta stat praedita culpa (sc. natura mundi)*
['so great are the flaws with which it (the nature of the world) stands (is) beset' (Bailey)].[10]

VERGIL (70–19 BC) *Aeneid* XII, 407–8:

[7] *iam pulvere caelum stare vident*
['now they see the sky full of dust' (lit. 'to stand in dust')].[11]

LUCRETIUS *De rerum natura* I, 563:

[8] *et finita simul generatim tempora rebus stare*
['and at the same time fixed limits of time for the things in each species' (Bailey)].

LUCAN *Bellum civile* VII, 247:

[9] *mens stetit in dubio*
['(his) mind was placed in doubt'].

APULEIUS (2nd cent. AD) *Metamorphoses* XI, 27:

[10] *nec diu res in ambiguo stetit*
['the matter did not remain long in doubt'].

4.2.3. §17. To continue to exist, endure; to continue (in a specified condition):

LUCAN *Bellum civile* VII, 660–1:

[11] *stante potest mundo Romaque superstite Magnus esse miser*
['When he had lost (Pompeius) Magnus was able to see that the world continued to exist and that Rome survived'].

4.2.4. In Ernout & Meillet (EM 651); s.v. stō
Ernout & Meillet provide the following examples from Classical Latin, s.v. *stō*:

> (à) la sens de « être maintenu » *stāre in aliqua re* (*alicui rei*) [...] *stāre cum* « être avec quelqu'un »; *stāre ab* (comme *esse* ab) « être du parti de. » [...].

Dans la langue poétique, *stāre* apparaît comme synonyme fort de *esse*; ainsi Vg. Ae. 1, 646.

VERGIL *Aeneid* I, 646:

[12] *omnis in Ascanio cari stat cura parentis*
['to Ascanius belongs all the worry of a loving parent'],
- où *stat* = *postia est* ou simplement *est*.

LUCRETIUS *De rerum natura* 1, 746–8:

[13] *deinde quod omnino finem non esse secandis / corporibus faciunt neque pausam stare fragori*
['then because they hold that there is no limit at all to the cutting of bodies that no halting-place is set to their breaking ...' (Bailey)]
- (où *finem esse* et *pausam stare* sont exactement semblables).

[14] *nec prorsum in rebus minimum consistere quicquam*
['...nor again is there any least among things' (Bailey)]
- (où *cōnsistere* = *esse*); de même V, 199

[15] *tanta stat* (*natura*), *praedita culpa*
['so great are the flaws with which it (nature) stands / is beset' (Bailey)]
- où *stat* joue la rôle de la copule (EM 651 s.v. *stō*).

5. Conclusion

In the context of the foregoing the following points can be made:

1. In the Insular Celtic languages, especially in the earlier attested languages Irish and Welsh, but seemingly also for Gaulish, the present indicative – and only here – reveals a basic dichotomy between two verbal stems standing in opposition to each other, one "marked" (i.e. expressing "habitual" meaning), the other "unmarked" (expressing "non-habitual" meaning).

2. Unlike the other Celtic languages Irish alone exhibits a difference between the "copula" (basic meaning "to be") and the "substantive verb" (basic meaning "to exist, find oneself"), a development, according to the British evidence, of recent innovation.

3. The continuant of PCelt. **bʋjiije/o-* in Irish developed differently, in that it was used both as the habitual copula (and so unaccented) and as the habitual substantive verb (and so accented). The essential difference in Old Irish lies in the habitual – non-habitual contrast, and not in the difference between copula and substantive verb, which, in the foregoing context, is secondary, as already noted by Schumacher (above). This, if so, would lend support to a late introduction of the (unmarked) substantive verb into Insular Celtic.

4. An opposition between "copula" (*esse*) and "substantive verb" (*stāre*) developed in Classical Latin, but is evidently first attested in the pre-Classical Latin plays of Plautus (ca. 250 -184 BC) (cf. Ex. 1). This may suggest that this development was then already a feature of Vulgar Latin.

5. According to attestations, *stāre*, initially used with its basic meaning of 'stand, exist', began to be used as a synonym for *esse* (cf. Ex. 12–5). Then *stāre* developed the sense of "being situated (in a particular position), be set or located, be placed (with a particular aspect)" (cf. Exx. 2–5), "being placed or established (in a particular situation, condition, etc.)" (Exx. 6–10), and "to continue to exist, endure, continue (in a specified condition)" (Ex. 11).

6. As a result of Roman expansion in western Europe, Latin, but particularly Vulgar Latin, became a feature of everyday life in those areas under Roman control, to a greater or lesser extent,

according to province (in *Britannia* Latin took hold seemingly only in the southern areas of the province (present-day southern England), in the so-called "Lowland Zone")[12] (cf. Schrijver 2002: 88 & *passim*).

7. The British evidence, as noted above (§2), may indicate a late introduction of the substantive verb into Insular Celtic. As the marked form *bʊjiije/o-* is a suppletive form of **es-/*s-*[13] (= Lat. *esse*), it is suggested that the development of PCelt. **tā-ije/o-* (= Lat. *stāre*) as the (unmarked) substantive verb in Insular Celtic either derives from (Vulgar) Latin (already on the scene in the Roman province of Britain and (perhaps slightly later) in Ireland evidently before the coming of St. Patrick (5th cent.)[14]), or that Latin provided the catalyst for the introduction of the unmarked substantive verb into both the British and Goidelic branches of Insular Celtic, entering Goidelic either directly from (or as a result of) Latin or indirectly via British.

Abbreviations

abs. – absolut.

Ae / Aen. – Aeneas / Aeneid.

aky. – altkymrisch.

Apuleius – cf. Hanson 1989.

Av. – Avestan.

BBCS – Bulletin of the Board of Celtic Studies.

Br. – Breton.

Brit. – British.

CIH – Corpus Iuris Hibernici (Binchy 1978).

CIL – Corpus Inscriptionum Latinarum, Berlin 1853-.

CL – Classical Latin.

Columella – cf. Forster & Heffner 1968.

Corn. – Cornish.

DIL – Dictionary of the Irish Language (Royal Irish Academy 1913–1976).

DLG – Dictionnaire de la langue gauloise (Delamarre 2003).

EM = Ernout & Meillet ^{4}1967.

Eng. – English.

Fr. – French.

Gaul. – Gaulish.

Ger. – (Modern) German.

Germ. – Germanic.

Gk. – Greek.

GKK – Gerlyver Kernewek Kemmyn (George 1993).

gl. – glossing.

GOI – Grammar of Old Irish (Thurneysen 1946).

Goth. – Gothic.

GPC – Geiriadur Prifysgol Cymru.

IE – Indo-European.

IEW – Indogermanisches Etymologisches Wörterbuch (Pokorny 1959–69).

Ir. – Irish.

Lat. – Latin.

Latv. – Latvian.

Lith. – Lithuanian.

LIV = Lexikon der indogermanischen Verben. Die Wurzeln und ihre Primärstammbildungen (Rix, Kümmel, Zehnder, Lipp & Schirmer 2001).

MBr. – Middle Breton.

MCorn. – Middle Cornish.

ME – Middle English.

MHG – Middle High German.

MIr. – Middle Irish.

mky. – mittelkymrisch.

ModBr. – Modern Breton.

ModE. – Modern English.

ModG. – Modern German.

MW – Middle Welsh.

Mx. – Manx.

NUI – National University of Ireland.

OBr. – Old Breton.

OCo. – Old Cornish.

OCS – Old Church Slavonic.

OE – Old English.

OFr. – Old French.

OHG – Old High German.

OIr. – Old Irish.

OLith. – Old Lithuanian.

ON – Old Norse.

OPr. – Old Prussian.

OS – Old Saxon.

Osc. – Oscan.

Ovid: Epistulae ex Ponto – cf. Wheeler 1988.

Ovid: Fasti – cf. Frazer 1989.

PCelt. – Proto-Celtic.

PIE – Proto-Indo-European.

Skt. – Sanskrit.

Specht – Specht 1935.

TPhS – Transactions of the Philological Society.
Umbr. – Umbrian.
VL – Vulgar Latin.
W – Welsh.
WH = Walde & Hofmann 1965–72.
ZCP – Zeitschrift für celtische Philologie.

NOTES

1 Here Schumacher (2004: 625(c)) adds: "[air.] *at·tá, ar·tá, do·tá*. do·esta, remi·tá* und *for·tá* stehen im Suppletivverhältnis zu *biid, ·bí* (vgl. GOI 480 und siehe s.v. *buj-iije/o-*), während die Komposita mit *ni-* zur schwachen Flexion übergegangen sind (bei *ar·ossa** sind keine Formen außerhalb des Präsensstamms belegt)."

2 There are in the British languages only very few continuants of the verbal stem 1. **tā-ije/o-*, which supplies the non-habitual present of the substantive verb in Irish (Schumacher 2004: 624ff.), but there is no evidence to indicate that these continuants belong to the suppletive paradigm of the verb "to be" (NB the gloss of OBr. *to* as 'it is', assumed in Schumacher (2004: 624), is only tentative, and MCorn. otte/atta 'there is, here is, see' could also be a deictic particle like Italian *ecco* (cf. Schumacher 2009 II: 255, fn. 36).

3 For the copula form of the habitual present, only forms of the 3sg. and 3pl. are securely attested. But it is to be assumed that the copula form had a complete paradigm.

4 In Insular Celtic the stem of the habitual present supplies the imperative of the verb "to be". As noted above in §2, the opposition habitual vs. non-habitual arises only in the present and imperfect indicative of "to be", not in any other tense and mood categories (cf. Schumacher 2004: 241).

5 For details of its use see Adams (1994).

6 Cf. also Väänänen (2006) §208.

7 For the paradigms of . **sis-st-a/o-*, see Schumacher (2004: 571–2).

8 Specht (1935: 51) notes: „Für einen [...] Bedeutungswandel bietet [...] Lateinische Parallelen. Hier sind nicht selten Wörter, die ursprünglich „stellen, stehen" hießen, in die Bedeutung „verkaufen, zum Verkauf stehen" übergegangen [...]. Die gleiche Bedeutung kann das Simplex *stare* haben, nicht bloß „feil stehen" von den *meretrices*, wie Ovid, Am[ores] I 10, 21 *stat meretrix*

certo cuivis mercabilis aere, sondern auch ganz allgemein gebraucht, wie Plautus, Capt[ivi] 740 *periculum vitae meae tuo stat periculo* [...]".

9 Translations by GB when not otherwise stated.

10 *Stat* for *est* for reasons of metre in order to avoid elision with *tanta*, viz. *tant' est*.

11 Also *stare* for *esse* in order to avoid elision with *caelum*, viz. *cael' esse*.

12 The "Highland Zone" would refer to the northern and western areas of the province (present-day northern and south-western England).

13 Cf. Schumacher (2004: 241).

14 For details of an apparent presence of Latin in Ireland before St. Patrick (5th cent.), i.e. earlier than conventionally reckoned, see Harvey 2001, 2011.

BIBLIOGRAPHY

Adams, J. N. 1994. *Wackernagel's Law and the placement of the copula* esse *in Classical Latin*. Cambridge: The Cambridge Philological Society. Supplementary Volume 18.

Bailry, C. (ed.) 1986. *Titi Lucreti Cari De Rerum Natura Libri Sex*. Oxford: Clarenden. 3 vols. 1st edition 1947.

Binchy, D. A. (ed.) 1978. *Corpus Iuris Hibernici*. Dublin: Dublin Institute for Advanced Studies. 7 vols.

Binder, E. & G. (eds) [n.d.] 2008. *P. Vergilius Maro. Aeneis*. Stuttgart: Reclam.

Cancik, H. & Schneider, H. (eds) 1997. *Der neue Pauly. Enzyklopädie der Antike II: Ark-Ci*. Stuttgart / Weimar: Metzler-Verlag.

Delamarre, X. 2003. *Dictionnaire de la langue gauloise. Une approche linguistique du vieux-celtique continental*. Paris: Éditions Errance.

Ernout, A. et Meillet, A. (eds) 1967. *Dictionnaire étymologique de la langue latine. Histoire des mots*. Paris: Klincksieck. 4. Auflage.

Filpulla, M., Klemola, J., and Pitkanen, H. (eds) 2002. *The Celtic Roots of English*. Joensuu: University of Joensuu, Faculty of Humanities.

Forster, E. S. and Heffner, E. H. (eds) 1968. *Lucius Iunius Moderatus Columella. On Agriculture*. Cambridge, Ma.: Harvard University Press. 3 Bde. Loeb Classical Library.

Frazer, J. G. (ed.) 1989. *Ovid Fasti*. Cambridge Ma.: Harvard University Press. Loeb Classical Library. 2. Auflage.

George, K. J. 1993. *Gerlyver Kernewek Kemmyn*. Callington.

Glaser, E., Seiler, A., and Waldispühl, M. (eds) 2011. *LautSchriftSprache : Beiträge zur vergleichenden historischen Graphematik*. Zürich: Chronos.

Hanson, J. A. (ed., trans.) 1989. *Apuleius Metamorphoses*. Cambridge, Mass. (Loeb Classical Library).

Harvey, A. 2001. 'Problems in dating the origins of the ogham script', in Higgit *et al.* (eds) (2001), 37–50.

– 2011. 'Reading the Genetic Code of Early Medieval Celtic Orthography', in Glaser *et al.* (eds) (2011), 155–66.

Higgit, J., Forsyth, K., Parsons, D. N. (eds) 2001. *Roman, runes and ogham: Medieval inscriptions in the Insular world and on the Continent*. Donington: Shaun Tyas.

Holder, A. 1896. *Alt-celtischer Sprachschatz Vol. 1: A-H.* Leipzig.

Lindsay, W. M. (ed.) 1900. *The captivi of Plautus. Captivi.* New York: Arno Pr. Reprint 1979.

Meid, W. 1968. 'Indo-European and Celtic', *Scottish Studies* 12: 45–56.

Nance, R. M. 1990. *A New Cornish-English and English-Cornish Dictionary* (new, improved edition by Len Truran and Richard Jenkin). Trewolsta / Trewirigie / Redruth.

OXFORD LATIN DICTIONARY, Oxford 1982.

Pokorny, J. 1936. 'Zur Urgeschichte der Kelten und Illyrier', *Zeitschrift für celtische Philologie* 20: 500–22.

– 1959–69. *Indogermanisches Etymologisches Wörterbuch*. Bern. 2 vols. Edition 2005 Tübingen: Francke.

Rix, H., Kummel, M., Zehnder, T., Lipp, R., and Schirmer, B. (eds) 2001. *Lexikon der indogermanischen Verben. Die Wurzeln und ihre Primärstammbildungen*. Wiesbaden. 2nd revised and enlarged edition.

Schrivjer, P. 2002. 'The rise and fall of British Latin: evidence from English and Brittonic', in Filppula et al. (eds) 87–110.

Schumacher, S. 2000. *The historical morphology of the Welsh verbal noun*. Maynooth: Department of Old Irish, NUI. (Maynooth Studies in Celtic Linguistics IV).

– 2004. *Die keltischen Primärverben. Ein vergleichendes, etymologisches und morphologisches Lexikon.* Innsbruck: IBS.

– 2009. 'Lexical and structural language contact phenomena along the Germano-Celtic transition zone'. In: Zimmer (ed.) (2009) II: 247–66.

Specht, F. 1935. 'Zur Geschichte der Verbalklasse auf *-ē*'. *KZ (Zeitschrift für vergleichende Sprachforsch-ung auf dem Gebiete der indogermanischen Sprachen)* 62 (1935): 29–115.

Szemeranyi, O. J. L. 1977. 'Studies in the kinship terminology of the Indo-European languages, with special references to Indian, Iranian, Greek and Latin'. *Acta Iranica* XVI, 3. sér., Textes et Mémoires, vol. vii, Varia (1977), 1–240.

Thurneysen, R. 1946. *A Grammar of Old Irish*. Dublin: Dublin Institute for Advanced Studies. Reprint 1970.

Vaananen, V. 2006. *Introduction au latin vulgaire*. Paris: Klincksieck. 1st edition 1963.

Walde, A. and Hofmann, J. B. (eds) 1965–1972. *Lateinisches etymologisches Wörterbuch*. Heidelberg: Winter. 3 Bde. 4/5. Auflage.

Weisgerber, L. 1969. *Rhenania Germano-Celtica*, Knobloch, J. and Schützeichel, R. (eds) with the editorial assistance of von Gadow, H. and Schmidt, G. Bonn: Ludwig Röhrscheid

Whatmough, J. 1970. *The Dialects of Ancient Gaul. Prolegomena and Records of the Dialects*. Cambridge, Mass.: Harvard University Press.

Wheeler, A. L. (ed.) 1988. *Ovid. Tristia. Ex Ponto*. Cambridge Ma.: Harvard University Press. Loeb Classical Library.

Zimmer, S. (ed.) 2009. *Kelten am Rhein. Akten des dreizehnten International Keltologiekongresses. Proceedings of the Thirteenth International Congress of Celtic Studies, 23.-27. Juli 2007. Zweiter Teil: Philologie*. Mainz: von Zabern. 2 vols.

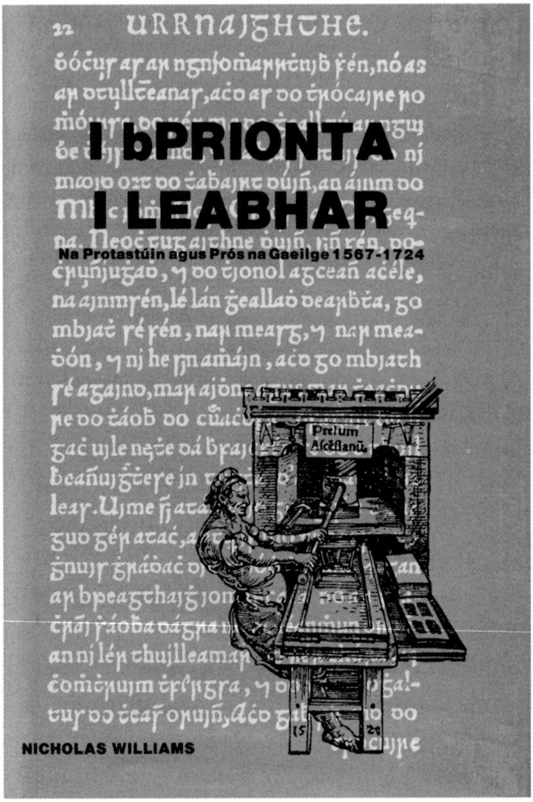

1986. *I bprionta i leabhar: na Protastúin agus prós na Gaeilge 1567–1724.* Baile Átha Cliath: An Clóchomhar.
(le caoinchead Chló Iar-Chonnacht)

Andrew Carpenter

BEFUDDLED IN THREE LANGUAGES: THE READERS OF THE 'PURGATORIUM HIBERNICUM' (C. 1670)[1]

Surprisingly little work has been done on the anonymous, satirical verse that circulated in late seventeenth-century Dublin. This material, scurrilous and often scatalogical, was directed against a variety of targets – speakers of Hiberno-English or 'Irish English' as it is also known, those who make 'Irish bulls', Old English landowners, descendants of native Irish nobility, Irish Catholics, the Pope, Irish soldiers of all kinds, Irish 'Tory' rebels, the 'New Scientists' in Dublin, Dublin merchants and Dublin prostitutes. The verse is confident, sophisticated, iconoclastic, full of exaggeration and fantasy: it is often aggressively Protestant. Much of it remains in manuscript, preserved today in the collections of Sir Hans Sloane, Sir William Petty and other New Englishmen of the age. A small amount reached print (see Carpenter 2003).

Verse of this type was written in England from the 1630s onwards, often emerging from gatherings of intoxicated young Cavaliers at which respected literary forms were travestied and mock-heroic, doggerel speeches were composed. Ironic and exaggerated praise was lavished on political opponents or those of a different religious persuasion and the group – for these texts were intended for oral and manuscript circulation in well-defined social circles – enjoyed the sight and sound of its enemies exposed to ridicule (Raylor 1994; Haslett 2003; Love 2004). From the Restoration onwards, as the old enmities of the English civil wars became those of party politics, verse satire became increasingly cynical; its content was openly obscene, and the verse displayed 'a vandalism more fundamental and skeptical' than that of earlier generations (Raylor 1994: 210). The world reflected in this verse was one of savage invective, brutal sexual innuendo and nakedly racial and religious prejudice.

The evidence suggests that such verse was produced and circulated in Dublin as well as in London. Many young lawyers, Protestant in outlook and English in training, came to Dublin in the early 1660s to find work in the courts set up to adjudicate on Charles II's Acts of Settlement and Explanation. Though it would be a gross simplification to say that those holding Irish land in the 1660s were Catholics and those claiming it were New English Protestants, the battle lines in the Dublin courts were often sectarian ones (Gillespie 2006: 232–8). In such circumstances, lawyers might seek to undermine the credibility of those opposing their own clients' land claims which, if their opponents were Old English or native Irish Catholic landholders, could involve making all Irishmen and all Catholics look stupid. If, in addition, the native Irish whose claims were being heard seemed wedded to the pre-Plantation ways of life in Ireland, they could be made out to be barbarous and uncivilized. The instinct for 'birds of a feather to flock together' in Restoration Dublin must have been a strong one for the alien lawyers; meeting 'after work', their gatherings enlivened with bumpers of foaming Dublin ale or bumpers of 'Irish wine' (imported from Spain and France), these young men seem to have written and circulated verse as scurrilously suggestive as any being produced in London.

Even more than its English equivalent, the Dublin verse reflects strong racial and sectarian bigotry. Building on the Tudor and Elizabethan representations of the Irish, the poems suggest that Englishmen and Protestants are demonstrably and effortlessly superior to Irishmen and Catholics. In England, this kind of intolerance of the moral, social and intellectual – as well as the political – character of opponents was nurtured by the culture of the coffee house (Raylor 1994). By the mid 1660s, Dublin had its own coffee houses, places where icoclastic, sectarian or racist verse could be shared and read aloud. A few years later, the authorities considered Dublin coffee house culture to be subversive enough for the Lord Lieutenant, Lord Berkeley, to issue a proclamation urging the authorities to 'proceed with all severity against all manner of persons who shall ... be present at any coffee house or other public or private meeting where ... false news or pernicious slander' were circulated (Quoted in Kelly and Powell 2010 24–5). This seems to suggest that groups convened for political conversation in private houses in Dublin as well as in the public sphere. The verse we are considering emerged from such meetings, whether in private or not.

The 'Purgatorium Hibernicum' (NLI Ms 470) is the most extensive surviving product of this active sub-culture. It is a long, irreverent, travesty of the sixth book of the *Æneid*, purporting to be a 'translation' of Virgil's Latin into English verse; though the reader or listener familiar with the *Æneid* will recognize elements of Virgil's story in the English text, the classical model is primarily an excuse for an aggressive attack on Irish-speaking Catholics, their beliefs, their way of life and their race as well as their religion. The poem's 3000 lines are in the same metre as Samuel Butler's anti-Puritan *Hudibras* – the most widely-read poem of Restoration London – that is, in couplets of coarse four-stressed lines enlivened with outrageous double or triple rhymes; the tone of the 'Purgatorium' is as iconoclastic and irreverent as Butler's poem. Like many of the *Poems on Affairs of State* that circulated in Restoration England (Lord 1963–75), the poem must have appealed particularly to those who could appreciate the ingenuity with which a familiar classical text has been adapted and mimicked to mock contemporary opponents; in addition, the Dublin poem requires some knowledge of Irish history, Irish land legislation, life in the Pale (specifically in Fingal) and the English spoken in Ireland. Since Virgil's Latin text parallels the English throughout the manuscript, part of the joke lies in the reader's recognition of the incongruous juxtaposition of the vulgar English doggerel with the noble Latin.

There are also sidenotes in Latin throughout the manuscript. These are parodies of learned textual commentary, referring the reader to historical texts in English, Latin and Irish and 'clarifying' obscure passages. Some of these explanatory notes are keyed to bilingual English/Irish puns in the text, and a few are in the Irish language; this suggests that at least some of the readers or audience had only a minimal grasp of Irish and needed to have bilingual jokes explained. Though one can not read three texts, English poem, Latin source and comic sidenote aloud at the same time, one can see them all on the page simultaneously or, if the text is being read aloud to a group, one can read them in turn so that they bounce off one another. This is verse that works as well in performance as on the page.

The story in the poem echoes the sixth book of the *Æneid*. It tells of Nees (cf. Æneas), a Catholic, Old Irish 'prince' of Fingal, who, with a coarse ex-nun called Shela (cf. the Sybil), descends into St Patrick's Purgatory where he meets the shade of, among others, his dead mistress, Dydy (cf. Dido) and his dead father. The father is able to prophesy the collapse of Catholic Ireland and its subjection to the Protestant English. Nees then returns to earth where he and his soldiers (in one version of the story) wreck various taverns in Dublin. The poem is full of scatalogy and of passages disrespectful of the Catholic faith and of Catholic beliefs and practices, particularly those current in late seventeenth-century Ireland. It is also firmly set in Fingal. (See Ní Mhurchadha 2005.)

The text is obviously intended for native English speakers who have a smattering of Irish and sufficient Latin to enjoy the parodies of scholarship. The main 'translation' is in seventeenth-century English tetrameter verse, influenced by Hiberno-English pronunciation and making use of a vocabulary typical of this type of 'low-style' satire. However, whenever the actual speech of Nees, Shela or Dydy is given in the text, the language becomes a heavily inflected Hiberno-English or 'Fingallian' that shows the influence of spoken Irish in vocabulary, syntax and grammar (see Bliss 1979 253–326 but also Kelly 2000). What an Englishman would consider the most 'foreign' aspects of this Hiberno-English or 'Irish English' are so exaggerated that the text is, in places, almost impossible to understand; however, like an extended 'Kerryman' joke, it would presumably have proved highly entertaining to a biased (and probably intoxicated) audience.[2]

The Irish language itself is used in some of the sidenotes (in Gaelic script or Black Letter) and appears indirectly in scores of coinages from Irish inserted into the English text (e.g. 'poge,' 'callagh', 'donny', 'strapp', 'gamshoge', 'crangore' etc.). It is also the language of several of the histories of Ireland to which the sidenotes refer – histories by writers referred to as 'O'Sullevan', 'Mulrony' and 'O Mulconry'. Since historical texts in Irish were only available in manuscript at the time of the poem, the references suggest that whoever wrote the poem came from a multi-lingual scholarly background with access to these texts.

Latin is also used throughout the manuscript, not just in the Virgillian original but also as the language introducing the sidenotes, that is, as the language of the mock annotator. Some of the histories of Ireland to which the reader is referred in the sidenotes are in Latin – by Cambrensis and O'Sullivan Beare, for instance. These texts would be valuable sources for any scholar working on Irish history at the time which suggests that the spoof on scholarship is being carried out by someone who knows what he is doing. The reader is also prompted to enjoy the contrast between Virgil's Latin and the vulgar tetrameter 'translation': '... it would add a great Satisfaction to the Curious *Reader*, to cast his Eye now and then upon the Latin at the end of every Page ...' (*Hudibras*, To the Reader, Sig. A5).

The 'Purgatorium Hibernicum' can be dated to the 1660s as it contains references to the enclosing of St Stephen's Green, to the activities of the Dublin Court of Claims and to Sir William Petty's experiments with a double-hulled boat in Dublin Bay – all events of the 1660s. Two later versions of the text also survive. The earlier of these, a shorter — but still very extensive — version in manuscript entitled 'The Fingallian Travesty a la mode de Fingaule', has been amended to cut out all references to the 1660s and replace them with references to the earl of Tyrconnell's arrival in Ireland in 1686. This version also includes a prose address 'To the Reader' that provides an explanation of the Irish and Fingallian background for readers in England. The final appearance of the text is in a further rewritten and shortened version printed in London in 1689 under the title *The Irish Hudibras or Fingallian*

Prince ... adapted to the present times. This has been updated to refer to the arrival of William of Orange in England and the subsequent landing of James II in Ireland. It also prints the address 'To the Reader'. Both rewritings show considerable poetic skill and perseverence; sidenotes are maintained and amended, though the quantity of Virgil's Latin given at the bottom of the page is reduced as the text develops. There is, in the 1689 printed text, a 'Table' of Fingallian words and Irish phrases, giving standard English equivalents for such words as 'sculloge', 'shamroge' and 'tuffoge', explaining that the 'Liffy' is the river that runs through Dublin and that Lusk is 'a Town in Fingaul'.

The most obvious antecedent for the 'Purgatorium Hibernicum', is Samuel Butler's *Hudibras,* circulating in manuscript in the early 1660s and published from 1663. As noted above, the Irish text uses the same verse form as *Hudibras*; however, the actual text itself bears little similarity to Butler's anti-Puritan satire, and the introduction of the word 'Hudibras' in the 1689 London printing of the updated 'Purgatorium' was presumably intended to boost sales. The poem has more in common with *Scarronides,* Charles Cotton's famous octosyllabic version of Paul Scarron's *Virgile Travestie* (1664), though Cotton had only 'translated' Scarron's version of books one and four of the *Æneid*. Another linked poem is the long, obscene verse travesty of *Æneid* VI, *Cataplus* (1672) by an otherwise unknown poet named Maurice Atkins. It too is in Hudibrastic tetrameters though it has no political or sectarian bias and is merely a vulgar travesty of Virgil's text. In any case, *Cataplus* is later than the 'Purgatorium'. Earlier travesties and burlesques do not normally include the Latin text being burlesqued which makes the 'Purgatorium' perhaps the earliest mock-epic to give the reader the original and the 'translation' on the same page.

The 'Purgatorium', like *Hudibras* and Cotton's *Scarronides* (1664), is a reflection of the growing taste in the increasingly cynical seventeenth century for mock epic and mock heroic, in this case the mockery heightened by the presence of the Latin epic text being 'translated'. Though Virgil himself originated the idea that Dido was a fallen woman (Hammond 1997 117–8), to call Nees's ex-mistress 'Dydy' is to mock the name 'Dido', and to have MacShane, Nees's piper, killed for farting is to undermine the seriousness of Virgil's account of the death of Misenus, Æneas's trumpeter. The name Nees (cf. Ir. 'Aonghas' > 'Naoise' or 'Naos', a form of the name attested in the seventeenth century [T. S. Ó Máille 1964–6 *Éigse* 11: 85–99 p. 89]) mocks the reader's perception of the heroic Æneas, here transmogrified into a foolish, self-important native Irish 'prince'. The very idea of epic is being ridiculed as are the ideals of traditional Irish life, belief in the concept of Purgatory, acceptance of heavenly rewards for earthly devotions and the honouring of saints and clerics. Like much Protestant propaganda, the poem roundly accuses priests and nuns of sexual incontinence. The inappropriate language of the main verse 'translation' also casts a long shadow over Virgil's epic itself; this version of everything that calls itself 'epic' or 'heroic' is so laughable that the reader must question the seriousness of anything to do with chivalry.

Particularly absurd is the 'Fingallian' spoken by Nees, Shela and Dydy. The people of Fingal certainly spoke an old-fashioned form of Hiberno-English at the time of this poem (Bliss 1979 186–7 and Kelly 2000), but the speeches in the text exaggerate the linguistic and grammatical peculiarities of the dialect for comic effect. What comes out of the mouths of the characters is almost pidgin English – further adorned with the typical 'd' or 't' for 'th', 'f' for 'wh' and 'v' for 'w' of standard Hiberno-English, and with transliterations of Irish greetings, curses and proverbial sayings. Here is how Nees addresses Dydy when he encounters her in purgatory:

> fful dea, Ro[3] dou unlucky Jade
> Ill chaunce upon dee art thou dead[?]
> ffat devill vas be in dee vench[?]
> Vas he soe hot is coud no[t] quench
> De flame[?][4] (ll. 1552–6)

She responds:

And be[!] is tink is varm enough[5]
If dou cam shance but to find out
Dee old Consort to have a bout
And den fen den[6] has play'd de vagge[7]
To give mee as before de bagge[?]
Butt I will vatch de vales[8] Nees
And putt faile on Dee dy[9] dis Chees[!][10] (ll. 1601–7)

Earlier in the poem, Nees tells St Patrick that, if he will arrange for Nees to regain his land ...

I vil an Abby dedicat
Unto me Roon[11] vidout noe words
As big as monestry of Swords[12]
And to dee name make holy day
ffen all de Monaghans[13] shall play
Ordaine a Statute to be drunke
And burn tombacco free as Spunk[14]
And for vill never be forgott
Vill Institute St Patricks pott[15]
To last for never[16] in our Nation
On paine of Excommunication
And unto dee, my reidend Pugg[17]
A place fere I vill hang dee Smugg[18]
Much grace upon it in dee Keel[19]
fere every one shall bow and kneel ... (ll. 427–41)

The joke here lies not just in what is said but in how it is said. The incongrously low conversational language put into the mouths of Nees, Shela and Dydy in the earlier extracts invites scornful laughter while the grovelling tone of the third extract reflects Nees's unsophisticated, cringing attitude towards the saint. Misunderstandings and mistaken translations add to the humour — rather in the tradition of *Pairlement Chloinne Tomáis* (Williams 1981).

The vulgarity of speech in the 'Purgatorium' is more offensive than anything in Butler's *Hudibras*, but this is not perhaps surprising if the text was intended for coterie circulation or reading aloud in a pre-selected group which would find obscenity highly entertaining. By the time the 'Purgatorium' became public as *The Irish Hudibras* in 1689, it had been purged of much of the coarsest material. Other aspects of the text that would raise a laugh among a Dublin audience (and which remain in all versions of the text) are the use of the consuetudional present, verbal periphrasis, misuse of prepositions and pronouns, and Irish 'bulls' and inversions. The linguistic implications of the Hibernicisms in the text are discussed by Bliss (1979 46–58) and, from a different perspective, by Kelly (2000).

If my conjecture about the audience for which the poem was designed is correct, then it is probably the case that the poem was composed within the group. Poems of this complexity and length are unlikely to be the work of a single person; but the metrical structure and verbal register of the poem as a whole do not vary appreciably so that it is not possible to detect the work of separate writers. We can connect one name with the text, however. The only transcription of the 'Purgatorium Hibernicum', NLI Ms 470, is in the hand of Robert Ware (1639–1696), second son of Sir James Ware the auditor general and famous antiquarian (1594–1666). Robert Ware is notorious among historians as a creative and mischievous faker of manuscripts; his 'criminal deceptions had a malign effect on the politics and historiography of his day', as Professor Dairmuid MacCulloch puts it (2011 307), and scholars should be wary of reliance on any historical or documentary material that passed through his hands. However, we can be less alarmed about Robert Ware's involvement with the 'Purgatorium Hibernicum' since it is a creative rather than a historical document. Indeed, further research may even reveal him to have been its author. In my view, whether he wrote the original text or not, he was the man who re-wrote it in the 1680s and circulated it as the

'Fingallian Travesty' in London; further, I believe he prepared the *Irish Hudibras* for the press in London in 1689.

Robert Ware's father was a lawyer of considerable skill as well as an assiduous and meticulous researcher of Irish history whose publications on Irish bishops, Irish writers and Irish antiquities are deservedly honoured to this day (O'Sullivan 1997). Robert himself is better known for writing the fanatical Protestant tracts *Foxes and firebrands ... Shewing,* [*sic*] *Romes grand plot … to re-establish popery and to ruin the protestant religion* (Dublin, 1682) and *The hunting of the Romish Fox* (Dublin, 1683). Sir James assembled an unrivalled collection of medieval Irish manuscripts that he left to Robert on his death in 1666. Unfortunately for later historians, Robert was so keen to prove to others what be believed himself – that the established low-church episcopalian Protestantism of the Church of Ireland was the right kind of Protestantism for Ireland and for England – that he added spurious sermons, dialogues and quasi-learned commentaries to the genuine, medieval manuscripts he inherited from his father. As if he were copying them from other sources, he inserted entirely fictional sermons and dialogues, apparently taken down verbatim from the mouths of Archbishop Cranmer, Queen Elizabeth, the Dean of St Paul's and others; he also interfered with historical materials concerning the city of Dublin and changed the records of the arrival of the Reformation in Ireland. All this was entered into the manuscripts as if Robert had found it in other sources and was merely copying it.

Robert Ware covered his tracks so successfully — never admitting his fictions to anyone – that his forgeries have only intermittently been uncovered and denounced by historians: in fact, the tales he invented have shown such remarkable staying power that they 'still pollute the historical pool of sources about English and Irish history' (MacCulloch 2011 307). But even his sternest critics agree that Robert's interpolations were clever and, in places, witty: Professor MacCulloch, angry as he is at Robert Ware in the latest issue of the *Historical Journal* (2011) nevertheless admits that 'there is a playful, celebratory character' to

Robert's more outlandish additions and describes some of them as 'Joycean stuff' (313). The imagination and linguistic inventiveness of 'Purgatorium' suggest that the epithet could as justly be applied to this text too.

Robert Ware accompanied his father to London in the 1640s and 50s and was presumably working with his father when Sir James was studying Archbishop Ussher's manuscripts during the 1650s in Lincoln's Inn; since Samuel Butler started *Hudibras* when he was at Lincoln's Inn in the 1650s, it is quite possible that Robert Ware could have known Butler and been a teenage member of the circle in which early drafts of *Hudibras* circulated.

Robert returned to Dublin with his father in 1659 when he was twenty. The Ware family had two households in Ireland, a large house in Werburgh Street (a house Robert was to inherit on his father's death in 1666) and a country house near Finglas in Fingal. It seems that all three languages used in the 'Purgatorium Hibernicum' — English, Latin and Irish — were in use in both houses: Sir James (who, like Archbishop Ussher, was a scholar in the continental mode) wrote almost entirely in Latin, and Robert was a sufficiently good Latinist to translate many of his father's works from Latin into English. Certainly both Robert and his father wrote Latin with fluency and confidence.

Roderic O'Flaherty asserted that Sir James could also understand, though not speak, the Irish language (Sharpe 2012 334). Robert himself would certainly have had the 'kitchen Irish' he needed as a child in the two Ware households, particularly the one in Fingal where, as a fragile child subject to epileptic fits, he presumably spent much of his childhood. In fact, given his own scholarly interests, he probably had enough Irish to appreciate the historical manuscripts in Irish which his father consulted. He would also have known the Irish scholar Dubhaltach Mac Firbhisigh, who lived in his father's house in Dublin as his translator and amanuensis, and would have come across Roderic O'Flaherty who was a frequent visitor in the 1660s (Sharpe 2012). Like anyone living in Dublin at the time, he would also have been exposed to the broad Hiberno-English spoken by those for whom Irish was a first language — whose syntax, vocabulary and sounds in English were heavily influenced by spoken Irish.

Sir James and Robert both held positions in the Irish legal system, the father as auditor general and the son as *custos brevium* and chirographer in the Court of Common Pleas. English and English-trained lawyers exerted significant power in Restoration Ireland and, as Raymond Gillespie has pointed out (Gillespie 2006: 25), the English legal system had penetrated the lives and language of those living in Ireland deeply; there are several legal terms borrowed from English in seventeenth-century Irish-language texts. Whoever wrote the 'Purgatorium Hibernicum' was comfortable with English legal terminology and the poem contains passages making fun of the jargon used in the Court of Claims: these facilitate slighting references to Nees's ownership of nothing more valuable than bogs and woods (ll. 406–19).

In fact, from its first lines — as shown in the extract below (a selection from ll. 1–74) — the poem hammers home the message that Nees and other native Irish Catholics are self-deluding fools who live in a fantasy world. The way they speak English is mocked as is every aspect of their daily life. They have ridiculous notions of their own importance and think that they have rights to own land: but they know nothing of 'civilized' behaviour, not even of warfare — except that they know how to retreat to the bogs when their enemies appear. (The sidenotes in the text are indicated with angle brackets in my footnotes here.)

> There was a Prince of Antient fame
> Bloud of the Teigs Nees[20] was his name[:]
> A Tory Stout[21] borne in the Marish
> Yoalke of Fingual & Lusk and parish[22]
> A Spanciall Guddy-hang[23] could treat
> In Gibbrish naturally as eat
> A Sort of English Irish claymes that
> Hotc[h]-potch Fingallian[s] use to Hamper at[24] …

Such Gibble Gabble that you durst
Sweare was noe Babble but of Lusk
And when himselfe Nees went about
To blow the Bellowes of his Snout,[25]
You'd think that Hydra op't at once
Her hundred trots[26] with diferrent Tones.

And yett, to make him more Compleat,
Not to Encounter, but retreat,[27]
Nature as liberally did store him
With parts 'bove any went before him:
Proud & Rebellious, feinte & mighty,
And valient as e're run from fight he;[28]
ffor Nees his Wings did not apply
To ffight or Sally, but to fly.[29] …

Nor could his trumps or horse heads beate
One point of Warr, save a retreat,[30]
ffor Nees had learned his Seavens,[31] & therefore
Know how to shion, & frapp,[32] & wherefore,
And never Study'd Pike or Guning
With soe much Grace as valiant runing.
Therefore did nature boggs bestow
To save him from pursueing foe
When-Ever Nees went to Rebell,
Which were his forts & Cittadell.
He had besides a good Estate[33]
Of Lough, & bogg, & Wooden Plate,[34]
Marshes & Cantons,[35] woods & playnes,
Pooles, Stangs, Glins, Carroughes & Commans,[36]
With a thick Grove of Thorne & hastle,[37]
Cabbins, & Crates,[38] & a Strong Castle;
A tenement possest by th'ratt,[39]
Where you can hardly Swyng a Catt,
Less desolate when Nees was Gone,

Like to a nest when th' bord[s] are flown;
ffor Nees more Safely did impone[40]
In house of wood then[41] house of Stone,
Where dreadfull Cannon might not Storme on't,
Or he in case of Strait Lye Dormant.
The woods & boggs to Teig & Shone[42]
Are Sanctuary both & throne.

The anti-Irish and anti-Catholic sentiments expressed here, and throughout the 'Purgatorium', are very similar to those expressed by Robert Ware in his acknowledged works. In fact, so vehement was his Protestantism that the Earl of Clarendon (who, incidentally, purchased Sir James's manuscripts from Robert in 1686) advised him to get out of Ireland when Tyrconnell arrived to command the Jacobite forces in Ireland in 1686. This Robert Ware did; he moved to London where, I conjecture, he was responsible for the rewritten 'Fingallian Travesty' and for the further amended text printed as the *Irish Hudibras* in 1689, as mentioned above.

Anti-Irish jokes circulated fairly widely in Restoration London and Dublin; such texts as *Teagueland Jests* (Anon. 1689), *Bog-Witticisms* (Anon. c. 1687) and *Hic et Ubique* (Head 1663) were reprinted several times (Rankin 2001). In real life, Irish Catholics (particularly when armed by Tyrconnell in the 1680s) seemed to pose a threat to English Protestants in England as well as in Ireland; but in these satirical texts, they are mere buffoons. Like all satire, however, the 'Purgatorium' would only have been a success if addressed to a specific readership (or performed for a specific group) that would immediately recognize the type being mocked. Despite this, the presence of explanatory sidenotes suggests that the text was designed made to be comprehensible, on occasion, to people outside the immediate circle in which it was written.

Much work remains to be done on the 'Purgatorium' and the context of its composition and circulation. The very existence of the manuscript suggests an active coterie culture in Restoration Dublin that needs to be explored; from this culture, I suspect, emerged texts such as Richard Head's *The Miss Display'd* (so expertly analysed recently by Raymond Gillespie (2004)), Head's play *Hic et Ubique*, several long anonymous verse satires and some loyalist drama (Rankin 2001, 2005). I would go even further and suggest that such a group was responsible for the extraordinary mock-feminist poem 'To the excellent Orinda', a poem that pokes fun at Katherine Philips and the coterie of respectable poets surrounding Lady Ormonde in Dublin Castle in the early 1660s (Carpenter 2003: 367–73). I believe many other poems attacking those listed at the beginning of this article were intended for this group, to be read aloud and circulated. It is not certain that Robert Ware was a member of the group in the early 1660s, but I think that he was keeper of one copy of the text of the 'Purgatorium Hibernicum' by the 1680s and that this manuscript formed the basis for his rewriting of the 'Purgatorium' as 'The Fingallian Travesty' and *The Irish Hudibras*.

Many puzzles remain, even if my conjectures are correct. The texts are immensely complicated and the relationship between the three of them needs a lot of work. Some things are becoming clear, however: the texts are meant to be funny and befuddling – not just because their audience had consumed much ale or wine but also because the texts are multi-lingual and because part of the comedy lies in the rapid fire of bi-lingual double meanings and puns; one needs a clear head to disentangle the exact meanings of the Irish 'bulls' and to appreciate the comic effect of the mistranslations, the inappropriate linguistic register and the absurdity of the 'translation'. If one were not familiar with the way the structure and vocabulary of the Irish language had infiltrated the English spoken by Irishmen in late-seventeenth century Fingal, the 'Purgatorium' would be barely intelligible — though the later versions are less challenging. However, the whole exercise is a bravura performance, presenting a fantasy world of literary, social, religious, political and linguistic references each of which carries several levels of irony within it.

Thus the modern reader of the 'Purgatorium Hibernicum' has as much right to be befuddled by it as was anyone who heard it read aloud in 1670. And the poem provides one with several languages in which to be befuddled: English, Hiberno-English, Fingallian, spoken Irish, classical Latin, the Latin of a late seventeenth-century annotator: if one looks up the texts to which reference is made, one needs even more languages — Elizabethan English, early modern Irish and late Latin. Looked at in this way, the text seems as complex as Joyce's *Ulysses* and, in parts, as playful.

NOTES

1 My thanks to Nicholas Williams, Mícheál Mac Craith, the late Alan Harrison and the late Alan Bliss who (among others) have helped in the struggle to understand the 'Purgatorium Hibernicum'.

2 The author of the two later versions of the text ('The Fingallian Travesty', c. 1686, and *The Irish Hudibras*, 1689) – both designed for an audience in England – addresses the problem of the impenetrability of the 'Fingallian' language directly in his note 'To the Reader'. '... Some things will ... seem a little Difficult to the *English Reader*; which, to him that understands the Dialect, will be read with more Ease and Satisfaction; yet, by the help of the *Comment* and *Marginal Notes*, it is rendred [*sic*] Intelligible to every Capacity' (*Hudibras* Anon. 1689, sig. A4–5).

3 Cf. Ir. *fuil Dé, a rogha* or cp. interjections *aru, ru*.

4 'de flame' is venereal disease.

5 I.e. do you think it is good enough …

6 *recte* dou/thou.

7 The implication is that Nees played the wag (i.e. played truant) and dismissed her when they were alive – so does he think it is warm enough (i.e. acceptable) to have a bout with his old lover if he happens to meet her … .

8 'to watch the walls' seems to mean 'to keep an eye on'.

9 *recte* by.

10 An obscure oath. Bliss suggests (§134) that it could be based on a confusion between *cás* (genitive *cáis*) 'case' and *cáis* (genitive *cáise*) 'cheese'.

11 me = thee; for Roon cf. Ir. *rún*.

12 Founded by St Colmcille in the sixth century.

13 fools; the word is used by Swift.

14 Cf. Ir. *tobac/tombac*; spunk = coltsfoot, used as tinder, cf. Ir. *sponc*.

15 Ir. *Pota Pádraig*, the traditional drink on St Patrick's day.

16 an Irish 'bull'? See Bliss (1979 §184).

17 my dear, reverend person.

18 [picture of your] face.

19 cf. Ir. *cill*.

20 <Eneas Hibernice Enees vulgo Nees freques no:> This Latin sidenote is translated into English for 'The Fingallian Travesty' [hereafter FT] as: 'Ænæas Fingallian vulgarly Nees a frequent name' [Ir. *Aonghas* i.e. Enees > *Naoise* > Naos]. The name Teig ('Teague') was first used as a disparaging term for all native-born Irishmen in the Irish parliament in 1641 and was in widespread use for the remainder of the century and beyond.

21 <Warlick> i.e. warlike.

22 yoalke = centre; Lusk, Co. Dublin, in Fingal.

23 Spanciall: an unrecorded word, connected with a spancel or hobble to restrain animals. Guddihang = fit to be hanged. The word only occurs in one other text, Richard Head's *Hic et Ubique* (1663). The line suggests that Nees is only good enough to be tied up and hanged.

24 Hotch-potch (ME) is a legal term connected with land settlement but also means a muddle. 'Claymes' seems connected with the Court of Claims, sitting in Dublin to settle land claims. To 'hamper' is to make loud and confusing noise.

25 <The Irish speak through nose which makes them to snuff & they snees as Corristers Eggs to cleere voise> Two corresponding notes in FT read: 'The Irish speak thro the nose' and 'They use Sneesing as Chorresters do Eggs to clear the voice.' As Nicholas Williams has pointed out to me, all Irish dialects have or had extensive nasal vowels, often spread through many syllables. Sneesing = snuff, cf. Ir. *snaois[ín]*. Beaten egg-whites were a traditional cure for a sore throat. The implication is that whereas the English use egg-whites to keep their throats clear, the Irish (who speak through their noses) use snuff to keep their noses clear. The fact that nasalisation changes and adds vowel harmonics (or formants) to the voice could explain the 'diferrent Tones' two lines down in the text.

26 throats; an example of the phonetic representation of exaggerated forms of Hiberno-English pronunciation found throughout the text.

27 <His Crowells & valor>. The corresponding note in FT reads: His Accomplishments. These are ironic compliments.

28 <His discipline>. A sarcastic comment and a characteristically comic rhyme.

29 Wings (1) for flying from the battle; (2) the divisions of Nees's fighting forces.

30 trumps = trumpets. The drum-beat signals a retreat in battle. Horse heads were conspicuous objects raised in battle to indicate rallying points for troops.

31 <The 7 wise Masters & 7 Champions if Chrisendome the horses & hesian of Irish Pedancy>. The corresponding note in FT reads: 'The Seaven wise Masters and 7 Champions of Christendom, the Hom[er] and Hesiod of Fingallian Pedantry.' The implication is that Nees had received a popular education rather than a classical one; pedantic Fingallians venerate traditional romance stories in the way Englishmen venerate the classics.

32 shionn = to shun; frap = to bluster.

33 <Estate>. Ironic; Nees calls the bogs his 'estate'.

34 wooden plate = land covered in trees: cf. Ir. *pléata*, a strip of land.

35 A seventeenth-century term for a subdivision of land.

36 A stang is a measure of land; glins, cf. Ir. *gleann*, a valley; carroughes, cf. Ir. *corrach*, marsh; commons = unallocated, common land.

37 hastle = thistle or hazel.

38 Cf. Ir. *creat*, the wattle frame for a hut or dwelling.

39 I.e. a rat-hole.

40 stay or settle himself.

41 = than.

42 Cf. the Ir. proper name '*Seon*', here another disparaging name for an Irishman.

BIBLIOGRAPHY

Manuscripts

NLI Ms 470. Purgatorium Hibernicum or the sixt book of Virgill's Æneis Travestie Burlesque A la Mode de Fingaule.

BL. Sloane Ms 900. The Fingallian Travesty: or the Sixt Book of Virgills Ænæids A la mode de Fingaule.

Printed Works

Anon. 1689. *The Irish Hudibras, or, Fingallian Prince, taken from the sixth book of Virgil's Ænæds, and adapted to the present times.* London: Richard Baldwin.

Anon. [Mac O Bonniclabbero of Drogheda Knight of the Mendicant Order]. c. 1687. *Bog-Witticisms: or Dear Joy's Common-Places…* [London]: Evandish Swear-all in Lack-Plaush Lane [*sic*].

Anon. 1689. *Teague-Land Jests, or Dear-Joy's Bogg Witticisms.* [London]: no printer named.

Atkins, M. 1672. *Cataplus: or Æneas his descent to hell. A mock poem, in imitation of the sixth book of Virgil's Æneis, in English burlesque.* London: for Maurice Atkins.

Barnard, T. 2008. *Improving Ireland? Projectors, prophets and profiteers 1641–1786*. Dublin: Four Courts Press.

– 2003. *A new anatomy of Ireland: the Irish protestants, 1649–1770*. New Haven and London: Yale University Press.

– 2004. *Irish protestant ascents and descents 1641–1770*. Dublin: Four Courts Press.

Bliss, A. 1979. *Spoken English in Ireland 1600–1740: twenty-seven representative texts*. Dublin: Cadenus Press.

Carpenter, A. 2003. *Verse in English from Tudor and Stuart Ireland*. Cork: Cork University Press.

– 2006. 'Circulating ideas: coteries, groups and the circulation of verse in early modern Ireland', in Fanning, M., and Gillespie, R. (eds) *Print Culture and Intellectual Life in Ireland 1660–1941, essays in honour of Michael Adams*. Dublin: Woodfield Press. 1–23.

Cotton, C. 1664. *Scarronides; or Virgil Travestie: a Mock-Poem on the First and Fourth Books of Virgil's Aenaeis in English Burlesque*. London: Henry Brome.

Dickson, D. 2000. *New Foundations: Ireland 1660–1800*. Second edition. Dublin: Irish Academic Press.

Gillespie, R. 2006. *Seventeenth Century Ireland*. Dublin: Gill and Macmillan.

– 2004. 'Richard Head's *The Miss Display'd* and Irish Restoration society' *Irish University Review* 34: 213–28.

Hammond, B. S. 1997. *Professional Imaginative Writing in England 1670–1740: 'Hackney for Bread'*. Oxford: Clarendon Press.

Haslett, M. 2003. *Pope to Burney, 1714–1779: Scriblerians to Bluestockings*. Basingstoke and New York: Palgrave Macmillan.

Head, R. 1663. *Hic et Ubique; or the Humors of Dublin; a comedy, acted privately, with general applause*. London: R. D. for the Author.

– 1673. *The Miss Display'd, with all her wheedling arts and circumventions in which historical narration are detected, her selfish contrivances, modest pretences, and subtil stratagems*. London: 'Several Booksellers'.

Kelly, J. and Powell M. J. (eds) 2010. *Clubs and Societies in eighteenth-century Ireland*. Dublin: Four Courts Press.

Kelly, P. 2000. 'A Seventeenth-Century Variety of Irish English: *Spoken English in Ireland 1600–1740* Revisited', in Tristram, H. (ed.) *The Celtic Englishes II*. Heidelberg: Carl Winter. 265–79.

Lord, G. DeF., Mengel, E. F., Schless, H. H., Crump, G. M., Cameron, W. J., Ellis, F. H. (eds) 1963–75. *Poems on Affairs of State: Augustan satirical verse 1660–1714*. Seven volumes. New Haven: Yale University Press.

Love, H. 2004. *English Clandestine Satire 1660–1702*. Oxford: Oxford University Press.

– 1993. *Scribal publication in seventeenth-century England*. Oxford: Clarendon Press.

MacCulloch, D. 2011. 'Foxes, firebrands and forgery: Robert Ware's pollution of Reformation history' *The Historical Journal* 54 (2): 307–45.

Ní Mhurchadha, M. 2005. *Fingal, 1603–60: contending neighbours in North Dublin*. Dublin: Four Courts Press.

O'Sullivan, W. 1997. 'A finding list of Sir James Ware's manuscripts' *Proceedings of the Royal Irish Academy* 97C: 69–99.

Rabb, M. A.. 2007. *Satire and Secrecy in English literature from 1650 to 1750*. New York: Palgrave Macmillan.

Rankin, D. 2001. '"Shet Fourd vor General Noddificaushion": relocating the Irish joke, 1678–1690' *Eighteenth-Century Ireland* 16: 47–72.

– 2005. *Between Spenser and Swift: English writing in seventeenth-century Ireland*. Cambridge: Cambridge University Press.

Raylor, T. 1994. *Cavaliers, Clubs and Literary Culture: Sir John Mennes, James Smith and the Order of the Fancy*. Newark: University of Delaware Press.

Sharpe, R. (ed.) (2012 forthcoming). *Roderick O'Flaherty's Letters… 1696–1709*. Dublin: Royal Irish Academy.

Williams, N. J. A. (ed.) 1981. *Pairlement Chloinne Tomáis*. Dublin: Dublin Institute for Advanced Studies.

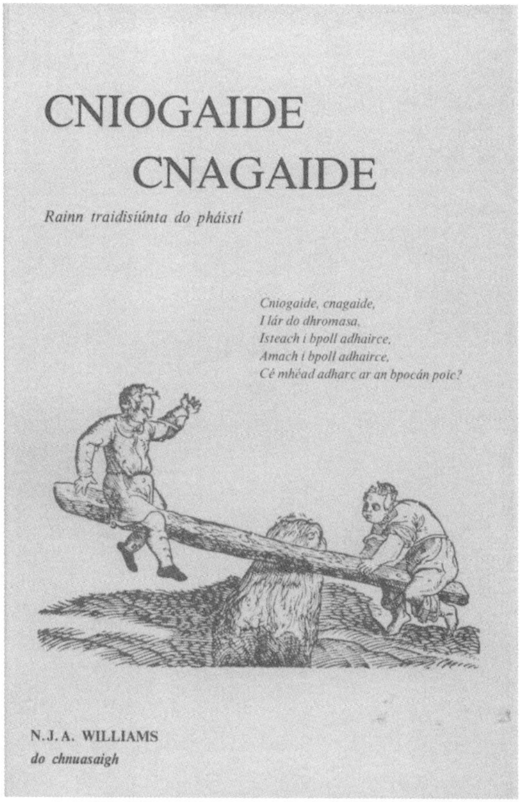

1988. *Cniogaide cnagaide: rainn traidisiúnta do pháistí;*
N. J. A. Williams a chnuasaigh.
Baile Átha Cliath: An Clóchomhar.
(le caoinchead Chló Iar-Chonnacht)

Thomas Charles-Edwards

SOME THOUGHTS ON EARLY IRISH ROADS AND TRAVEL

In western Britain, as in the rest of the island south of the Firth of Forth, Roman roads survived. This is attested by place-names and also by a continuance of the old custom of burial monuments by the side of a road. In early-medieval Ireland, however, we are beyond the Roman Empire, and transport cannot have relied on a Roman network. Then there is the issue of the role of roads: in Roman Britain they were initially for the Roman State, for its armies and its communications; but they were then used for trade, and therefore small towns were created along the road network. What, then, was the role of roads and transport in Ireland? According to what rhythm did travel and transport work?

The evidence is very patchy, of course, but not negligible; and one may expect it to grow in the future from archaeological finds, at least if Ireland ever has another economic boom. What I shall attempt is to gather some written evidence and see where it may lead us. To gain some notion of travel in early-medieval Ireland should help with other fundamental questions, in particular with the respective merits of what one might call the Binchy-esque and MacNeill-esque conceptions of political authority and its scope. My teacher, D. A. Binchy, had a conception of pre-Viking Ireland in which the lives of the ordinary population, the so-called 'farming people', were confined to small territories, *túatha*. It was not that the rural population did not travel beyond the limits of a *túath*; what is crucial is that they became aliens, with very limited rights and security, if they did cross the boundary; therefore only occasionally did they leave their *túatha* (Binchy 1971: 5). Clerics, poets, and the so-called 'men of art' in general, could travel beyond these narrow limits because their status was valid throughout Ireland; in principle, to kill or injure them in the small kingdom of their birth should have carried the same consequences as in another small kingdom at the other end of Ireland. On a Binchy-esque conception, it seems that roads would have carried the men of art in peace-time and armies in war.

MacNeill's conception of pre-Viking Ireland was different: for him, Ireland was a political as well as a linguistic and cultural unit. Institutions such as the Fair of Tailtiu at the beginning of August were national, not just, as for Binchy, occasions for the Uí Néill, the dominant dynasties of the northern half of Ireland, to come together to watch horse-races, to settle disputes, and to party (Binchy 1978: 468. 28–30, 469. 7–11, 19–23, 29–32). The provincial kingdoms, such as Leinster or Munster, made a difference to the lives of ordinary people: they were not just, as they were for Binchy, fragile structures unified merely by the personal allegiance of one king to another, but long-standing alliances, *cairde,* between peoples (Binchy 1971: 31). Such alliances facilitated travel; and thus, on this view, the roads should have carried a much heavier human traffic.

Two pieces of evidence initially made me interested in this topic and hopeful that one might make some progress in deciding which conception was nearer to the truth: one was a story in the Old-Irish Life of St Brigit, *Bethu Brigte,* which is also in the Latin *Vita Prima* and therefore seventh-century in date (Ó hAodha 1978: 13–14 § 38);[1] the other was a combination of a particular type of place-name including one or other of a pair of words, *belach* and *bélat,* apparently of the same or very similar meaning, a lowland 'pass', with evidence about the nature of such 'passes' from the late-twelfth or early-thirteenth century Old French poem usually known as *The Song of Dermot and the Earl* (Mullally 2002). The place-names gave an early date, but good evidence on the nature and function of these 'passes' did not come until the twelfth century. The Lives of St Brigit seemed to say that many people might travel the roads of pre-Viking Ireland and thus offered potential support for MacNeill; these mysterious 'passes' looked like obstacles to travel on political boundaries and thus might, perhaps, support Binchy. If, then, one could solve this contradiction, it might be possible to visualize more precisely what pre-Viking Ireland was like.

There are difficulties in the way of a solution. There is plenty of evidence, but it generally comes in small fragments and these fragments are sometimes from texts that no cautious historian would touch with a barge-pole, texts that are only too likely to be imagining a primitive Irish Golden Age. An example is *Airne Fíngein*, 'Fíngen's Night-Watch', which tells us about all the wonderful happenings on the night when Conn Cétchathach, 'Conn of the Hundred Battles', ancestor of the Connachta and the Uí Néill, supposedly a character of the second century, was born (Vendryes 1953: 9–11); one of the purposes of this paper is to investigate what element of truth may underlie what this text says about the roads of Ireland. Still, there is some more prosaic evidence, such as a legal text, probably of the early eighth century, edited and translated by Fergus Kelly. I have added a small section from another legal text of a similar date.

'Roads and Tracks' (Kelly 1997: 538; a version of the same text is in Cormac's Glossary, Meyer 1912: § 1082):

> Roads, how many are there? Not hard, five, i.e. highway (*slige*) and road (*rout, rót* < *ro-shét*, 'great-way', according to Cormac) and by-road (*lámraite*, 'hand-road'), and curved road (*tógraite, túagraite*), and cow-track (*bóthar*).
>
> 1. What is the highway (*slige*)? Not hard, two chariots can go on it past each other; it has been constructed for the meeting of two chariots, i.e. the chariot of a king and the chariot of a bishop so that each of them can go past each other.
>
> 2. Road (*rout*): a chariot and two horsemen can pass on it; it has been constructed as a horse-road of the locality (*mennot*) internally.
>
> 3. By-road (*lámraite*), i.e. between two highways, i.e. the highway past the south of the locality (*mennot*) and the other past the north; it has been constructed for errands and winter-visiting.
>
> 4. Curved road (*tógraite, túagraite*): a well-off man hires a way towards a wood (?) or mountain. What is its rent? An animal every second year from every herd which passes.
>
> 5. Cow-track (*bóthar*): two cows fit on it, one sideways, the other

lengthways, so that their calves and their yearlings fit along with them; for if they are behind them, the cow which is following them will injure them.

(2) Text attached to *Bretha Comaithchesa*
The duties concerning roads: fencing it on your side and removing (bushes or trees), clearing them and digging out their ditches and clearing their mires at the season of winter-visiting and of an assembly … (Binchy 1978: 580.7–8).

The first legal text gives us a hierarchy of roads, but says less about their function. It implies that grandees, king and bishop, who always travelled with their retinues, would use the *slige*, the highway. Types 1 and 2 were distinguished by size but also because the second was internal to a *mennot*. This term may signify the territory occupied by the *túath* (the latter being primarily the local people rather than its territory). The last two types, 4 and 5, were evidently private roads, whereas the highway was clearly public, and the *rout* and the by-road (*lámraite*) may well have been public. The second text tells us that roads were especially important at certain seasons of the year: winter-visiting was a custom by which lords and their retinues received special hospitality between Christmas and the beginning of Lent; these roads were apparently public. An example of an assembly would be the Fair of Tailtiu at the beginning of August, which was, as I noted earlier, a national occasion according to MacNeill, but not according to Binchy.

The second text also makes the maintenance of roads an obligation on the individual landholder, apparently the landholder whose holding abuts the road. He would receive ample compensation, because we know from another legal text, *Fodla Tíre*, that proximity to a *slige* and a *rout*, and even the presence of a *bóthar* raised the value of land (Mac Niocaill 1971: 82; Kelly 1997: 390–1); and from that we can deduce that such roads had an economic value; they were not merely for the journeys of great men and their retinues. That the private roads were an economic benefit is readily appreciated: access to a mountain enabled the movement of stock for example to summer pastures, and it was therefore worth paying rent to enjoy such access. Yet, while such access by a road or track added one cow to the value of a standard measure of land, three cows were added if it was adjacent to a highway leading to a *flaith* (here probably 'ruler' rather than just 'lord') or a *mainister*, a monastery. This apparently applied to any holder of land, not just to the client of the ruler or the *manach* of the monastery, so it cannot just be a matter of making it easier to deliver food-renders. The forts of kings and monasteries appear to have offered a market for goods supplied by neighbouring farmers, provided those farmers were on a highway leading to the fort or monastery.

Fergus Kelly (1997: 543) has noted an interesting duality of meaning in the word *rámat* which may help here. On the one hand, *rámat* is used for the road to the residence of a king or *briugu* 'hosteller'; on the other hand, it is defined as an open area in front of a king's fort (Kelly 1997: 538 § 4). A high rank of *briugu* is described in *Uraicecht Becc* as a *briugu* who has three *rámata*; and this should most likely mean that his hostel is at a T-junction and thus the *rámata* would be roads (Binchy 1978: 654.24, 1608.33–4). More generally, a *briugu* may be a *briugu rámatach* (Binchy 1978: 255.7), and either sense might then apply. The notion of a king's *dún* with such an open area is likely to be a specific effect of a more general requirement on the king that he be 'always in residence to receive his people' (Binchy 1941: 22, ll. 566–7). A further relevant consideration is something perceived by MacNeill about the vocabulary of travel in Tírechán's *Collectanea*. For MacNeill this revealed the situation of Tírechán himself when he was writing; but, when the evidence is scrutinized further, it seems that the explanation is that there were hubs in the road system in Connacht, one in Mag nAí in the area of Crúachain and Selc and another close to the modern Sligo Town (Charles-Edwards 2012). Someone at such a hub could be termed *rámatach*.

In order to know more about the legal conditions under which roads were constructed in the first place, however, we have to turn to hagiography, to a story in Cogitosus's seventh-century Life of St Brigit, patron saint of Kildare in Ireland and Abernethy in Scotland. A provincial road (Connolly and Picard 1987):

> Once an edict of the king of the country where she was living came into force throughout the *tuatha* (*plebes*) and provinces which were under his jurisdiction and dominion, to the effect that all the peoples and *tuatha* should come together from all the territories and provinces and build a solid wide road. They were to lay a foundation of tree branches and rocks and some very solid earth works in the deep and virtually impassable bog and in the sodden and marshy places through which a large river ran so that, when it was built, it could bear the weight of charioteers and horsemen and chariots and wagon-wheels and the rushing of people and the clash of enemies from all sides. When many people had gathered, they divided into their own sections by kinship groups and households the road which they had to build so that each clan and household built its own allotted section.

But when the exacting and really difficult part of the river happened to fall to the lot of one of these *túatha*, this *túath*, wanting to avoid the very hard work, used its political strength to browbeat Brigit's weaker *túath* so that it would have to work on this difficult section of the road-building.

The difficult bit of the road was of the type known as a *tóchar*, specially constructed for crossing a bog, in this instance a bog with a river running through or by it; an Iron-Age example in Co. Longford has been excavated (Raftery 1996). Needless to say, Brigit worked a miracle so that the river shifted its course and the powerful *túath* or *plebs* still had it, and presumably the associated bog, in its share. It is very likely that this story was about Leinster: Cogitosus's Life of Brigit is about Leinster; and the branches of the Fothairt, Brigit's people, located in North-West Leinster lived close to the Bog of Allen and other, smaller, bogs.

The description of this *tóchar*, with its charioteers and wagon-wheels and the rushing of people, suggests that the road as a whole was a highway, a *slige*. The most interesting aspects of the passage, however, are, first, that road-building might be imposed by a royal edict on the people of local territories, *plebes*, which the translators, very probably correctly, understood as equivalent to Old Irish *túatha*, and also on *provinciae*, by which, I think, was meant groupings of *túatha* such as those subject to the Uí Chennselaig of South Leinster (Binchy 1941: § 32). The peoples obliged to construct the road do not seem to have been restricted to those along its course: even if it was a very important road running the length of the entire province of Leinster from north to south, there would have been *túatha* whose territories would not have been crossed by the route nor even close to it. This is evident because it would have had to go either east or west of the Wicklow Mountains. The royal edict may be compared with the edict, *recht* or *rechtge*, by which an overking was enabled to respond to an outbreak of plague or the failure of a harvest or a foreign invasion (Binchy 1941: § 38). This passage does not bear on the main question between MacNeill and Binchy, whether there was a national kingship, but it certainly suggests that a provincial king had real power and that that power was expressed in the road system.

What may be relevant to the political shape of Ireland above the level of the provinces is some evidence about what appear to be roads that cross more than one province. The difficulty here is that some of this evidence belongs to that more questionable category that I mentioned at the beginning, tales about ancient heroes and kings. Still, *The Triads of Ireland* is a relatively respectable text, closely connected with the laws and probably ninth-century in date. Since it is a triad, it lists three highways, using the term found in our legal evidence for the most important category of road, the *slige* (Meyer 1906: § 49).

> *Trí sligid Hérenn: slige Dála, slige Asail, slige Midlúachra*, 'The three highways of Ireland: the Highway of Dál, the Highway of Asal, the Highway of Midlúachair'.

With the next item of evidence we are dealing with less easily manageable evidence: this is *Airne Fíngein*, the text that lists the wonderful things that happened on the night when Conn was born (Vendryes 1953: § VI; cf. the *Dindshenchas* of Slige Dala, Gwynn 1913: 278–84).

> 'And what is the next *búad*, woman,' said Fíngen. 'Not difficult,' said the woman. 'The five chief roads of Ireland: they have not been discovered until tonight, and neither kings nor chariots have travelled on them: namely, Slige Midlúachra, tonight Midlúachair mac Damairne, that is the son of the king of Bran's Snout [eastern extremity of Inishowen, tl. of Stroove on the western side of the neck at the mouth of Lough Foyle] while making for the Feast of Tara; and Slige Chúalann, which Fer Fí mac Éogabail discovered when pursued by the warrior bands of the *síd* as he was making for the Feast of Tara; and Slige Asail, which Asal mac Umóir maic Doirdomblais discovered when pursued by the reavers [*díbergaig*] of Mide as he was going to Tara; and Slige Thola [*v.l.* Dhala] which Sétna Secderg mac Dornbuide discovered when followed by the druids of West Munster as he was making for the Feast of Tara; and Slige Mór, that is, Eiscir Ríadai, that partitions Ireland, which Nár mac Óengusa Umaill discovered ahead of the warriors of Irrus when they were competing, so they might be the ones who first reached Tara.

It does not matter much that we here have five roads in place of the three of the Triads. We can also discount easily enough the notion that these roads first emerged as if by magic on the night when Conn was born: that was one of the nicer conceits of those highly inventive learned men who sought to proclaim the authority of Dál Cuinn, the descendants of Conn. These learned men were especially active in the years after the Battle of Clontarf, in which Brian Bórama was killed and the supremacy of the Uí Néill was, so they vainly hoped, recovering from the shock which he had administered.

What this text purports to give us is the notion of a set of main roads spanning out from Tara. Since the number given is five, it is tempting to suppose that the image has something to do with the Fifths or major provinces of Ireland, so that there would be one road to each Fifth. Indeed, this theory has a lot to be said for it, but to take it further we need to take a look at these roads so as to see whether any reality lies behind the magic of the night when Conn was born.

The first of the five highways listed was Slige Midlúachra. The first recension of *Táin Bó Cúailnge* offers good evidence on its route (O'Rahilly 1976: lines 1488–9; cf. 1034, 4152–3). At this point the host of Ailill and Medb was in the territory of Conailli Muirthemne close to Dundalk:

> After that Medb went with a third of the army into Cuib to search for the bull, and Cú Chulainn went after them. It was along Slige Midlúachra that she went to lay waste the Ulstermen and the Cruithni as far as Dún Sobairche (Dunseverick, Co. Antrim).

From this it is evident that the portion of Slige Midlúachra travelled by Medb and her army took her north from the area around Dundalk into the west of Co. Down, namely Cuib or Mag Coba, and then on right through the province up to Dunseverick, which looks across the sea to the southern Hebrides. Confirmation comes from an annalistic entry about a triumphant circuit made by Muirchertach Ua Briain, king of Munster, at the beginning of the twelfth century, a circuit by which he asserted his claim to be the king of Ireland.

> AU 1101. 4: Muirchertach Ua Briain makes a circuit of Ireland 'across Assaroe into Tír Eóghain … over the Shallow Bank of Camus, so that they burnt Coleraine … He then took the hostages of the Ulstermen. He came along Slige Midlúachra to his house': *tar Es Ruaidh i Tir nEogain … for Fertais Chamsa coro loiscset Cuil Rathain … Gabais giallu Uladh iar sin. Do luidh tar Slighidh Midluacra dia thigh.*

Camus is about three miles upstream along the Bann from Coleraine and Fertas Chamsa was a ford over a shallow bar or bank, *fertas*, in the river, by which one could enter the province of Ulster. Once he had forced the Ulstermen to submit, he left the province by the Slige Midlúachra going south. The reference to Medb's army in *Táin Bó Cúailnge* is probably from the eighth century; the reference in the Annals of Ulster is much later but from a more secure source for historians.

Where one should be cautious, however, is over the reference in *Airne Fíngein* to Bran's Snout. The Bran in question was believed to be the Bran son of Febal of *Immram Brain*. His homeland was the north-west of Ireland, in Inishowen, on the west side of Lough Foyle, itself supposed to be named after Bran's father, Febal (Carey 2007: 34). Stroove Point, Bran's Snout, is the headland by the mouth of the lough on the Inishowen side. Colm Ó Lochlainn, in his article, 'Roadways in Ancient Ireland' (Ó Lochlainn 1940), inferred from all this that the furthest northern point on Slige Midlúachra was Bran's Snout and that the road first went eastwards into Ulster, roughly along the route taken by Muirchertach, and only then turned south across Ulster, leaving the province south of Newry, roughly where the border with Northern Ireland is today. The first part of his supposed route is unlikely to be genuine, first because the role in the tale of the eponymous Midlúachair son of Damairne, king of Bran's Snout, is to make it clear that the Ulster in question was the much larger province of legend, not the province as it existed in the historical period; moreover, the evidence of the *Táin* is confirmed by the late-medieval name of the territory on the eastern side of the Bann near Coleraine, namely 'An Rúta', 'The Route', which is thought to have been named because Slige Midlúachra came through the territory on its way to Dunseverick (MacNeill 1964: 208). This combination of evidence from chronicle, saga, and onomastics makes it very likely that Slige Midlúachra was indeed the road to Ulster, that the Ulster in question was the province of history, which was only the eastern part of the Ulster of legend, and that the road entered the historical province from the south and then traversed the entire territory ending in the north at Dunseverick. In terms of the early Middle Irish period, the period of the text, Bran's Snout intruded the Inis Éogain of Cenél nÉogain, overlords of 'The North', into a highway to Ulster.

The second highway listed in *Airne Fíngein* is Slige Chúalann. One might give this a literal translation as 'The Highway of Cúalu', but I think that this would be misleading. Cúalu was a district name: it stretched from the Liffey at Dublin down to the neighbourhood of Glendalough (AU 819. 1); in other words, it lay to the east of the Wicklow Mountains. The Sugarloaf Mountain, not far from Bray, is likely to have been Slíab Cúalann, 'The Mountain of Cúalu', mentioned in the Annals of Ulster (AU 868. 7). Modern Dublin north of the Liffey was in Brega; Dublin south of the Liffey was in Cúalu and thus in Leinster. The crucial crossing-point from one to the other was Áth Clíath, the 'Hurdle Ford', a bit further inland along the Liffey from the small church of Duiblinn, Dublin. At this point we need to distinguish two possible senses of the phrase 'The road of X'. In 'Tipperary roads are well maintained' it means the roads crossing a particular county, but in 'The Dublin Road' it means the road *towards* Dublin. There are many Dublin Roads in Ireland, but not in the old city of Dublin. Already in the late-seventh century Tírechán refers to 'the Gregrige road' meaning 'the road to Gregrige': from Selc, south-west of Tulsk, Co. Roscommon, 'where there were the halls of the sons of Brión', ancestors of Uí Briúin, Patrick 'went to the Gregrige road', namely the road leading to the small kingdom of Gregrige by Lough Gara on the boundary between Co. Roscommon and Co. Sligo (Tírechán, 31. 1, in Bieler 1969: 148; Bieler's translation unnecessarily elides the word for a road or route, *trames*).

This gives the clue to Slige Chúalann. Colm Ó Lochlainn (1940) proposed that it came from Tara to Áth Clíath, where it crossed the Liffey, and then went down the east side of the Wicklow Mountains, across Cúalu, eventually going round the south end of the mountains and making for Munster. One reason for this was that Fer Fí son of Éogabal, the person said to be following the road towards Tara, was associated with the *síd* of Cnoc Áine, the hill in central Munster where Ailill Aulomm, ancestor of the Éoganachta is said in *Cath Maige Mucrama* to have raped Fer Fí's sister (O Daly 1975: 38–40, §§ 3–7). The other reason was that Ó Lochlainn wanted to make the Slige Chúalann, 'The Road of Cúalu', cross Cúalu.

There is good evidence to show that Ó Lochlainn was wrong and it helps to illuminate the significance of this road in the saga *Togail Bruidne Da Derga*, 'The Destruction of Da Derga's Hostel'. The first time Conaire Mór, the tragic hero of the saga, travelled the road was when he succeeded in becoming king of Tara. He was at Áth Clíath, namely the ford by which the Cúalu Road, going south, passed from Brega into Cúalu. There he had an encounter with the *énlaith*, the people to which his biological father belonged, a father of whom he was previously wholly unaware. In the encounter he learnt that he was not, as he had thought, the son of Eterscéle, king of Tara; but he was nevertheless told to go to Tara 'by the end of the night, naked, along one of the roads that go to Tara'; we are also told that 'four kings were watching each of the four roads that lead to Tara', equipped with clothing in which to robe the rightful successor before he was taken to Tara to be made king (Knott 1936: 5). At this point, the road he took that night is not named. Since he was going from Áth Clíath to Tara, this should have been obvious; but later, when his fate and the fate of his kingship had been sealed because he had begun to violate *geissi (geasa)*, absolute prohibitions intrinsically attached some to his kingship, others to his life, he returned towards Áth Clíath and this time the road was named as Slige Chúalann, 'The Cúalu Road', the road to Cúalu. He went to his kingship and left it by the same highway.

Conaire decided, as he was travelling Slige Chúalann towards Áth Clíath, that he would make for the Hostel of Da Derga, Bruiden Da Derga. Henry Morris pointed out in 1938 that the text has Mac Cécht, Conaire's champion, say to the king that 'the road on which you are goes until it goes into the house' [of Da Derga] (Knott 1936: 9, § 29; Morris 1938). He also pointed to late-medieval documentary evidence assembled by Mills (1894: 171) that the road went away from Áth Clíath in a south-westerly direction, aiming, that is, for the western side of the Wicklow Mountains, the other side from Cúalu, and, moreover, that it went very close to Bohernabreena, the place by the entrance to Glenasmole that is believed to have preserved the name of the *bruiden* where Conaire met his death (see also Price 1944; Nicholls 1984: 538 n.

2). The implication is that the road was only in Cúalu for a short distance between the ford and the edge of the mountains round which it went going south-westwards; the name Slige Chúalann must, therefore, have meant 'The Road to Cúalu', and it would have been just as applicable for someone making for Áth Clíath from the south-west, from the old centres of Leinster kingship at Naas or Mullaghmast, as it was for someone coming from Tara south-eastwards towards Cúalu. 'The Road to Cúalu' brought Conaire both to the kingship of Tara and to his death at the end of his reign.

Whereas *Airne Fíngein* specified five roads as leading towards Tara, *Togail Bruidne Da Derga* only has four roads that lead to Tara. Perhaps *Airne Fíngein* was lead astray by its desire to have five roads leading from the five provinces of Ireland to Tara. Yet, it may be the case that, since Slige Chúalann went south-west from Dublin, the Slige Dála towards Munster may have branched off the Slige Chúalann. It is very likely, as we shall see, that it went from the Leinster client kingdom of Loígsi into the Munster kingdom of Éili at a place just to the west of Clonfertmulloe, *alias* Kyle, and a little to the east of Roscrea. It thus went to Munster *via* Leinster.

The next of the five roads was called Slige Assail, and this again must have meant 'The Highway towards Assal'. Assal was another district name, which included the land on the east side of Lough Owel and the modern village of Delvin in the centre of eastern Mide (Ó Riain *et al.* 2003–: A–107). It is attested in the Life of St Áed mac Bricc, in the commentary on the *Amrae Choluim Chille,* and in the *Metrical Dindshenchas* (Heist 1965: 178; Best and Bergin 1929: 14; Gwynn 1913: 280). In terms of the five provinces, it may be the road to Mide, just as Slige Chúalann was the road to Leinster and Slige Midlúachra was the road to Ulster.

A particularly interesting road also in the list in *Airne Fíngein* is Int Shlige Mór, 'The Great Highway'. This was identified by *Airne Fíngein* itself with Eiscir Ríadai. Esker is one of the words that Irish has given to English; it is used for an effect of melting glaciers by which they leave long ridges of gravel; this one refers to a line of low ridges, often interrupted, stretching across the middle of Ireland from Dublin to Galway Bay, from Áth Clíath Cúalann to Áth Clíath Medraige, near Kilcolgan south-east of Galway (Stokes 1894: 455; Stokes 1993: 51). One clearly marked stretch can be seen on Map No. 48 in the Ordnance Survey of Ireland Discovery Series; it runs immediately to the south of the Silver River, from the Rahugh Ridge to Moleen, two miles north of Tullamore and two miles south-south-east of Durrow Abbey, and then due west, just to the north of the monastery of Rahan. John O'Donovan walked the route and his description is worth quoting (O'Donovan 1841: 45–6):

> The writer has walked along this ridge and found it to extend by the hills of Crumlin and so along by the Esker at Lucan, then south of the Liffey, near Celbridge, and so across that river near Clane, onwards by Donadea, until it strikes the high road near Clonard, then extending southwards of the conspicuous hill of Croghan, until near Philipstown a line of road takes advantage of its elevation to run between two bogs. It is next to be seen in a very conspicuous ridge two miles to the north of Tullamore, where Conn and Mogh fought the battle of Moylena, and thence it extends in a very well developed line through the barony of Garrycastle until it strikes the Shannon at Clonmacnoise; on the west side of the Shannon, and at the town of Ballinasloe, whence it extends in the direction of the Abbey of Kilconnell, thence it wends in the direction of Athenry, and so on to the promontory of Rinn Tamhan now Towan Point, in Meadhraighe, or the parish of Ballynacourty, a few miles to the south of the town of Galway.

The bit of his description that is of particular interest is the reference to the late-medieval story of *Cath Maige Léne,* subsequently edited by Kenneth Jackson (1938) in the Medieval and Modern Irish Series. The extent of Mag Léne is not known for certainty: the present Moleen lies directly on the Eiscir Ríadai south of the Silver River (National Grid: N 34 28); Durrow, on the other hand, namely Dairmag or Daurmag 'Oak

Plain', a monastery founded by St Columba, was north of the Silver River, and consisted of an area of good land largely surrounded by bog. Colgan (1645: 411) maintained that Durrow was within Mag Léne, but it may be better to keep them distinct. An entry in the Annals of Tigernach and *Chronicum Scotorum* for 1019 records how Máelmúad Úa Máelmúaid, king of Fir Chell was forcibly removed from the stone church of Durrow and killed in Mag Léne (Stokes 1993: 250; Hennessy 1866: 259, *s.a.* 1018); this does not settle the issue but it is consistent with the view that these were neighbouring 'plains', areas of good land either side of the Silver River, in a landscape of bogs.

In Mag Léne, too, was held the synod of that name about 632, at which the leading churchmen of both the northern and the southern half of Ireland were represented (Walsh and Ó Cróinín 1988: 90). Its continuing significance in the tenth century is attested by an entry in *Chronicum Scotorum* for 907 (Hennessy 1866: 180, *s.a.* 906):

> A hosting of the men of Munster led by Cormac son of Cuilennán and by Flaithbertach to Mag Léna; and Leth Cuinn assembled to meet them there, led by Flann son of Máel Sechnaill; and Leth Cuinn was defeated.

This was the apex of the career of Cormac mac Cuilennáin, the nearest thing Ireland had at that time to a Platonic philosopher-king. The significance emerges from the claim in *Airne Fíngein* and elsewhere that the Eiscir Ríadai divided the northern from the southern half of Ireland: the Annals of Tigernach (Stokes 1993: 51), declared that: 'Randta on Ath Cliath co chele iter Cond Cetchathach ocus Mogh Nuadhad, cui nomen erat Eogan Taidleach, a quo nominatur Eoghanacht', '(Ireland) was divided from (one) Áth Clíath to the other between Conn Cétchathach and Mug Núadat, who was called Eógan Taidlech, after whom the Eóganacht are named'. The inner meaning of this claim cannot, however, be properly understood unless one realizes that the eighth-century boundary between Mide and Munster lay some distance to the south. Much of Fir Chell or Tír Cell, 'Land of Churches', one of the more extensive client kingdoms of Mide, lay south of the Eiscir Ríadai.

It had briefly been conquered by Feidlimid mac Crimthainn, king of Munster, in the first half of the ninth century, together with Delbnae Bethra (AU 840. 4), and Feidlimid had thus more than vindicated the claims of Munster, but only for a very short period. His more significant achievement, although again of brief duration, was to make Leinster a client of Munster rather than of the Uí Néill. This mattered for Mag Léne, since Leinster lay across the bog to the east and south-east. Mag Léne was indeed on the boundary for a king of Munster to whom Leinster was subject. What Cormac was doing in 907 is explained by one of a triad of 'hostings' in *Críth Gablach* which a king was entitled to pledge upon his peoples: 'a hosting to the boundary of a territory to look for justice and entitlement, so that he may have either battle or peace-treaty' (Binchy 1941: 20, ll. 509–13). In 907 Cormac was victorious at Mag Léne on the Slige Mór, but in the following year he was defeated and killed: the battle of Belach Mugna was fought in Leinster for control of Leinster.

A little to the north-east of Durrow and Mag Léne was another monastery, Ráith Áeda maic Bricc, Rahugh. A portion of the Eiscir Ríadai is called Rahugh Ridge from the name of this monastery. It, too, was the site of a major assembly in 859 including both southern and northern Ireland.

> AU 859. 3 (trans. Charles-Edwards 2006): A royal meeting of the nobles of Ireland was held at the Ráith of Áed son of Brecc, including Máel Sechnaill, king of Tara, and Féthgna, **comarbae** of Patrick, and Suairlech, **comarbae** of Finnio, in order to establish peace and harmony among the men of Ireland; and, as a result of that meeting, Cerball, king of Osraige, granted full authority to Patrick's **samad** and to his **comarbae**; and it was then that Osraige was alienated to Leth Cuinn, and Máel Guala, king of Munster, appointed sureties for its alienation.

The number of major monasteries adjacent to this portion of Eiscir Ríadai, including not just Durrow and Rahugh, but Tihilly, Lynally and

Rahan, as well as Clonmacnois further west, must be significant; and at Clonmacnois the highway connected with the Shannon, itself boundary, highway, and home of many monasteries. Also significant is the way the argument between Leth Cuinn and Leth Moga was conducted on the Slige Mór.

So far we have been looking at examples of major highways said to have radiated from Tara and the movements of kings and their armies. Yet the legal passage quoted at the beginning showed a hierarchy of roads. A more mixed picture of travel along early Irish roads comes from a passage in the *Vita Prima* of Brigit and the related Old-Irish *Bethu Brigte* (Ó hAodha 1978: 13–14):

> 'Indeed,' said Mel and Melchú to Brigit, 'we have been told that Patrick is coming from the south of Ireland to the Plain of Brega. We shall go to talk with him. Will you go?'
>
> 'I shall,' said Brigit, 'so that I may see him and talk to him, and so that he may give me his blessing.'
>
> When they had set out on their journey, a cleric with many cattle and a company caught them up on the road to ask that he might have their company to the Plain of Brega.
>
> 'We are in a hurry,' said Mel, 'lest (Patrick) our cleric should have left before we get there.'
>
> 'Let me find out from you,' said Brigit, 'the place where we are to meet in the Plain of Brega and I shall wait for this unhappy company.'
>
> Brigit then waited for the group of migrants (*immairche*).
>
> 'I have twenty girls coming along the road,' said Brigit. 'Give some of your burdens to them.'
>
> The unhappy people said: 'No, that may not be done. You have already benefited us more than that because through you the road is safe for us.'
>
> 'Aren't there two carts coming along the road?' said Brigit. 'Why don't they carry the burdens?'
>
> ...
>
> 'I have a brother,' said the cleric, 'in one of the carts, who has been lame for fourteen years; I have a sister in the other one, who is blind.'

'That's terrible,' said Brigit.

They came that night to a stream called Manae. They all had supper that night except Brigit. In the morning she healed the two disabled persons who were in their company; and they put their burdens into the carts and gave thanks to God.

One thing this passage illustrates is Brigit's concern for the unfortunate and the poor. The group of what one may reasonably call 'travellers', headed by a cleric, is described by Brigit as 'a wretched company', *senad trúag*. Even though they are headed by a cleric, who should have had a status valid outside his native kingdom, they are exceedingly grateful for the protection afforded by Brigit. The road they are travelling is from Tethbae, roughly Co. Longford, towards Brega; for Brigit and the bishops, at least, the destination is Tailtiu, Teltown, in Brega. They may conceivably have been using the Slige Assail, at least for part of the journey. They are travelling with their cattle and with their disabled, so it appears to be a migration: that they are accompanied by long-term disabled makes it very unlikely that these are early drovers. Brigit seems to be walking; the travellers certainly are, since their disabled are in the two carts. Because Brigit is of high status, a nun equal in status to a bishop, she can give the travellers better protection than their own cleric gives them. The group of migrant travellers is called an *immairche* (*immirge*). In the 'Expulsion of the Déssi' those expelled from Tara and forced to travel southwards, first into Leinster and later into the far east of Munster, are also said to constitute an *immirge* (*immirche*), and also a collection of *toirgi*, two verbal nouns of compounds of *at-reig* 'rises, gets up', but here with the sense of 'abandons (home) so as to migrate' (Meyer 1901: 108, 122, §§ 7, 22).

Brigit's sympathy for their condition can be contrasted with attitudes to migrants found in the laws and elsewhere. When the migration is of large numbers and has a military leadership, as in the 'Expulsion of the Déssi', it threatens settled populations with being cleared off their land: the Osraige were 'cleaned out', *aurglanad*, from the land between the Rivers Andobur (the Anner, which joins the Suir just to the east of

Clonmel) and Lainnen (the Lingaun which joins the Suir to the east of Carrick-on-Suir) (Meyer 1901: 120–22, § 21). An *immirge* of this kind was a forerunner of the *cáeraigecht* (*caoraigheacht*) of the late-medieval period studied by Katharine Simms (1986). The army of Ailill and Medb that marched east across Ireland was also an *immirge* (O'Rahilly 1976: 32, ll. 1033–4). An individual migrant, on the other hand, was a *raitech*, a 'road-person'; and when he attempted to settle, rapid procedures were in place to remove him from the land (Binchy 1978: 212.32; 369.9).

In terms of transport and travel, this passage from *Bethu Brigte* gives a mixed message. For those of a low status, travel is dangerous: perhaps the principal danger is of being enslaved. Yet Brigit and her company of twenty girls can travel with relative security. The clerics of saints' Lives often travel in a chariot. Even the poor migrants of this passage might wish to put their baggage in a cart, even if they themselves walk. They will be fortunate indeed if they receive any kind of welcome on the road. Yet Brigit and the two bishops had been on their way to *Óenach Tailten*; and the legal evidence cited earlier showed that highways were especially important on such occasions. It mattered to the king of Tara that the king's highways be much travelled: when the community of Tallaght prohibited travel to Tailtiu in 811 'so that there arrived neither horse nor chariot' many gifts had to be given to Tallaght to compensate for the insult Áed Oirdnide had given the community (AU 811. 2).

The last topic concerning travel and transport that I want to discuss is the lowland 'pass' and its position in respect to, or on, a *slige*. Typically these 'passes' were on major highways and they give us a clear idea of one function of these highways. But first we need to note a distinction between Hibernian English and the English of England. In England, 'pass' typically means a mountain pass, as in the Khyber Pass or the Brenner Pass or the Pass of Drumochter in the Highlands of Scotland; in Ireland, 'gap' is the word for what the English call a pass, as in the Sally Gap in the Wicklow Mountains or Barnesmore Gap which takes the road from Donegal Town over the mountains and into the Foyle basin. Normally, places referred to in the early medieval sources by the terms *bernas* or *bernae* emerge in Hibernian English as 'gaps', while 'pass' renders *belach* or *bélat*. Editors sometimes gloss the latter terms as 'mountain pass', but this is quite wrong. For example, in the case of Ballyfeard, Co. Cork, *Bealach Feadha Aird*, 'Pass of the high wood', it might be tempting to assume that here a mountain-pass was indicated. In the case of Baltinglass, Co. Wicklow, *Bealach Conglais*, 'Pass of Conglas', its geographical situation in the Wicklow Mountains again suggests a mountain-pass' (Flanagan & Flanagan 1994: 28–9). Anyone who has travelled through the Pass of Gowran from the Barrow valley into Osraige will know that it is not a mountain pass; the same is even more true for 'The Pass of Kilbride' and 'Tyrrell's Pass' on the old road from Dublin to Galway. To understand what these passes were, one has to wait until the Old French *Geste des Engleis* or *Song of Dermot and the Earl*. Some revealing passages are the following (in Evelyn Mullally's translation):

Mullally (2002: lines 560–9) (Diarmait Mac Murchada has returned from exile accompanied by English knights and proceeds to attack his enemies who had forced him into exile. The most powerful of these is Mac Donnchada, king of Osraige, and the boundary between Osraige and the rest of Leinster is 'The Pass of Gowran', *Belach nGabráin*):

> Mac Donnchada, the traitor,
> who was lord of Osraige,
> had three wide and deep trenches thrown up
> in front of him.
> In front of him, in a pass,
> the rebel had three trenches thrown up forthwith
> and raised a stockade
> along the top of each one.

Similarly, lines 1010–19 on the Pass of Achad Úr:

> Meanwhile, Mac Donnchada
> quietly summoned all his men

to come to the pass of Achad Úr (Freshford, Co. Kilkenny)
without more ado.
Then he had a trench thrown up
high and wide, deep and hard to cross,
and he then had it strengthened with stakes
and had hurdles erected in front of it
to prevent fierce King Diarmait
from crossing the pass.

In addition to these examples, it is important to note the practice of 'plashing a pass' or a wood, as in Mullally, lines 1314–17: 'Meanwhile, all the base traitors / of the surrounding country / went to plash the passes / through which they [the English] were to cross.' Similarly, Mullally, lines 1592–7 (King Diarmait speaking before he and his English allies attack Dublin): 'In these circumstances we shall go by the hills / over firm terrain and open ground, / for the woods are plashed / and the roads trenched across, / and all our Irish enemies are waiting for us on wooded ground.' A pass in this sense was a mixture of nature and art. At the pass the woods were allowed to grow close to the road. When an attack by an enemy army was expected, the road itself might be trenched, more or less elaborately. The woods on either side of the pass could be plashed (the process used in making a hedge by bending down and interweaving split stems and branches). In this way, an attack may be driven off. A pass of this kind was, then, a defensive device for use where a road crossed the frontier between two territories. It assumed management of the landscape so as to constrain the movement of armies; it did not rely on mountains but on woodland. That is not to say that a *belach* never utilized high land, but that was an occasional extra not the essence of a 'pass'.

The descriptions that allow one to understand the genesis of passes such as Tyrrell's Pass and the Pass of Kilbride are from the end of the twelfth century. But it is probable that these descriptions would have been as true of the seventh or eighth century as they were of the twelfth. As we have seen the distinction between mountain gap and lowland pass is rendered in Old Irish by *bernas* or *bernae* for the mountain gap and *belach* or *bélat* for the lowland pass. The distinction is old: Tírechán in the late-seventh century has *Bernas filiorum Conill* for the Barnesmore Gap and *Bélat Gabráin* for the Pass of Gowran (Bieler 1979: 160, 162, §§ 47.3, 51.4). Another pass attested early is the one just to the west of Kells, by the church of Castlekeeran, namely *Belach nDúin* (AU 775. 7). There is not just the name, but the ogham inscription **COVAGNI MAQI MUCOI LUGUNI** (Macalister 1945: 46–7, No. 41). The inscription is the earliest evidence for the people called the Luigni and may well itself have marked their early-medieval boundary (the situation of the barony of Lune is probably the result of much later pressure from Bréifne). Kells, just to the east of the pass, was in the neighbouring kingdom of Cúla Breg. Similarly, the monasteries of Roscrea (in Éli and thus in Munster) and Clonfertmulloe (in Loíchsi xx spellt 'Loígsi' above, quod passim? xx and thus in Leinster) were either side of the *Belach Mór*, 'The Great Pass', on the *Slige Dála*: probably in the ninth century Osraige gained territory in this area from Loíchsi, and hence the pass became known as *Belach Mór Osraigi* (Ó Riain *et al*. 2003–: B–111); but the earlier political geography is clear from the *Vita Prior S. Lugidi seu Moluae* (Heist 1965: 138, 144, §§ 34, 68).

The existence of such 'passes' in the seventh century reveals one role of the *slige*, 'highway', at that period: just like the Roman road a prime function was military, to enable the rapid movement of armies. The road constructed by the edict of the king in Cogitosus's Life of Brigit was, among other things, 'for the rushing of people and the clashing of enemies from all sides'. That highways often went through such passes when they crossed a political boundary does not mean that the movements of the ordinary population were restricted. No one was going to 'trench the roads' or 'plash the woods' to stop them.

Where, then, are we with the old debate between MacNeill and Binchy with which I began? Here only the grander roads are relevant, not the local roads that facilitated transhumance or allowed cattle to reach a cattle-pond. The roads spanning out from Tara appeared to support MacNeill. They were examples of the highest category of road, the *slige* or highway. The highway appears to have been public and royal; it was always maintained by law and might be built by royal edict. As we saw with the special term *rámat*, the king needed to be accessible and his roads ensured that he was. If his roads could not be travelled, his *cáin* had broken down (Knott 1936: 8, lines 243–4). But then we had the travellers in the Lives of Brigit, who were in serious danger unless they were in the company of the saint. These were indeed travellers along one of the highways of Ireland, but they were 'poor unfortunates', as Brigit's reaction to them shows. People with a serious stake in the soil, one might imagine, stayed in the kingdom of their fathers and grandfathers. It seemed that those who were the most assiduous travellers along the highways in peace were either of very high rank or the very poor. Even poets on a circuit might be killed on their journey (Anderson and Anderson 1991: 76). On the other hand, it is very unlikely that only *oés dána* 'men of art', including churchmen, travelled the roads, even the highways. The legal material made it clear that most traffic occurred at the time of an *óenach* or *dál*; and such occasions probably attracted considerable numbers. As the community of Tallaght well understood in 811, the highways that led to Tailtiu were an essential expression of the authority of the king of Tara. Each standpoint, MacNeill's and Binchy's, has its points of strength.

NOTE

1 On the dating of the *Vita Prima* I follow Sharpe (1982) rather than McCone (1982) or Ó Riain (2011).

BIBLIOGRAPHY

AU: *The Annals of Ulster (to A.D. 1131)*, Mac Airt, S. and Mac Niocaill, G. (eds) 1983. Dublin.

Anderson, A. O., and Anderson, M. O. (eds) 1991. *Adomnán's Life of Columba*, 2nd edn. Oxford.

Best, R. I., and Bergin, O. J. (eds) 1929. *Lebor na hUidre: Book of the Dun Cow*. Dublin.

Bieler, L. (ed.) 1969. *The Patrician Texts in the Book of Armagh*. Dublin.

Binchy, D. A. (ed.) 1941. *Críth Gablach*. Dublin.

– 1971. *Celtic and Anglo-Saxon Kingship*. Oxford.

– (ed.) 1978 *Corpus Iuris Hibernici*. Dublin.

Carey, J. 2007. *Ireland and the Grail*. Aberystwyth.

Charles-Edwards, T. M. 2006. *The Chronicle of Ireland*. Liverpool.

– 2012. *Saint Patrick and the Landscape of Early Christian Ireland*, Hughes Lecture. Cambridge.

Colgan, J. (ed.) 1645. *Acta Sanctorum Veteris et Maioris Scotiæ, seu Hiberniæ*. Louvain.

Connolly, S., and Picard, J.-M. (trans.) 1987. 'Cogitosus' Life of St Brigit' *Journal of the Royal Society of Antiquaries of Ireland* 117: 11–27.

Flanagan, D. and Flanagan, F. 1994. *Irish Place Names*. Dublin.

Gwynn, E. J. (ed.) 1913. *The Metrical Dindshenchas, Part III: Text Translation, and Commentary*. Dublin.

Heist, W. W. (ed.) 1965. *Vitae Sanctorum Hiberniae e Codice Salmanticensi*. Brussels.

Jackson, K. H. (ed.) 1938. *Cath Maige Léna*. Dublin.

Kelly, F. 1997. *Early Irish Farming*. Dublin.

Knott, E. (ed.) 1936. *Togail Bruidne Da Derga*. Dublin.

Macalister, R. A. S. 1945, 1949. *Corpus Inscriptionum Insularum Celticarum*. Dublin.

MacNeill, E. 1964. *St Patrick*. J. Ryan (ed.). Dublin.

Mac Niocaill, G. 1971. 'Tír Cumaile' *Ériu* 22: 81–6.

McCone, K. 1982. 'Brigit in the Seventh Century: A Saint with Three Lives?' *Peritia* 1: 107–45.

Meyer, K. (ed.) 1901. 'The Expulsion of the Déssi' *Y Cymmrodor* 14: 101–35.

– (ed.) 1912. *Sanas Cormaic*. Anecdota 4. Halle.

– (ed.) 1906. *The Triads of Ireland*. Dublin.

Mills, J. 1894. 'The Norman Settlement in Leinster — the Cantreds near Dublin' *Journal of the Royal Society of Antiquaries of Ireland* 24: 161–75.

Morris, H. 1938. 'The Slighe Cualann' *Journal of the Royal Society of Antiquaries of Ireland* 68: 113–29.

Mullally, E. (ed.) 2002. *The Deeds of the Normans in Ireland / La Geste des Engleis en Yrlande: A New Edition of the Chronicle formerly known as* The Song of Dermot and the Earl. Dublin.

Nicholls, K. 1984. 'The Land of the Leinstermen' *Peritia* 3: 535–58.

O Daly, M. (ed.) 1975. *Cath Maige Mucrama*. Irish Texts Society, 50. London.

O'Donovan, J. 1841. *The Circuit of Ireland of Muircheartach Mac Neill, Prince of Aileach: A Poem, written in the Year DCCCCXLII by Cormacan Eigeas* in *Tracts relating to Ireland, printed for the Irish Archaeological Society*. Dublin.

Ó hAodha, D. (ed.) 1978. *Bethu Brigte*. Dublin.

Ó Lochlainn, C. 1940. 'Roadways in Ancient Ireland', in Ryan, J. (ed.), *Féil-sgríbhinn Eóin Mhic Néill*. Dublin. 465–74.

O'Rahilly, C. (ed.) 1976. *Táin Bó Cúailnge: Recension I*. Dublin.

Ó Riain, P. 1972. 'Boundary Association in Early Irish Society' *Studia Celtica* 7: 12–29.

Ó Riain, P. *et al.* 2003–. *Historical Dictionary of Gaelic Place-Names/Foclóir Stairiúil Áitainmneacha na Gaeilge*. Irish Texts Society. London.

– 2011. *A Dictionary of Irish Saints*. Dublin.

Price, L. 1944. 'The Manor of Bothercolyn' *Journal of the Royal Society of Antiquaries of Ireland* 74: 107–18.

Raftery, B. 1996. *Trackways Excavations in the Mountdillon Bogs, Co. Longford, 1985–1991*, Irish Archaeological Wetland Unit Transactions, 3. Dublin.

Sharpe, R. 1982. '*Vitae S. Brigidae*: The Oldest Texts' *Peritia* 1: 81–106.

Simms, K. 1986. 'Nomadry in Medieval Ireland: the Origins of the Creaght or *Caoraigheacht*' *Peritia* 5: 379–91.

Stokes, W. 1894. 'The Prose Tales of the Rennes Dindshenchas' *Revue Celtique* 15: 272–336, 418–84.

– 1895. 'The Rennes Dindshenchas: First Supplement' *Revue Celtique* 16: 135–67.

– (ed. and tr.) 1993. *The Annals of Tigernach*. Llanerch.

Vendryes, J. (ed.) 1953. *Airne Fíngein*. Dublin.

Walsh, M., and Ó Cróinín, D. (eds) 1988. *Cummian's Letter* De Controversia Paschali *and the* De Ratione Conputandi. Toronto.

Thomas, G. C. G., Williams, N. (Ed.) (2007) *Bewnans Ke: The life of St Kea: a critical edition with translation.* Exeter: University of Exeter Press, in association with the National Library of Wales. *(le caoinchead Nicholas Williams)*

Nicolas Jacobs

IRISH INFLUENCE ON MEDIAEVAL WELSH VOCABULARY: THE CASE OF THE GNOMIC POEMS

The belief in a common historical 'Celtic' identity centred on the Irish Sea is a tenacious one, at least in Welsh academic and cultural circles. That this is less true, if at all, in Ireland suggests that the belief is a matter more of wishful thinking than of historical reality, but ever since the study of Welsh literature became a matter of scholarly rather than of merely antiquarian interest, that is from the end of the nineteenth century, it has never been far below the surface. In a recent, comprehensive examination of the evidence for vernacular Irish influence on mediaeval Welsh literature, Patrick Sims-Williams (2011) has demonstrated how tenuous that evidence actually is, and how much of it appears to be associated with a single brief period of contact between two ecclesiastical foundations in the eleventh century. As far as the literary evidence goes, the Welsh and the Irish, beyond that single point of contact, may as well have been content to ignore each other's existence for centuries at a stretch.

Historically, of course, that is not the case. Given the existence of substantial Irish settlements in south-western and north-western Wales between the late Roman period and at least the early seventh century (Jackson 1953: 154–6) it is natural that there should have been extensive contacts with the Irish in and around those areas and, to some extent, then and later, with Ireland itself. The traditions concerning St David, his baptism by the Irishman Ailbhe (Eilfyw, Elvis), patron saint of Munster, his uneasy relations with the local Irish ruler, and the comings and goings between his monastery and Ireland (James 1967: 6, 9–11, 15–18), though late and often fantastical in detail, presumably have some basis in fact, as likewise the Irish episodes in the lives of such saints as Cybi and Cadog (Doble 1964: 105–32; Orme 2000: 79, 99–100; see also Chadwick 1958b: 121–32). Nor need we suppose that the eleventh-century ecclesiastical contacts between Llanbadarn Fawr and Ferns explored in detail by Sims-Williams, however unusual in their closeness, were in other respects unique. The Irish connections of Gruffudd ap Cynan and his family in the same century are well known, and these are only the high point of a series of political relationships extending well back into the tenth century (Maund 1991: 156–82), while there must have been regular trade contacts, even if not on a large scale, across the Irish Sea, whether with native Irish or (perhaps more likely towards the end of the millennium) Hiberno-Norse trading centres. All of these could have provided opportunities for language contact, and it is legitimate, while paying careful attention to what forms such contact may have taken, to seek further evidence of cultural connections in the vocabulary of Welsh.

There is always the possibility that individuals, especially in the context of trade, could have picked up the occasional Irish word, without necessarily having any but a superficial acquaintance with the language. But there is little reason for such words to have passed into the general vocabulary of Welsh. The most likely environment for the adoption of loan-words would be one in which there was a genuinely bilingual element in the population. This presupposes one of two conditions, the second of which could, but need not, have depended on the first: a mixed population in which the Irish element was politically or culturally dominant,[1] and a substantial incidence of linguistically mixed marriage. Both factors would have operated in the areas of Irish settlement in Dyfed, Brycheiniog and Gwynedd (Evans 1977: cvii), and the second is to be expected additionally around the fringes of such areas. These settlements were established, according to Jackson, by the end of the third century, and kings of Irish descent continued to rule in the South-West until the tenth,[2] though there is no reason to suppose that Irish continued to be spoken there as late as that. In his survey of the epigraphic evidence, Sims-Williams (2002: 22–32, 7) demonstrates the virtual disappearance of Irish names (apart from a few late survivals in Ceredigion) in the seventh century, while observing that even those with Irish names need not have been Irish-speakers. With this caveat in mind, it would be imprudent to assume the linguistic dominance of Irish in south-western Wales much after 600. This, however, still allows three centuries for the development of a partly bilingual population, while the progressive assimilation of the Irish at the end of the period would involve an increasing incidence of mixed marriage and an eventual integration of the bilingual element into the wider monoglot community, both of which might further facilitate the passage of some Irish words into Welsh.

All this presupposes a section of the population which grew up speaking both languages, and this raises no problems given the superior capacity of young children, as compared with adults, to acquire a second or third language where it is regularly spoken around them. Once the conditions for that came to an end with the demise of Irish in Wales, the case would have been much altered. Of all European languages, Irish is widely regarded as being among the least approachable for the adult learner, especially if non-Indo-European languages are left out of consideration, and, despite the initially deceptive existence of a number of easily recognisable nouns and adjectives, the phonetic, grammatical and syntactical complexities of Old or even Middle Irish must have made its acquisition as formidable a task for a Welsh-speaker in or after the sixth century as for any other aspiring foreigner. There is, nevertheless, evidence that some outsiders did, against the odds, acquire a degree of fluency in Irish, and though, because of the nature of the historical record. the only specific instances known to us from the early Middle Ages are Englishmen from Northumbria,[3] there is no reason to doubt that a Welsh-speaker could have emulated their achievement, given sufficiently long residence in Ireland, in the same way as the Norsemen of the settlements did. Such scholarly and ecclesiastical endeavours on the part of individuals are, however, less likely to have brought loan-words into Welsh than the linguistic contacts postulated above for the Irish settlements in Wales: the scarcity of Irish loan-words even in Old English (Campbell 1959: 219–20; O'Neill 2010), despite the importance of the Irish missions to Northumbria and the linguistic talents of its kings and bishops, is instructive.

There is, indeed, evidence of repeated cultural contacts, mostly ecclesiastical but some political, between Wales and Ireland in the centuries following the expulsion or absorption of the early Irish settlements.[4] These, however, together with two clear cases of specific and sustained cultural contacts in the eleventh century, are of ambiguous significance as far as language is in question. Sims-Williams has demonstrated the importance for the transmission of literary material of the connections between Llanbadarn Fawr and Ferns centred on the person of Sulien 'the Wise' (1011–91, bishop of St David's 1072/3 and 1080–85); such contacts could certainly have provided an opportunity to learn some Irish, and Sims-Williams (2011: 22–3, 230–86) cites Sulien himself as a probable instance. In the same century, prominent amid the welter of continually shifting political relationships and military alliances between Welsh and Norsemen (Maund 1991: 156–82) is the case of Cynan ab Iago, exiled prince of Gwynedd, and his son Gruffudd (c. 1055–1137), who was born in Dublin of a Norse-Irish mother, Rhagnell (= Ragnhild) daughter of Avloed (= Ólaf Sihtricsson) king of Dublin, and raised at Swords.[5] He is recorded as having solicited the help of the Irish kings in recovering his kingdom and to have campaigned with a mixed force of Welsh, Irish and Norse-Irish, being ultimately successful with the aid (or, arguably, under the suzerainty) of the King of Norway. Of all the characters in Welsh history, Gruffudd thus has much the strongest political connection with Ireland, and if there were ever strong secular links between Wales and Ireland, Gwynedd in his time would be the place to look for them. But neither in his case nor in that of Sulien can we be certain that all or most communication was in Irish, for in both cases there was a convenient *lingua franca* available: Latin for Sulien and his associates, Norse for Gruffudd and his.[6]

It would, nonetheless, be surprising if Sulien, scholar that he was, had made no attempt to learn Irish, and since there is one piece of evidence that at least one person involved in the intellectual exchanges between Llanbadarn and Ferns gained a degree of proficiency in it, the most economical hypothesis is that this was Sulien himself. The same cannot be confidently claimed for other Welsh churchmen, whose sojourn in Ireland must have been briefer than his.[7] The intellectual prestige of Ireland at this time rested on its Latin scholarship, not (however unjustly) on its vernacular culture, and it is hard to detect the conditions for a degree of bilingualism in Welsh scholarly circles such as would facilitate the adoption of Irish loan-words in any systematic way or on any large scale.[8] Sporadic instances, however, would not be surprising.

Comparative studies of the two languages have been of great value to lexicographers and editors in identifying Irish cognates for otherwise unexplained Welsh words and thus providing clues as to their interpretation. Lexical borrowings have attracted less attention, in part because of their scarcity in contrast to those from Latin, English and Romance, for all of which detailed and often authoritative studies exist,[9] and in part because, where they do exist, the meanings of such Welsh words are often already known, and there was in the past little incentive to find etymologies for them.. For Irish loan-words in Welsh, little has appeared in print, and that only quite early on in the history of Welsh scholarship (Rhys (1895), d'Arbois de Jubainville (1896), Pedersen (1909: i. 24) (the most judicious) and O'Rahilly (1924: 137–46)). A comprehensive survey of Irish loan-words in Middle Welsh remains much to be desired. As a small contribution to what remains a daunting task, I offer a brief account of those instances of lexical borrowing, fewer than a dozen head-words in all, which have come to light in the course of editing the corpus of mediaeval Welsh gnomic poetry: *archan, cleirch, cor, denghyn, diarchenad, dryccor, graen(n)wyn(n), llonn, mab llen, ochsael / ochsail, wynebclawr*.[10]

archan n. ?f. 'shoe' (*EWGNP* XII(B)a *Mis Rragfyr tomlyd archan* 'December, the shoe is muddy'). This is a variant, probably late, of *archen*: the latter form is guaranteed as original by the derivatives *archenad* n. 'footwear, shoe', *diarchen* adj. 'shoeless', *diarchenad* n. 'shoeless person', *diarchenu* v.tr. 'remove shoes (from s.o.)'. These are well exemplified in the tales and romances in the White Book of

Rhydderch and later manuscripts, in addition to *diarchenad* in the May stanza of *'Englynion' y Misoedd*; they may be assumed to have been well established in Welsh by the twelfth century. The simplex *archen* must be older, perhaps considerably so, but is not recorded before the fifteenth century;[11] it is clearly to be connected with OIr *ac*(*c*)*rann* (<c> ≡ /k/) n. f. 'shoe', which goes back at least to the eighth century, being recorded in the Würzburg and the somewhat later Milan glosses.

That *archen* is actually derived from *acrann* is doubtful. If it is, the borrowing can hardly be later than the separation of the Brittonic languages in the sixth century, since *archen* – with the Common Brittonic development of /rk/ > / rχ/ following metathesis /kr/ > /rk/ – appears in its derivatives *archenat* (*~ou* gl. *calcei)* in Old Breton (Loth 1970: 45), the simplex *arc'henn* being recorded in the later language, and *orchinat* (gl. *calciamentum*) in Old Cornish (Zeuss 1853: 1120). Now, provided that *acrann* is of Irish origin, it would not be un-reasonable to suppose it to have been available for borrowing so early. Metathesis is a common phenomenon in almost all languages, and *-ann,* whatever its origins, could easily have been interpreted as a suffix and replaced in Brittonic with the more common termination *-en*(*n*). It is, to be sure, not obvious that a word borrowed in the context of the Irish settlements in Wales would have easily spread to the whole of South-Western Britain before the English invaders drove a wedge between Wales and the Dumnonian peninsula, and in order to sustain the hypothesis we must assume that the supposed borrowing took place at a very early stage of the Irish settlement. This is perfectly possible. Since, however, we know that *archen* must have been current in British in the sixth century, before the separation of the populations and the Breton migrations, whereas *ac(c)rann* is not actually recorded in Irish before the eighth, it is possible to turn the argument round and suggest that the borrowing (and the metathesis) took place in the opposite direction. The Irish form *ac(c)rann* (as opposed to ***aic(c)renn*) would then be explicable in terms of the unpalatalised quality of British /k/ (Jackson 1953: 402–3) or, to use a more cautious formulation, of its failure to develop a palatalised allophone before *-e(-)*.[12] As no satisfactory common Celtic etymology has yet been proposed for the word, it remains probable that borrowing took place, but its direction seems indeterminable.[13]

It is interesting that in both languages the words (or their derivatives) were subsequently extended to embrace 'clothing' in a wider sense, but it is not clear what, if anything, should be made of this. Since the development is recorded much earlier in Irish than in Welsh,[14] it could be argued that the semantic development of the Welsh word has been influenced by Irish *acrann* at a comparatively late stage, perhaps towards the end of the Middle Ages. In a similar way it could be suggested that the termination of the variant form *archan,* which is guaranteed by the rhyme, has been influenced by the Irish word.[15] The development may recall the well-known modern change in northern and south-eastern Welsh of unstressed *-e(-)* in final syllables to *-a(-),* but there seems to be no evidence for this development as early as the fifteenth century,[16] and some other explanation is evidently needed. But for two distinct and unrelated processes, one semantic, the other phonological, to have occurred independently in the same fairly obscure word seems a remarkable coincidence.[17]

cleirch n.m. '(decrepit, feeble etc.) old man' (*EWGNP* III.18c = *EWGP* VII.18c *bit ryngawc cleirch* 'an old dotard is always meddling'). Jackson emends needlessly, and at the expense of the metre, the line already being a syllable too long, to *rygyngawc* 'ambling, unsteady'. *Cleirch,* as has long been recognised, is derived from OIr *cléirech* 'cleric' (< Lat. *clericus*); it occcurs quite frequently in Middle Welsh in a number of forms, among them *cleiryach* as a variant reading (Oxford, MS Jesus College 20) in the quoted line. The phonological development of *cleirch,* together with the drastic shift of meaning from the Irish word, may suggest that it entered the Welsh lexicon a fair time before its first appearance in the White Book of Rhydderch (NLW MS Peniarth 4) in the fourteenth century.[18]

The syncopated form *cleirch* presents no problem. The consonant group /r◎/ is one in which an epenthetic vowel is only rarely developed in Middle Welsh (Evans 1964: 12), and it would not be surprising for *cleirych* to be assimilated to the pattern of words such as *ceirch, eirch, meirch, tyweirch* and so forth. Alternatively, *cleirch* could go back to an inflected form of *cléirech,* where syncope is usual.[19] The semantic development is more interesting and perhaps more significant. *Cléirech* is never recorded in Irish other than in its etymological sense; conversely, its Welsh derivatives are never used other than as derogatory terms for an old man, with no reference to his religious status. It follows, then, either that the Welsh word reproduces a sense that once existed in Irish but was lost at an early stage, or that the word was originally borrowed into Welsh with its regular Irish sense, and subsequently acquired a derogatory meaning which entirely supplanted that sense.

It would not be hard to account for such a process if it had occurred in Irish. The starting point would be the binary opposition *laicus*: *clericus,* which yields the pair *láech*: *cléirech* 'layman: cleric' in Old Irish.[20] From its original sense 'layman', *láech* acquires the meaning 'warrior', which eventually ousts the etymological sense altogether. It would be natural for the semantic development of *láech* to be paralleled by that of *cléirech,* so as to give the latter the sense 'unfit for military service (by implication through age, infirmity or both)'. However, given the lack of evidence for this sense in Ireland, whereas the Welsh sense would be an easy development of it, we may tentatively suppose that such a usage was early confined to the Irish colonies in Britain, and perhaps even arose there.[21] By contrast, a comparable semantic shift within Welsh can best be explained on the basis that, since a clerical vocation continues until death – not to mention the likelihood of better life-expectancy in a monastery – the clergy must in practice have included a greater proportion of the elderly and feeble than any group within secular society. The common practice of entering a monastery in old age should also be borne in mind. *Cleirch* and its variants would, on this view, have acquired its derogatory sense by a process of association. This is perfectly possible, but as a motivation for semantic change it seems weaker than that proposed to account for a similar development in Irish.[22]

The significance of the late variant *cleiryach* is not entirely clear. The temptation to attribute it to the contemporary influence of spoken Irish should probably be resisted, given that the earlier instances of *-cleirych, cleiryach, cleiriach* probably all represent variant spellings of the original loan-word; nor should the Classical Modern Irish spelling *cléireach,* which would have been long established by that time, be taken to represent a change of pronunciation, though on the unlikely supposition that the scribe of the Jesus manuscript had seen the word written, he might have so taken it. If any secondary Irish influence had operated in the fifteenth century, the scribe would presumably have re-interpreted the word in its normal Irish sense. 'A cleric is prone to meddling' is an understandable sentiment, but there can be no proof that that was the scribe's interpretation.

cor see **dryccor**

denghyn adj. 'strong, mighty' (used as n. *EWGNP* IX. 67 *trenghyt, torrit pob denghy*[*n*] (*denghyt* MS) 'every strong man perishes, he loses his strength'). The scribal spelling with *-ngh-* is problematic; given that the scribe has written *denghyt* shortly following (and presumably under the influence of) *trenghyt* (where the *h* is correct, being part of the third person singular absolute termination) it is more than likely that the correct reading is *dengyn,* though the Red Book scribe repeats the spelling *denghyn* at 1396.31. Whatever the form, the word is clearly derived from OIr *daingen* adj. 'firm, fast, strong, solid', and is fairly common elsewhere in Middle Welsh, always without *-h-*. It must be an early borrowing, since *a* has undergone the equivalent of *i*-affection: in this case the influence of a following palatal consonant.[23] Kenneth Jackson (1953: 604–11) argues for a date in the seventh or eighth century for internal *i*-affection. This is compatible with the supposition that this borrowing too is to be linked to the Irish settlements in Wales.

diarchenad adj. 'shoeless, unshod' (used as n. *EWGNP* XII.5c = *EWGP* IX.5.iii, *CRhC,* no. 66.72 *llawen hen ddiarchenad* 'the old barefoot man is joyful', sc. because it is dry underfoot by May, cf. *ib.* 6d *hyffordd mignedd* 'the peat-bogs are passable'). The formation is unproblematic: negative prefix *di-* + *archenad* n. 'footwear'. See on **archan**.

dryccor n. '?wrongful agreement, malpractice, conspiracy' (*EWGNP* IX.38 *chwerw dryccor wedy trenghit* 'a wrongful agreement proves bitter after (one) dies'). This noun, unrecorded elsewhere◎ is a regularly formed compound of *drwg* 'bad' and a hitherto unidentified *cor*. The two elements are clearly separated in the manuscript (*dryc cor*), but the change of vowel in *dryc* points unequivocally to a compound. The line comes in a section mainly concerned with morality and the judgment to come. I have argued elsewhere (Jacobs 2004: 21) against taking *cor* as MW *côr* 'company, tribe, throng', on the grounds that it is the sin, not the sinner, that proves bitter in the day of judgment, and proposed instead that *cor* is a borrowing of OIr *cor*, a word with a very wide range of senses radiating from a basic sense 'act of putting, placing',[24] among which are the legal senses 'contract, agreeement, undertaking'. This gives a reasonable sense for the line. If such is the origin of the Welsh compound, the sense may have been extended to cover any kind of wrongful association or concerted malpractice.

This borrowing, if that is what it is, differs in kind from those so far discussed in this paper in that it refers to an abstraction, rather than a concrete object, and thus seems to belong to a more learned register than the others; it might thus be associated with the later ecclesiastical contacts between Wales and Ireland rather than with the earlier Irish settlements in Wales.[25] It is puzzling, indeed, that a word such as *cor* which has left no other trace in Welsh should have been well enough established in the language to generate a compound of this type: all other compounds with *dryc-*, *dryg-* recorded in *GPC* have as their second element a recognisable pre-existing Welsh word. This raises the question whether the Welsh word might reproduce an original Irish **droccor*, **drocor* (Thurneysen 1946: 86–7) or similar,[26] with a general sense such as 'criminal association'. If this were the case, it is likely that the significance of the first element would be apparent to a Welsh-speaker, even one with minimal Irish; in which case *dryccor* might be classified as a kind of partial calque, cf. *mab llen* below. But even in that case the second element, abstract as it is, would have needed to be familiar, so that this borrowing, if that is what it is, implies a more advanced knowledge of Irish than the instances so far discussed; see the discussion of *wynebclawr*, below.

graen(n)wyn(n) adj. ? 'white-capped, white-flecked' (*EWGNP* II.7a = *EWGP* III.7.i *eiry mynyd graennwyn gro* 'mountain snow, white-flecked (?) is the gravel' (sc. with the foam of a swirling wave?); *EWGNP* VII.1b = *EWGP* II.1.ii *hwyaid yn llynn graenwynn tonn* 'ducks on the lake, white-topped (?) is the wave'). About all that is certain about this word is the second element *gwyn*(*n*) 'white'. For the first element, Jackson (1935a: 47) favours taking *graen*- as a variant of *graean*- 'gravel', and is followed by *GPC* s.v. **graeanwynn**, which renders 'white as gravel'. This is an unlikely description, whether of a wave or of gravel itself, and can hardly be right; but it is admittedly difficult to devise a sense that fits both lines. Jackson's further suggestion, that *graen*(*n*)*wyn*(*n*) is for *gran*(*n*)*wyn*(*n*) 'white-cheeked, white-bearded' serves well enough, as he admits, for waves, but not so well for gravel; in addition, the repeated unetymological spelling with *-ae-* needs explanation, and none has been offered.

MW *graen*, on the other hand, is well exemplified, with the sense 'terrible, frightful' (cf. OIr *gráin* 'awesomeness; terror, horror'), permitting Lloyd-Jones 1931 (s.v. **graen**[1]) to postulate a semantic shift to 'amazing, wonderful', and to suggest the sense 'wondrously white'; alternatively, and very tentatively, he compares MIr *gráin* 'point (of spear)', which might allow the sense 'white-tipped'. Lloyd-Jones regards both Irish words as cognates rather than as etymons of *graen*(*n*), though it would be possible to explain the latter as a loan-word on the basis that the diphthong represented a Welsh-speaker's perception of the Irish vowel as influenced by a following palatal consonant.[27] As between 'wondrously white' and 'white-tipped', the latter fits the context better in both the instances cited. MIr *gráin*, however, is a rare word, and it is doubtful whether it was ever extended to mean 'tip' in general; even if it could be so used, the usage might well belong to a literary register unlikely to generate a loan-word. That *graen(n)wyn(n)* incorporates an Irish element is accordingly far from certain.

llonn adj. 'rough, choppy' (*EWGNP* XII[B] *llonn mor merllyd pob callawr* 'the sea is rough, every cauldron is greasy'). The MW word is common, and has the sense 'cheerful, lively'; OIr *lonn* is etymologically the same word, but has undergone a different semantic development to 'fierce, strong, violent', frequently of a rough sea. A sole instance of MW *llonn* in this sense strongly suggests Irish influence, and this is easier to explain than in some other cases. It could have arisen at almost any time when there were trade contacts between the two countries. A sailor or trader visiting Ireland who heard the word used of a rough sea would need no great linguistic skill to perceive it as if it were a figurative usage of a word familiar to him in his own language. As the experience was repeated the additional sense would be progressively reinforced, would cease to be perceived as foreign, and could eventually pass from the specialised vocabulary of seafaring into the mainstream of the language. This, then, is not exactly a loan-word, but a striking example of semantic borrowing[28] whose Irish origin seems certain.

mab llen n. 'clerical student' (*EWGNP* III.76 = *EWGP* VII.7.iii *bit uab llen yn chwannawc* 'a student is eager' *or* 'let a student be eager').[29] W *mab*, Ir *mac(c)* both occur in idiomatic expressions where the word has lost its literal sense 'son': so MW *mab aillt* 'serf, bondman', *mab claf* 'sick man',[30] *mab darogan* 'son of prophecy, prophesied deliverer'. In Old and Middle Irish we find *mac eclaise* 'churchman', *mac foglama* 'student', together with more figurative examples such as *mac raith* 'son of grace', *maicc tairngiri* 'sons of promise', *mac báis* 'wicked man' (lit. 'son of death')' against *mac bethad* 'righteous man (lit. 'son of life')'. *Mab llen* and *mac léi(g)inn* represent the only known instance of corresponding expressions in the two languages. In general the idiom seems better developed and better exemplified in Irish than in Welsh, and while to suggest that the idiom itself is borrowed from Irish might be to carry speculation too far, it is likely, given the associated expressions containing *léi(g)enn* '(sacred) learning',[31] that *mab llen* at least is a loose compound formed under Irish influence. *Mac léi(gi)nn* follows the pattern of *áes léginn* 'students', already in the Würzburg glosses contrasted with *áes gráid* 'clergy' (*grád* = 'holy orders'),[32] and *fer léiginn, ardfer léiginn* 'professor of scripture'. It is first recorded in a verse referring to the plundering of Clonmacnoise in 1050,[33] which would be compatible with its having been absorbed into the Welsh lexicon at the time of Sulien's studies in Ireland.[34] The equivalence of *mac léi(gi)nn* and *mab llen* must have been obvious to any Welsh speaker who came across the expression and had the wit to equate *mac* with *mab*; one would need no more Irish to understand it than an English-speaker would need German to equate *Fußball* with *football*. *Mab llen* may be securely classified as a loan-translation.

ochsael, ochsail n. 'arm, ? hand' (*'Englynion' y Misoedd* C 11c *clyd nyth diwyd ei ochsael* 'snug is the nest of the industrious (? open-handed) man'. This word occurs only in the November stanza of the fragmentary C version of the 'Stanzas of the Months',[35] which survives only in the form of a set of variants drawn from the lost 'Long Book of Nyffryn' and recorded in the margins of three late manuscripts and in the *Myvyrian Archaiology of Wales*. If there was ever a complete written text of this version, it may have been put together early in the sixteenth century, but many of the variant lines could be the better part of a century earlier, among them the stanza in which *ochsael* (*och sail* in two of the manuscripts) occurs. The word is clearly borrowed from Irish (OIr *oxal*, MIr *ochsal*, the distinction being purely orthographical, 'armpit, shoulder'). This is unlikely to be a very recent borrowing, since it has changed in both form and sense. The second syllable has evidently been re-formed on the model of *cesail* 'armpit';[36] this may suggest that it was initially borrowed with its Irish sense, and only subsequently, by a process of metonymy widely exemplified with the names of parts of the body,[37] came to mean 'arm', if we read *diwyd ei* *ochsael* as 'active with his arm', so 'industrious'. Given, though, that the next line reads *diged fydd ffau'r cybydd gwael* 'bare of gifts is the den of the wretched miser', *diwyd ei ochsael* may carry a contrasting reference to generosity, and in that case the metonymy must have extended further to give the sense 'hand', and thus 'open-handed, generous' for the adjectival phrase, with which may be compared the epithet *llawhir* 'generous' (literally 'long-hand(ed)'). The change of meaning must have occurred over time, but it is not possible to say with precision when the borrowing took place. *Oxal* is first recorded in the Turin glosses on a pseudo-Hieronymian commentary on St Mark's Gospel;[38] these glosses, according to Thurneysen (1946: 5), were written by the same scribe as those of Milan and so may be dated to the ninth century. As a Latin loan-word, derived as it is from *axilla*,[39] *oxal* / *ochsal* may not be much if at all earlier than the gloss, and its adoption into Welsh thus cannot be securely attributed to the earliest phase of borrowing; but when thereafter it was borrowed, and in what circumstances, is wholly obscure. It is striking that it is reported – no earlier than the eighteenth century – as appearing only in a lost manuscript which can hardly have been earlier than the sixteenth, and in a version of the text which need not have been much earlier than that; but this may be an indication rather of the precarious transmission of mediaeval Welsh poetry than of the date of the adoption of the word.

Beside these instances from the mediaeval Welsh gnomic corpus, there is one further instance which occurs as a title in the Red Book of Hergest rather than in the text, but because of its great potential significance must not be passed over. This is **wynebclawr**[40] adj. 'leprous', literally 'flat-faced', as substantive 'leper', which appears in col. 1055 in the title of *Gossymdeith Llefoet Wynebclawr* (edited as no. IX in *EWGNP*). It corresponds to Ir. *cláraínech* with similar sense (later, with obscured etymology and altered meaning, *cláirinech, cláiríneach* 'cripple'),[41] and is not uncommon in Middle Welsh, often in the collocation *dall wynebclawr*. The two elements of the word, with their order reversed in the respective languages, are cognate. Ir *clár* and W *clawr* both have the sense 'plank, board', extended in Irish to 'level ground', whence its frequent occurrence in place-names, and in Welsh to 'surface'. The basic sense of both Ir *enech* and W *wyneb* is 'face', the reference of the compounds being to the *facies tabulata* characteristic of leprosy.[42] Etymology is a distraction here, since whereas *clawr* and *clár* could be quite easily identified by an intelligent learner, only a modern philologist could equate *wyneb* with *enech*. But, given the priority of the word in Irish, as implied by the existence of the generalised sense of *clár* favourable to the easy interpretation of the compound, at least one Welsh-speaker must have known enough Irish (unless he had access to a Latin explanation of the Irish compound, which seems far-fetched) to analyse it into its component elements, translate those into Welsh and construct a new Welsh compound from them.[43]

The loan-word appears to emerge from a nexus of Irish saints' lives, both Latin and vernacular, which provide parallels (and, by inference, sources) for the Latin life of St David by Rhygyfarch (or Rhigyfarch) son of Sulien, of the *clas* of Llanbadarn (cf. Sims-Williams 2011: 259). The Tripartite Life of St Patrick and the Life of St David narrate in almost identical terms the miraculous healing of a man described in the former as a *macc dall clarenech* (Mulchrone 1939: 5. 89–90) and in the latter as *cecus qui, sicut fertur, ab utero matris sine nare et sine oculis natus fuerat* (James 1967: 6. 12–20). This is translated in the anonymous *Buchedd Dewi* as *ac o'r awr y ganet, dall wynepclawr oed* (Evans 1959: 4. 14–20; see also 35–6). But the wording of the Welsh-Latin text also recalls the Latin life of St Maedóg of Ferns, who miraculously heals one described as *vir quidam in Brittania, tabulatam faciem habens, id est sine oculis et naribus ex utero natus* (Plummer 1910: ii. 146, §16); in the Irish version, *neach ele i mBretnaibh 'gá raibhe a acchaid 'na haon clár uile, gan súil gan sróin* (Plummer 1922: i. 210). The probability is that this material came to Llanbadarn by way of the connection with Ferns already mentioned (Sims-Willliams 2011: 230–86), and, though we cannot know for certain that Rhygyfarch would have used the word *wynepclawr* when speaking his own language, it seems likely that the word was coined by a Welsh-speaker, reasonably versed in Irish, who was involved in the cultural exchanges between the two foundations. It is tempting to speculate further that this person was his father Sulien and that *wynebclawr* is the missing piece of evidence that Sulien was indeed proficient in Irish. Be that as it may, whoever coined the word may well have known enough Irish to have been potentially responsible also for the introduction of *dryccor*.

Nine head-words are a meagre harvest, and too few to allow any general conclusions. Nevertheless, at least two of them can be attributed to the early Irish settlements in Wales, and four others identified as products of later cultural contacts, one at least historically specific, though only two of the latter argue a serious engagement with the Irish language. The gnomic poems, indeed, offer a comparatively small and generically restricted sample, and it may be that a similar examination of the poems in the Book of Taliesin, the poetry of the *Gogynfeirdd*, and the religious prose, which are now at last for the most part available for study in convenient editions, would afford many more examples, a much wider range of material, and additional evidence of the nature of cultural contacts across the Irish Sea and of their history. This, however, remains to be seen.

NICOLAS JACOBS. 5 Trem y Fenai, Bangor, Gwynedd LL57 2HF, Cymru.
niclasabiago@tiscali.co.uk

NOTES

1 It is not unknown for a subordinate group to influence the vocabulary of the dominant language, as in the case of the substantial Urdu element in British Army slang in the late nineteenth and early twentieth century or of the Yiddish element in American English, but the virtual absence of British loan-words in Old English suggests that the conditions for such lexical borrowings, whatever they might be, were not present in first-millennium Britain.

2 Jackson (1953: 154–6) sees no reason to reject the tradition that Irish power in Gwynedd came to an end with the campaigns of Cunedda at the turn of the fourth and the fifth century.

3 So Förster (1941: 109–10), note 3: cf. Bede, *Historia Ecclesiastica* iii.3 (of Oswald) *ut euangelizante antistite, qui Anglorum linguam perfecte non nouerat, ipse rex ducibus ac ministris interpres uerbi existeret caelestis, quia nimirum tam longo exilii sui tempore linguam Scottorum iam plane didicerat*; iii.25 (of Oswy) *a Scottis edoctus*

et baptizatus, illorum etiam lingua optime imbutus; (of Cedd, bishop of the East Saxons) *iamdudum ordinatus a Scottis, qui et interpres in illo concilio* (*sc.* the Synod of Whitby) *uigilantissimus utriusque partis extitit.* The case of Oswy's son Aldfrith (known in Irish as Flann Fína) is somewhat different: he would be expected to be bilingual, given that he had an Irish mother, perhaps Fín daughter of Colmán Rímid of the Northern Uí Néill (see Ireland 1991). [Because Oswy subsequently married Rhieinfellt, great-granddaughter of Urien Rheged (Jackson 1963: 71), Hodgkin (1935: 722), mistakenly infers that she, not Fín, was Aldfrith's mother, as does Bartrum (1993: 554).]

4 For an overview of these, see Evans (1977: lix–lxix); also Chadwick (1958a: 94–110). See further Ó Riain (1994: 378–96), on ecclesiastical influences, perhaps to be connected (cf. Sims-Williams 2002: 32) with the later Ogam inscriptions in Ceredigion (Charles-Edwards 1999).

5 See Evans (1977: 1) *En dydyeu Edward, vrenhin Lloegyr a Therdelach, vrenhin Ywerdon e ganet Gruffud vrenhin Gwyned en Ywerdon, en dinas Dulyn; ac yg kymut Colomcell y magwyt, y lle a eluir yg Gwydelec Svrth Colomcell … Y dat oed Kenan, vrenhin Gvyned, a'e vam oed Ragnell verch Avloed, vrenin dinas Dulyn a phymet ran Ywerdon.*

6 Maund (1991: 179), observes that 'while Gruffudd may have been related to the Hiberno-Scandinavian kings of Dublin, he was not kin to the Irish royal dynasties'.

7 See below, on **wynepglawr**. It is of course quite possible that some Irish churchmen would have learnt some Welsh in the course of these or similar contacts; for some evidence, see Evans (1977: lxi); Russell (1995: 166–82).

8 A dearth of such loan-words would not, of course, prove the absence of bilingual speakers. But the conclusion of Heinz (1999: 235), 'Hier (*sc.* in the context of Irish-Welsh connections in the eleventh century) ist zumindest Zweisprächigkeit auf beiden Seiten anzunehmen, in Klöstern möglicherweise sogar schriftliche' seems as a generalisation over-optimistic, and perhaps takes insufficient account of the practicalities of learning a language without benefit of primers, grammars or dictionaries.

9 See Watkin (1918–19), Parry-Williams (1923) (but see review by Watkin (1923–4); Lewis (1943). Norse influences remain to be investigated.

10 References are to Jackson (1935a) (= *EWGP*) and Jacobs (2012) (= *EWGNP*), supplemented by Jacobs (2002).

11 See *Geiriadur Prifysgol Cymru* (= *GPC*), 2nd ed., s.v. **archen.**

12 See below, on *denghyn*, and the observation of J. Baudis there cited.

13 Stokes (1907: 381) proposes a Celtic **arkenna,* cognate with Latin *arca, arcanus,* presumably with connotations of 'covering'. Latin **arcenda,* an etymon misattributed to him by by Vendryes (1959: A-12) s.v. **acrann**, would indeed

give W *archen(n),* but the Welsh derivatives should then have a double *n,* which (in contrast to Breton) they never do; see Lewis (1943: 21) and cf. Morris-Jones (1913: 168, 1925: 232–4). It is, besides, hard to see how such a word, which should mean something to be driven off or defended, could have the sense 'shoe' or 'clothing', and the etymology (whose real author I have been unable to identify) is rightly dismissed by Vendryes as 'fantaisie pure'.

14 This may of course be simply the result of accidents of preservation. For a clear Irish instance, see Meid (1974: 28) *coíca acrann corcra co snáthib argait estib,* where the sense (see editor's note) appears to be 'saddle-cloths'; Davies (1632: sig. B1r.a), glosses *archan* as *vestis, vestitus, amictus,* but adds '*vid. an propriè Amictus pedum, calceamentum*', and as far as the mediaeval instances in *GPC* are concerned his qualification appears justified.

15 For the remote possibility of a parallel, see on *cleiryach,* under **cleirch** below.

16 I know of no detailed examination of the chronology of this change, but it is discussed in passing by Wmffre (2003: 168, n. 1), who provides evidence that the development had occurred in the North by the beginning of the eighteenth century, and in the South-East about a century earlier.

17 Contrast my suggestion regarding *llonn,* below.

18 In the form *hengleirych*: see Watkin (1958: 3 (col. 5, line 142)). The 13c. date given in *GPC* is an error.

19 See *DIL,* s.v., for examples.

20 See *DIL,* s.v. **láech**: '(a) *layman,* as opp(ose)d to manach: occas(ionally) opp(ose)d to clérech'.

21 It is not unknown for colonists to fall short of their compatriots at home in the matter of social graces, and deference towards the clergy might in this case be an instance (cf. James 1967: 9–12).

22 The parallel case of *caillech* 'nun' (cf. *caille* 'veil'), where by contrast the extension of sense to 'old woman, hag' does occur and is well exemplified, suggests that the semantic development 'cleric' > 'old man' could have been expected in Ireland as well as in Wales; in that case the lack of evidence for it would especially demand an explanation.

23 See Baudis (1924: 64, §106): 'strictly speaking both changes [i.e. 'final' and 'internal' *i*-affection] are due to the timbre of the consonant preceding the **i* or *j*: the consonant was palatalised by the following sounds and affected then [*sic*] the preceding vowel'. It is of course possible (as spellings such as *cleiryach* for *cléirech,* above, suggest) that a palatal consonant in Irish would have been perceived by a Welsh-speaker as a neutral consonant plus [j].

24 See *DIL* s.v. 1 **cor**; it serves as a suppletive verbal noun (cf. *-cuirethar*) for *fo-ceird* 'places, puts, etc.'.

25 What sort of law operated in the settlements in Wales is hard to determine, but it seems unlikely that it approached the degree of sophistication exemplified in the surviving Irish material.

26 For compounds of this type, see *DIL*, s.v. 1 **droch** adj. Unlike the cognate *drwg*, this word is used almost exclusively as the first element in such compounds, rather like *cam-* in Welsh.

27 By way of anecdotal evidence, such was the author's experience as an English-speaker confronted with a parallel phenomenon when learning Russian.

28 See Ullmann (1967: 165–7), though his discussion fails to distinguish fully between instances of this type (where the word is recognisably the same in both languages) and calques or loan-translations, whereby, as Palmer (1954: 187) puts it, 'a native word acquires certain meanings attached to its literal equivalent in the creditor language.'

29 *Bit* is a 3 sg. present form of the copula; it may be either imperative or consuetudinal present indicative. If the poem belongs to an anti-clerical milieu, *chwannawc* (from *chwant* 'desire, appetite, covetousness' may (so Jackson 1935b: 69, 71) carry a derogatory sense 'greedy'; it could even, though *chwannawc* is not otherwise recorded in this sense, mean 'verminous' (cf. *chwain*, sing. *chwannen* 'fleas').

30 Perhaps with derogatory overtones of valetudinarianism. Rowland (1990: 499), following a hare started by Williams (1935: lvi, 173–4), translates 'leper', but this, though it would reinforce the present argument, is questionable; see Jacobs (1992).

31 See *DIL*, s.v. **léigenn**.

32 Stokes (1975: i. 686. 28) *tasgid* et *œ́ítiud ind áisso gráid* et *legind*.

33 See Murphy (1961: 70) *'Can as' tic mac léiginn?'*

34 It may well, however, be considerably older than that in Irish: Thomas Charles-Edwards, to whom I owe the reference, points out (personal communication) that 'since Latin was more widely used in the OIr period (e.g. *scriba* rather than *fer legind)* the date of attestation may be much later than the date when the phrase first came into use'.

35 Ed. Jacobs (2002). My discussion here expands on my comments in that edition.

36 It would thus appear that *ochsail* is the earlier form in Welsh; the fact that it is written as two words in two of the copies suggests that this was true also of an earlier copy, and perhaps that whoever wrote that copy was not familiar with the word. The rhyme-evidence is otherwise equivocal: the stanza rhymes on *dail, anifail, hael, ochsael* or *ochsail, gwael, wiail* or (incorrectly) *wiael, anhael, cael;*

and it seems plain that the author did not distinguish between the diphthongs *ae* and *ai*. This was regarded as a fault in strict-metre poetry (see Morris-Jones 1925: 300), but admittedly these stanzas are not in strict metre. Unstressed *ae* becomes *e* sporadically even in the work of the strict-metre poets as early as the fourteenth century (*ibid*., 242–3), while *e* for unstressed *ai* is found, albeit as an unacceptable dialectal form, from the fifteenth century. It seems likely, then, that in the dialect of the author of the stanza the unstressed diphthongs had fallen together as *e*, and that he took this as justifying him in not distinguishing between their stressed forms either. As the stressed diphthongs remain distinct in Northern dialects, while in the South, since *ae* but not *ai* is monophthongized to long *a*, the two must also have always been differentiated, we must infer that the author or compiler of the stanza was not particular about the accuracy of his rhymes.

37 Cf. the alternative meaning 'shoulder' recorded in *DIL* s.v. **ochsal**; also French *cuisse* 'thigh' < Lat. *coxa* 'hip'.

38 Glossing *ascella* (Stokes 1975: i. 486. 33), a variant of insular *axella* for *axilla*, see Latham (1965: 40b); the sense 'armpit' seems to have been extended to mean 'wing' (as in the Welsh derivative *asgell*).

39 As is categorically stated in *DIL*, s.v. **ochsal**.

40 Otherwise *wynepclawr* or *wynepglawr*; see Evans (1964: 13).

41 For detailed discussion of the etymology of the words, see Jacobs (1995). What follows is largely a digest of the first part of that article.

42 For discussion and illustrations of the deformity, which, as the quotations below demonstrate, could be congenital as well as pathogenic, see Richards (1997: 98–102, 108–11, 116–18).

43 'Plank-faced' would indeed be intelligible without too much effort. But the formation of a close compound (as implied by the existence of forms with provection of *-b* or lenition of *c*) implies that *clár* was interpreted as an adjectival rather than a nominal element; if the latter, a loose collocation might be expected.

BIBLIOGRAPHY

Bartrum, P. C. 1993. *A Welsh Classical Dictionary*. Aberystwyth: National Library of Wales.

Baudis, J. 1924. *Grammar of Early Welsh*: I. Phonology. London: Oxford University Press.

Breeze, A., O'Neill, P. P. *et al.* 2010. *Europe without Boundaries*. Osaka: Kansai University Press.

Campbell, A. 1959. *Old English Grammar*. Oxford: Oxford University Press.

Carey, J., Koch, J. T. and Lambert, P.-Y. (eds) 1999. *Ildánach Ildírech: A Festschrift for Proinsias Mac Cana*. Andover and Aberystwyth: Celtic Studies Publications.

Chadwick, N. K. 1958a. 'Early Culture and Learning in North Wales', in Chadwick, N. K. *et al.* (eds) (1958), 29–120.

– 1958b. 'Intellectual Life in West Wales in the Last Days of the Celtic Church', in Chadwick, N. K. *et al.* (eds) (1958) 121–82.

Chadwick, N. K., Hughes, K., Brooke, C. and Jackson, K. (eds) 1958. *Studies in the Early British Church*. Cambridge: Cambridge University Press.

Charles-Edwards, T. 1999. 'Britons in Ireland, c. 550–800', in Carey, J. *et al.* (eds) (1999) 15–26.

d'Arbois de Jubainville, H. 1896. Critique of Rhys 1895. *Revue celtique* 17: 102–5.

Davies, J. (Mallwyd). 1632. *Antiquae Linguae Britannicae Dictionarium Duplex*. London: R. Young for the author.

Davies, J. L. and Kirby, D. P. (eds). 1994. *Cardiganshire County History* I. Cardiff: University of Wales Press.

Doble, G. H. 1964. *The Saints of Cornwall*: Part 3, Saints of the Fal. Oxford: Holywell Press, for the Dean and Chapter of Truro.

Eska, J. F., Gruffydd, R. G and Jacobs, N. (eds) 1995. *Hispano-Gallo-Brittonica: Essays in Honour of Professor D. Ellis Evans on the occasion of his sixty-fifth birthday*. Cardiff: University of Wales Press.

Evans, D. S. 1959. *Buched Dewi*. Cardiff: University of Wales Press.

– 1964. *A Grammar of Middle Welsh*. Dublin: Dublin Institute for Advanced Studies.

– 1977. *Historia Gruffudd vab Kenan*. Cardiff: University of Wales Press.

Förster, M. 1941. *Der Flußname Themse und seine Sippe*. Munich: Verlag der Bayerischen Akademie der Wissenschaften.

Heinz, S. 1999. 'Frühe walisische Sprachmittler und ihr Handwerkszeug im multikulturellen Spannungsfeld', in Poppe and Tristram (eds) (1999) 231–58.

Hodgkin, A. H. 1935. *A History of the Anglo-Saxons*. Oxford: Oxford University Press.

Ireland, C. 1991. 'Aldfrith of Northumbria and the Irish Genealogies' *Celtica*, 22: 64–78.

Jackson, K. H. 1935a. *Early Welsh Gnomic Poems.* Cardiff: University of Wales Press.

– 1935b. *Studies in Early Celtic Nature Poetry.* Cambridge: Cambridge University Press.

– 1953. *Language and History in Early Britain*. Edinburgh: Edinburgh University Press.

– 1963. 'Angles and Britons in Northumbria and Cumbria', in *Angles and Britons: O'Donnell Lectures*. Cardiff: University of Wales Press. 60–84.

Jacobs, N. 1992. 'Clefyd Abercuog' *Bulletin of the Board of Celtic Studies* 39: 56–70.

– 1995. 'Drysni Geirfaol y Gwahanglwyf: *claf, clafwr, clawr, clafr*', in Eska, J. F. *et al.* (eds) (1995) 66–78.

– 2002. '"Englynion" y Misoedd: Testun C neu Fersiwn Nyffryn' *Llên Cymru* 25: 1–12.

– 2004. '"Gossymdeith Llefoet Wynebclawr": Canu Gwirebol o Lyfr Coch Hergest' *Llên Cymru* 27: 1–29.

– 2012. *Early Welsh Gnomic and Nature Poetry.* London: Modern Humanities Research Association.

James, J. W. 1967. *Rhigyfarch's Life of St David*. Cardiff: University of Wales Press.

Latham, R. F. 1965. *Revised Medieval Latin Word-list from British and Irish Sources.* London: Oxford University Press for the British Academy.

Lewis, H. 1943. *Yr Elfen Ladin yn yr Iaith Gymraeg*. Cardiff: University of Wales Press.

Lloyd-Jones, J. 1931–63. *Geirfa Barddoniaeth Gynnar Gymraeg.* Cardiff: University of Wales Press.

Loth, J. 1970. *Vocabulaire vieux-breton.* Bibliothèque de l'École des Hautes Études 57. Paris: Librairie Honoré Champion.

Maund, K. L. 1991. *Ireland, Wales and England in the Eleventh Century*. Cambridge: Boydell and Brewer.

Meid, W. 1974. *Táin Bó Fraích*. Dublin: Dublin Institute for Advanced Studies.

Morris-Jones, J. 1913. *A Welsh Grammar*. Oxford: Oxford University Press.

1925. *Cerdd Dafod*. Oxford: Oxford University Press.

Mulchrone, K. 1939. *Bethu Phátraic: The Tripartite Life of Patrick,* Dublin: Hodges Figgis for the Royal Irish Academy.

Murphy, G. 1961. *Early Irish Metrics*. Dublin: Hodges Figgis for the Royal Irish Academy.

O'Neill, P. P. 2010. 'Early Irish borrowings in old English as evidence for Hiberno-Saxon cultural contacts: a preliminary investigation', in Breeze, A. *et al.* (2012) 15–32.

O'Rahilly, C. 1924. *Ireland and Wales: Their Historical and Literary Relations*. London: Longmans, Green & Co.

Ó Riain, P. 1994. 'The Saints of Cardiganshire', in Davies and Kirby (eds) (1994) 378–96.

Orme, N. 2000. *The Saints of Cornwall*. Oxford: Oxford University Press.

Palmer, L. R. 1954. *The Latin Language*. London: Faber & Faber.

Pedersen, H. 1909. *Vergleichende Grammatik der keltischen Sprachen*. Göttingen: Vanderhoeck & Ruprecht.

Parry-Williams, T. H. 1923. *The English Element in Welsh*, Cymmrodorion Record Series 10. London: The Honourable Society of Cymmrodorion.

Plummer, C. 1910. *Vitae Sanctorum Hiberniae*. Oxford: Oxford University Press.

1922. *Bethada Náem nÉrenn*. Oxford: Oxford University Press.

Poppe, E. H. and Tristram, L. C. H. (eds) 1999. *Übersetzung, Adaptation und Akkulturation im insularen Mittelalter*. Münster: Nodus Publikazionen.

Rhys, J. 1895. 'Goidelic Words in Brythonic', *Archaeologia Cambrensis*, 5th series, 12: 264–302.

Richards, P. 1997. *The Medieval Leper and his Northern Heirs*. Cambridge: Boydell & Brewer.

Rowland, J. 1990. *Early Welsh Saga Poetry*. Cambridge: Boydell & Brewer.

Russell, P. 1995. 'Brittonic words in Irish glossaries', in Eska, J. F. *et al.* (eds) (1995) 166–82.

Sims-Williams, P. 2002. 'The Five Languages of Wales in the Pre-Norman Inscriptions' *Cambrian Medieval Celtic Studies* 44: 1–36.

– 2011. *Irish Influence on Medieval Welsh Literature*. Oxford: Oxford University Press.

Stokes, W. 1907. 'Etyma', *Zeitschrift für vergleichende Sprachforschung* 41: 381–90.

Stokes, W and Strachan, J. 1975. *Thesaurus Palaeohibernicus*. Dublin: Dublin Institute for Advanced Studies.

Thurneysen, R. (trans. Binchy, D. A. and Bergin, O.) 1946. *A Grammar of Old Irish*. Dublin: Dublin Institute for Advanced Studies.

Ullmann, S. 1967. *Semantics: an Introduction to the Science of Meaning*. Oxford: Basil Blackwell.

Vendryes, J. 1959–. *Lexique étymologique de l'irlandais ancien*. Dublin: Dublin Institute for Advanced Studies; and Paris: Centre national de la recherche scientifique.

Watkin, M. 1918–9. 'The French Linguistic Influence in Mediaeval Wales' *Transactions of the Honourable Society of Cymmrodorion*.146–222.

– 1923–4. Review of Parry-Williams 1923. *Transactions of the Honourable Society of Cymmrodorion*. 117–32.

– 1958. *Ystoria Bown de Hamtwn.* Cardiff: University of Wales Press.

Williams, I. 1935. *Canu Llywarch Hen*. Cardiff: University of Wales Press.

Wmffre, I. 2003. *Language and Place-Names in Wales: the Evidence of Toponymy in Cardiganshire.* Cardiff: University of Wales Press.

Zeuss, J. C. 1853. *Grammatica Celtica.* Leipzig: Weidmann.

1994. McCone, K., McManus, D., Ó Háinle, C., Williams, N., Breatnach, L., (eagí)
Stair na Gaeilge: in ómós do Pádraig Ó Fiannachta.
Maigh Nuad: Roinn na Sean-Ghaeilge, Coláiste Phádraig.
(le caoinchead Phádraig Uí Fhiannachta)

Kim McCone

Gaulish *bussu-*, Irish *bod*, 'penis', and Sanskrit *buddha* 'aroused, enlightened'

Bot /bod/ or *bod* is sparsely attested in Middle and Early Modern Irish as an *o*-stem with the sense 'tail' or 'penis' (Quinn *et al.*, 1983, B-148), the latter of which has prevailed in recent usage. The semantics are comparable with those of German *Schwanz* 'tail, penis', a derivative of a Middle and Early Modern High German verb *s(ch)wanzen* meaning 'sway' that seems to have come to designate first a tail and then a male member (Paul *et al.* 1992: 1047). In the first recension of *Táin Bó Cúailnge* Cú Chulainn's charioteer stirs him up before the combat with Fer Diad with a number of taunts, including *tét an fer tarat amail téti bott tar catt* 'your opponent goes over you as a tail goes over a cat' (O'Rahilly 1976: 93 and 207: l. 3085). However, Pokorny (1927a) had objected with some justice that this image was inappropriately feeble and suggested a more forceful alternative based upon the meaning 'penis' rather than 'tail' and a *double entendre* for *catt* that seems otherwise not to be attested in Irish but can be captured readily enough in English by 'pussy'. If so, *bot*'s sexual connotation is found at least as early as the tenth century A.D.

In another brief note in the same volume of the *Zeitschrift für celtische Philologie* Pokorny (1927b) proposed the etymology of *bot* that has enjoyed most favour since: 'Walde's connection with Lat. *futuo, confūto* is flawed, since Irish displays an unlenited voiced stop that can only go back to IE *zd(h)* here. Welsh *both* "wheel hub, shield boss" (basic meaning obviously "nail") is certainly the same word. My friend Jopson draws my attention to OCS *gvozdь* "nail", which suits excellently, and so we have to posit IE **gwozd(h)o-*' (my translation; cf. Pokorny (1959: 485) where Gallo-Latin *bottos* 'wheel hub' was added for comparison under a PIE headword *gu̯ozd(h)o-, gu̯ozd(h)i-* 'nail, penis'). This and less satisfactory rival etymologies imply priority for 'penis' over 'tail' but a semantic shift in this direction seems as plausible as the reverse exemplified by German *Schwanz*.

Vendryes regarded a connection between Irish *bot* and Welsh *both* 'hub, boss' (feminine) < **bottā* with reflexes in Romance words for 'hub' as possible, while Bachellery and Lambert appended the following remarks to his original entry: 'The correspondence of Ir. *bot* (pronounced /bod/) with W *both* seems to lead to the reconstruction of a group *-zd-* with Pokorny ZCP XVI 405, although this does not exclude Romance correspondences with *-tt-*; cf. Ir. *cuit* : W *peth*, Gaul. *pettia* "piece". Other treatments are possible for the same group *-zd-* in Continental Celtic, cf. perhaps *buđđuton* Dottin 59, *Bussu-maros* Holder. In conclusion, the phonetic laws are observed if one supposes that the W and Ir. forms go back to Common Celtic **buzdo-*, *buzdā*; Pok.'s etymology (Pok. 485) implies *g^wozdo-* > **bozdo-*' (Vendryes *et al.*, 1980: 73; my translation). Meid (1980: 13–26) has shown that a number of Latin, Gaulish and macaronic inscriptions on rounded weights placed at the base of long and slender spindle whorls were of a markedly amorous nature doubtless suggested by the shape of the objects to which they belonged. He interprets one purely Gaulish example, *moni gnatha gabi buđđuton imon* as 'come, girl, take my little kiss' on the following grounds: 'The "girl" here is *gnatha*... corresponding etymologically to the Old Latin term for "daughter" or "girl", *gnāta*. *moni* is an imperative with the meaning "come" (cf. W *mynd* 'go'); so "come here, girl" similar to *accede urbana* in the Latin inscription. The second part is a new sentence, again beginning with an imperative: *gabi* 'take' (cf. OIr. *gab-* 'take'), and *buđđuton* can be interpreted in good Bavarian or Austrian as "Busserl" [little kiss]; the first member *buđđ-* is actually = *Buss* and, as in the case of *Busserl*, the formation is affectionately diminutive. *imon* is a possessive adjective of the first person, resembles Gk. ἐμόν in form and may even be a direct Greek influence' (Meid 1980: 15–16; my translation; see further McCone (1996: 49) on *gabi*, and Schumacher (2004: 192) on *moni*).

Although most of this interpretation is convincing, *imon* may rather be an accusative singular masculine demonstrative (*im* + *on*) comparable with British **eμ-* 'he, him, it' (on which see Schrijver 1997: 66) and the invocation of a modern German dialect word to account for an early Celtic form is questionable. The comparison between Gaulish *buđđu-/bussu-* and Irish *bot* tentatively suggested by Bachellery and Lambert above seems preferable and, if adopted, renders the text still more rudely amorous: 'Go, girl! Grab this wee dick!' (cf. McCone 2005: 398). The second element of the king's name *Bussu-maros* appearing on coins is not only 'one of the commonest name elements in Gaulish' and cognate with OIr. *már*, MW *mawr* 'big' (Ellis Evans 1967: 223–8) but also makes appreciably better sense in combination with a first element meaning 'penis' than with one meaning 'kiss' or the like. As Bachellery and Lambert saw, acceptance of the equation between Gaulish *buđđu-* and Irish *bot* implies a Proto-Celtic form with *-u-* in the root rather than the *-o-* called for by Pokorny's etymology, which is anyway little more than an explanation of *obscurum per obscurius* on account of the opacity of the Slavic forms compared. Accordingly it seems legitimate to look for a more viable alternative, but first a discussion of the treatment of certain types of consonant cluster in Proto-Indo-European is called for.

There is good evidence that PIE juxtapositions of two stops or of a stop and a sibilant with an underlying difference in respect of the presence or absence of voicing typically underwent regressive assimilation: e.g. [–/+ > +/+ voice] in OInd. *nīḍa-*, Lat. *nīdus*, OIr. *net* /Ned/ (Mod. *nead*), OEng. *nest* 'nest' < PIE **ni-zd-o-* 'place for sitting down, nest' (**ni* 'down' + *s(e)d* 'sit' + thematic suffix *-o-*) and [+/– > –/– voice] in OInd. *yukta-*, Av. *yuxta-*, Lat. *iunctus* 'yoked, joined' (with *-n-* taken over from pres. *iungit* 'joins') < PIE **i̯uk-to-* 'yoked' (root **i̯eu̯g* 'yoke'; Rix *et al.* 1998: 280) or Lat. *actus*, OIr. *-acht* '(was) driven' < PIE **h$_2$eḱ-to-* 'driven' (root **h$_2$eĝ* 'drive'; Rix *et al.* 1998: 227–8).

However, where the first element was a voiced aspirate stop, the transfer of its aspiration to the second element was accompanied by a progressive voicing in Indo-Iranian at least, presumably because only voiced aspirates existed at the stage in question (Beekes 1995: 128–9):

e.g. [+^{h}/– > +/+^{h} voice] in verbal adjectives such as OInd. *dabd*^{h}*a-* 'harmed' (underlying **dab*^{h}*-ta-*: PIE root **d*^{h}*eb*^{h} 'diminish'; Rix *et al.* (1998: 114–5)) or *dagd*^{h}*a-* 'burned' (underlying **dag*^{h}*-ta-*: PIE root **d*^{h}*eg*^{uh} 'burn'; Rix *et al.* (1998: 115–6)). Since Bartholomae's Law (as this rule is known) is securely attested in Indo-Iranian only, there has been some difference of opinion as to whether it was originally confined to that branch or was a Proto-Indo-European process largely lost elsewhere (see Collinge 1985: 7–11), including in Celtic, through well motivated analogical restoration of the normal voiceless form of the suffix along with appropriate morphophonemics yielding voiceless clusters.

Certain analogical adjustments are attested even within Indo-Iranian. Direct reflexes of PIIr. D*z*^{h} (< D^h*s* by Bartholomae's Law, where D is voiced) are still seen in older Avestan but undergo devoicing to T*s* (where T is voiceless) in Indic, while later Avestan tends to devoice not only these but also the reflexes of 'Bartholomae' sequences of two stops: e.g. desiderative OAv. *diβža-* < PIIr. **dibz*^{h}*a-* (underlying **d*^{h}*i(d*^{h}*)b*^{h}*-sa-*, on which see McCone (1991: 169–71); root *dab*^{h} above) but OInd. *dipsa-*, aorist subjunctive OAv. *važa-* (< PIIr. **vaĵz*^{h}*a-*: PIE root **u̯eĝ*^{h} 'convey, travel'; Rix *et al.* (1998: 602–3)) but LAv. *vaša-* and OInd. *vakṣa-* (pres. *vah-*), verbal adjective OInd. *drugd*^{h}*a-* 'deceived, harmed' (pres. *druh-*: PIE root **d*^{h}*reu̯g*^{h} 'deceive'; Rix *et al.* (1998: 137–8)) but LAv. *druxta-* 'lied, false' (for earlier **drugda-*). Elsewhere reflexes of PIE voiced aspirate stops are treated no differently from the corresponding voiced stops and duly undergo regressive devoicing by the likes of *t* or *s*: e.g. Lat. *uexi* 'I conveyed', *uectus* 'conveyed' reflecting **wek-s-*, **wek-to-* (pres. inf. *ueh-ere*; PIE root **u̯eĝ*^{h} above), Lat. *lectus* 'bed', OIr. *lecht* 'grave' (< **lex-tu-* 'lying (place)' for **lek-tu-*; OIr. *laig-id* 'lies' < PC **leg-eti* < PIE **leg*^{h}*-eti*), Gk. 3sg. fut. λέξεται /lek-setai/, aor. ἔλεκτο /e-lek-to/ 'lay down' (pres. λέχεται /lek^h-etai/ 'lies down, sleeps': PIE root **leg*^{h}; Rix *et al.* (1998: 357–8)).

The survival of a phonetically awkward sequence -D^h-*t*/*s*- past the end of the Indo-European period seems unlikely. Had loss of the interconsonantal aspiration occurred, regressive devoicing would presumably then have changed -D-*t/s*- into -T-*t/s*-, the underlying sequence typically reflected in Indo-European languages apart from Indo-Iranian, but there would then be no plausible way of accounting for the latter's -D-*d/z^h*-. Alternatively -D-*t/s^h*- and then devoicing to -T-*t/s^h*- might be envisaged for PIE and this could be assumed to have yielded -T-*t/s*- regularly in most branches or by analogical restoration of the normal suffix in Greek, whereas in Indo-Iranian substitution of a normal voiced aspirate stop produced -T-*d^h*- followed by voicing of the whole cluster to -D-*d^h*- and extension of the same principle to -T/*s^h*- (with voicing perhaps confined to Iranian and simple de-aspiration of the sibilant in Indic). However, this development would be hard to motivate after the development of a series of voiceless aspirates in certain contexts in Proto-Indo-Iranian (see Beekes 1995: 131–2) and the operation of Bartholomae's Law most straightforwardly precedes the regressive devoicing rule. In the probable event that the latter was PIE (e.g. Meiser 1998: 79), it seem most likely that the former was too (cf. Mayrhofer 1986: 115–7) but was almost entirely eradicated outside Indo-Iranian by well motivated analogies also found to apply independently at later stages within Indic and Iranian. If so, one might reasonably look for stray petrified reflexes of Bartholomae's Law in non-Indo-Iranian branches of Indo-European such as Celtic.

It is generally agreed that Proto-Indo-European did not tolerate double or geminate consonants under normal circumstances. This constraint applied even across morpheme boundaries, where the common suffixal components *s* and *t* were the most likely phonemes to be involved. Simplification of double *s*, even at the cost of obscuring morphological structure, can be clearly seen in the second person singular present of the verb 'to be': OInd. *ási*, Gk. εἶ /ei/, OIr. *i-t* (McCone 1995: 123–8) < PIE *$*h_1esi$* (underlying *$*h_1es$-si*) 'you are'. However, the comparative evidence suggests that a sibilant glide was inserted between double dental stops, affrication of the first dental thereby avoiding phonetic gemination without impairing morphological clarity: e.g. OInd. *vitta-*, Av. *vista-* 'found' (< PIIr. **vit^s-ta-*), Gk. ἄ-ιστος 'unseen' (< **n̥-u̯i(t)^s-to-*), Lat. *visus* 'seen' (see Meiser (1998: 79–80) on 'Lachmann's Law'), OIr. *-fess* 'was discovered', all < PIE **u̯it^s-*

_to-_ (underlying _*u̯id-to-_). In such cases the presence of root-final _t_ in Indic versus _s_ elsewhere can only be plausibly accounted for by starting from a sound containing both elements, the obvious candidate being an affricated PIE allophone [t^s] of /t/ (including from /d/ by devoicing) before another /t/. Indic will then simply have lost the interconsonantal assibilation (_t^{s}t_ > _tt_), whereas in Avestan and Greek independently the first _t_ was lost by dissimilation (_t^{s}t_ > _st_). Since _st_ was retained in Latin, whereas _ts_ was assimilated to _ss_ (Meiser 1998: 116), dissimilatory loss of the second _t_ may be inferred for Italic (_t^{s}t_ > _ts_ > _ss_). In Insular Celtic, _ss_ could have resulted from earlier _st_ or _ts_ but the latter is indicated by the Old Irish passive preterite of _fo:ceird_ 'puts', namely _fo:cress_ 'was put' < _*-krisso-_ < _*krit^{s}o-_ < _*kr̥t^s-(t)o-_ with the specifically pre-stop outcome _ri_ of syllabic _r̥_ rather than the _ar_ regular elsewhere, including before _s_ (OIr. _*fo:cart_ < _*-karsto_ < _*kr̥sto-_ < _*kr̥(t)^s-to-_; see McCone (1996: 48 and 99)).

Proto-Celtic _t^s_ here is corroborated by Gaulish, where the so-called 'barred _d_' sometimes used to spell the reflex of double _t_ or the like hardly represented double _s_ but seems likely enough to have rendered a monophonemic dental affricate (McCone 1996: 7–8): e.g. OIr. _nessam_, MW _nessaf_, Gaul. _neδδamon_ (Vendryes 1955) 'nearest, next' < _*ne(s)t^s-(t)amo-_ (or _*ne(s)t^s-(i)samo_; underlying _*nezd-t/s-amo_: OInd. _ned-iṣṭ^{h}a-_, Av. _nazd-išta-_ 'nearest' < PIIr. _*nazd-_ < PIE _*nezd-_; see Meiser (1986: 242) on Oscan _nessimas_, Umbr. _nesimei_ 'next'). It seems, then, that in Proto-Celtic the sequence _t^{s}t_ lost its second dental by dissimilation, leaving an affricate _t^s_ retained in the first instance in Gaulish but probably then tending to be assimilated to _ss_, as happened independently in Insular Celtic.

Avestan evidence in particular shows that assibilation also applied to sequences of voiced and voiced aspirate dental stops generated by Bartholomae's Law: e.g. OInd. _vr̥dd^{h}a-_, Av. _vər^{ə}zda-_ 'grown' < PIIr. _*vr̥d^{z}d^{h}a-_ (underlying _*vr̥d^h-ta-_; see Hoffmann and Forssman 1996: 95–6). The already mentioned devoicing of 'Bartholomae' clusters in later Avestan, presumably triggered as a rule by restoration of the normal voiceless variant of the suffix, is also seen in this category: e.g. LAv.

basta- 'bound' for earlier _*bazda-_ < PIIr. _*bad^{z}d^{h}a-_ (OInd. _badd^{h}a-_, underlying _*bad^{h}-ta-_: PIE _*b^{h}ṇd^{h}-to-_ from root _*b^{h}end^{h}_ 'bind'; Rix _et al._ (1998: 60–1)) parallel to _druxta-_ 'lied, false' for earlier _*drugda-_ above. Reflexes of similarly devoiced clusters are found outside Indo-Iranian: e.g. Gk. πιστός 'trusted, trusty', Lat. _fisus (sum)_ '(I) trusted' reflecting underlying _*b^{h}id^{h}-to-_ (PIE root _*b^{h}ei̯d^{h}_ 'trust'; Rix _et al._ (1998: 57)), or OIr. -_gess_ 'was besought' reflecting underlying _*g^{uh}ed^{h}-to-_ (PIE root _*g^{uh}ed^{h}_ 'beseech, desire'; Rix _et al._ (1998: 194)). In the likely event that Bartholomae's Law had applied to the protolanguage, in Greek a form like PIE _*b^{h}id^{z}-d^{h}o-_ '(en)trusted' would presumably have become _*b^{h}i(d)^{z}-d^{h}o-_, then _*p^{h}is-t^{h}o-_ by regular devoicing of voiced aspirates (cf. Gk. μισθός /mist^{h}os/ 'pay' < PIE _*mizd^{h}o-_; OInd. _mīḍ^{h}a-_, Av. _mizda-_, Goth. _miždo_), _*pis-t^{h}o-_ by dissimilation of aspiration in accordance with Grassmann's Law (e.g. Rix 1976: 97) and finally _pisto-_ by normalisation of the suffix. In Italic a similar devoicing of the aspirate may have affected the whole cluster to yield _*p^{h}itst^{h}o-_ with subsequent dissimilation and spirantisation to _*fitso-_ and so on, but in Celtic a form like _*g^{w}ed^{z}-do-_ (see McCone (1996: 43) on regular PC de-aspiration of voiced aspirate stops inherited from PIE) presumably underwent normalisation of suffix to _*g^{w}ed^{z}-to-_ and then further devoicing to _*g^{w}et^{s}-to-_ subsequently dissimilated to _*g^{w}et^{s}-o-_, the regular Insular Celtic outcome of which was _*g^{w}esso-_ (> OIr. _-ges(s)_).

Such a scenario raises the possibility that a form not firmly anchored in an inflectional or derivational set might escape normalisation of the suffix and its further effects, thereby preserving the direct reflex of a 'Bartholomae' sequence in isolation. As far as such dental clusters were concerned, Morris Jones (1931: 129; his 'Ar(yan)' corresponding to now preferred (P)IE) claimed that 'Ar. **d** or **t** + **d(h)** became **d^{z}d(h)**, which gave **zd** in Kelt., and fell together with Ar. _zd_, giving Ir. _t_ (_tt_), and W. **th**'. Alternatively one might envisage Proto-Celtic dissimilation of retained _d^{z}d_ to _d^{z}_ in a manner parallel to _t^{s}t_ to _t^{s}_. Since it has been seen that _st_ mostly yielded _ss_ in Insular Celtic like _ts_ (McCone 1996: 99), _dz_ and _zd_ may reasonably be expected to have the same outcome there as well.

As noted above, *net* /Ned/ was the Old Irish outcome of PIE **nizdos* 'nest', presumably via an assimilated **niddos* from which Middle Welsh *nyth* 'nest' can be derived straightforwardly on the assumption that it became **nittos* by a British devoicing of Insular Celtic geminate voiced stops. This is also seen in MW masc. *bychan,* fem. *bechan* 'small', the latter's anomalous 'ultimate' *ā*-affection (Morris Jones 1931: 90–1) pointing to original **bych/*bech* < **bikk-os/-ā* to which *-an* was subsequently added (perhaps under the influence of *llydan* 'broad'), in comparison with OIr. *bec(c)* /beg/ 'small' (Mod. *beag*) < **bigg-os/-ā,* one of a number of words with geminate stops apparently borrowed into Proto- or Insular Celtic from non-IE sources: e.g. OIr. *brat(t)* /brat/ 'cloak' (Mod. *brat*) and MW *breth-yn* 'cloth, coverlet' < **bratto-* or Gaul. *broco-,* OIr. *broc(c)* and MW *broch* 'badger' < **brokko-*. A good parallel for the earlier British devoicing of geminates just posited is provided by later British provection, which is described by Morris Jones (1931: 182) as follows: 'When **b-b**, **d-d**, **g-g** came together after the loss of a vowel they became double **p**, **t**, **c** respectively, simplified before the accent and before a sonant; as in *Catéyrn* for *Cattéyrn* < **Cad-diʒirn* < Brit. *Cato-tigirn-* ...; *meitin* < **meid-din* < Lat. *mātūtīnum* ...; *wynepryd* 'countenance' < **wyneb-bryd*'.

A comparison between the Gaulish onomastic element *tasgo-,* presumably [tazgo-], and the OIr. name *Tadc* /taδg/ suggests with regard to *z* that 'before a voiced stop this phoneme became /δ/ in Insular Celtic' (Ellis Evans 1967: 264). Good evidence for this change in British is provided by a comparison of MW masc. *meid* /meiδ/ 'whey' (ModW *maidd*) with the OIr. *o*-stem *medc/g* /meδg/ 'whey' < **mezgo-* and the Gallo-Latin **mezg-* underlying provincial French *mègue* 'whey' (cf. Lambert 1994: 197). Morris Jones (1931: 144–5) plausibly suggests British (**meδg* >) **meδγ* > **meγδ* (by metathesis) > **meyδ* (cf. MW *aeth* 'went' < **ayθ* < **aχθ* < **aχt,* as in OIr. *-acht* 'drove'). Gaulish and British *tasco-* (Koch 1992: 101–3) may represent a devoiced byeform of *tazgo-* but it is by no means clear that they are etymologically identical (Ellis Evans 1967: 263–5). On this basis the following developments may be envisaged: PC **nizdo-* 'nest' > IC **niδdo-* > **niddo-* (> OIr. *net*) > Brit.

**nitto-* > MW *nyth* or alternatively IC **niδdo-* > **niδδo-* (parallel to *st* > *-ss-*) > Brit. **niθθo-*, Ir. **niddo-* (cf. OIr. unstressed *-ret* 'runs' < **-reθθ* < **-reθeθ* etc.; McCone (1981: 35–41)). Since *z* only occurred next to a voiced stop, it may be assumed that the change to *δ* was general in Insular Celtic, in which case *dz* will have become *dδ* there and then either *dd* or (parallel to *ts* > *ss*) *δδ* before developing as above.

Morris Jones (1931: 133) gave the following good reason for discounting a form apparently at odds with his above claim that the regular Welsh outcome of PIE d^zd^h was *th* (whether via *zd* or *dz*): 'W. *credaf* "I believe', Ir. *cretim* (*t* ≡ *d-d*) < **kred-d-*: Skr. *ŝrad dhā-* "confide, believe". Ar. **ḱred dhē-...* was not a fast compound (cf. Skr. *ŝrad asmāi dhatta* "believe in him"); thus the Welsh *credaf* is explained by the *d-d* coming permanently together in Kelt.'. Basically the PIE form was a compound of an element **ḱred* with the root $*d^heh_1$ 'put' and so was liable to so-called 'tmesis' entailing separation by enclitics regularly placed after a stressed clause-initial element in accordance with Wackernagel's Law and/or other elements (see McCone 2006: 41–9), as Morris Jones' typical enough example from Old Indic shows. Since tmesis, especially by enclitics, must have been particularly well preserved in Insular Celtic on the evidence of Old Irish infixed pronouns and other similar elements, an IC opposition between 'contact' **krédδīt* (< $-d^z(d)-$ < $*-dd^h$) and specifically initial **kréd*-E-*dīt* (< $-d\#d^h-$) with 'tmesis' may be posited. When new initial forms without enclitic were extrapolated from those with enclitic(s) and an initial verbal complex generalised in Insular Celtic along lines argued for elsewhere (McCone 2006: 106–10 and 208–12), the result will have been initial **krédδīt *kréddīt* alongside **kréd*-E-*dīt* and then **kred*(E)*dīt* with a 'deuterotonic' pattern typical of independent compound verbs through the operation of an Insular Celtic rule of proclisis entailing 'loss of stress by the generally lighter first constituent of syntactically close juxtapositions such as preverb + verb, negative etc. + verb, preposition + head noun ... copula + predicate' (McCone 2006: 65).

On the first scenario envisaged above, **kreddīt* could have resisted geminate devoicing because this only applied directly after the accent at an early British stage still characterised by normally word-initial stress inherited from Insular Celtic, whence IC **níddo-* > PBrit **nítto-* and so on, and one might compare Verner's Law in Germanic for a broadly comparable correlation between voiceless and voiced segments according to whether the accent preceded or followed them (see Ringe 2006: 93–105). On the second, IC **kreddī́t* would, regardless of its accentuation, simply not have been affected by IC assimilation of *dδ* (and *δd*) to *δδ*. It seems likely that the anomalous contrast between independent **kreddī́t* and dependent C-*krédδīt* (where C stands for a so-called 'conjunct particle' such as the negative; see McCone 2006: 1) was eradicated at an early stage in favour of the former's more normal *-dd-* cluster, the upshot being **kreddī́t/C-kréddīt*. Since its first element was unique and hence not readily recognisable as a preverb by virtue of occurring in a number of other verbs, it was natural enough for the pattern in **kred*(E)*dī́t* to be replaced by a 'simple' one entailing the **kréddīti*(E)/*-kréddīt* underlying OIr. *cre(i)tid/-cre(i)ti* and probably MW *cred-*. The second scenario above makes it possible to date this development as early as Insular Celtic but the first would necessitate a specifically Irish development that may or may not have been matched by a parallel one (after **níddo-* > **nítto-*) in British, where attestations date from a period when there were no longer significant behavioural differences between old simple and compound verbs. Be that as it may, the basic point is that Welsh *cred-* rather than **creth-* does not establish that the direct Celtic outcome of PIE 'contact' -d^zd^h- was *-dd-* rather than -d^z(d)-.

If the latter was the reflex, it would seem to have remained an affricate in Gaulish and fallen together with t^s (< PIE t^st) as a result of devoicing before eventually being assimilated to *ss*, whereas in Insular Celtic it may well have become *-dδ-* in the first instance and then developed in the same way as *-δd-* < PIE and PC *-zd-*. If so, the Gaulish /but^{s}u-/ apparently underlying *buđđu-/bussu-* could continue PC *bud^z(d)u- < *b^hud^zd^hu- (underlying *b^hud^h-tu-) and Old Irish *bot* derive regularly (via **bodda-* < **budda-* by lowering; McCone (1996: 110): note regularly unlowered *u* in dat. sg. *but* and gen. sg. *buid* < **budd-ū/-ī* respectively) from PC _*bud^{z}(d)o-_ < _*b^{h}ud^{z}d^{h}o-_ (underlying _*b^{h}ud^{h}-to-_). A connection with the PIE root _*b^{h}eu̯d^{h}_ 'awake, become aware (of)' (Rix _et al._ 1998: 66–8) then suggests itself. The Gaulish form could then be etymologised as '(result of) awakening', namely 'arousal' or (in a particular sexual context) 'erection', since 'a common function of the PIE _-tu-_ suffix was to designate the result of a verbal action' and Celtic reflexes of this are not lacking (McCone 1998: 10). It is not clear whether _bot_ was a neuter or a masculine _o_-stem in Old Irish but, either way, it would be quite straightforward as a substantivised _-to-_ verbal adjective (cf. Irslinger 2002: 241–8) of the type exemplified above and, as such, would have had a basic meaning 'awake(ned), aroused' (thing, if neuter _*bud^{z}(d)o-m_; man metaphorically, if masculine _*bud^{z}(d)o-s_). _Both_ is attested once as '(wheel) hub' and once as 'bottle, round vessel' in Middle Welsh and only later as '(shield) boss'. If it belonged here, its vocalism would call for a derivation from a feminine _*bud^{z}(d)ā_ meaning 'protuberance' or the like but there seems to be a serious possibility of borrowing from and/or contamination with medieval Latin (_buttis,_) _but(t)a_ or _bot(t)a_ 'wineskin, butt, cask'. That being so, it seems best to exclude it from further consideration here.

The foregoing implies the existence of two related formations with a direct 'Bartholomae' reflex in Proto-Celtic, namely a resultative _*-tu-_ abstract _*bud^{z}(d)u-_ 'arousal, erection' and a substantivised _*-to-_ verbal adjective _*bud^{z}(d)o-_ 'aroused one, penis'. In Gaulish the former seems to have come to designate the object affected, thereby acquiring the sense 'penis' and apparently ousting the latter, which was by contrast the only one of the pair to survive in Insular Celtic. Notwithstanding the physical orientation of its semantic evolution, the PC _*bud^{z}(d)o-_ posited would have a precise formal correspondence in OInd. _budd^{h}a-_ 'awake(ned), percipient' and hence 'wise, enlightened', a meaning rendering it suitable as the title of a major Indian religious figure (see McCone (1985) for an arguable further example of a similar type of semantic contrast between Celtic and Indic).

The comparative evidence (see Rix _et al._ 1998: 66–7) indicates that PIE _*b^{h}eu̯d^{h}_ had two present stems, namely full-grade thematic _*b^{h}eu̯d^{h}-e/o-_

(e.g. OInd. *bód^h-a-ti* 'perceives, observes, considers', Hom. Gk. πεύθεται /peut^{h}etai/ 'perceives, learns', Goth. *ana-biudan* 'order' and ON *bjoða* 'offer, propose') and nasal-infix **b^{h}u-n(e)-d^h-* (e.g. Gk. πυνθάνεται /punt^{h}anetai/ 'perceives, learns', OIr. *-boind* 'gives notice/warning (of)'; McCone (1991: 43) and Stüber (1998: 86–8)), and was inflected as an active (as in Old Indic and Old Irish) or a middle (as in Old Indic and Greek). An original intransitive meaning along the lines of 'awake, become aware' is usually assumed (e.g. by Gotō 1987: 220, and Rix *et al* 1998: 66). It is not clear what difference of meaning existed between the active and middle forms or how far active forms may have begun to develop a transitive sense along the lines of 'become aware of, perceive' in the protolanguage, but an Old Indic opposition between transitive active (with pres. *bód^h-a-*) 'perceive' and intransitive middle (with pres. *búd^h-ya-*) 'awake' may go back at least as far as Indo-Iranian, albeit without consistent transitivity in the active on the evidence of Avestan (see Gotō 1987: 217–21). Whether already present in PIE or (as seems more likely) the result of later independent parallel developments, an essentially causative sense 'wake, rouse, make aware' (PIE **b^{h}o̯ud^h-ei̯e/o-* > OInd. *bod^{h}áyati* 'wakes, rouses', OCS *-buditi* 'wake, rouse', Av. *baoδaiieiti* 'makes aware (of)') underlies the active forms in Germanic and Old Irish (*-boind* 'gives notice, proclaims') above as well as active πεύθει /peut^{h}ei/ 'gives notice, informs' in the Cretan dialect of ancient Greek (see Buck 1955: 128). If the verb **b(o)ud-* (pres. **bu-n-d-e/o-*) < PIE **b^{h}eu̯d^h* had already come to mean 'make aware/known' or the like as a rule in Proto-Celtic, it would hardly be surprising that PC forms like **bud^z(d)u-* or **bud^z(d)o-* with a decidedly sexual semantic specialisation should cease to be connected with it and so avoid restoration of suffixal **-tu-* or **-to-* and concomitant devoicing of a root final no longer recognisable as such in contrast, say, with the OIr. subjunctive stem *-bós-* < PC **bout-se/o-* for **boud-ze/o-* < **b^{h}eu̯d-z^{h}e/o-* (underlying **bheu̯d^h-se/o-*).

BIBLIOGRAPHY

Beekes, R. S. P. 1995. *Comparative Indo-European Linguistics: an Introduction.* Amsterdam / Philadelphia: Benjamins.

Buck, C. D. 1955. *The Greek Dialects: Grammar, Selected Inscriptions, Glossary*. Chicago/ London: University of Chicago Press; 2nd edn.

Collinge, N. E. 1985. *The Laws of Indo-European.* Amsterdam / Philadelphia: Benjamins.

Ellis Evans, D. 1967. *Gaulish Personal Names: A Study of some Continental Celtic Formations*. Oxford: Clarendon Press.

Gotō, T. 1987. *Die "I. Präsensklasse" im Vedischen: Untersuchung der vollstufigen Wurzelpräsentia*. Wien: Österreichische Akademie der Wissenschaften.

Hoffmann, K., and Forssman, B. 1996. *Avestische Laut- und Flexionslehre*. Innsbruck: Innsbrucker Beiträge zur Sprachwissenschaft 84.

Irslinger, B. 2002. *Abstrakta mit Dentalsuffixen im Altirischen*. Heidelberg: Winter.

Koch, J. 1992. 'Gallo-Brittonic *Tasc(i)ouanos* "Badger-slayer" and the Reflex of Indo-European **gʷh*' *Journal of Celtic Linguistics* 1: 101–18.

Lambert, P.-Y. 1994. *La langue gauloise: Description linguistique, commentaire d'inscriptions choisies*. Paris: Editions Errance.

Mayrhofer, M. 1986. *Indogermanische Grammatik* I², *Einleitung und Lautlehre*. Heidelberg: Winter.

McCone, K. 1981. 'Final /t/ to /d/ after Unstressed Vowels and an Old Irish Sound Law' *Ériu* 32: 29–44.

– 1985. 'Varia II. 1. OIr. *broimm* "fart", Skt. *brahma* "pious effusion, prayer, spirit" *Ériu* 36: 169–71.

– 1991. *The Indo-European Origins of the Old Irish Nasal Presents, Subjunctives and Futures*. Innsbruck: Innsbrucker Beiträge zur Sprachwissenschaft 66.

– 1995. 'Der Präsens Indikativ der Kopula und die Relativendung *-s* im Altirischen', in Hettrich, H., Hock, W., Mumm, P.-A. and Oettinger, N. (eds) *Verba und Structurae, Festschrift für Klaus Strunk zum 65. Geburtstag*. Innsbruck: Innsbrucker Beiträge zur Sprachwissenschaft 83. 123–33.

– 1996. *Towards a Relative Chronology of Ancient and Medieval Celtic Sound Change*. Maynooth: Maynooth Studies in Celtic Linguistics 1.

– 1998. '"King" and "Queen" in Celtic and Indo-European' *Ériu* 49: 1–12.

– 2005. 'Mögliche nicht-indogermanische Elemente in den keltischen Sprachen und einige frühe Entlehnungen aus indogermanischen Nachbarsprachen', in Meiser, G. and Hackstein, O. (eds) *Sprachkontakt und Sprachwandel, Akten der IX. Fachtagung der Iindogermanischen Gesellschaft, 17–23 September 2000, Halle an der Saale*. Wiesbaden: Reichert. 395–435.

– 2006. *The Origins and Development of the Insular Celtic Verbal Complex*. Maynooth: Maynooth Studies in Celtic Linguistics 6.

Meid, W. 1980. *Gallisch oder Lateinisch? Soziolinguistische und andere Bemerkungen zu populären gallo-lateinischen Inschriften*. Innsbruck: Innsbrucker Beiträge zur Sprachwissenschaft, Vorträge und Kleinere Schriften 24.

Meiser, G. 1986. *Lautgeschichte der umbrischen Sprache*. Innsbruck: Innsbrucker Beiträge zur Sprachwissenschaft 51.

– 1998. *Historische Laut- und Formenlehre der lateinischen Sprache*. Darmstadt: Wissenschaftliche Buchgesellschaft.

Morris Jones, J. 1931. *A Welsh Grammar, Historical and Comparative*. Oxford: Clarendon Press.

Paul, H., *et al.* 1992. *Deutsches Wörterbuch: 9. Vollständig neu bearbeitete Auflage von Helmut Henne und Georg Objartel unter Mitarbeit von Heidrun Kämper-Jensen*. Stuttgart: Niemeyer.

Pokorny, J. 1927a. 'Air. *catt* "Katze, Vulva"' *Zeitschrift für celtische Philologie* 16: 278.

– 1927b. 'Altirisch *bot* "Penis"' *Zeitschrift für celtische Philologie* 16: 405.

– 1959. *Indogermanisches etymologisches Wörterbuch*. Bern / Stuttgart: Francke.

O'Rahilly, C. 1976. *Táin Bó Cúailnge, Recension I*. Dublin: Dublin Institute for Advanced Studies.

Quinn, E. G., *et al.* 1983. *Dictionary of the Irish Language based mainly on Old and Middle Irish Materials, Compact Edition*. Dublin: Royal Irish Academy.

Ringe, D. 2006. *From Proto-Indo-European to Proto-Germanic*. Oxford: Oxford University Press.

Rix, H. 1976. *Historische Grammatik des Griechischen: Laut- und Formenlehre*. Darmstadt: Wissenschaftliche Buchgesellschaft.

Rix, H., *et al.* 1998. *L I V, Lexikon der indogermanischen Verben: die Wurzeln und ihre Primärstammableitungen; unter Leitung von Helmut Rix und der Mitarbeit vieler anderer bearbeitet von Martin Kümmel, Thomas Zehnder, Reiner Lip, Brigitte Schirmer*. Wiesbaden: Reichert.

Schrijver, P. 1997. *Studies in the History of Celtic Pronouns and Particles*. Maynooth: Maynooth Studies in Celtic Linguistics 2.

Schumacher, S. 2004. *Die keltischen Primärverben: Ein vergleichendes, etymologisches und morphologisches Lexikon, unter Mitarbeit von Britta Schulze-Thulin und Caroline aan de Wiel*. Innsbruck: Innsbrucker Beiträge zur Sprachwissenschaft 110.

Stüber, K. 1998. *The Historical Morphology of n-Stems in Celtic*. Maynooth: Maynooth Studies in Celtic Linguistics 3.

Vendryes, J. 1955. '*Neddamon delgu linda*' *Etudes Celtiques* 7: 9–15.

Vendryes, J., *et al.* 1980. *Lexique étymologique de l'irlandais ancient de J. Vendryes, Lettre B, par les soins de E. Bachellery et P.-Y. Lambert*. Dublin: Dublin Institute for Advanced Studies.

2011. *An Beybel Sans*: *The Holy Bible in Cornish*;
[trailyans Kernewek: N. Williams; penscrefor: M. Everson].
Westport: Evertype.
(le caoinchead Nicholas Williams)

Jon Mills

The Depiction of Tyranny in the Cornish Miracle Plays

Introduction

The Cornish miracle plays are written in the Cornish language. However they contain passages in which the characters code-switch briefly into English or code-mix English words into their Cornish dialogue. The characters in the Cornish plays choose between a range of language varieties according to the situation. In order to determine the function of code-switching and code-mixing in the Cornish miracle plays, it is necessary to understand this situational context.

The Cornish miracle plays were written in the Cornish language in the late fifteenth and early sixteenth centuries. On the surface, these plays might appear to merely relate stories from the Bible and the lives of certain Saints. Underneath, however, lies a smouldering resentment of the tyranny and genocide following brutal repression of two popular uprisings: the rebellion in 1497 against Henry VII's poll tax and the rebellion four months later in support of Perkin Warbeck's claim to the throne. As a result of these insurrections, a significant proportion of the Cornish speaking population were exterminated. In the miracle play, *Passio Domini*, written in the Cornish language shortly after 1497, Jesus is referred to as the Son of Joseph the Smith. This reference to 'the Smith', alludes to Michael Joseph a smith of St. Keverne who was one of the leaders of the first 1497 rebellion. Code-switching further reinforces the allusion; when Christ's torturers speak phrases of English. Two other Cornish plays, *Bewnans Ke*, the Life of St. Kea, and *Beunans Meriasek*, the Life of St. Meriasek, depict a pagan tyrant King Teudar, persecutor of Christians, and namesake of Henry Tudor. In *Beunans Meriasek*, St. Meriasek is driven out of Cornwall by King Teudar, a self-styled "reigning lord in Cornwall", "prince", "emperor", "governor" and "conqueror". As a result, Teudar is pursued by the Duke of Cornwall who calls Teudar a "tyrant of unbelief" and an "alien", and challenges Teudar's right to be in Cornwall at all. In *Bewnans Ke* Teudar is also referred to as a pagan tyrant. In these plays, much use is made of code-switching, with sentences in English being spoken by torturers and by Teudar. Lexical choices between synonyms of differing etymologies subtly convey nuances of attitudinal meaning and power relations.

Dissolution of the monasteries in Cornwall, Wales, Ireland and England took place under Henry VIII between 1538 and 1541. This was to have profound consequences for the Cornish language. The monastic colleges of Glasney and Crantock were the main sources of Cornish literature until they were suppressed in 1535, the year Henry VIII was excommunicated and Thomas Cromwell became vicar-general. These seats of Cornish learning were then smashed and looted and their scriptoria destroyed. Thus the formal scholarship that had upheld the Cornish cultural identity was concluded (Peter 1906; Stoyle 2002: 20).

These events no doubt played an important part in engendering resistance to the imminent reformation. On the one hand, Glasney and Crantock were centres of Cornish cultural excellence. On the other hand they formed a link to Cornwall's Celtic past, an era prior to the takeover by the current tyrant monarchy.

Following the death of Henry VIII in 1547, the young Edward VI ascended to the throne. Archbishop of Canterbury, Thomas Cranmer (author of the Book of Common Prayer) was committed to creating a Protestant state. The ban on religious processions and pilgrimages was accompanied by commissioners being dispatched to instigate an iconoclasm of Cornish Catholic imagery. In response, 1547 saw a turbulent demonstration in Penryn against religious innovations (Rose-Troupe 1913: 73–82).

Fresh from bloodily suppressing the Catholics of Ireland, Cranmer's henchman William Body relished his task in Cornwall. After desecrating religious shrines at Helston, Body was stabbed by William Kylter on April the 5th 1548 and finished off by Pascoe Trevian (Hayward 1630: 53).

Immediate retribution followed when 28 Cornishmen were rounded up and taken at gunpoint to Castle Terrible where many were hung, drawn and quartered. One execution of a 'traitor of Cornwall' was carried out on Plymouth Hoe. Town accounts give details of the cost of timber for the gallows and poles to put the head and quarters of the said traitor upon. A chunk of the Cornishman's torso was taken to Tavistock so that English people might partake of the festivities (Hayward 1630: 53–4).

Martin Geoffrey, the priest of nearby St. Keverne, was taken to London. After being hacked to pieces, his gored head was impaled on a staff erected upon London Bridge. Intended as a warning to those who might resist English cultural imperialism, such indiscriminate barbarity only served to ferment even greater resentment in Cornwall.

In 1549, the four old liturgical books in Latin were replaced by Cranmer's (1549) *Book of Common Prayer* which was published solely in English. The 1549 Act of Uniformity enforced its use not only in England but in Wales and Cornwall also. In Cornwall in particular, where most of the population at the time spoke only their native Cornish, this change was deeply resented. As a result, a Cornish army assembled in Bodmin on 6th June 1549. The articles issued by the Cornish army at Castle Canyke, near Bodmin reveal the ethnic dimension of the conflict: "And so we the Cornyshe men (wherof certen of us under stande no Englysh) utterly refuse thys newe Englysh" (*A Copye of a Letter …* 1549). It is clear from this article that the rebels were motivated by a resolve to withstand English cultural aggression (Berresford Ellis 1974: 60–2; Stoyle 2002: 24).

From Bodmin they marched east to Crediton in Devon and then on to Exeter. The insurgents merely requested that they should not be compelled to worship in their conqueror's language. Nevertheless, the Cornish were dismissed as being of the Anti-Christ by Cranmer. King Edward VI and his Privy Council sent an army of mainly German and Italian mercenaries under the command of Lord John Russell to impose a military solution. No attempt to parley was made by Russell and some 3,500 Cornish insurgents were slaughtered by mercenary forces.

In one instance, 900 unarmed bound and gagged Cornish captives had their throats cut in just ten minutes by Russell's troops. In another instance the English surrounded and set fire to the village of Clyst St. Mary and approximately a thousand rebels were burned alive. Those who survived were driven back into Cornwall. There, they were pursued and the thousands captured were put to death. Thus half the Cornish speaking able bodied male population (11% of the Cornish population) were exterminated. Since families lost their men folk and livelihoods, the actual figure may be estimated at around 20%. As a reward for his loyalty and service, Miles Coverdale, the chaplain to the English forces, was made Bishop of Exeter. Those slaughtered in the uprising were mocked by Cranmer who never showed a twinge of remorse (Hayward 1630: 62–5; Berresford Ellis 1974: 60–2; Angarrack 2002: 174–5; Stoyle 2002: 23–4).

In 1559, Elizabeth I introduced a new Act of Uniformity. The Preface to the 1559 Act of Uniformity states, "And moreover, wheras Sainct Paule woulde have such language spoken to the people in the Churche, as they might onderstande, and have profite by hearing the same ... and is ordeyned nothing to be readde but the very pure woord of God, the holye scriptures, or that which is evidently grounded upon the same, and that in such a language and ordre, as is most easy and playne for the understanding bothe of the readers and hearers" (An Acte for the Uniformitie of Common Praier 1559). The Book of Common Prayer (Cranmer 1549) was printed in French in 1553, in Welsh and in Scottish Gaelic in 1567, in Irish in 1608 and in Manx in 1610. However, a Cornish translation of the Book of Common Prayer was not forthcoming. In order to impose the English language *Book of Common Prayer* upon the Cornish, priests and populace were murdered, texts and traditions were destroyed, children were beaten, and use of the English language was enforced in church education. For nearly 150 years, this continued, sufficient to coerce tens of thousands of Cornish speakers into abandoning their native language.

The Plays

The Cornish Miracle Plays were written in the Cornish language and include *The Ordinalia, Beunans Meriasek* (Ton 1504), *Bewnans Ke* (Circa 1575) and *Gwreans an Bys* (Jordan 1611).

The earliest extant copy of *The Ordinalia* is in the Bodleian Library (Bodleian 791). It is described by Madan and Craster (1922: 405) as, "Bodl. 2639. In Cornish, on parchment: … 11 × 7¾in., vii + 90 leaves …. Donum Jacobi Button armigeri ex comitatu Wigorniensi 28° Mart. 1615." The Bodleian Library's acquisition of this manuscript in 1615 is confirmed by Lhuyd (1707: 265) who also describes it as, "*Ex dono* Jacobi Button *Armigeri, è Comitatu* Wigoniensi. *An.* 1615."

Concerning the place and time that the *Ordinalia* was written, Madan and Craster (1922: 405) describe the manuscript (Bodleian MS. 791) as "written in the first half of the fifteenth century in Cornwall." Fowler (1961: 125) concludes that

> *A re-examination of the place-name evidence suggests a date somewhere between 1300 and 1375, or more narrowly, between 1350 and 1375. … The evidence of Middle English lines and phrases, vocabulary, and, above all, pronunciation of the final -e, point strongly to a date no later that 1400. … it is difficult to believe that the Middle English elements would allow a date earlier than the fourteenth century. … It is possible to affirm, I believe, with some measure of confidence, that the evidence thus far considered points to the third quarter of the fourteenth century as the period in which to place the composition of the Cornish Ordinalia.*

There is, however, good evidence for supposing that Bodleian 791 is of a much later date. Twice in Passio Christi, Jesus is referred to as the Son of Joseph the Smith. "Hemma yu an keth ihesu a lever y vos map deu map iosep an coth was gof" (*Passio Domini*: lines 1693–5), 'This is the same Jesus who says he is the Son of God, Son of Joseph the old smith fellow'. "Cryeugh fast gans mur a grys may fo an ihesu crousys map an guas gof" (*Passio Domini* : 2477–9), 'Cry aloud with much strength so that Jesus will be crucified, Son of the smith fellow'. These references to "an … gof", 'the smith', allude to Michael Joseph An Gof of St.

Keverne, who was one of the leaders of the 1497 Cornish rebellion. When one considers that, following the rebellion, Michael Joseph An Gof was executed by the English, and that in *Passio Domini*, Christ's torturers speak phrases of English, the case for this being an allusion to Michael Joseph An Gof appears even stronger. If this is the case, then Bodleian 791 may be dated circa 1500. However the *Ordinalia* of Bodleian 791 incorporates and reworks earlier material, which accounts for the Middle English elements noted by Fowler.

The *Ordinalia* is a cycle of three dramas. The first, *Origo Mundi* illustrates a number of Old Testament stories from the Creation to the building of Solomon's Temple. The second, *Passio Domini* illustrates the story of Christ's Passion. The third play, *Resurrexio Domini*, deals with the story of the Resurrection. These three plays were designed for open-air performance on consecutive days at parish feasts. The stage was a circular amphitheatre called in Cornish 'plen an gwary' or in English 'playing place'.

The oldest extant version of the play *Gwreans an Bys* ('The Creation of the World') is in the Bodleian Library (Bodleian 219). It bears the colophon "Heare endeth the Creaco□n of the worlde wth noyes flude wryten by William Jordan: the XIIth of August 1611". The manuscript consists of fifty four pages. Jordan's *Gwreans an Bys* also incorporates and reworks earlier material, including some passages from the *Ordinalia*. At the end of the play the audience are told, "dewh a vorowe a dermyn why a weall matters pur vras", 'Come tomorrow on-time; you will see very great matters'. This indicates that the play is only the first part of a mystery cycle of which the remainder is missing.

In the Saints' Plays, *Beunans Meriasek and Bewnans Ke*, a character appears named King Teudar. The Cornish spelling "Teudar" is a deliberate attempt to lampoon Henry Tudor (VII) since Teudar means 'fatness'. So King Teudar equates with 'King Fatty'. In *Beunans Meriasek* (Ton 1504), the Duke of Cornwall challenges Teudar thus,

"Pendryu the kerth in pouma? Tytel na chalyng dyblans, aberth mam na tas oma, pur guir nyth us" (*Beunans Meriasek* 2369–73)	'What is your right in this country? Obviously you have no clear title or claim here on either your mother's or your father's side'

The manuscript of *Beunans Meriasek* (National Library of Wales MS. Peniarth 105) bears the colophon, "Finitur per dominum Rad Ton anno domini 1504". "Rad" may be a shortened form of either 'Richard' or 'Radulphus', 'Radulphus' being the Latin form of 'Ralph'. The entire play appears to be in Ton's handwriting except for some corrections and stage directions made in another hand. The manuscript consists of 181 pages. The play is in verse throughout.

Three plots are interwoven. The first concerns the life and death of St. Meriasek, who is associated with Camborne in Cornwall. The second plot concerns St. Sylvester, the Pope and the Emperor Constantine. The third plot is that of a woman whose son is taken prisoner by a heathen tyrant and then miraculously released through the intercession of the Virgin Mary. It has been demonstrated how these three seemingly disparate plots are linked by the theme of "tyranny" (Payton 1993; Olson 1997). The subversive and political aspect of the play is noted by Jenner (1928: 33). Jenner suggests that King Teudar, an evil tyrant depicted in the play, alludes to Henry VII, who was hated by the Cornish following the rebellion of 1497.

Bewnans Ke (The Life of St. Kea) is thought to have been written in the middle or second half of the sixteenth century (Thomas & Williams 2007: xliv) and like the other plays incorporates and reworks earlier material. The play consists of two parts. The first concerns the deeds of St. Kea and his encounter with the tyrant Teudar. The second part concerns King Arthur's conflicts with the Romans and with his nephew Mordred. The second part is longer, and retells the account found in Geoffrey of Monmouth's *Historia Regum Britanniae* and Wace's *Roman de Brut*.

Code-switching

The speech community of the Cornish miracle plays was a social unit within which speakers shared a repertoire of 'ways of speaking'. This repertoire included several languages: Cornish, English, French and Latin. Members of this community engaged in verbal interaction that did not randomly alternate between distinct linguistic codes but chose systematically among them and put them to specialized uses.

Tenor, one of the parameters of context, is concerned with the role relationships between interactants in a given context. In the Cornish plays, the interlocutors use a particular language variety to allude to their relationship with the other person. Thus speakers change the way they speak according to who is speaking to whom. In other words, they accommodate to others by adjusting their communicative behaviour. This behaviour serves to establish and maintain social relations by making social roles explicit. Thus code selection delimits social groups and identifies the individual.

Code-switching into English is used in the plays to denote certain roles, such as demons, torturers and tyrants. For example, the first person to use English in the *Ordinalia* is Satan.

Satan to Eve, "torre yn ow feryl vy ǀ heb hokye fast have ydo" (*Origo Mundi* 197–8)	'Pick it at my risk, without hesitating, quickly have done'

This is echoed in *Gwreans an Bys*, in which the first phrase of English is spoken by Lucifer to the other Angels.

"Pays I say oll elath nef ǀ golsow owhthave lemyn" (*Gwreans an Bys* 114–5)	'Peace, I say, all angels of Heaven! Listen to me now!'

And later in *Gwreans an Bys*, Lucifer speaks a much longer stretch of English to the other Angels.

> "I was made of a thought | ye may be glad of such a wight | and in heaven so gay I wrought | semely am [I] in every sight come up to me every chone | hag yn ur na gwraf assaya | ȝavos mu war an trone"
> (*Gwreans an Bys* 195–201)
>
> 'I was made from a thought. You may be pleased with such a person, so nobly formed in heaven. I am seemly in the sight of all. Come up to me everyone, and then I will try to be great on the throne'

When God banishes Lucifer from heaven, Lucifer replies,

> "for well nor wo | I will not go | I say yowe so | this will not be | Thymove creis"
> (*Gwreans an Bys* 275–9)
>
> 'For weal nor woe, I will not go. I say so to you. This will not be. Believe me'

Lucifer's Angel also code-switches with English:

> "pyw henna a veth mar vold | cowse gear warbyn lucyfer | heare he hath unto you told | that in heaven ys not his peare | ha me an creyse" (*Gwreans an Bys* 163–7)
>
> 'Who is it that will be so bold as to speak a word against Lucifer? Here he has told you that in heaven is not his peer, and I believe it.'

In *Beunans Meriasek* (Ton 1504), demons also speak phrases of English:

> "Peys y say both fur and ner | golsowugh orth iubyter ..."
> (*Beunans Meriasek* 2326–7)
>
> 'Peace, I say, both far and near. Hearken to Jupiter'

And later in the play, a demon named Moufras[1] addresses the audience with two sentences in English:

"Peys y hot both wylde and tame | y say moufras ys my name | benythe numbethe schame | awoys gul drok."
(*Beunans Meriasek* 3369–71)

'Peace, I order, both wild and tame. I say Moufras is my name. I was never ashamed of doing evil.'

A comparison may be drawn with English language films set during the 2nd World War, in which the Nazis use expressions such as *Sieg Heil!*, *Mach schnell!*, or *Raus!* In *Passio Domini* (*Ordinalia*), use of code-switching with English is extended to Christ's persecutors: the Sanhedrin, Pilate, Herod and Christ's torturers.

Caiaphas in the New Testament, was the Roman Empire-appointed Jewish high priest who organised the plot to kill Jesus. By putting English phrases into the mouth of Caiaphas, the writer of *Passio Domini* equates Caiaphas with Thomas Cranmer, who forced the English language liturgy on the Cornish.

Caiaphas greets Pilate,
"wolcom pilat by thys day" (*Passio Domini* 379)

Caiaphas greets Prince Annas,
"wolcom by mahommys blout" (*Passio Domini* 575)

Caiaphas greets Judas,
"wolcom judas par mon fay | wolcom by maghomys lay | wolcom myl-wyth yn ow hel" (*Passio Domini* 935–7)

'Welcome Judas, upon my faith! Welcome by Mahound's law. 'Welcome a thousand times in my hall.'

Caiaphas to a messenger,
"wel thew fare messeger" (*Passio Domini* 1641)

Caiaphas code-switches with English when he addresses King Herod.

<table>
<tr><td>Heil syr lord and emperor | heil now kyng of kynggys flour | arluth dres ol an bys-ma | fayr an suyt bryte of colour | pylat thy why gans onour | reth an vonas un adla
(Passio Domini 1681–6)</td><td>Hail, sir lord and emperor. Hail now king, of kings the flower. Lord above all this world. Fair and sweet, bright of colour! Pilate to you, with honour, has sent a knave.</td></tr>
</table>

Herod similarly code-switches when he replies to Caiaphas.

<table>
<tr><td>"Wolcom cayphas re iouyn | And yk annas me cosyn | hag ol agas cowethe | levereugh a ver termyn | py hanow yu an iaudyn | thymmo a thanfonas e"
(Passio Domini 1687–92)</td><td>'Welcome, Caiaphas, by Jove, and eke Annas, my cousin, and all your companions. Say in a short time, what is the name of the fellow he has sent to me.'</td></tr>
</table>

Christ's torturers also code-switch with English.

<table>
<tr><td>"ty a vyth box trewysy | have that god yve thy wo" (Passio Domini 1269–70)</td><td>'Thou shalt have a hard blow: Have that, God give thee wo!'</td></tr>
<tr><td>"wel y met harlot ioudyn | ty a fyth boxsesow tyn | war an dywen" (Passio Domini 1366–8).</td><td>'Well met, obstinate knave. You will have sharp blows on the chin.'</td></tr>
<tr><td>"a vyl gadlyng dues yn rag | wortyweth whet crok ath tag" (Passio Domini 1817–8).</td><td>'O vile vagabond, come forth. At last hanging will choke you yet.'</td></tr>
<tr><td>"me a wrathy'smur a throk | ha dyspit so mot y go" (Passio Domini 2098–9)</td><td>'I will do thee very much evil, and spite, so mote I go'</td></tr>
</table>

A torturer code-switches with English when he accepts the order from Pilate to crucify Jesus.

> Anon syre so mott y thrive | to the deth they schal blyve | yn dyspyt thaga hehen | com forth ihesu yn ow dorn | heil myghtern an yethewon | ty a fyth cowal anken (*Passio Domini* 2525–30)
>
> Anon, sire, so mote I thrive, to the death they shall remain, in spite of their efforts. Come forth, Jesus, in my hand. Hail, King of the Jews ! You shall have full pain.

In *Resurrexio Domini*, upon conversion to Christianity, the Emperor addresses Veronica in Cornish, then code-switches into English to summon his torturers, and then code-switches back into Cornish.

> A Vernona war ow feyth | un gusyl da ha perfeyth | thym ty a ros | tormentors com hyder snel | namna gessof ow merwel | orth agas gortos (*Resurrexio Domini* 2141–6)
>
> Veronica, on my faith, a counsel good and perfect to me you have given. Executioners, come hither quickly, I almost get my death by your delay.

In the Saints' Plays, *Beunans Meriasek* (Ton 1504) and *Bewnans Ke*, the tyrant kings Teudar and Constantine and their entourages code-switch into English. Thus in *Beunans Meriasek* when Teudar addresses the Duke of Cornwall, Teudar begins in English before code-switching into Cornish.

> "By may fay an we[l] besen | a latha margh a calla …." (*Beunans Meriasek* 2421–2)
>
> 'By my faith and well beseen, if I could kill a horse.'

When the Emperor Constantine summons his torturers in order to send them to persecute Christians, his torturers first greet Constantine in English before the dialogue code-switches back into Cornish.

> "Heyl costenten the nobil | del on ny the lel bobil" (*Beunans Meriasek* 1172–3)
>
> 'Hail, Constantine the noble! As we are thy loyal people ….'

Constantine replies first in English and then code-switches back into Cornish.

> "Wolcum knyghtis everych on | reys yu dywy lafurya | rag chastya an crustunyon" (*Beunans Meriasek* 1178–80)
>
> 'Welcome knights, everyone! You must go to persecute the Christians.'

In *Bewnans Ke*, when Kea arrives in Cornwall, he is met by King Teudar's forester, who first addresses him in English before code-switching back into Cornish.

> "Wel we met cosyn forsoth | barth in forest ow arluth" (*Bewnans Ke* 40–1)
>
> 'Well we meet, cousin, indeed, within the forest of my lord.'

When Kea attempts to convert Teudar to Christianity, Teudar replies first in English before code-switching back into Cornish.

> "Out out out I am ful wod | harow harow | by mahumys precyus blod | bethyth marow" (*Bewnans Ke* 256–9)
>
> 'Out, out, out! I am quite mad. Alas, alas! By Mahound's precious blood, you shall die!'

In *Resurrexio Domini* Pontius Pilate code-switches into English.

> "rak ow colon ow honan | gans ou hollan me a wan | ogh ellas and welawo" (*Resurrexio Domini* 2042–4)
>
> 'For my heart, I myself will pierce with my knife; Oh! alas! And wellawo!'

Code-switching and Power

Code-switching into English is also used to indicate the power relationship between interlocutors. In *Bewnans Ke* a messenger addresses Teudar first in Cornish, code-switches into English, then back into Cornish and then back into English again.

> "Lowena thum Arluth flowre | Now new tydynges hav I brought | Me a lever the why dowr | Al or labor ys for nowght" (*Bewnans Ke* 494–7)
>
> 'Hail to my finest lord! Now I have brought new tidings. I shall tell you exactly, all our labour is for nought.'

When Kea comes to Cornwall from Brittany and is captured and taken to Teudar, Teudar addresses Kea, beginning in Cornish then code-switching into English.

> "Te javal ew henna gwyr | lavar heb gow | A bele eta then tyr | menyk the bow | what hath thyman | Ho ys thy lord tel me that" *(Bewnans Ke* 78–83)
>
> 'You scoundrel, is this true? Don't lie! From whence do you come to the region? Declare your country and further your domain! Who is your lord tell me that!'

Kea shows deference to Teudar by replying at first in English before code-switching back into Cornish. This indicates that Kea acknowledges the power relationship between Teudar and himself.

> yf thow wylt her the clen ryght | truly syr kyng | my Lord ys god of al myght | that mad al things | both gret & small | ha me a vyth gylwys ke | drys voer A Golan in dre | nowyth e tof re vyhal (*Bewnans Ke* 86–90)
>
> If you will hear the clean right, truly, Sir King, my Lord is God of all might, that made everything, both great and small, and I am called Kea. Over the sea from Colan into the town I am newly come, by St Michael.

Code-mixing

Code-mixing is a process that incorporates material from a second language into the base language. Typically it is lexis that is incorporated. The writers of the miracle plays use code-mixing for the same purpose that they use code-switching, that is to associate their bad characters with the English language. (It should be noted that the many loanwords from Old Norman French, most of which were also borrowed into Middle English, are not used in this way.) Thus in *Beunans Meriasek* Teudar uses English *wel* ('well' *interj.*).

"wel wel na for[s]" (*Beunans Meriasek* 1058)	'Well, well, no matter!'

Also in *Beunans Meriasek,* the Tyrant uses English *wyght* ('weight')

"eff a pee pur guir y wyght a our kyn boys dylyfrys hag a nagh pelle y fay" (*Beunans Meriasek* 3550–2)	'He'll certainly pay his weight in gold before being set free, and further shall renounce his faith.'

Morphological markers of the base language are retained. For example "talkye" takes its stem from English *talk* and retains the Cornish infinitival suffix *–ye*.

"Eva prag na thuete nes ǀ rag cous orthyf ha talkye" (*Origo Mundi* 149–50)	'Eve, why don't you draw near to converse with me and talk'

In this extract from *Origo Mundi*, the Serpent uses both the Cornish "cous" ('talk') and the English code-mix "talkye".

Sociolinguistic Variables

Pairs of synonyms such as *cous* and *talkye* are sociolinguistic variables that distinguish, within the plays, the speech of bad characters from the speech of good characters. Thus in *Beunans Meriasek* Teudar uses the English word "hardygrath" ('vengeance').

"mahum darber hardygrath ǀ ȝe neb a ruk ou throbla" (*Beunans Meriasek* 948–9)	'Mahound, inflict vengeance on he who has troubled me!'

Whereas a mother whose child is about to be slain uses the Cornish word "dyel" ('vengeance').

"a du an neff tayl *dyel* ǀ warnogh a tus ongrassyes" (*Beunans Meriasek* 1595–6)	'O God of heaven, wreak vengeance upon you, O wicked people!'

In *Gwreans an Bys*, the Serpent uses the English word "shame" when he berates Eve.

"Shame ew genaf tha glowas ǀ Ow cregy then gyrraw na" (*Gwreans an Bys* 637–8)	'I have shame to hear you believing those words.'

Whereas Adam uses the Cornish word "meth" ('shame') when they discover that they are naked.

"rag *meth* dean ny a lemma ǀ tha gutha in tellar close" (*Gwreans an Bys* 865–6)	'For shame let's go and hide somewhere close by.'

The bad characters greet one another with English *heyl*. For example, in *Origo Mundi* the demon Belsebuc ('Beelzebub') greets Lucifer thus:

"heyl syr arluth lucifer" (*Origo Mundi* 563)	'Hail, Sir Lord Lucifer.'

And in *Beunans Meriasek* a messenger greets Teudar thus:

"Heyl dyugh ser a[r]luth teudar" (*Beunans Meriasek* 768)	'Hail to you Sir Lord Teuder'

Whereas the good characters greet one another with the Cornish *lowena thyugh* (*lit.* 'joy to you'). For example, Meriasek greets the bishop thus:

"Ser epscop *thyugh lowena"* (*Beunans Meriasek* 499)	'Sir Bishop, hello.'

In *Beunans Meriasek* the Tyrant uses the English word *snel* ('quickly') when he commands his torturers.

"dugh genevy desempys alemma then guelfos snel" (*Beunans Meriasek* 3367–8)	'Come with me to the forest quickly at once.'

Whereas the young Meriasek uses the word *uskis* ('quickly') when he requests permission from his schoolmaster to return home to his parents.

Me agis pesse mester | mar a pewy sur plesiis | mones ȝe dre heb awer | ȝe vyras ou ȝas *uskys* (*Beunans Meriasek* 193–6)	I would beseech you, master, if you would indeed be pleased, to go home without trouble to see my father quickly

And in *Origo Mundi* Cherubim uses Cornish *scon* ('quickly).

"the parathys *scon* yth af" (*Origo Mundi* 339)	'To Paradise quickly I go'

In *Passio Domini* an Executioner uses English *soul.*

"henna me a wra rum soul" (*Passio Domini* 2919)	'That I will do, upon my soul'

Whereas Jesus uses the Cornish *enef* ('soul').

"rak yma yn ou *enef* | trystyns fast bys yn ancow" (*Passio Domini* 1022–3)	'For there is in my soul great sadness, even unto death'

In *Gwreans an Bys* the Serpent uses English *mystrustya* ('mistrust').

"Ny ryse thewh ow mystrustya" (*Gwreans an Bys* 677) 'you need not mistrust me'

Whereas in *Resurrexio Domini* Cleophas uses Cornish *gymer gorgys* (*lit.* 'take mistrust').

"na gymer hemma gorgys" (*Resurrexio Domini* 1501) 'Do not mistrust this.'

Conclusion

It has been shown in this article that code-switching and code-mixing are used in the Cornish miracle plays to signal certain roles and power relations between interactants. Furthermore use of English for this purpose is conditioned by recent historical context.

NOTE

1 *"Moufras" is a borrowing from Old Norman French* Mauferas, *'evil doer'. This character occurs in some of the Breton plays (Best. lap. Rosarius S., c. 1330, 162).*

BIBILIOGRAPHY

A Copye of a Letter Contayning … the Articles … of the Cornyshe Rebelles. 1549. Lambeth Palace Library, London.

An Acte for the Uniformitie of Common Praier, and Service in the Church, and the Administracion of the Sacramentes. 1559. http://justus.anglican.org/resources/bcp/1559/front_matter_1559.htm.

Angarrack, J. 2002. *Our Future is History: Identity, Law and the Cornish Question*. N.p.: Independent Academic Press.

Berresford Ellis, P. 1974. *The Cornish Language and its Literature*. London: Routledge and Kegan Paul.

Beunans Meriasek Colophon, "Finitur per dominum Rad Ton anno domini 1504". National Library of Wales: MS. Peniarth 105.

Bewnans Ke. National Library of Wales: MS. 23,849D.

Cranmer, T. 1549. *Book of Common Prayer and Administration of the Sacramentes, and other Rites and Ceremonies of the Church: after the Use of the Church of England*. London: Edw. Whitchurch.

Fowler, D. 1961. "The Date of the Cornish Ordinalia" *Medieval Studies* 23: 91–125.

Hayward, J. 1630. *The Life and Raigne of King Edward the Sixth* London: John Partridge.

Jenner, H. 1928. "King Teudar" *Tre, Pol and Pen*. London: The Cornish Association.

Lhuyd, E. 1707. *Archaeologia Britannica: Vol. 1 Glossography*. Oxford: The Theatre.

Madan, F. and Craster, H. H. E. 1922. *A Summary Catalogue of Western Manuscripts in the Bodleian Library at Oxford*, Vol. II:1 Oxford.

Olson, L. 1997. "Tyranny in *Beunans Meriasek*", *Cornish Studies* 5: 52–9.

Ordinalia. Bodleian: 791.

Payton, P. 1993. "'A Concealed Envy against the English': A Note on the Aftermath of the 1497 Rebellions in Cornwall" *Cornish Studies* Series 2. I: 4–13.

Peter, T. C. 1906. *The Old Cornish Drama*. London: Elliot Stock.

Rose-Troupe, F. 1913. *The Western Rebellion of 1549: an Account of the Insurrections in Devonshire and Cornwall against Religious Innovations in the Reign of Edward VI.* London: Smith, Elder and Co.

Stoyle, M. 2002. *West Britons*. Exeter: University of Exeter Press.

Thomas, G. and Williams, N. J. A. (eds). 2007. *Bewnans Ke: The Life of St Kea*. Exeter: University of Exeter Press.

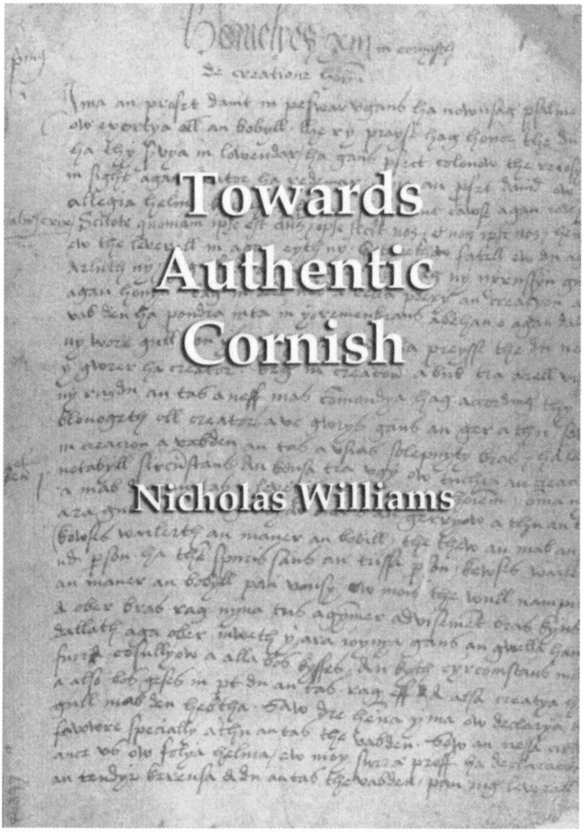

2006. *Towards authentic Cornish: a critique of Kernewek Kemmyn: Cornish for the twenty-first century of Paul Dunbar and Ken George, Gerlyver Kernewek Kemmyn by Ken George, and A grammar of modern Cornish by Wella Brown.*
Editor/penscrefer: M. Everson.
Cathair na Mart: Evertype.
(le caoinchead Nicholas Williams)

Philip Payton

CONFLICT AND CONSENSUS IN THE CORNISH LANGUAGE REVIVAL?

'The decline of Cornish in the 18th century need not be regretted' (Smith 1947: 20). In the nineteenth century, such opinion was commonplace, expressed, for example, by the Celtic literary scholar Matthew Arnold (Cornish on his mother's side) and the 'Cornish philosopher' Davies Gilbert, both of whom imagined that the language would have been an unfortunate impediment in a modern, industrial, anglophone world. However, this particular assessment of the language's demise was from a much later period and an entirely different pen, that of A. S. D. Smith, the Cornish-language revivalist and bard *Caradar* of the Cornish Gorsedd who in 1947 published his *The Story of the Cornish Language: Its Extinction and Revival*. A slim volume with flimsy paper covers and no more than twenty pages long, this was nonetheless a significant pamphlet, in which Smith not only sketched a brief history of the language but, equally importantly, provided what was effectively a manifesto for its revival. Integral to this manifesto, and thus to the revivalist project, was the insistence that no tears be shed for the passing of Modern Cornish. It was an opinion that was to have far-reaching consequences for the future of the Cornish language revival and the debates that would surround its later development.

As Smith went on to argue: 'Had the language survived into modern times, it would have lost much of its own idiom owing to the overwhelming influence of English'. Indeed, he speculated, 'its vocabulary would have become more English than Cornish' (Smith 1947: 20). Moreover, he added, modernity itself had been the enemy of the Cornish language, from the Wars of the Roses when 'hard-headed merchants' unsympathetic to the language had become the predominant landowners in Cornwall, through to the discovery and colonisation of America (which experience led young people 'to despise Cornish' (Smith 1947: 7)), and subsequently the development of the Cornish mining industry from the sixteenth century onwards. By contrast, medieval Cornwall — before the Reformation (with its English-language Prayer Book) and the estrangement of Cornwall from its sister Brittany — was the golden age of Cornish, evidenced by a rich Middle-Cornish literature which 'does not fall below, and in some respects stands above, the general [literary] standard of that period'. This was a 'mature Cornish', Smith wrote, the result of 'a long tradition of Cornish writing' (Smith 1947: 3), ecclesiastical and scholarly, some of which had survived to this day and provided the authentic corpus from which the Cornish language was now being revived. As he concluded with evident pride and pleasure, as a result of this revivalist endeavour 'we have a compact medieval language, whose idiom is Celtic and little likely to undergo any further change' (Smith 1947: 20).

The (assumed) Celtic purity of the medieval Middle-Cornish language was, Smith insisted, in marked contrast to English-subverted Modern Cornish. It was also part of the wider attraction that medieval 'Celtic' Cornwall held for Smith and other like-minded revivalists. Cornwall having been reduced by modernity to the status of 'just another English county', the Cornish people — Smith explained — had for too long been denied 'an outlet for the Celtic spirit within them' (Smith 1947: 20). Now, however, the revival had reclaimed the medieval past, and offered at last an opportunity for Cornish men and women to express their dormant inner Celticity. And, he emphasised, the 'Revival is beginning to put Cornwall on the map' (Smith 1947: 20).

Of course, Cornwall had been very much 'on the map' at the zenith of its modernity in the nineteenth century, a world-leading centre of mining and steam engineering with a prominent role in the rapid development of the international mining frontier, the hub of a vibrant transnational emigrant identity that trumpeted an assumed Cornish ethno-occupational superiority across the globe (Payton 2010: 116–35). But, by the time Smith was writing, that international visibility and importance had been shrinking for half a century and more. The collapse of Cornish copper in the mid-1860s and the long decline of tin a decade later, coupled with the rapid rise of new international centres of mining expertise in America, Australia, South Africa and elsewhere, had led to the inexorable diminution of Cornwall's industrial prowess, ushering in a period of socio-economic inertia that characterised much of the first half of the twentieth century – especially the inter-war period. To socio-economic marginalization was added cultural crisis – a distinctive Cornish identity founded on industrial prowess was no longer tenable – creating a space that the revivalists were more than happy to occupy. Put simply, the revivalists looked over the debris of the modern industrial period to a time when Cornwall – medieval Cornwall – was more purely 'Celtic', and adopted this as the model for their project (Payton 1997: 25–39).

As A. S. D. Smith had been quick to acknowledge, a key figure in the revivalist project was Robert Morton Nance, who had learned Cornish from Henry Jenner's *Handbook of the Cornish Language*, published in 1904 (Jenner 1904). Recognising the shortcomings and limitations of Jenner's book, Smith reported, Morton Nance had decided to 'find a unified spelling for Cornish based on those forms in the texts which are most accurate, both on philological and phonetic grounds ... evolving a system of spelling which is as near perfection as any can be' (Smith 1947: 13). These texts were, of course, the Middle-Cornish miracle plays and passion poem, and, abandoning Jenner's suggestion that the language might best be revived from its Modern or 'Late' period, Morton Nance had decided that revived Cornish should be medieval Cornish. He had already explained the process in his *Cornish For All*, published in 1929. 'The obvious course', he wrote, 'seeing that Cornish has no "native speakers", is to accept Middle Cornish as the classical literary standard, and to treat Modern or Late Cornish as a dialect of it, to be studied only after the older language is known' (Morton Nance 1929: 6). Having made this important decision, he explained, he had derived his 'Unified' system of spelling by drawing principally from the three fourteenth-century miracle plays of the *Ordinalia*, 'the accepted model of Cornish at its best' (Morton Nance 1929: 6).

Thus created, Unified Cornish served as the accepted model for revived Cornish between the two world wars and for several decades after 1945, just as A. S. D. Smith had described. However, despite the apparent consensus that existed among the revivalists themselves, the wider world of scholarly Celtic Studies had looked askance at their project — in particular the 'Unified' Cornish derived by Morton Nance. Often deeply conservative in their academic assumptions, these Celticists were unmoved by arguments that such standardization was necessary if systematic language revival was to be achieved. C. L. Wrenn, for instance, ('still a byword for tedium in 1950s Oxford', according to the critical pen of writer John Carey (Carey 2009: 52)) in 1958 dismissed Morton Nance's 1938 Cornish-English dictionary with the superior view that it 'displays that scarcely scientific revivalist local patriotism which is still so commonly associated with Cornish studies' (Thomas 1963: 203). As Charles Thomas explained in 1963, 'serious criticisms come from the rarefied world of Celtic scholarship … modern Celticists, from Professor Kenneth Jackson downwards, unite in ignoring any of Nance's or Smith's work, and almost all of Jenner's' (Thomas 1963: 202pp). Worse still was to come. In 1984 Glanville Price condemned Unified Cornish as 'pseudo-Cornish', characterising it as a mutant 'Cornic' and insisting that 'the old Celtic speech died out two centuries ago. It is still dead, and will evermore remain so'. What the revivalists were promoting, he said, was 'a type of language that is partially derived from the old Celtic speech of Cornwall, but is also partially invented' (Price 1984: 134).

Charles Thomas and others attempted to reassure revivalists that such criticism was irrelevant to their project, and in his inaugural address as the first Professor of Cornish Studies at the University of Exeter's Institute of Cornish Studies, he offered a robust defence of their efforts:

> Revived Cornish, as to its spelling, an increasing part of its vocabulary, and most of its pronunciation, cannot be regarded as genuine, and this is why it is viewed with such suspicion and

> reserve by almost all Celticists … This does not amount to failure … the achievement of Henry Jenner, Robert Morton Nance, and their contemporaries, was the establishment of a sense of Cornishness, of national consciousness … had this overall Cornish Revival not been attempted, and accomplished, it would by now be quite impossible to construct the particular platform on which the linguistic, cultural, nationalistic, and environmental movements in Cornwall all perform (Thomas 1973: 9).

Thomas' assessment may have been accurate but it did little to dampen the disquiet that had by now arisen in revivalist ranks, and by the early 1980s, in the face of sustained external criticism, the Unified consensus began to break down. In addition to the Unified process itself — not only the spelling standardization but also the various devices (including borrowings from Welsh and sometimes Breton) deployed by Morton Nance to overcome deficiencies in grammar and vocabulary in the Middle-Cornish texts — the relationship between orthography and phonology inherent in Unified Cornish was also a matter of discomfort. The orthography, as we have seen, was determinedly medieval (even to the extent of banishing the letter *i* and replacing it with the more satisfyingly archaic *y*), but the phonology was based on the revivalist assumption that one could detect the survival of Cornish-language pronunciation in the speech patterns and accent of western Cornwall. However, in 1975 Martyn F. Wakelin had argued to the contrary, that the speech of the far west 'is at the present time no use whatever to the student of Cornish, and it is my opinion that it never was' (Wakelin 1975: 86). Moreover, as Glanville Price pointed out, even if there were traces of the Cornish language in the speech of west Cornwall, then these would be the sounds of Modern or Late Cornish – not of medieval Middle Cornish.

Some three decades or more after A. S. D. Smith had expressed his relief at the passing of Modern/Late Cornish, and had insisted that 'we have a compact medieval language … [which is] little likely to undergo any further change', the revivalist assumptions that he and others had once embraced so confidently were now under intense scrutiny from within the Cornish language movement itself. The choice, quite simply, was whether to continue with the medievalist project based on the Middle Cornish texts, even if this meant the abandonment or at least radical restructuring of Unified, or to return at last, as Jenner had advocated, to Modern/Late Cornish in order to revive the language afresh. There were those who insisted that, despite its increasingly apparent deficiencies, Unified had served the revival well and that it would be a foolish, divisive mistake to abandon it now. Others, however, demanded a more 'scientific' solution, and in the 1980s Ken George attempted to meet the criticism of the external Celticists as well as addressing the apparent mismatch between orthography and phonology inherent in Unified. Yet he remained firmly committed to the medieval project, insisting that the aim was to revive Cornish as it was spoken c. 1500, and explained that his intervention was designed to strengthen rather than weaken the revival of Cornish based on the Middle-Cornish texts. Accepting that Nance's syntax was largely accurate, he could concentrate with confidence on the phonological problem (George 1984).

Deploying a complex (by the standards of its day) computer program to examine the Middle-Cornish texts in detail, George derived what he argued was a close approximation of the pronunciation of Middle Cornish. It was an untestable hypothesis, of course, but George considered that his results meant that revived Cornish would now be 95% 'correct' (compared to the 70% achieved by Nance) if the spelling could be altered to reflect the new-found pronunciation. As he put it, the revived 'orthography [should] be modified so as to fit the phonological base and form a system which aspires to phonemic perfection' (George 1986: 4). The resultant 'phonemic' spelling system (or Kernewek Kemmyn 'common Cornish') was adopted by the Cornish Language Board during 1987 as the new standard for revived Cornish. However, it was immediately apparent that the building of a new consensus around George's work would not be easy, and the Cornish Language Board found itself increasingly the advocate for one form of revived Cornish – Kemmyn – rather than as an umbrella for the language revival as a whole, the role it had enjoyed hitherto. Indeed, the adoption of Kemmyn ushered in an extended period of conflict and controversy that was to last another twenty years, only thereafter resulting in a hesitant compromise and uneasy consensus around what would become the 'Standard Written Form'.

Writing in *Cornish Studies* in 1993, Caroline Vink explained how the adoption of Kemmyn 'caused an enormous schism and for some years the revival was paralysed by the differences in opinion. The problems were initially fought out on the personal, emotional level', she said, and: 'People used public meetings to denounce each other's spelling and took every opportunity to ridicule the other side' (Vink 1993: 113). The reaction of the external Celticists ranged from lukewarm to hostile, and within the Cornish-language movement itself individuals and groups retreated into broadly three 'camps'; those advocating the new Kemmyn, those continuing to support (and enhance where possible) the existing Unified Cornish, and those who, taking advantage of the new climate, argued that the opportunity should be taken to rebuild revived Cornish anew around the Modern/Late variant of the language.

Critics had already grown frustrated by the limitations of the medievalist project; as early as 1972 Tim Saunders had declared that 'I detest the writers of the Cornish Revival. They are afraid of life in Cornwall, so they are continually fleeing to a world of romantic illusions'. Too many 'tried to imitate the old manuscripts', he said, while at the same time continuing to 'ignore and despise our common folk' (Saunders 1972: 117). Indeed, it was these 'common folk' that attracted supporters of Modern/Late Cornish, who for some years had attempted the accommodation of what they called 'Traditional' Cornish elements within Unified but now called for the full-blown adoption of the Modern/Late form. As Richard Gendall, one of its leading advocates, was to write, criticising the medieval project and Kemmyn in particular, Modern/Late Cornish 'is no make-believe, theoretical or nostalgic pseudo-Cornish reconstruction but Cornish as it really was, as it was used by Cornish farmers, miners and fishermen' (Gendall 1988: 14). Expressed this way, Modern/Late Cornish seemed to its adherents both more 'authentic' and historically close to the present, in contrast to the remoteness of Middle Cornish; it was the language of the common folk of relatively recent times rather than the ecclesiastical scholarship of distant, pre-Reformation Cornwall.

The often passionate debate resulting from this fragmentation has been discussed at length elsewhere (Payton 2002: 134–70), as has the parallel academic debate which both probed the strengths and weaknesses of each form of revived Cornish, and offered scholarly explanations for the breakdown of consensus. For some academic observers, this was essentially an ideological conflict, its protagonists wedded to irreconcilable ideological positions about the nature and purpose of the revival, but for others it was a symptom of post-modern uncertainty where, as Bernard Deacon argued, the 'Cornish language dilemma may be the local variant of something much wider and more global' (Deacon 1996: 92). Among those academic observers taking advantage of the impasse to undertake a thorough review of the linguistic principles under-pinning the Cornish language revival was Nicholas Williams. Williams enjoyed the unusual position of being both 'outsider' and 'insider', on the one hand a professional Celticist (based at University College Dublin) but on the other a long-standing participant in Cornish revivalism. He had been made a bard of the Cornish Gorsedd some years before, and had contributed prize-winning Cornish-language compositions to its annual competitions. Deploying these twin perspectives, a Celticist possessing a thorough comparative knowledge of the Celtic languages yet with a particular sympathy for the Cornish revival, about which he knew a great deal, Williams was thus in a unique position to make a roundly informed contribution to the continuing debate.

In 1995 Nicholas Williams published his *Cornish Today: An Examination of the Revived Language* (Williams 1995a), the first of an astonishing outpouring of publications in and about Cornish, culminating in 2011 in *An Bebyel Sans: The Holy Bible in Cornish*, a translation into Cornish of the Bible in its entirety, the very first time that such a feat had been achieved (Williams 2011). In *Cornish Today,* which later ran to several editions, Williams decided that 'Kernewek Kemmyn is very unsatisfactory' (Williams 1995b), and he listed some twenty-six areas (general, theoretical, orthographical, phonological) where he considered there were serious flaws in the Kemmyn system. It was a criticism that Williams was to develop further in a detailed analysis of George's Cornish-English dictionary *Gerlyver Kernewek Kemmyn,* prompting his uncompromising conclusion that 'Kernewek Kemmyn is a failed experiment in orthographic reform' (Williams 2001: 309). However, Williams' intention was not merely to expose the apparent shortcomings of Kemmyn but rather to offer new insights that might help Cornish-language revivalists to overcome the current impasse.

Williams acknowledged the weaknesses of Unified Cornish exposed by Celticists and the internal critics within Cornwall yet insisted that revived Cornish should continue to be based on the Middle-Cornish texts. However, while Morton Nance had alighted upon the early *Ordinalia* as his key source, Williams argued that the 'foundation texts' (Williams 1995: 113) upon which Cornish should be revived were the later *Beunans Meriasek: The Life of Saint Meriasek* (c. 1504), *Gwreans an Bys: The Creation of the World* (mid-sixteenth century, surviving transcription dated 1611), and the *Tregear Homilies* (c. 1555). The latter (claimed by Gendall and his supporters as really an early Modern/Late text, rather than truly Middle Cornish) was not noticed until as recently as 1949, and thus had been unavailable to Morton Nance in his initial construction of Unified. In focussing on these later texts, Williams sought to create a 'Unified Cornish Revised' (UCR, or 'Kernowek' as Williams dubbed it), intended to supplant Morton Nance's system. As he explained in *Cornish Today,* 'the spelling, pronunciation, inflexion, syntax and vocabulary of UCR are to be based upon the three foundation texts' (Williams 1995: 113), with earlier and later texts employed only where these foundation texts proved deficient in a particular area. (This turned out to be a prescient caveat, for Williams was able later to draw upon the late sixteenth-century manuscript *Bewnans Ke: The Life of St Kea,* only discovered in 2000, which he and

Graham Thomas edited for publication by University of Exeter Press in 2007 (Thomas and Williams 2007)).

Intriguingly, in making his shift from the fourteenth-century *Ordinalia* to the later fifteenth-century texts, Williams had managed to retain the Middle-Cornish focus of revised Cornish while nonetheless distancing it from the more archaic forms of the medieval language. In so doing, he had also brought UCR much closer to Modern/Late Cornish, although, as he stressed, not too close. As he put it: 'UCR can escape the archaism of Medieval Cornish without embracing the poor and attenuated language of the seventeenth and eighteenth centuries' (Williams 1995: 160). It was a compromise that Williams was keen to stress, declaring UCR to be a 'Tudor Cornish' that distanced itself from the medievalism of A. S. D. Smith and Robert Morton Nance and made significant accommodation of Modern/Late forms. As he explained, 'Tudor Cornish is modern enough to give us contemporary diction, but still sufficiently rich and idiomatic to be a complete language' (Williams 1995: 160).

UCR was readily adopted by many in the Unified camp, relieved to find a credible alternative to Kemmyn. Meanwhile, advocates of Modern/Late Cornish also expressed cautious approval of Williams' intervention. Neil Kennedy, for example, admitted that in 'vocabulary, grammar and even pronunciation UCR comes much closer to [Modern] Late Cornish than either UC [Unified Cornish] or KK [Kernewek Kemmyn] and seems to occupy a position between all of these alternatives' (Kennedy 2001: 317). However, any potential for compromise was lost in the continuing war of words, not least as Kemmyn supporters articulated a robust defence of their system in the face of Williams' criticisms, and as newly mobilised UCR advocates vigorously championed their preferred version. Perhaps significantly, it was events beyond the revival itself that put Cornish back on the road to compromise.

As early as 1995 the UK committee of the European Bureau for Lesser Used Languages had requested the establishment of a Cornish sub-committee to reflect the plural nature of the revival and to provide a diplomatic forum in which various groups could share opinions in a non-controversial environment. At the same time, the changing political climate within Europe and in the United Kingdom created circumstances more favourable to 'minority' languages. The 'Good Friday Agreement' and subsequent Peace Process in Northern Ireland led to the vigorous accommodation of both Irish and Ulster Scots, prompting a new atmosphere of linguistic plurality in the UK from which Cornish stood to benefit. Moreover, the Council of Europe produced its Charter on Regional and Minority Languages, inviting member states to sign-up to a range of measures designed to protect and promote such languages. The British government signed-up in principle in March 2000, and was immediately confronted with the ambivalent position of Cornish, a language with no native speakers and no existing official status within the UK state but which plainly 'existed'. Accordingly, through its Government Office of the South West, the government commissioned *An Independent Academic Study of Cornish* to assess its current position (MacKinnon 2000). Undertaken by Professor Kenneth MacKinnon, author of several important works on Scots Gaelic and an adviser on language policy to the Scottish Government, the survey examined all aspects of the contemporary Cornish language revival, including the on-going disputes. MacKinnon demonstrated in detail the extent to which Cornish played a role in the cultural life of Cornwall, and subsequently, in March 2003, the government declared its agreement that Cornish met the Council of Europe's definition of a regional or minority language under Part II of the Charter.

One significant result of the MacKinnon *Study* was the provision of (modest) government funding to support Cornish, matched by similar funding from Cornwall Council. A Cornish Language Partnership was set up under the aegis of Cornwall Council to devise and then implement a Cornish Language Development Strategy. Among other things, MacKinnon had called for a process of accommodation between the different groups, and this emerged as a priority for the new Partnership. As well as organising conferences, at which representatives of each of the language groups was represented, the Partnership declared its intention to work towards a Single Written Form for Cornish, to try to overcome the disability of several variants competing for limited resources and public attention. A Commission of experts from the European Bureau for Lesser Used Languages was engaged to find a way forward, and during 2007 it received submissions from a large number of individuals and groups, as well as undertaking its own research. When it reported in October 2007, the Commission confessed itself 'taken aback, saddened, and even shocked, by the virulence of some of the actors with regard to others who can in no way be accused of being less committed to Cornish than themselves' (Cornish Language Partnership 2012: Commission Report). However, it also recognised the positive and constructive attitude of many of its respondents, and itself struck an optimistic note in sketching a future for Cornish. Insisting that a 'consensus behind which everyone may stand is far better for the future of the language than a prolonged split' (Cornish Language Partnership 2012: Commission Report), the Commission went on to argue that such a 'consensus' could only be achieved through the construction of a compromise orthography, rather than making a choice between the forms currently on offer.

It was a conclusion welcomed by the Cornish Language Partnership but progress towards a Standard Written Form was not straightforward. Kemmyn supporters proved especially resistant to compromise, and when, finally, agreed forms were hammered out, they reflected the language of late medieval Cornish; in effect, a blend of Kemmyn and UCR. However, despite the efforts of Nicholas Williams to move UCR closer towards Modern/Late Cornish, it proved difficult for the emerging Standard Written Form to accommodate the grammar of Modern/Late Cornish, which had moved on considerably from the medieval period. Anxious to include all Cornish speakers in its new consensus, the Partnership decided that the Standard Written Form would have two variants: Revived Middle Cornish and Revived Late Cornish, both of which would have equal status. In practice, however, the latter has virtually disappeared from view, with Revived Middle Cornish being used for all official purposes and for teaching.

On its website, the Cornish Language Partnership makes no mention of two variants but refers instead to 'a Standard Written Form which draws from all the systems used by speakers. This is now in use in formal education and public life'. However, in its acknowledgement that 'Speakers may continue to use whichever form they wish in private life', there is tacit recognition that full consensus remains elusive, that not all Cornish speakers have been drawn successfully into the new compromise. There is also a hint of special pleading: 'the Standard Written Form enables greater strides to be made in developing the language publicly. It is our hope that all those involved with Cornish can now move forward together to take the language into the future' (Cornish Language Partnership 2012).

Put another way, with its embrace of Revived Middle Cornish and its stated preference of this form for the public face of the language, the Cornish Language Partnership has arrived at a position remarkably like that articulated by A. S. D. Smith back in 1947. In so doing, it has reaffirmed the medievalist project of the early revivalists, privileging the Middle-Cornish texts and, unwittingly or not, marginalizing Modern/Late Cornish alternatives. Whether Revived Middle Cornish proves to be a 'compact medieval language . . . little likely to undergo any further change' remains to be seen. There can be little doubt that the Cornish Language Partnership has made great advances in the public sphere, and yet it remains the case that many of the underlying concerns of recent decades remain only partly resolved or addressed. Greatest amongst these, of course, is the status of Modern/Late Cornish, the very issue that A. S. D. Smith sought to dismiss in 1947.

BIBILIOGRAPHY

Carey, J. 2009. *William Golding: The Man Who Wrote Lord of the Flies*. London.

Cornish Language Partnership website http://www.magakernow .org.uk (accessed 22 March 2012).

Deacon, B. 1996. 'Language Revival and Language Debate: Modernity and Postmodernity', in Payton, P. (ed.) *Cornish Studies*: Four. Exeter. 88–106.

Gendall, R. 1988. In *Carn* 63: 14.

George, K. J. 1984. Phonological History of Cornish. Unpublished thesis, Université de Bretagne Occidentale.
– 1986. *The Pronunciation and Spelling of Revived Cornish*. Torpoint.
Jenner, H. 1904. *Handbook of the Cornish Language*. London.
Kennedy, N. 2001. 'Gerlyver Sawsnek-Kernowek' in Payton, P. (ed.) *Cornish Studies*: Nine. Exeter. 312–8.
MacKinnon, K. 2000. *An Independent Academic Study of Cornish*. Plymouth.
Morton Nance, R. 1929. *Cornish For All*. St Ives.
Payton, P. 1997. 'Paralysis and Revival: The Reconstruction of Celtic-Catholic Cornwall 1890–1945', in Westland, W. (ed.) *Cornwall: The Cultural Construction of Place*. Penzance. 25–39.
– 2002. *A Vision of Cornwall*. Fowey. 134–70.
– 2010. 'Industrial Celts? Cornish Identity in the Age of Technological Prowess', in Payton, P. (ed.) *Cornish Studies*: Ten. Exeter. 116–65.
Price, G. 1984. *The Languages of Britain*. London.
Saunders, T. 1972. 'Literary Garbage', in Thompson, F. G. (ed.) *The Celtic Experience: Past and Present*. Dublin. 117.
Smith, A. D. 1947. *The Story of the Cornish Language: Its Extinction and Revival*. Camborne.
Thomas, C. 1963. 'An Dasserghyans Kernewek: The Cornish Language Revival' *Old Cornwall* 6 (5): 196–205.
Thomas, C. 1973. *The Importance of Being Cornish in Cornwall*. Redruth.
Vink, C. 1993. 'Be Forever Cornish! Some Observations on the Ethnoregional Movement in Contemporary Cornwall', in Payton, P. (ed.) *Cornish Studies*: One. Exeter.109–19.
Thomas, G. and Williams, N. J. A. (eds) 2007. *Bewnans Ke: The Life of St Kea – A Critical Edition with Translation*. Exeter.
Wakelin, M. F. 1975. *Language and History in Cornwall*. Leicester.
Williams, N. J. A. 1995a. *Cornish Today: An Examination of the Revived Language*. Sutton Coldfield.
– 1995b. Flyer produced by Kernewek dre Lyther (publishers) to promote Cornish Today.
– 2001. '"A Modern and Scholarly Cornish-English Dictionary": Ken George's Gerlyver Kernewek Kemmyn', in Payton, P. (ed.) *Cornish Studies*: Nine. Exeter. 247–311.
– 2011. *An Bebyel Sans: The Holy Bible in Cornish*. Westport.

2012. Tolkien, J. R. R. *An Hobad, nó Anonn agus Ar Ais Arís*;
J. R. R. Tolkien a scríobh agus a mhaisigh;
Nicholas Williams a d'aistrigh go Gaeilge. Eagarthóir: Alan Titley.
Cathair na Mart: Evertype. (Bunaithe ar thriú heagrán *The Hobbit*, 1966)
(le caoinchead Nicholas Williams)

Katharine Simms

BARDIC POEMS OF APOLOGY AND RECONCILIATION

I first met Nicholas Williams in the spring of 1973 when I was a junior research scholar at the School of Celtic Studies, Dublin Institute for Advanced Studies, working for my Ph.D. on 'Gaelic lordships in Ulster in the later middle ages'. He had by then already completed his own Ph.D. thesis, an edition of the bardic poems of Giolla Brighde Mac Con Midhe, but some years were to go by before its appearance as a publication of the Irish Texts Society in 1980. In the meantime Nicholas very generously lent me a copy of his thesis, giving me access to the edited texts of the poems, translations, biography of the poet and historical notes, all very valuable for my own research, and we held many lively discussions on points of historical significance. Later, when I was casting around for all too rare sources for the social history of Gaelic Ireland, I benefited greatly from his editions and/or oral discussions of *Dánta Mhuiris mhic Dháibhí Dhuibh Mhic Gearailt* (Williams 1979), *Pairlement Chloinne Tomáis* (Williams 1981a), 'Comhairle Mhic Clamha' (see Williams 1977–8, 1981b), and 'Cath Bearna Chroise Brighde' (Williams 1981c), though these belonged to a period later than the focus of my research. However, Giolla Brighde Mac Con Midhe has always remained central to my studies, and I thought it would be appropriate to draw on these poems when contributing to a volume in Nicholas's honour, and take this opportunity to thank him for his years of help and mental stimulation.

Giolla Brighde's collected poems contain two examples of an interesting genre of poetic composition, that is, apology for offending the patron or requests for a reconciliation. In my descriptive catalogue of bardic poems from the 13th to 17th centuries (www.bardic.celt.dias.ie), I identified forty-four poems on these themes, listed at the end of this article. More has been written hitherto on the *trefhocal*, the poem giving preliminary warning of impending satire, which will ensue unless the poet receives compensation for an injustice he has suffered, commonly when the patron has failed to pay for a praise-poem, or allowed his unruly troops to plunder the poet's possessions (Meroney 1953; L. Breatnach 1988, 2004; Chapman Stacey 2007: 112–7; O Riordan 2007: 106–36).

The *trefhocal* was, at least in the pre-Norman period, a formal legal process in a system which recognised three 'languages' of judgement: canon law for church cases, customary law for ordinary laymen, and poetic judgements for matters involving poets (L. Breatnach 1990). In this system, the *trefhocal* is a poem of three utterances: stating the poet's grievance, naming the offender who stands in danger of satire, but devoting the rest of the poem to his praise, no doubt to encourage his compliance with the poet's demands. This was the poetic equivalent of the ordinary layman's trip to the borders of an opponent's land, accompanied by a lawyer, to state his grievance and warn that he would impound or distrain the opponent's cattle or other goods after a prescribed delay of three or ten days, unless the opponent provided redress within that time or submitted to arbitration. The poet was not normally expected to use the kind of force necessary to distrain his opponent's cattle, particularly if his grievance was against a king. A poem of satire took the place of an action of distraint (L. Breatnach 2004: 26–8).

Poetic courts were apparently no longer an integral part of the legal system in the thirteenth to seventeenth centuries. There are occasional references to 'judges of the poets', but these seem to be assessing the skill and aesthetic quality of poetic compositions in internal examinations or competitions between bardic schools (Simms 2007a: 129–31). Nevertheless poets continued to give formal warning of imminent satire (McLaughlin, 2005), and often used the legal terminology of the earlier law-tracts concerning their rights.

On the other hand the forty-four poems of apology or requests for reconciliation composed by poets who had offended a local king or other noble patron in some way imply that unjustified satire, physical attacks on the patron or his servants, or verbal abuse of a non-poetic kind laid the poet open to the same financial penalties or worse that the ruler might exact from an ordinary lay subject. Patrons who waive their rights to material compensation out of respect for the poet's office are greatly praised. Most difficult of all was the situation created by what the poet might consider as 'justified satire' (Ó Riain 2007). Upholding the 'truth' was an integral part of the poet's vocation, ruling out apology in the literal sense.

In an entry under the year 1213 A.D. the Annals of the Four Masters recount the semi-legendary tale of the poet Muireadhach Ó Dálaigh of Lissadell (Ó Cuív 1961; Simms 2006) who killed an officer of his patron Domhnall Mór Ó Domhnaill, king of Tír Conaill (d. 1241), because the 'plebian' (*aitheach*) demanded tax from him on behalf of Ó Domhnaill, although we are told repeatedly elsewhere that the lands endowing a court poet were tax-free. The poet, according to the Four Masters, was driven into exile to avoid Ó Domhnaill's vengeance, but was ultimately received back into favour after addressing three conciliatory poems to his erstwhile patron, and they quote the first line of one of these: '*A Dhomhnaill deglamh fa síth*' 'O Domhnall, let us part in peace'. The text of this poem, and another on the same theme '*Cían ó d'ibess digh ndermaid*', 'Long since I drank the draught of oblivion', have survived, and have been edited without translation by Quiggin (1913: 42–5), but the text of the third poem, though apparently known to the Four Masters in the early seventeenth century, has since been lost.

Neither of the extant compositions could really be described as apologies. Rather they are pleas for reconciliation. In another poem attributed to Muireadhach, *Créd agaibh aoidhigh a gcéin?* the poet makes light of Ó Domhnaill's grievance against him:

Beag ar bhfala risin bhfear – bachlach do bheith dom cháineadh
mé do mharbhadh an mhoghadh – a Dhé, an adhbhar anfholadh?

'Trifling is our difference with the man – that a churl was abusing me and that I killed the serf – O God! is this a ground for enmity?' (Bergin 1970: 90, 253).

This is the only example of a poet seeking reconciliation after committing an actual murder, but there are a number of examples of poets who perpetrated acts of violence. Most spectacular was the anonymous *file* who stabbed and seriously wounded Tuathal Ó Máille, the latter being quite possibly the mercenary naval commander slain in 1416 (Freeman 1944: 416–9, 426–7). The victim gallantly renounced his right to financial compensation (*luach leighis*) in exchange for a praise-poem, '*Bráthair don iocht an t-oineach*' (Ó Máille 1932). It would appear that the unknown author was an eminent *ollamh*, who would not normally have addressed a poem to the comparatively unimportant Ó Máille family, and he delivers the 'proud judgement' (verse 11) that by this one wound, Tuathal had purchased greater fame than by his martial exploits. Tuathal Ó Máille's forgiveness of the poet's crime had bought renown (verse 15) for the men of the Owles of Mayo. The prophecy of future fame was justified, since the poem in question, familiarly nicknamed *'Duan Tuathail Uí Mháille'* in the Book of O'Conor Don (Simms 2010: 35) became a classic, quoted in the bardic grammatical tracts, and is the only poem to the Ó Máille family to survive from the medieval period.

Since it is clear the anonymous poet in this case was not employed by Ó Máille before the offence, the most likely context for the incident was that the two men were guests seated side by side at the banquet of a greater chief when a drunken brawl broke out. The influence of alcohol is not mentioned here, nor in the famous '*Laoi an duirn*', 'The Song of the Fist', in which the eminent poet Seán Mór Ó Clumháin apologised for striking King Aodh (mac Eoghain) Ó Conchobhair (d. 1309), one of the most generous patrons of poetry in his day (Mac Cionnaith 1938: no. 84). Nevertheless this incident took place in Ó Conchobhair's palace, and the poet states he had previously enjoyed the right to sit by the shoulder of the king at his feast, drink from his cup and share his pillow, privileges that the king had not unnaturally withdrawn after his offence, though with exceptional generosity he exacted no other punishment, no punitive fines of gold or cows, or even the fist itself, struck off in legitimate retribution (ibid., verses 8–10, 17–19).

Alcohol is unambiguously blamed by Seaán Buidhe Mac Bruaideadha in *Dlighidh ollamh urraim ríogh* (Mac Cionnaith 1938: no. 80), a poem of apology for the lesser offence of verbally abusing his patron, the chief Mathghamhain (mac Muircheartaigh) Ó Briain (d. 1369) at a feast. His repeated insistence that he had not actually struck Ó Briain (ibid., verses 9, 10) suggests he was well aware of the incident in the previous generation which had given rise to 'The Song of the Fist'. Even if he had so far forgot himself as to punch his patron, Mac Bruaideadha insists, the guilt would not have lain with him. The strong red wine, the lavishness with which it was dispensed and the high honour shown him by the chief who granted him a seat by his side combined to make him proud and foolish (ibid., verses 7–9). Pride and alcohol are similarly blamed by Tadhg Óg Ó hUiginn (d. 1448) for his insulting words to Tadhg (mac Cormaic) Mac Diarmada (McKenna 1939: 1940: no. 33 verse 6).

Another example of the risk a chieftain ran when honouring his poet with a seat at his side comes in the *duanaire* of Cúchonnacht Mág Uidhir (d. 1589), where Fearghal Óg Mac an Bhaird acknowledges 'From the anger that overcame me, I spilt a banqueting cup into the bosom of the warrior of Loch Erne; it was a foolish plan!' (Greene 1972: no. 5, verse 4).

The collected compositions of Giolla Brighde Mac Con Midhe convey the impression of a gentle, pious man, not particularly given to the sins of anger, violence and drunkenness. He admits that in the palace of Aodh (mac Feidhlim) Ó Conchobhair (d. 1274): 'I drank at the best of feasts there; I remembered neither wife nor children' but also claims unusually 'if I were to drink French wine with another king away from Aodh, the water of fair Inis Fáil would be sweeter to me at his elbow' (Williams 1980: no. 14, verses 9, 13). The sins he emphasises in religious poems are pride, lust and avarice (ibid., nos. 20, 21), rather than intemperance. In the case of one of the two poems of apology he produced, his own conduct had been irreproachable. As head of the poetic family of Mac Con Midhe he was making amends to Giolla Pádraig Ó hAnnluain (d. 1243), sub-king of Airthir (in the present county Armagh), for an unjust satire perpetrated by one of his kinsmen (Williams 1980: no. 11).

In a more unassuming and impersonal way Mac Con Midhe makes the same point as the anonymous *ollamh* who stabbed Tuathal Ó Máille. The kinsman who unjustly satirised Giolla Pádraig Ó hAnnluain has indirectly ensured Ó hAnnluain's immortality. The satire against Ó hAnnluain was a lie, lies cannot endure, the poem of reparation is more melodious than the offending one, and will bring Ó hAnnluain lasting fame (ibid., verses 9, 24–6). Once again history justifies the claim. Not only is this poem the only composition addressed to an Ó hAnnluain to survive from the middle ages, but we would know almost nothing of Giolla Pádraig's career were it not for the list of his victorious campaigns in the closing verses of Mac Con Midhe's poem (verses 27–32). He is said to have harried the English settlers in Meath, Louth and Ulster, and in particular to have ravaged Eastern Ulster as far north as Moylinny in Antrim. These place-names, combined with the date at which Giolla Pádraig flourished, strongly suggest he was a follower of Domhnall Mac Lochlainn (d. 1241), the last of the Mac Lochlainn dynasty to rule as king of Tír Eoghain, who in 1238 invaded Eastern Ulster in support of a rebellion by the Irish there and temporarily expelled Hugh de Lacy, earl of Ulster. De Lacy retaliated by supporting the Ó Néill claims to kingship of Tír Eoghain against Mac Lochlainn, and in 1241 Mac Lochlainn and most of his immediate kindred were slain in the battle of Caimeirghe by Brian Ó Néill. This sequence of events may well explain the assassination of Giolla Pádraig Ó hAnnluain himself in 1243 by 'a Connacht archer' apparently in the service of Brian Ó Néill, the new king of Tír Eoghain, who was unquestionably responsible for the imprisonment and execution of Giolla Pádraig's successor, Murchadh Ó hAnnluain (Simms 2000: 136–7; eadem 2001: 193–4).

The idea that the head of a poetic family could use a compensatory praise-poem to rescue his kindred from attack by an outraged chieftain recurs in the mid-fourteenth century, with the address of Aonghus Ruadh Ó Dálaigh to the Westmeath chief, Ruaidhri Ó Maolmhuaidh, '*Ceangail do shíoth riom a Ruaidhri*' (McKenna 1948). The circumstances were different, in that, although the poet's wording is ambiguous, it appears he himself was partly responsible for the initial insult or satire which roused Ó Maolmhuaidh's anger, but he had simply removed himself from the chieftain's reach by changing his place of residence to Corcumroe, in Ó Briain's lordship of Thomond (county Clare), where he eventually founded a separate dynasty of the Ó Dálaigh poets. Meanwhile the chieftain had vented his anger on the Uí Dhálaigh who remained in Westmeath, and Aonghus Ruadh's poem was an attempt to heal the breach and compensate for the initial injury, which he claimed was all a misunderstanding. If Ó Maolmhuaidh persisted in his enmity, Aonghus would simply remain under the patronage of the Uí Bhriain, but he was concerned for the fate of his kinsmen. Like the other poems of apology addressed by eminent *filidhe* to minor chieftains, the poem to Ruaidhri is one of only two surviving Ó Maolmhuaidh poems of medieval date, the other being a long elegy for the late fifteenth-century Brian Ó Maolmhuaidh (McManus and Ó Raghallaigh 2010: no. 256). From the seventeenth century we have indeed a whole poem-book for William, son of 'Captain Green' Ó Maolmhuaidh (RIA MS C/iv/1). However he was not a chieftain at all, but the untypical recipient of a grant of lands in Connacht as a reward for his father's mercenary service in Queen Elizabeth's army.

Mac Con Midhe's second poem of apology is later in date than the eulogy to Ó hAnnluain, and is addressed to Domhnall Óg Ó Domhnaill, king of Tír Conaill 1258–81 (Williams 1980: no. 10). Ó Domhnaill had heard a rumour (*sgéal siobhlach*) from a hostile witness alleging that a poem recited by Giolla Brighde to Ceinéal Eoghain patrons had urged them to attack Tír Conaill. It also seems to have been claimed that Giolla Brighde deliberately deterred Ó Domhnaill from going to war against Tír Eoghain because Giolla Brighde was himself a member of the Ceinéal Eoghain. It is not specified whether the audience for the offending poem was at the court of Mac Con Midhe's local chief, Ó Gairmleadhaigh of Ceinéal Múáin or his overlord, Ó Néill of Tír Eoghain, but perhaps the former is more likely. Mac Con Midhe admits his love for his own kinsmen, but argues that this in itself ensures that he would never have urged them to fight the formidable and ever-victorious Ó Domhnaill. On the contrary, he had argued for peace. He would only urge someone he disliked to run into such danger. He has been falsely maligned by one of Ó Domhnaill's horse-boys (*giolla h'eich*). What possible motive could he have for verbally attacking a patron who had been so extraordinarily generous to him? The poem ends with verses of extravagant praise, which in the case of Ó Domhnaill, Giolla Brighde notes, cannot run the risk of hyperbole, a poetic fault he deplores.

In the web of conflicting lordships that made up the medieval Irish political scene, master-poets who were patronised by a number of different magnates were permanently at risk of offending one when they extolled the martial deeds of another. The best-known expression of this dilemma comes in '*A Ghearóid déana mo dháil*', Gofraidh Fionn Ó Dálaigh's address to the young Gerald FitzGerald, the future 'Gerald the Rhymer' third earl of Desmond, which was really an attempt at reconciliation with his father, Maurice fitz Thomas FitzGerald, the first earl (d. 1358). In this case, the poet fully acknowledges his offence, but pleads insincerity, explaining:

I ndán na nGall gealltar linn
Gaoidhil d'ionnarba a hÉirinn;
Goill do shraoineadh tar sál sair
i ndán na nGaoidheal gealltair.

'In poems to the Goill [Anglo-Irish] we promise the driving of the Gaoidhil from Éire; in those to the Gaoidhil we promise the driving of the Goill East overseas!' (McKenna 1919b: 513; idem 1938: no. 67 verse 46).

Exceptionally, we may have the surviving text of the original poem which so offended the earl of Desmond. *Beir eolas dúinn, a Dhomhnuill* (McKenna 1919a; idem 1938: no. 74), also attributed to Gofraidh Fionn, is an ostensibly impassioned plea to Domhnall Mac Carthaigh, urging him to lead his people back to Cashel, as Moses led the Israelites from Egypt back to the Promised Land, to assault the enemy host that occupies his hereditary territory. This, or any composition like it, would amply explain the anger of the Geraldines. Similarly, Gofraidh's poem to Maurice fitz Maurice FitzGerald, the second earl of Desmond (and elder brother of Earl Gerald the Rhymer), urged 'Avelina's son, slayer of the Gael' to complete the conquest of south-west Munster (Bergin 1970: no. 17 verses 51, 57, 59) and this would have not gone down well with the Mac Carthaigh chieftains.

Since the business of a poet was to praise his patron, information about satire or verbal abuse would normally reach the victim indirectly, by rumour or report, the *sgéal siobhlach* mentioned by Giolla Brighde. This is a central theme of a poem to Dáibhidh Ó Caoimh (d. 1306), '*Mór loitid lucht an ionnlaigh*', 'Much is it that slandering people destroy'. The second-hand nature of the reports gave the poet some 'wiggle-room' to re-interpret his offending words, or deny they were as offensive as claimed. We have already seen this in the case of Giolla Brighde's justification. This poet, Domhnall 'Cnuic a bhile' when addressing Ó Caoimh also claimed he had been misrepresented:

> *'Ge do atadh rimsa a reacht*
> *d'és lochta an indluig d'éisteacht,*
> *'mon ní 'mar at sé mar soin*
> *doní an mac re [a] athoir.'*

> 'Though his fury rose against me after he had been hearkening to the mischief-makers, as for the thing about which he fumed so — the boy does it to his father! (Knott 1908–10: verse 15).

Tadhg Óg Ó hUiginn similarly focusses on the sin of tale-bearing in his address to the offended Ulick Burke '*Fada an ráithese rómhainn*'. The poet uttered the insult when drunk – the man who repeated it next morning was sober. Who then is more at fault? (McKenna 1939, 1940: no. 40 verses 14 and15). Uilliam Óg Mac an Bhaird, in *'Gluais a theachtaire tiad siar'* (McManus & Ó Raghallaigh 2010: no. 273), when blaming those who accused him of dispraising Seán Mac Uilliam a Búrc, suggested the accusations might have come from other poets who were jealous of him. In the case of Domhnall Dall Mac in Fhirléighinn, the accusations of others caused his patron, Cormac Ó hEadhra, to confront him during a feast, giving rise to a full-blown row in which the poet insulted Cormac to his face, depriving him of any deniability (McKenna 1951: no. 17).

The practice of abusing patrons behind their back, and occasionally to their face seems to have been quite widespread, and a recognised characteristic of poets. It was related to disappointed expectations over the amount of their rewards or payments for their art. According to the 'First Middle Irish Metrical Tract' (Ó hAodha 1991: 218) while the ancient alliterative metres of the learned *filid* commanded fixed payments according to the metre and the poet's status, those who composed in the more modern syllabic metres were paid variable amounts according to the patron's whim. A poet who demanded an exorbitant reward was described as delivering an *ainbhreath*, a 'false judgement', against his patron, particularly if he subsequently satirised him for refusal to meet his demands. Two poems in the *Leabhar Branach* deal with this situation. In *Mairg doní deimhin d'a dhóigh* (Mac Airt 1944: no. 2) Fearghal Mac Eochadha admits to shaming Aodh Ó Broin to his face during a banquet over a payment that fell below his expectation. In *Rugas ainbhreath ar Fhéilim* (ibid., no. 48) Aonghus Ó Dálaigh seems to imply he went so far as to satirize Féilim Ó Broin, 'over a debt I was not owed by him' (*Fá cheann fhiach nár dhlighios de*, verse 5). In *Ag seo chugat a Chormaic* Irial (mac Aonghusa) Ó hUiginn concedes he imposed an *ainbhreath* on Cormac Ó hEadhra (d. 1612), but makes the interesting observation that among the other historic poets who made outrageous demands on their patrons, Giolla Brighde Mac Con Midhe himself left Ó Néill's residence in anger to go to Connacht until he received an abnormally large payment (*'gor bronnadh réir tar riaghoil'*, McKenna 1951: no. 14, verse 10) from Ó Néill. In this case, as Williams (1980: 3–4)) observes, there was probably a political context to the original incident.

Poets had to strike a finely adjusted balance. Given the arbitrary nature of the payments they received, famous poets had to make large demands to maintain their status. *Uabhar,* 'arrogance,' was the hallmark of a great man of art. Extravagantly generous patrons were rewarded with extravagant praise and a country-wide reputation for liberality, but those who gave more moderate rewards could be kept up to an acceptable standard by fear that their poetic guests would depart unsatisfied and grumble about it. The 'Life of Saint Lasair' vividly describes the horror of the virgin saint when a band of eighty-nine poets came to visit her in time of famine. Her larder was empty and she had nothing to give them until God rescued her with a miracle:

> 'Then Lasair rendered thanks and gratitude to the Lord Omnipotent, and thereafter bore the food unto those peevish and evil-speaking folk ... by the power of the Lord and the might of the Trinity ... the maiden had been preserved from the insults and reproaches of the poet-band' (Gwynn 1911: 85).

On the other hand, in the mid-fourteenth century Maolmhuire Bacach Mág Raith makes the interesting observation that anyone generous to the poets is most at risk from them, whoever is most submissive to their demands, is the one most likely to be satirised:

> *Gach áon as fairsing croidhe*
> *na dámha as dó as báoghloighe*
> *gidh bé as úmhla 'na n-aighidh*
> *as é as ullmha áorfoig(th)ir.* (McManus and Ó Raghallaigh: 2010: no. 306, verse 5).

> 'The poetic bands are most dangerous to him who has a generous heart. Whoever is humble before them is most readily satirised' (my translation).

Some patrons took a sterner line. Court poets who constantly quarrelled with their lord ran the risk of dismissal, and loss of the lands endowing their office. Brian Ó Conchobhair of Sligo was eventually driven to dismiss the celebrated Maoileachlainn na nUirsgéal Ó hUiginn, who acknowledged the provocation he had given in *Each gan aradhain an fhearg* (McKenna 1938: no. 88). Fearghal Óg Mac an Bhaird ran the risk of a similar sanction for constant quarrelling, as he admitted in *Gabh a Bhriain liom fam lochtaibh* (Ó Concheanainn 1983).

Not all disputes between poet and patron related to grumbling over payments or unjust satires. Brian Mág Shamhradháin (d. 1298) quarrelled with his poet because the latter refused to add a complimentary verse to his employer in poems he addressed to other patrons (McKenna 1947: no. 3), though perhaps this refusal related to Brian's reluctance to make an additional payment for the privilege. According to Eochaidh Ó hEodhusa, a complimentary verse to one's patron in every poem was worth a horse a year (P. A. Breatnach 1993: 64). Eoin Mac Gríogóir and Cormac Ó hEadhra were upset by suspicions that their respective poets were about to seek employment elsewhere (Watson 1937: no. 15, verses 5, 10; McKenna 1951). Toirdhealbhach Luineach Ó Néill was famously annoyed because a whole roomful of poets, while praising his generosity and noble ancestry, failed to celebrate his victories (Knott 1922: no. 8). Conchobhar Ruadh Mac Con Midhe had justifiably satirised Henry, eldest son and heir of Eoghan Ó Néill, for violating the poet's safe-conduct. Mac Con Midhe's guarantee had been used in 1435 to lure a rebel Ó Néill prince into Henry's presence to make submission, upon which the prince and his two sons were maimed by losing a foot and a hand each. Although Henry was clearly at fault, it was the poet who suffered. His family lands were confiscated and he was exiled to Connacht. Without actually apologising for his satire, eighteen years later Mac Con Midhe reminded Henry of the Christian duty to forgive one's enemies (Ó Riain 2007).

This last episode is an extreme example, but it brings out very clearly the 'balance of power' that operated between poet and patron. If the poet, even a well-born, highly qualified poet, was at the outset of his career and the patron was a powerful political leader, the latter could afford to be ruthless in his dealings with the man of art. Aodh Ruadh Ó Domhnaill (d. 1602) claimed to be offended simply because Giolla Brighde Ó hEodhusa had addressed a poem to him, a reigning chief, when the poet himself had not attained full status as an *ollamh* (Mhág Craith 1967, 1980: no. 4). On the other hand, as we have seen, the less powerful Ó Conchobhair of Sligo and Ó Ruairc were constantly berated by their celebrated employees, Maoileachlainn na nUirsgéal and Fearghal Óg Mac an Bhaird respectively. Maolmhuire Mág Raith's observation that the most generous patrons were also the most vulnerable to satire is significant. The original superstition about the supernatural power of a poet's satire to harm physically, or to bring ill-fortune, disease or defeat in battle on its victim was not completely dead, and is much vaunted by the poets themselves, but the more effective sanction was damage to a magnate's reputation. Patrons who lavished the most commissions and rewards on poets were those who cherished ambitions as yet unfulfilled, or whose position was under threat in some way, and needed the legitimation that a well-known poet could bestow (Simms 1987, 2007b). Roalbh Mag Mathghamhna, who never ultimately attained chieftainship and belonged to a second-ranking dynasty, was praised by the very celebrated master-poet Giolla Brighde Mac Con Midhe as the most generous patron in all Ireland:

> I have visited far-off Munster … I searched out the Laighin on my way back; I sought the nobles of Midhe; the visitation of the Connachta was a fruitful wood to me — I beheld the sons of Conchobhar ... I adjudged all Leath Chuinn …
>
> Of all those west and east of the nobles of Ireland that I sought, no-one could defend himself against me except Roalbh ... (Williams 1980: no. 15 verses 30–3).

The interesting phrases here are 'I adjudged' (*do mheasas*) and 'no-one could defend himself against me' (*nir fhéad duine a fheithimh orm*). In dealing with minor nobles a major poet occupied an advantageous position. With powerful patrons he had to tread more carefully. The poems of apology chart the miscalculations individual authors made from time to time in relation to this delicate balance.

BIBLIOGRAPHY

Bergin, O. 1970. *Irish Bardic Poetry*, Greene, D. and Kelly, F. (eds), Dublin.

Breatnach, L. 1988. 'An Aoir sa Ré Luath', in Ó Fiannachta, P. (eag.) *An Aoir: Léachtaí Cholm Cille* 18, Má Nuad. 11–9.

– 1990. 'Lawyers in early Ireland' in Hogan, D. and Osborough, W. N. (eds) *Brehons, Serjeants and Attorneys*. Blackrock, County Dublin. 1–13.

– 2004. 'On Satire and the Poet's Circuit', in Ó Háinle, C. G. and Meek, D. (eds) *Unity in Diversity. Studies in Irish and Scottish Gaelic Language, Literature and History*. Dublin. 25–35.

Breatnach, P. A. 1993. 'A covenant between Eochaidh Ó hEodhusa and Aodh Mág Uidhir' *Éigse* 27: 59–66.

Carney, J. (ed.) 1950. *Poems on the O'Reillys*, Dublin.

Chapman Stacey, R. 2007. *Dark Speech: the performance of law in early Ireland*. Philadelphia.

Freeman, A. M. (ed.) 1944. *Annála Connacht, the Annals of Connacht*. Dublin.

Greene, D. (ed.) 1972. *Duanaire Mhéig Uidhir*. Dublin.

Gwynn, L. 1911. 'The Life of St Lasair' *Ériu* 5: 73–109.

Knott, E. (ed.) 1908–10. 'Address to David O'Keeffe' *Ériu* 4: 209–32.

– (ed.) 1922. *A bhfuil aguinn dár chum Tadhg Dall Ó hUiginn: The bardic poems of Tadhg Dall Ó hUiginn*, 2 vols. London.

Mac Airt, S. (ed.) 1944. *Leabhar Branach, the Book of the O'Byrnes*. Dublin.

Mac Cárthaigh, E. 1997. 'Three poems by Maol Muire Ó hUiginn to An Calbhach Ruadh Ó Domhnaill' *Ériu* 48: 59–82.

Mac Cionnaith, L. (eag.) 1938. *Dioghluim Dána*. Baile Átha Cliath.

– (ed.) 1919a. 'The Historical Poems of Gofraidh Fionn Ó Dálaigh VI' *The Irish Monthly* 47, no. 551 (May): 283–6.

– (ed.) 1919b. 'The Historical Poems of Gofraidh Fionn Ó Dálaigh IX' *The Irish Monthly* 47, no. 555 (Sep.): 509–14.

– (ed.) 1939, 1940. *Aithdioghluim Dána*, 2 vols. Dublin.

– (ed.) 1947. *The Book of Magauran: Leaabhar Méig Shamhradháin*. Dublin.

– (ed.) 1948. 'Some Irish Bardic Poems: LXXXVII. Poet Seeks Reconciliation with His Patron' *Studies: an Irish Quarterly Review* 37: 317–22.

– (ed.) 1950. 'Some Irish Bardic poems: XCIII' *Studies: an Irish Quarterly Review* 39: 91–9.

– (ed.) 1951. *The Book of O'Hara: Leabhar Í Eadhra*. Dublin.

McLaughlin, R. 2005. 'A Threat of Satire by Tadhg (mac Dáire) Mac Bruaideadha' *Ériu* 55: 37–57.

McManus, D. and Ó Raghallaigh, E. (eds) 2010. *A Bardic Miscellany*. (Trinity Irish Studies no. 2), Dublin.

Meroney, H. 1953. 'Studies in Early Irish satire III: Tréfocal fócrai' *Journal of Celtic Studies* 2: 59–130.

Mhág Craith, C. (ed.) 1967, 1980. *Dán na mBráthar Mionúr,* 2 vols. Dublin.

Ó Cuív, B. 1961. 'Eachtra Mhuireadhaigh Í Dhálaigh' *Studia Hibernica* 1: 56–69.

Ó Concheanainn, T. 1983. 'Dán réitigh ó Fhearghal Óg Mac an Bhaird' *Celtica* 15: 88–95.

Ó hAodha, D. 1991. 'The First Middle Irish Metrical Tract', in Tristram, H. L. C. (ed.) *Metrik und Medienwechsel / Metrics and Media.* Tübingen. 207–44.

Ó Máille, T. S. 1932. 'A poem to Tuathal Ó Máille' *Revue Celtique* 49: 166–81.

Ó Riain, G. 2007. 'Dán réitigh le Conchobhar Ruadh Mac Con Midhe (†1481)', in Breatnach, P. A., Breatnach, C., agus Ní Úrdail, M. (eagí) *Léann lámhscríbhínní Lobháin / The Louvain manuscript heritage*. Baile Átha Cliath. 54–75.

O Riordan, M. 2007. *Irish Bardic Poetry and Rhetorical Reality*. Cork.

Quiggin, E. C. 1913. *Prolegomena to the study of the later Irish bards.* London.

Simms, K. 1987. 'Bardic Poetry as a Historical Source', in Dunne, T. (ed.) *The Writer as Witness*. Historical Studies XVI, Cork. 58–75.

– 2000, 'Late medieval Tír Eoghain: the kingdom of the Great O'Neill', in Dillon, C. and Jefferies, H. A. (eds) *Tyrone History and Society*. Dublin. 127–62.

– 2001, 'Medieval Armagh: the kingdom of Oirthir (Orior) and its rulers the Uí Annluain (O'Hanlons)', in Hughes, A. J. and Nolan, W. (eds) *Armagh History and Society*. Dublin. 187–216.

– 2006. 'Muireadhach Albanach Ó Dálaigh and the Classical Revolution' in Brown, I., Clancy, T. O., Manning, S. and Pittock, M. (eds) *The Edinburgh History of Scottish Literature; Vol. 1, From Columba to the Union (until 1707)*. Edinburgh. 83–90.

– 2007. 'The poetic brehon lawyers of early sixteenth-century Ireland' *Ériu* 57: 121–32.

– 2007. 'Images of the galloglass in poems to the MacSweeneys', in Duffy, S. (ed.) *The World of the Galloglass*. Dublin. 106–23.

– 2010. 'The selection of poems for inclusion in the Book of the O'Conor Don', in Ó Macháin, P. (ed.) *The Book of the O'Conor Don*. Dublin. 32–60.

Walsh, P. 1928. 'Worth and virtue unrequited: an Irish poet and the English' *Irish Ecclesiastical Record (5th series)* 31: 10–22.
Watson, W. J. (ed.) 1937. *Scottish Verse from the Book of the Dean of Lismore*. Edinburgh.
Williams, N. J. A. 1977–8. 'Irish satire and its sources' *Studia Celtica* 12–3: 217–46.
– (eag.) 1979. *Dánta Mhuiris Mhic Dháibhí Dhuibh Mhic Gearailt*. Baile Átha Cliath.
– (ed.) 1980. *The Poems of Giolla Brighde Mac Con Midhe*. Dublin.
– (ed.) 1981a. *Pairlement Chloinne Tomáis*, Dublin.
– 1981b. 'Scoggin in Éirinn' *Éigse* 18: 182.
– 1981. 'Cath Bearna Chroise Brighde' *Zeitschrift für celtische Philologie* 30: 269–337.

APPENDIX:

Bardic poems requesting reconciliation with patron (in chronological order)

1 *A Dhomhnaill deglamh fa síth*. (Quiggin 1913: 42).
2 *Cian o d'ibess dig ndermaid* (ibid.: 44–5).
3 *Tug th'aire riomsa a rí Gaoidheal* (Williams 1980: no. 10).
4 *Mairg do ghríos Giolla Pádraig* (ibid.: no. 11).
5 *Déanum shíodh mbunaidh a Bhriain* (McKenna 1947: no. 3).
6 *Mór loitid lucht an ionnlaigh* (Knott 1908–10).
7 *Dorn idir dhán is dásacht* – (Mac Cionnaith 1938: no. 84).
8 *Fada ataoi im aighidh a Aodh* – (McKenna 1947: no. 28).
9 *Mairg as fial tar éis Cormaic* (McManus & Ó Raghallaigh 2010: no. 306).
10 *Dlighidh ollamh urraim ríogh* – (Mac Cionnaith 1938: no. 80).
11 *A Ghearóid déana mo dháil*– (Mac Cionnaith 1938: no. 67).
12 *Ceangail do shíoth riom a Ruaidhri* – (McKenna 1948).
13 *Mise [a Aimi] ar h'inchaibh fein*. – (McManus & Ó Raghallaigh 2010: no. 335).
14 *Maith fear mar chách a Chormaic* – (McKenna 1950).
15 *Bráthair don iocht an t-oineach* – (Ó Máille 1932).
16 *Each gan aradhain an fhearg* – (Mac Cionnaith 1938: no. 88).
17 *Mairg doní uabhar tar m'éis* – (McKenna 1939, 1940: no. 33).
18 *Fada an ráithese rómhainn* – (ibid.: no. 40).
19 *Cionnas do roichfinn rí Oiligh* –. (Ó Riain: 2007).
20 *Gabh rem chomraigh a Mheic Ghriogóir* – (Watson 1937: no. 15).
21 *Fada atáim gan bogha* – (Watson 1937: no. 18).

22 *Mairg doní deimhin d'a dhóigh* – (Mac Airt 1944, no. 2).
23 *Treisi an eagla ioná an andsacht* – (Walsh 1928).
24 *Gluais a theachtaire tiad siar* – (McManus & Ó Raghallaigh 2010: no. 273).
25 *Cara agus eascara in fhearg* – (Bergin 1970: no. 44).
26 *Uaibhreach mise ar Mhág Uidhir* – (Greene 1972: no. 5).
27 *Cionnas do ghéabhainn grádh Filib* – (Carney 1950: no. 20).
28 *Ní théid clann ó chóir a n-athar* –. (McManus & Ó Raghallaigh 2010: no. 373).
29 *Nodlaig do chuamair don Chraoibh* – (Knott 1922: no. 8).
30 *Atáim ionchurtha re hAodh* –. (Mhág Craith 1967, 1980: no. 4).
31 *Beir oirbhire uaim go hAodh* – (McManus & Ó Raghallaigh 2010: no. 70).
32 *Neimhchionntach mise, a mhic Thaidhg* – (McKenna 1939, 1940: no. 34).
33 *Fada re huaisle clann Chéin* – (McKenna 1951: no.17).
34 *Anam ga chéile a Chormuic* – (ibid.: no. 7)
35 *Ag seo chugat a Chormaic* – (ibid.: no 14).
36 *Gabh a Bhriain liom fam lochtaibh* – (Ó Concheanainn 1983).
37 *Arduigh do mheanma a Mhurchaidh* – (McManus & Ó Raghallaigh 2010: no. 52).
38 *Rugas ainbreath ar Fhéilim* – (Mac Airt 1944: no. 48).
39 *Ní dhlighim aithfear ar fheirg* – (Mac Cionnaith 1938: no. 108).
40 *A Thaidhg cuimhnigh an cumann* – (McKenna 1951: no. 35).
41 *Ceilt na hoirbhire an andsa* – (McManus & Ó Raghallaigh 2010: no. 85).
42 *Ort mo cheist a Chalbhaigh Ruaidh* – (Mac Cárthaigh 1997: 62).
43 *Fuasgail mo chéasda a Chalbhaigh* – (ibid.: 64–6, 69–70).
44 *Deanam cóir a Chalbhaigh Ruaidh* – (ibid.: 66–71).

An Bhreatain Bheag (Strumble Head Lighthouse)
(grianghraf tógtha ag Matthew Britton; le cead Steve Chapple)

KEP Williams

Y Bibyl Ynghymraec: Wales's Forgotten Bible

The Protestant Reformation was the motivating force behind the translation of the Scriptures into many vernacular languages. The earliest of these sixteenth century translations into Welsh was the New Testament of William Salesbury in 1567, but it was not well received, mainly because of its unconventional orthography, as Salesbury believed a word should be spelt according to its derivation rather than to its phonology. Some twenty years later, depending heavily on Salesbury's original attempt, Bishop William Morgan completed a translation of the whole Bible, including the Apocrypha. In discussing the language of religion and learning on the continent of Europe in the Middle Ages, Auerbach explains why the language of learning was Latin: 'the vernaculars with their many dialects were without unified spelling or grammar' (Auerbach 1965: 121). The importance of William Morgan's translation of the Bible is that it set a literary standard for the Welsh language and laid the foundations for Welsh literature for centuries to come. William Morgan's Bible was revised in 1620[1] and it was this version of the Welsh Bible that was in common use until 1988, when the New Welsh Bible was published.

In his introduction to his collection of proverbs, *Oll Synnwyr Pen Kembero Ygyd* (literally 'All the Common Sense of a Welshman Together'), Salesbury urged the Welsh people to demand the Holy Scriptures in their own language, a privilege which he claimed had been enjoyed by their ancestors (Hughes 1951: 11). 'He does not state what knowledge he himself possessed of these earlier translations, but the margins of his own *Testament Newydd* (1567) seem, here and there, to recall echoes of mediæval versions' (Jenkins 1919–20: 105).

That a Welsh version of at least part of the Scriptures existed previously was corroborated by the sixteenth-century scholar, Bishop

Richard Davies in his introduction to Salesbury's translation of the New Testament:

> *Yn lle gwir ni ffynnodd cenyfi irioet gael gwelet y Bibl yn Gymraeg: eithr pan oeddwn fachgen cof yw cenyf welet pump llyfr Moysen yn Gymraeg, o fewn tuy ewythyr ym 'oedd wr dyscedic: ond ni doedd neb yn ystyr y llyfr nac yn prisio arno. Peth amheus ydiw (ir a wnn i) a ellit gwelet yn oll Cymru vn hen Bibl yn Gymraeg ir penn golledwyd ac i speliwyt y Cymru oi holl lyfray, mal y doydais or blaen. Eithr diammay yw cenyf fot cyn hynny y Bibl yn ddigon cyffredin yn Gymraeg.* (Hughes 1951: 30)
>
> 'In truth, I never saw the Bible in Welsh: but when I was a boy I remember seeing The Five books of Moses in Welsh in the house of an uncle of mine, who was a learned man; but no-one gave the book a thought or appreciated it. It is unlikely (as far as I know) that the old Bible in Welsh can be seen anywhere, since the Welsh were robbed and deprived of all their books, as I said before. But I am certain that before then the Bible in Welsh was quite common.'[2]

How 'common', however, is a moot point. These texts, if they existed at all, would have been in manuscript form and would have had a much more limited circulation than a printed copy. Richard Davies says that he remembers 'seeing' this document, but he does not mention reading it. No copy of the Pentateuch in medieval Welsh is known to exist but Ifor Williams[3] suggested that what the bishop saw may have been the manuscript recorded as BM Add. 12,193, which contains a Welsh adaptation of the first part of Werner Rolewinck's *Fasciculus Temporum,* a universal history from the Creation until the author's own time, 1474,[4] with a complete translation of Genesis 1. Thomas Jones, however, was of the opinion that what Bishop Davies saw was an incomplete copy of *Y Bibyl Nghymraec* (*YBY*) (Jones 1938: 216). He based his thesis on the fact that Thomas Wiliems in his Dictionary (Pen. MS

228) quotes from *YBY* but refers to the source as a précis of *Pum Llyfr Moysen*.

Nevertheless there were earlier translations of parts of the Scriptures into Welsh.[5] Twenty-eight psalms and a selection of verses from the New Testament and the Apocrypha are included in *Gwassanaeth Meir*. The theological treatise known as *Historia Lucidar* in *Llyfr yr Ancr* contains some 150 verses from the Old and New Testaments. Proverbs and verses from the New Testament are to be found in *Y Seint Greal*, a translation from French. However, the only one of these pre-reformation versions of the scriptures to bear the title 'Bible' is *Y Bibyl Ynghymraec*, which has been edited and annotated by Thomas Jones under the title *Y Bibyl Ynghymraec sef Cyfieithiad Cymraeg Canol o'r "Promptuarium Bibliae"* ('The Bible in Welsh, namely a Middle Welsh Translation of the *"Promptuarium Bibliae"*'). Jones (1940: liv-lxxxvi) listed twenty-two Welsh manuscripts which contain this text and discussed their relation to each another. His own edition was transcribed from NLW, MS Peniarth 20, pp. 2–64, dated to c. 1330 by Daniel Huws (2002: 47) and Jones himself (1940: lxxxix). The missing opening passages, however, were taken from Thomas Wiliems of Trefriw's 1594 transcription of BL MS Add. 31055, 111a-112a, which is a transcript of the lost White Book of Hergest. Wiliems, however, occasionally had to 'correct' the text in the light of the 'Latin Bible', as he himself explained in the colophon. An example of one of his emendations is the account of Judas's quest to arrange a marriage between his widowed daughter-in-law Thamar and his youngest son Sela (Genesis 38).[6] In MS Peniarth 20, the translator has Judas sitting at the crossroads and Thamar approaching him, whereas their roles are reversed in the biblical version, where it is Thamar who is waiting at the crossroads and Judas who approaches her.[7] It is difficult to ascertain which Latin Bible Wiliems consulted to make corrections in his transcription, but Jones (1928: 17) was of the opinion that it was the *Promptuarium* of Petrus Pictaviensis (Peter of Poitiers), which is an abridged version of Peter Comestor's *Historia Scholastica*.

> Because of its comprehensive assembly of apocryphal and legendary elements, and because of its frequent translation and paraphrase the *Historia* was the single most important medium through which a popular Bible took shape, from the thirteenth into the fifteenth century, in France, England, and elsewhere. (Morley 1993: 3).

Composed sometime before 1176, it is a massive work. It begins with the creation and continues through the historic books of the Bible up to the martyrdom of Peter and Paul in Rome during the reign of Nero. It deals mainly with sacred history but it also mentions profane incidents which run parallel under the title *Incidentia.* The *Historia Scholastica* gained enormous popularity in the Middle Ages and was translated into many vernacular languages. In fact 'translations of this work were more frequent, and more copied, than translations of portions of the Bible itself.' (Deanesley 1920: 19). Consequently, there are many references to this work in the extant monastic catalogues. The English chronicler and Benedictine monk Ranulph Higden (c. 1280–1364) acknowledged his debt to the *Historia Scholastica* (Higden 1857: 23) but it is difficult to estimate its influence in Wales because of the absence of such catalogues. Nevertheless it would appear that Sir Thomas ap Ieuan ap Deicws in his adaptation of Werner Rolewinck's *Fasciculus Temporum* was making reference to the *Historia Scholastica* in the following gloss:

> *Ac i mae llyfr a elwir sermones discipuli mewn ystoria a elwir scholastica yn dywedvt na vynnodd adda vod jddo achos ai wraic* … (Jones, 1940, p. xxxvi)
> 'And the book called *sermones discipuli* in a history called *scholastica* says that Adam did not wish to have a relationship with his wife …'

Whether Sir Thomas saw this work in Wales or during his period of study in Rome is uncertain. In spite of its popularity and wide circulation, the *Historia Scholastica* was too large and costly for individual ownership and would have been studied in monastic libraries. Abridged versions, therefore, such as the *Promptuarium* of Peter of Poitiers were more practical, and the number of manuscripts in which it is contained is a testimony to its popularity.[8] *YBY* must also have been popular in its day, judging from the number of extant manuscripts which contain it.

The Promptuarium

The *Promptuarium* is not a bible in the generally accepted meaning of the word, but rather a History-Bible, which deals mainly with sacred history, embellished occasionally with inclusions of secular events. The work has several different titles in the manuscripts: *Arbor historie biblice; Compendium veteris Testamenti; Summa historia biblie; Genealogica historiarum* and *Compendium Historiae in Genealogia Christi*. It was also published by Ulrich Zwingli (Basel 1592) under the title *Genealogia et chronologia sanctorum patrum*.(Moore 1936: 99). Although the title *Compendium Historiae in Genealogia Christi* best describes the author's purpose, which was to give a summary of biblical history in the form of a genealogical tree of Christ, I will refer to it as the *Promptuarium*, as it this title that is now inextricably associated with *Y Bibyl Ynghymraec*.

The *Promptuarium* has been attributed to four different authors but Moore (1936: 108) argued convincingly in favour of Peter of Poitiers (c. 1139–1205), who succeeded Peter Comestor as Chancellor of the University of Paris. Moore based one of his arguments on a comment by the chronicler Albericus de Tribus Fontibus, who in reporting the death of Peter of Poitiers added that for the sake of poor students the chancellor invented historical trees from the Old Testament, which were printed on skins and appended to the classroom walls. This comment is corroborated by Peter of Poitiers himself: in the Introduction to one of the Latin Versions of his work contained in ML Paris Bibl. nat. lat. 14435 fol. 136r[9] he stated clearly that the purpose of the *Promptuarium* was to present a synopsis of sacred history to help students choose the most important events in history and particularly to ensure that those who could not afford to buy a vast quantity of books would have the essential knowledge at their disposal in one book.

This desire to help the poor is summed up in the secondary title that Jones (1940) has chosen for his edition: *Un o Feiblau'r Tlodion* ('One of the Paupers' Bibles'). The term *Biblia Pauperum* was first used in print in 1769 by the art writer and collector Karl-Heinrich von Heinecken and has been the accepted term ever since, even though it is not strictly accurate, as it was not intended for the simple poor (Henry 1987: 3) but rather for *clerici pauperes* (impoverished clerks or scholars). Some manuscripts were opulent and very expensive and would have been too heavy to carry around. Their objective was to give a visual presentation of the historical books of the Bible to those people who were unable to read, but unlike a modern illustrated Bible, where the pictures are subservient to the text, the pictures were the most important element.

The Promptuarium was originally a synopsis of biblical history, given in the form of a genealogical tree. The structure is both lineal and synchronic, with certain contemporaneous figures and eventts included. Beginning with Adam, it then lists the persons who form a line of succession down to Christ: the patriarchs, judges, kings, prophets and priests. The pedigrees of the kings of those nations which surrounded the Hebrew people are given, but only when their activities have a connection with Jewish history. This lack of interest in the Gentiles can be seen in the way the author presents the pedigrees of Noah's sons. He says very little about Japhet's and Cham's offspring, but rather concentrates on Sem's descendants, some of whom were the forefathers of Christ: *Generationi Sem tantum insistemus, nam de aliis duobus fuerunt Gentiles* (We will consider at length only Sem's offspring, for from the other two Gentiles have evolved)[10] He does, however, include the imperial succession of Rome and in the opening paragraph on Julius Caesar he gives an outline of Rome's type of governance up to that point. The lines of succession finish with the Crucifixion but the apostles are named and described in a few paragraphs.

Parallel with these lines of succession are accounts of events and persons contemporary with them. The pattern of writing Church History by giving a comparative timeline of pagan and Old Testament History was set by Eusebius, the earliest church historian, in his *Historia Ecclesiastica* (*New Catholic Encyclopedia s.v.* Eusebius of Caesarea). The author of the *Promptuarium* records the events he describes according to the six ages of the world, each lasting approximately a thousand years, following a method of historical division first used by Augustus c. A.D. 400. Jones (1940: xxxii) maintained that the *Promptuarium* was originally planned to be presented in the form of a roll, as pedigrees are not easy to follow in book form, even though there are in existence only copies of the work as codices.

The Structure of Y Bibyl Ynghymraec

The Introduction, in which the author of the *Promptuarium* outlines his purpose and structure, is missing from the Welsh version. Instead it begins with a complete translation of Genesis i and ii. 1–2, which Thomas Jones (1940: xi–xii) believed to be a later addition and not part of the original text. He based his argument on the fact that there are two accounts of the creation of Adam and Eve, which is inconsistent with the brevity of the rest of the work. He further supported his argument with a quotation from the version of *YBY* found in MS Peniarth 253 (*YBY*, p.191), which mentions a return to the original text:

> *Hynn o weithredoedd a vyant yn nechrau'r byd. Ac bellach eissoes ymhoeler at yr hwnn a ddarparwyd am bvm oes y byd.*
> 'These deeds were in the beginning of the world. And now let us return to what has been prepared about the five ages of the world.'

The main body of *YBY* is a hugely abbreviated version of the historical books of the Bible. Although it is heavily dependent on the *Promptuarium*, it has shed the original roll framework of the Latin and is a descriptive text. It begins with the creation of Adam and Eve and continues within a genealogical framework to present their ancestors down to Christ. In the *Promptuarium* each person was allotted a short biographical notice in the text, while in the margin their names were enclosed in double circles, with crude drawings occasionally replacing the names (Moore 1936: 99). In parts *YBY* seems to consist of nothing more than long lists of names, but it is not entirely without structure. Although the pedigrees of the priests, the prophets and the kings can not be shown in parallel columns, they are set out clearly in successive passages: the lines of the priests are traced to a certain point, followed by those of the prophets and kings. Then there is a return to the respective pedigrees. Amid the pedigrees are occasional references to events in secular history, but only when they impinge upon Jewish affairs. For example, the author or translator, following the *Promptuarium*, names four of Alexander the Great's successors: Philip and Antigonus who ruled in Macedonia and Asia respectively; Tholomeus vab Lagi[11] who was king in Egypt, and Seleuceus in Syria. He then states quite blatantly that he will only expound on the last two, *kanys wynteu vwyaf a vvant yn erbyn yr Ideon* (because they in particular were against the Jews). Again, after presenting Christ's paternal lineage, which ends the fifth Age of the World, the author adds *Amgylch yr amser hwnnw yr oed amerordron Ruvein yn medu yr Ideweth* (About that time the emperors of Rome were reigning over Judea). Then follows a brief synopsis of Roman history culminating with Tiberius, under whose rule, Valerius as procurator of Judea appointed Caiaphas high priest during the ministry and crucifixion of Jesus. The names of the apostles are then listed and this section terminates with the martyrdom of Peter and Paul.

The author of *YBY* was also dependent on other sources. (i) The reference to the four kingdoms which arose after the flood[12] comes from the 5th book of Hugo of St Victor's *Excerptiones* (Jones 1940: xxvi). (ii) The *linea Christi* come from Matt. i.1–17 and Luke iii. 23–38. (iii) The sources acknowledged for the length of the first age of the world are *Gwyr Efrai* 'The Hebrews', i.e. The Vulgate and the *Dysgodron*, 'learned men', i.e. the Septuagint.[13] Then a further seven ages are recorded. The usual number of ages recorded in medieval or classical texts was five or six, but Thomas Jones (1940: lxxix-lxxx) quotes a passage from a Latin manuscript Bodl. Laud. Misc. 151 and another from an English manuscript BM Addl. 20010 in which eight ages are mentioned. It is recorded in a Welsh manuscript Peniarth 182 that Isodore says that there are eight ages but, in fact Isodore only describes six. In addition to the 'ages of the world' we find 'the ages of mankind' i.e. *O Adaf/Noe hyt Noe/Evreham y bu deng oes gwyr* (From Adam/Noah to Noah/Abraham were the ten ages of mankind) and later *O Evreham hyt Dauyd y bu pedeir o[e[s gwyr ar dec*, (from Abraham to David were fourteen ages of man).[14] The first extant account of the ages of man comes from the Greek poet Hesiod's *Works and Days* (lines 109–201). The Roman poet Ovid (*Metamorphoses* 1.89-150) relates a similar myth, but it is difficult, if not impossible to determine the actual source of the author of *YBY*. (iv) The description of the building of Babilon by the giant Nemroth (Nimrod)[15] is acknowledged to be based on that of the early historian Orosius (c. 417) in his *Historiae versus paganos* (ii. 6, 7–10). (v) The author also acknowledges Josephus as his source of information on the length of time Judea was without a king after the days of Sedechias and states that this account differs from that of the Books of Kings.[16]

The final section of *YBY* begins with a repetition of the story of the flood. The author then traces the descendants of Noah, through his son Japhet down to the legendary Aeneas, great grandfather of Brutus, the eponymous founder of Britain, in Geoffrey's *Historia*:

> ... *A mab y hwnnw (Ericonius) vv Tros ap Ericonius. A hwnnw a edeilawd Troya, ac a'y henwis o'y henw ehun. Ac y hwnnw y bu deu vab, nyt amgen, Ylus vab Tros ac Assaracus vab Tros. Mab y Assaracus vv Capis. A mab y hwnnw vv Ancisses. A mab y hwnnw vv Eneas Ysgwydwynn. Ac am hwnnw a'u etiued y traethir yn Ystorya [y] Brut.*[17]
>
> ... And a son of his [Ericonius] was Tros son of Ericonius. And he built Troy and named it after himself. And he had two sons, none other than Ylus son of Tros ac Assaracus son of Tros. Capis was a son of Assaracus. And a son of his was Anchises. And a son of his

> was Aeneas of the White Shield. And it is about him and his son that an account is given in *The History of the Brut.*'

The concluding paragraph of *YBY* also traces the descent of Ylus, the other son of Tros, king of Troy, through Laomedon to Priam, whose story is related in *Ystorya Daret,* (The History of Darius)[18] a translation of the sixth century Latin text, *Historia Daretis Phrygii de Excidio Troiae* (Darius Phrygius's History of the Fall of Troy), which gives an account of the fall of Troy and which was cited during the Middle Ages to prove the Trojan origin of many nations.[19]

> *Ylus vab Tros a vv vrenhin Troya, ac a edeilawd Ylium dinas, ac a'y henwis o'y henw ehun. Ac y hwnnw y bu vab Laomedon vab Ylus. Ac y hwnnw y bu vab Priaf, vrenhin Troya. Ac am hwnnw a'y etiued y traethir yn Ystorya Daret.*
>
> 'Ilus son of Tros was king of Troy, and built the city of Ilium, and named it after himself. And he had a son, Laomedon son of Ilus. And he had a son, Priam, king of Troy. And it is about him and his heir that an account is given in *The History of Dares.*'

Just as the concluding paragraphs of *YBY* form a cyclical connection with *Brut y Brenhinedd,* so too the narrative of events following the death of Cadwaladr, with which the *Brut* ends, is continued in *Brut y Tywysogyon,* (The Chronicle of the Princes). This is a collective term, used to refer to the various recensions of a set of annals recording the history of Wales from the year 682 to the death of Llywelyn ap Gruffudd in 1282. Thus, these four texts, *Y Bibyl Ynghymraec, Ystorya Daret, Brut y Brenhinedd* and *Brut y Tywysogyon,* encompass a history of the British people from the Creation to the end of the thirteenth century.[20]

The Translation of the Text

Although the translation of Genesis i and ii. 1–2 corresponds closely to the Vulgate in essence, there are stylistic and syntactical differences as well as additions, not found in the Latin. For example the opening sentence of the text in BL MS Add. 31055 refers to the Trinity: *Pryt nat oedh dim eithyr Duw ehun yn dair person ac yn vn Duw, yna yn y dechraû y creodh duw nef a daear*[21] (When there was nothing but God himself in three persons and one God, then in the beginning God created heaven and earth). This is an addition which does not occur in MS Peniarth 253 or MSS Llansteffan 55 and 164, which follow the Vulgate: '*In Principio creauit Deus caelum, & terram*'. Thomas Jones (1946: 100) and Isaac Thomas (1988: 12) have both explained the initial phrase of *YBY* in BL MS Add. 31055 as a gloss, which became incorporated into the main text. In Peter of Poitiers's *Promptuarium* in MS Cotton Faustina B VII, folio 42 v.1206–1216 is a diagram known as the *Scutum Fidei* 'Shield of Faith', which is a representaion of the Trinity in abstract form. Perhaps it was a sight of this that planted the notion of writing a gloss in the head of the author or scribe of an earlier version of the BL MS Add. 31055.

There are other examples of a departure from the Vulgate version. For example, in the Welsh text *spiritus Dei* is translated as *yspryt yr Arglwydh* ' the spirit of the Lord' and *arida* is translated by *tywarchen* 'clod of earth, piece of turf', rather than *sychdir* or *tir sych* 'dry land', which is the rendering of subsequent translators. Even the Peniarth 253 version has *sychdwr*. Nevertheless *tywarchen* meaning 'dry land' occurs in *Gwassanaeth Meir* (Roberts 1961: 1, l. 25). Again the Welsh translation renders *fiant luminaria in firmamento caeli* as *Bit* ***dhaû*** *oleûni yn y fûrûaûen y nef* (there will be **two** lights in the firmament of heaven). The translator did not always follow the same syntactical pattern as the Latin and translated the active verb *et fecit Deus bestias terrae* by the impersonal form in the agentless sentence *Ac ef a wnaethpwyt bestûiloedh y dhaear* (And the beasts of the earth were made). The native predilection for doublets can also be seen in the Welsh text: *et creavit Deus hominem ad imaginem suam* is rendered *Ac ef a greodh Duw dhyn ar y* *dhelw a'i gyphelybrwydh ehûn* (And God created man in his own image **and likeness**).[22]

The text then continues with an abbreviated and sometimes non-scriptural version of the remaining verses of Genesis ii. Instead of stating that God created man from the dust of the ground, the translator of *YBY* (p. 6) says that God created man in his own image and located him in *Maes Damascon*, 'the field of Damascus', from where he sent him to Paradise. He is not located in Damascus in the Vulgate or in the later Welsh Bibles. The immediate source of this is clearly Peter of Poitiers's *Compendium Historiae in Genealogia Christi* (or *Promptuarium*) which contains the words '*Adam in agro Damasceno formatus*.'[23] Nevertheless, there was an early Christian tradition of associating the Garden of Eden with Damascus.[24]

Another deviation from the Vulgate version of Genesis is the naming of Adam and Eve's daughters as Chalmana and Delbora.[25] These names, however, occur in *Ystorya Adaf ac Eua y wreic* 'The story of Adam and his wife Eve', contained in MS Peniarth 5 (The White Book of Rhydderch) p. 29v, 14–6 and Llansteffan 27 (The Red Book of Talgarth) p 79v, 2–10.[26]

> *Eua bendigedic wyt ti. ac yr dy argluyd adaf a e wedieu maur ef. y m hanuonnet i attat ti. kyuot ti ac ymarlvyha. ef a vyd etiued itt yr aur honn. ef a vendigaud itt vab tec iaun. ac yna y ganet cayn. a chalmana y chuaer … Pymthec mlyned wedy hynny y ganet. abel. a delbora.* (Pen 5 29v, 14–6)
> 'Eve you are blessed and because of the lord Adam and his great prayers, I have been sent to you. Arise and purge yourself. You will now have an heir. You have been blessed with a very fair son and then Cain was born and Chalmana, his sister … Fifteen years after that Abel and Delbora were born.'

This is a Welsh translation of an Old Testament Midrash text *Vita Adae et Evae*[27] but neither Chalmana nor Delbora are mentioned in that text. Their names, however, do occur in the *Historia Scholastica*:

> *Et anno creationis vitae Adam decimo quinto natus est ei Cain, et soror ejus Chalmana … Post alios quindecim annos natus est ei Abel, et soror ejus Delbora.*
> 'And in the fifteenth year of the begetting of Adam's life Cain was born and his sister Chalman … Fifteen years later Abel and his sister Delbora were born.'

The name Delbora occurs again in *YBY* (p. 20) where it is ascribed to the wife of Balach. In the Vulgate, however, she is called Debbora wife of Lapidoth, who, as prophetess, accompanied Barac on a mission to deliver Israel from the hands of Jabin, king of Canaan (Judges iv.5–6). Perhaps we should not be too concerned about the variations in nomenclature between that of *YBY*, the Vulgate and modern vernacular Bibles, as they are usually based on accepted etymological principles. More serious, however, are misascriptions as in the case of confusing Balach/Barach with Lapidoth and other instances discussed below. Tyndale recognised that nomenclature was a problem for a translator in his comment on replacing the traditional form Caim with Cain:

> Cain, so it is written in Hebrew. Notwithstanding whether we call him Cain or Caim, it maketh no matter, so we understand the meaning. Every land hath his manner: that we call John the Welshmen call Evan, the Dutch [i.e. Germans] Hans. Such difference is between the Hebrew, Greek, and Latin; and that maketh them that translate out of the Hebrew vary in names from them that translate out of Latin or Greek. (Hammond 1982: 34–5).

The difference in nomenclature can be seen again in the section of *YBY* (p. 14) which states that Evreham (Abram, later Abraham) married Saray (later Sara), the daughter of his brother Aram (Haran). There is confusion here, for in Genesis xi. 29 it is Abram's brother Nachor

(Nahor) who marries Aran's daughter, Melcha (Milcah). Furthermore, the translator of *YBY* understood the proper noun Aram as the common noun *ara* 'altar' and translated the ablative absolute phrase *suffocato aram* as *gwedy dystryw y geudelw* (after the destruction of the image) rather than **gwedy dystryw Aram* (after the death of Aram).

In the biblical account of the fall of Jericho, the city walls collapsed after Joshua's men had marched around the city once for six days and seven times on the seventh day, when the priests sounded the trumpets and shouted (Joshua vi.14–20). In the *YBY* account (p. 19), Jericho was destroyed seven times in a single day, with the priests sounding trumpets for seven days. The error here may have been in the source, perhaps extrapolated from the *Promptuarium*.[28] The Vulgate then states that Achor was stoned to death for taking forbidden booty from the temple (Joshua vi. 21–6). Included among these items was a *pallium coccineum* (scarlet garment)[29] translated simply in *YBY* as a *mantell pali* (a cloak of brocaded silk). The *funiculus coccineus* (scarlet cord), which Rahab, the prostitute, was told to hang from the window of her house, so that she and her family might escape in return for hiding the Israelite spies (Joshua ii. 18), is also translated as *adaued pali* (a thread of brocaded silk). The primary meaning of scarlet throughout Europe was a prestigious cloth which could be produced in various colours. Even in remote Iceland it was so precious that not even the wealthiest chieftain would buy it for himself but would receive it 'as a bequest signifying loyalty or friendship'. (Zanchi 2008: 22). The eminent seventeenth-century cleric and scholar, John Davies, (1632 *s.v. gra*) describes *gra* (grey fur) as *ysgarlad gwynn* (white scarlet), a definition which clearly shows that he knew *ysgarlad* was a fabric and that it could be white as well as coloured. If the translator who compiled *YBY* realised that scarlet (*coccineus*) was an expensive fabric, it is little wonder that he chose *pali* to represent this fine cloth.

The Vulgate reports that Lamech took two wives without any further comment (Gen. iv. 19). The author of *YBY*, on the other hand, states that Lamech was the first bigamist and then goes on to explain the meaning of *bigamus*. This does not occur in the *Promptuarium*, but Thomas Jones (1940, p. 71) believed that this was a gloss in whatever Latin copy the translator had before him. Nevertheless, references to Lamech as the protobigamist occur in medieval texts.[30]

As a text book of biblical history, *YBY* would not rate very highly. It is not always accurate and at times so condensed that it is not even fully informative. Unless one were familiar with the story of Nathan (Joatham in the Vulgate) telling the parable of the trees choosing a king to the assembled audience, after his brother Abimelech had killed all his other brothers in order to secure the kingship for himself (Judges ix 7–15), it would be difficult to understand the meaning from the following truncated version of the text:

> *Ef a ladawd y deng mroder a thrugeint gwedy adaw Nathan ehun yn attiang, yr hwnn a ossodes gorchest ar wyr Sichem am yr oliwyden a'r figyssen a'r winllan a'r gangen.*(p. 21)
> 'He killed his three score and ten brothers after leaving Nathan unharmed, he who told a parable to the men of Sichem about the olive tree and the fig tree and the vine and the branch.'[31]

Again unless one knew the story of Solomon's wise judgement on the claim of two women to be the mother of a surviving baby (1 Kings iv.16–28), it would be impossible to understand the cryptic comment *ac adnabot y doethineb yn y varn am y puteinnyeit*[32] (and his wisdom recognised by his judgement on the prostitutes).

In *YBY* (p. 24) it is stated that Jepte is the son of Jair and that Jair evicted his sons and appointed Job as leader over them. In Judges xi. 1, however, Jephthah is the illegitimate son of Gideon and is banished by his half-brothers to the land of Tob. The Vulgate reading is: *Quos* (sc. his brothers) *ille fugiens atque deuitans, habitauit in Terra Tob*, (To escape and avoid them, he lived in the land of Tob.) Thomas Wiliems recognised the error and emended his transcription accordingly, but whether his source was the Vulgate of the *Promptuarium* is difficult to decide. *YBY* (p. 24) continues:

> *A hwnnw* (sc. Jepte), *wedy goruot ar wyr Amon ohonaw, a aberthawd y verch ac a ladawd yn rydeu Eurdonen o wyr Effraym d*[*r*]*wy Seboleth a Thesboleth dwy vil a deu vgein mil*
>
> 'And he (*sc*. Jephthah), having defeated the Amonites, sacrificed his daughter and killed two thousand and forty men of Ephraim at the fords of the Jordan by Siboleth and *Thesboleth* (i.e. Shiboleth).'

It would be impossible to understand the significance of the above passage without a knowledge of (i) Jephthah's vow to the Lord that he would sacrifice whatever came out of the door of his house to meet him when he returned home victorious from his conflict with the Amonites and his fulfilment of that pledge by sacrificing his only daughter (ii) the identification of the hostile Ephramites by their inability to pronounce Shiboleth correctly and their subsequent death as a result of that defect.

The function of *YBY*, therefore, is to be a repository of biblical names and to serve as a mnemonic device rather than a source of detailed and accurate information. Nevertheless, in spite of its defects, it shows that Wales was not in isolation during the Middle Ages and that Welsh clerics were familiar with European thought and learning, some two hundred years before the renaissance scholar William Salesbury was urging the Welsh people to use their language as a medium of learning. In fact Salesbury himself relied heavily on *YBY* for much of his vocabulary and syntax[33] and although many of these were rejected by subsequent translators such as William Morgan and John Davies, sufficient survived to ensure *YBY* an honourable place in the history of translating the Scriptures into Welsh.

NOTES

1 The general consensus of opinion is that the revision was done by Dr John Davies of Mallwyd (c. 1567–1644), one of Wales's most eminent Renaissance scholars, but published in the name of Bishop Richard Parry (Jones 2004: 215).

2 This and subsequent translation are mine.

3 *Y Genhinen* (1925: 177–8).

4 For further information on this work see Moscrip (1954).

5 Discussions on pre-reformation versions of the scriptures can be seen in: Thomas (1988: 11–41); Williams (1974: 360–408); Jones (1945–6: 97–114); Jenkins (1919–20: 121–31).

6 *YBY* pp.16–7. The name is Jwda/Judah respectively in modern Welsh and English Bibles.

7 Wiliems's version: *Ac odyno hei* (sc. Thamar) *a eistedhodh mewn Croesfordh wedy symudaw ei gwisg ac wedi marw sua gwaic Judas ae vynet gyt ac Hiram ei vûgeil y gneifio ei dheûeit, ef* (sc. Judas) *a dhaeth at Thamar*. (And then she sat at the cross-roads having changed her clothing and after the death of Judas's wife Sua, he came with his shepherd Hiram to shear his sheep and he came to Thamar.)

8 A list of manuscripts and editions is given in Moore (1936: 101–6).

9 Quoted in Moore (1936: 99). A similar passage in one of the English versions of his work contained in BL MS Add. 20010 is quoted in Jones (1940: xxvi-xxvii).

10 *ibid* p. 100.

11 Tholomeus son of Lagus. The retention of the genitive form is further evidence of translation from Latin.

12 *YBY* pp. 10–1.

13 *YBY* 9–10.

14 *YBY* pp. 11, 14–5. 26–7.

15 *YBY* p. 12.

16 *YBY* p. 58.

17 *Ystorya* [y] *Brut* is a reference to Geoffrey of Monmouth's *Historia Regum Britanniae*.

18 For a the diplomatic edition of the text in the Red Book, see Rhŷs and Evans (1890: 1–39); for diplomatic editions of all medieval recensions see also Owens (1951). An English translation of *Dares Phrygius* is to be found on line: http://www.theoi.com/Text/DaresPhrygius.html

19 For the fascination of medieval historiographers with Troy, see Federico (2003); also Poppe (2009: 260–4 in particular).

20 For the signifancance of this historical conspectus see Thomas Jones (1968); J. Beverley Smith (1989: 7–8).

21 The orthography of this section, i.e. Genesis i and ii.1–2, is different from that of the remainder of the work; e.g /ð/ and /ʎ/ are represented by <dh> and <lh>, rather than <d> and <ll> respectively.

22 For a detailed comparison of the texts, see Thomas (1988: 11–25).

23 Moore (1936: 188).

24 This tradition is recalled in Wynkyn de Worde's edition of the Middle English version of the *Gesta Romanorun*, where it is said that Adam came from 'the

londe of Damasse' (Swanton 1974: 119). Damascus is mentioned in Shakespeare's Henry VI Part 1, Sc. iii as the place that cursed the sight of Cain killing his brother Abel. Likewise in Chaucer's 'The Monk's Tale', lines 2007–8: 'Loo Adam, in the feeld of Damyssene/ With Goddes owene fynger wroght was he.'

25 *YBY* p. 7.

26 For text on line, see www.rhyddiaithganoloesol.caerdydd.ac.uk (accessed 20-2-2012).

27 For further information on the apocryphal Adam and Eve in medieval Europe, see Murdoch (2009). For an English translation, see www.ccel.org/c/charles/otpseudepig/adamnev.htm (accessed 20-2-2012).

28 The *Promptuarium* reads amviguously: *Civitatem Jericho septem diebus sacerdotibus clangentibus in septem bucinis septies circuivit et destruxit.* (He marched around and destroyed the city of Jericho in seven days with the priests sounding trumpets for seven (days) seven times) quoted in Jones (1928: 17).

29 *clamidem* (sic) *coccineam* in the *Promptuarium.*

30 The eleventh-century Irish *Sex Aetates Mundi* 'The six Ages of the World', names Lamech within a genealogy as Laméch, i[d est] *bigamus* mac Mathusaél (Murdoch 2003: 72) and Chaucer in *Anelida and Arcite* comments, 'He was the first fader that began / To loven two and was in bigamie'.

31 The translator has mistranslated the Vulgate *ad rhamnum* 'about the thorn-bush' as ad *ramum* 'about the branch', (Judges ix. 14).

32 (*YBY* p. 29).

33 Thomas (1988: 25).

Bibliography

Auerbach, E. 1965. *Literary Language and its Public in Late Latin Antiquity and in the Middle Ages.* London: Routledge.

Barney, S. A., Lewis, W. J., Beach, J. A. and Berghof, O. (eds) 2006. *The Etymologies of Isidore of Seville.* Cambridge: University Press.

Deanesley, M. 1920. *The Lollard Bible and Other Medieval Biblical Versions.* Cambridge: University Press.

Dunphy, G. 2010. "Six Ages of the World", in *Encyclopedia of the Medieval Chronicle.* Leiden: Brill. 1367–79.

Federico, S. 2003. *New Troy, Fantasies of Empire in the Late Middle Ages.* Minneapolis: University of Minnesota Press.

Hammond, G. 1982. *The Making of the English Bible*. Manchester: Carcanet New Press.

Henry, A. (ed.) 1987. *Biblia Pauperum*. Aldershot: Scolar Press.

Higden, R. 1857. *Rerum Britannicarum Medii Aevi Scriptores or Chronicles and Memorials of Great Britain and Ireland during the Middle Ages*. Rolls house.

Hughes, G. H. (ed.) 1951. *Rhagymadroddion 1547–1659*. Caerdydd: Gwasg Prifysgol Cymru.

Huws, D. 2002. *Medieval Welsh Manuscripts*. Aberystwyth: University of Wales Press and The National Library of Wales.

Jenkins, J. 1919–20. 'Mediæval Welsh Scriptures, Religious Legends, and Midrash', in *Transactions of the Society of Cymmrodorion*. London: issued by the society. 121–31.

Jones, G. H. 2004. 'John Davies and Welsh Translations of the Bible and the Book of Common Prayer' in Davies, C. (ed.) *Dr John Davies of Mallwyd*. Cardiff: University of Wales Press. 208–25.

Jones, T. 1938. '"Pump Llyfr Moysen yn Gymraec" a'r "Beibyl Ynghymraec"' *Bulletin of the Board of Celtic Studies* 9, Part 3: 215–9 (216).

– 1928. 'Testun Llyfr Gwyn Hergest o'r "Bibyl Ynghymraec"' *Bulletin of the Board of Celtic Studies* 1: 15–21.

– (ed.) 1940. *Y Bibyl Ynghymraec*, sef *Cyfieithiad Cymraeg Canol o'r "Prompuarium Bibliae"*. Cardiff: University of Wales Press.

– 1946. 'Pre-Reformation Versions of the Scriptures' *Cylchgrawn Llyfrgell Genedlaethol Cymru* 4: 97–114.

– 1968. 'Historical Writing in Medieval Welsh' *Scottish Studies* 12: 15–27.

– 1992. *Ystoryaeu Seint Greal*. Cardiff: University of Wales Press.

Miller, F. J. (ed.) 1951. *Ovid Metamorphoses* 1. Cambridge, Massachusetts: Harvard University Press; London: Heinemann.

Moore, P. S. 1936. *The Works of Peter of Poitiers. Master in Theology and Chancellor of Paris (1193–1205).* Indiana: Publications in Mediaeval Studies, The University of Notre Dame.

Morey, J. H. 1993. 'Peter Comestor, Biblical Paraphrase, and the Medieval Popular Bible' *Speculum*, 68 (1): 6–35. Published by: Medieval Academy of America. http://www.jstor.org/stable/2863832 (accessed 14/01/2012)

Morris-Jones, J. and Rhys, J. 1894. *The Elucidarium and Other Tracts in Welsh from Llyvyr Angkyr Llandewivrevi.* Oxford: Oxford University Press.www.archive.org/.../elucidariumother00joneuoft/elucidariumother00j (accessed 14/2/2012)

Most, G. W. (ed. and trans.) 2006. *Hesiod 1 Theogony, Works and Days Testimonia.* Cambridge, Massachusetts, London, England: Harvard University Press.

Munro, J. H., 2007. "The Anti-Red shift – To the Dark Side: Colour Changes in Flemish Luxury woollens, 1300–1500" *Medieval Clothing and Textiles* 3: 62. (Accessed 19/1/2012)

Moscrip, V. 1954. 'Werner Rolewinck's *Fasciculus temporum*' *University of Rochester Library Bulletin 9*, Spring 1954, No. 3.
www.lib.rochester.edu/index.cfm?PAGE=3422
www.archive.org/.../elucidariumother00joneuoft/elucidariumother00j (accessed 14/2/2012)

Murdoch, B. 2003. *The medieval popular Bible: expansions of Genesis in the Middle Ages.* Cambridge: D. S. Brewer

– 2009. *The apocryphal Adam and Eve in medieval Europe. Vernacular translations and adaptations of the Vita Adae et Evae.* Oxford: Oxford University Press.

New Catholic Encyclopedia (2nd edn.) 2003. Washington: Gale.

Owens, B. G. 1951. *Y Fersiynau Cymraeg o Dares Phrygius, eu Tarddiad, eu Nodweddion a'u Cydberthynas*. Unpublished M.A. thesis, University of Wales, Aberystwyth.

Poppe, E. 2009. 'The Matter of Troy and Insular Versions of Dares's *De excidio Troiae Historia*. An Exercise in Textual Typology', in Haßler, G. and Rüter, A. (eds) *Breiträge zur Geschichte der Sprachwissenschaft*. Münster: Nodus Publikationen. 252–99.

Proudfoot, R., Thompson, A. and Kastan, D. S. (eds) 2001. *The Arden Shakespeare. Complete Works.* London Thomas Nelson.

Rhŷs, J. and Evans, J. G. (eds) 1890. *The Text of the Bruts from the Red Book of Hergest.* Oxford.

Roberts, B. F. (ed.) 1961. *Gwassanaeth Meir. Cyfieithiad Cymraeg Canol o'r Officium Partvum Beatae Mariae Virginis.* Caerdydd: Gwasg Prifysgol Cymru.

Robinson, F. N. (ed.) 1990. *The Riverside Chaucer*. Oxford: Oxford University Press.

Smith, B. 1989. *The Sense of History in Medieval Wales.* Aberystwyth: University College of Wales.

Swanton, M. J. (ed) 1974. *Wynkyn de Worde's Gesta Romanorum.* Exeter: Exeter Medieval English Texts.

Thomas, I. 1988. *Yr Hen Destament Cymraeg 1551–1620.* Aberystwyth: Llyfrgell Genedlaethol.

Williams, J. E. C. 1974. 'Rhyddiaith Grefyddol Cymraeg Canol (2)' in Bowen, G. (ed.) *Y Traddodiad Rhyddiaith yn yr Oesau Canol*. Llandysul: Gomer. 360–408.

Zanchi, A. 2008. '"Melius Abundare Quam Deficiere": Scarlet Clothing in *Laxdœla Saga* and *Njáls Saga*', *Medieval Clothing and Textiles* 4: 22. See also Ewing, T., "'i litklæðum' – Coloured Clothes in Medieval Scandinavian Literature and

Archaeology". http://www.dur.ac.uk/medieval.www/sagaconf/ewing.htm, 5. (accessed 19/1/2012)
www.ccel.org/c/charles/otpseudepig/adamnev.htm (accessed 20/2/2012).
www.theoi.com/Text/DaresPhrygius.html (accessed 20/2/2012).
www.rhyddiaithganoloesol.caerdydd.ac.uk/ (accessed 20/2/2012).

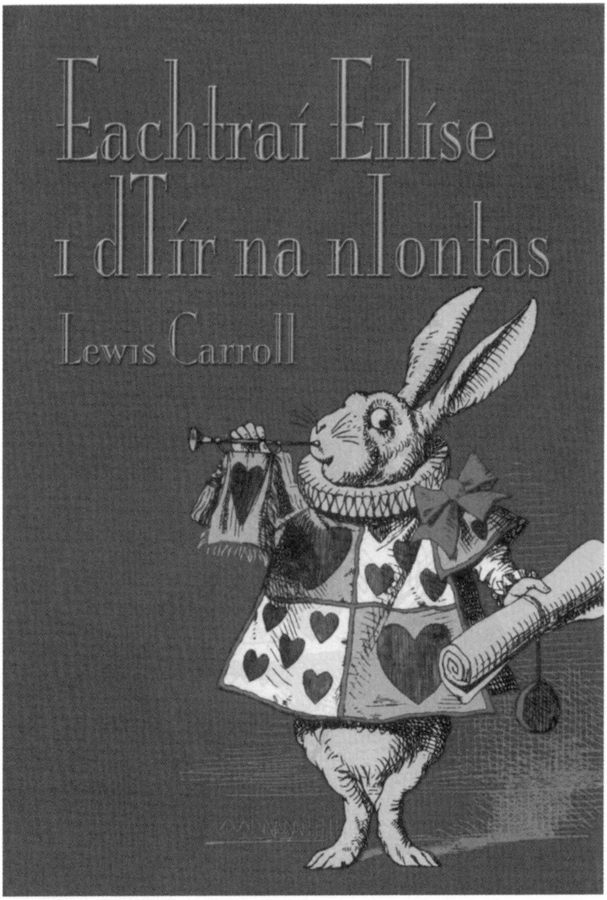

2003. Carroll, L. *Eachtraí Eilíse i dTír na nIontas*: *Alice's adventures in Wonderland*; J. Tenniel a mhaisigh; N. Williams a d'aistrigh go Gaeilge. Baile Átha Cliath: Coiscéim.
(le caoinchead Nicholas Williams)

Ríona Nic Congáil

Oll-Safari

Saineolaithe na Gaeilge,
Ollúna is scoláirí,
Plódaithe isteach sa jíp,
Ag dul ar oll-safari.

Tá Ceann na Roinne ag an roth
Chun iad a stiúradh i gceart,
In ainneoin a cheadúnais chuí
Is i gciorcal a théann siad thart.

Léann Gúrú na gramadaí léarscáil,
Ach ní thuigeann sé aon cheo,
Óir tá séimhiú is fada in easnamh,
A athraíonn míniú is treo.

Feiceann Údarás na Sean-Ghaeilge
Torc bán ar imeall na spéire,
Is imíonn leis, lena shleá ghéar
Sa tóir air go hOileán Chléire.

Ag machnamh ar thuin chainte na háite
Atá an sár-chanúineolaí,
Ach ní léir dó go bhfuil sé ag éisteacht
Le tuin chainte an tsimpeansaí.

Ag plé 'reithíocht' *v* 'rothaíocht'
Atá Curadh na Coirnise
Ní sa Choirnis ná sa Ghaeilge,
Ach i dteanga na hUngáirise.

Tá fear an chreidimh ag guí chun Dé,
Go dtiocfaidh sé slán as an riocht:
Má bhíonn comhghleacaithe i bponc,
Ní airsean a bheidh an locht.

Tosaíonn an t-amhránaí ag gabháil fhoinn,
Agus é i mbun suirí:
Ní le duine acadúil,
Ach le taibhse an tíogair Cheiltigh.

Níl fágtha ach aon duine amháin
Chun iad a thabhairt slán,
Ach tá an scríbhneoir cónaitheach *rua* seo
Róghnóthach ag cumadh an dáin.

Marc Caball

An cultúr, an pholaitíocht agus an fhéiniúlacht in Éirinn sa séú haois déag: fianaise Thaidhg Dhaill Uí Uiginn (c. 1550–1591)

I samhradh na bliana 1916, bhailigh Edmund Curtis, a bhí an uair úd ina ollamh le nua-stair i gColáiste na Tríonóide, Baile Átha Cliath, scéilín mar gheall ar bheirt fhilí, Tadhg Ó hUiginn agus Niall Mac an Bhaird, agus an comórtas nó iomarbhá a bhí acu le chéile. Bhreac Curtis an scéal seo síos ó Sheán Rua Mac an Bhaird agus ó Dhónall Ó Baoill ón gClasaigh i bparóiste Inis Caoil i gcontae Dhún na nGall.[1] Tá cur síos sa phíosa gearr próis seo ar conas mar a chuir Ó Domhnaill Thír Chonaill agus Ó Conchubhair Shligigh geall le chéile i dtaobh cé acu fear dá gcuid filí a bhainfeadh an chraobh le bua cumadóireachta na filíochta (Knott 1926: 282). Sa ghiota seo ón traidisiún béil a chuir Curtis ar phár, castar Tadhg Dall Ó hUiginn faoi dhó ar a leathcheann Conallach, agus an dara babhta, ní nach ionadh agus láthair inste an scéil a chur san áireamh, cloíonn cumas máistriúil filíochta Néill Mhic an Bhaird é. Sa bhlúire a bhailigh Curtis, cloíonn féith chumadóireachta chumhachtach a chéile comhraic Tadhg Dall, file, agus tá air tigh Mhic an Bhaird a thréigint go ciúin tostach: 'Tachtadh Tadhg annsin, agus ní rabh sé ábalta ní ba mhó a rádh. Phreab sé 'na sheasamh, d'fhág an áit, agus bhí an bhuaidh le Niall' (Knott 1926: 282–4).

Tá sé suntasach go maith go raibh trácht ar fhile molta cinsealach de chuid na séú haoise déag sa traidisiún béil sa Ghaeltacht go luath san aois seo caite agus b'fhéidir a áitiú go léiríonn an fhianaise seo go raibh stádas nó clú faoi leith bainte amach ag Tadhg lena linn féin. Ag an am céanna, is dócha gur féidir le tost an fhile seasamh ina chuimhne chumhachtach mheafarach ar cheilt agus ar fholach insintí cultúrtha agus intleachtacha na tíre seo a bhaineann leis an tréimhse luath-nua-aoiseach siúd. I gcás Thaidhg Dhaill, is mór an trua an fhaillí, go háirithe toisc an t-eagrán ceannródaíoch, dá bhfuil ar marthain dá chuid dánta, a bheith curtha i gcrích ag Eleanor Knott agus foilsithe ag Cumann na

Sgríbheann nGaedhilge sna blianta 1922 agus 1926 faoi seach (Knott 1922 agus 1926; Breatnach 1996: 2). Cé go bhfuil dulta i ngleic go nuálach ag staraithe le foinsí i nGaeilge, an fhilíocht go háirithe, a thugann léas nó éachtaint ar stair na tréimhse luath-nua-aoisí, tá cuntais aonraice gann go maith ar scoláirí nó intleachtóirí Gaelacha. Le déanaí, tugann an obair atá déanta ag Benjamin Hazard (2010) ar réim pholaitiúil Fhlaithrí Uí Mhaolchonaire cur síos ar ghníomhaíocht bhríomhar an chléirigh Ghaelaigh seo i bhFrith-Reifirméisean na hEoraipe go luath sa seachtú haois déag. Ach fós féin, níl aon chuntas anailíseach ar bhonn cultúrtha againn a bheadh inchurtha le staidéar Nollaig Uí Mhuraíle (1996) ar Dhubhaltach Mac Fhirbhisigh, ársaitheoir (c. 1600–1671), nó staidéar Bhernadette Cunningham (2000) ar Sheathrún Céitinn, nó saothar Sheáin Uí Thuama (1978) ar Aogán Ó Rathaille (*floruit* 1700–1729), nó anailís Vincent Morley (1995) ar eispéireas polaitiúil agus cultúrtha Aodha Bhuí Mhic Chruitín (c. 1680–1755).[2] Is bunstaidéar é saothar James Carney, a céadfhoilsíodh sa bhliain 1967, ar an gcoibhneas a bhí ag Eochaidh Ó hEódhusa (†1612) le baill áirithe de mhuintir Mhéig Uidhir Fhear Manach, agus ar shaoldearcadh an fhile shuaithinsigh seo (Carney 1967). Arís ar ais, faraor, níl aon chuntas ar Ghael inchurtha le hanailís Nicholas Canny (1982) ar shaol sóisialta agus intleachtach an Nua-Ghaill, Richard Boyle (1566–1643), chéad iarla Chorcaí; nó staidéar Cholm Lennon (1981) ar bheatha agus ar shaothar Richard Stanihurst (1547–1618), sagart agus scoláire Angla-Normannach.

San aiste seo, déanfar gnéithe de dhearcadh polaitiúil Thaidhg a scagadh agus déanfar iniúchadh ar an mbraistint a bhí aige i leith a ghairme. Cuirfear spéis i bpearsa lárnach i gcultúr Gaelach an tséú haois déag agus tá sé i gceist é a thabhairt isteach ó imill na staireagrafaíochta. Le deireanas, tá ithir nua treafa ag Bernadette Cunningham agus Raymond Gillespie maidir le stair na hÉireann sa séú haois déag (Cunningham and Gillespie 2003). Bhain an bheirt acu feidhm as teicnící na mionstaire (nó 'microhistory' an Bhéarla) chun ábhar inste in *Annála Uladh* agus *Annála Locha Cé* a thuiscint níos fearr, níos éifeachtaí agus níos bisiúla.[3] De thoradh a gcuid taighde, tá éachtaintí nua á soláthar ar chúrsaí tiarnais, ginealaigh, scoláireachta, polaitíochta agus reiligiúin, i limistéir Ghaelacha i dtuaisceart Chonnacht agus i ndeisceart Uladh. A gcuid oibre ar ábhar na n-annála deireannacha, nach raibh coinne ag staraithe go mbeadh rath air ó thaobh na scoláireachta de, soiléiríonn sí chomh maith ganntanas ár dtuisceana agus ár n-eolais ar stráicí móra de stair chultúrtha na nGael sa tréimhse luath-nua-aoiseach. Maidir le filíocht na mbard nó an fhilíocht mholta de, ámh, tá dul chun cinn agus ceannródaíocht leanúnach ar bun i leith ár dtuisceana ar chultúr agus pholaitíocht shaol na bhfilí. Ní gá a lua, mar shampla, ach taighde Phádraig Bhreatnaigh chun a chur in iúl go bhfuil tuiscint níos fearr ag scoláirí i láthair na huaire ar an gcomhthéacs polaitiúil agus cultúrtha ina mbíodh na filí ag gníomhú. Rinne an tOllamh Breatnach coinbhinsiúin theicniúla agus rialacha gairmiúla a raibh tionchar acu ar iompar na bhfilí lena bpátrún uasaicmeacha a rianú go máistriúil oilte (Breatnach 1983). I mo shaothar staire féin ar fhilíocht na mbard sa tréimhse luath-nua-aoiseach, chuireas romham a thaispeáint agus a áitiú go raibh na dánta clasaiceacha á gcumadh faoi thionchar an traidisiúin agus na nuála araon (Caball 1998). Nuair a bhítear ag gluaiseacht ón tuiscint ghinearálta uilíoch go dtí an tsainthuiscint nó an sainléamh, ní mór a mheabhrú, mar is gnáth agus is léir i réimse taighde ar bith, go mbaineann castacht agus éagsúlacht le forbairt agus leathnú eolais. Bhí coimriú deisbhéalach ag Bernard Bailyn, staraí Meiriceánach, agus é ag cur síos ar choincheap stair an Atlantaigh (nó 'Atlantic history'); chuir sé deis ar an toradh a mbeifí ag súil a fháil ó ghrinnstaidéar ar ghréasán an chultúir agus na polaitíochta Gaelaí agus é ag trácht ar staraithe Atlantacha a iniúchann réaltacht a bhí 'multilayered – complex blendings of behavior patterns, lifestyles, and social structures, the more fine-grained the analysis the more complex the pattern' (Bailyn 2005: 43).

Sula dtéimid ar aghaidh chun gnéithe de chruinneshamhail Uí Uiginn a ríomh agus a phlé, tá sé riachtanach sonraí beathaisnéise a shaoil agus a ghairme a lonnú taobh istigh de pharaiméadair choincréiteacha stairiúla. Rugadh é timpeall na bliana 1550 agus tá an chuma ar an scéal gur saolaíodh é i mbarúntacht Luíne, i gContae Shligigh sa lá atá inniu ann. Bhí a mhuintir, Mathghamhain (†1585), a athair, agus Maolmhuire, a athair críonna, bhíodar féin ina bhfilí agus chleachtadar ceard na filíochta in oidhreacht a tháinig gan bhriseadh anuas ó Thadhg Óg Ó hUiginn (†1448). Chomh maith le tréimhse altramais a chaitheamh ag muintir Uí Dhomhnaill Thír Chonaill, glactar leis gur lean Tadhg Dall cúrsa léinn i bhfilíocht na mbard i scoil a bhain lena theaghlach féin nó gur fhreastail sé, chomh maith b'fhéidir, ar scoil na mbard i gCeall Cluaine, i gcontae na Gaillimhe sa lá atá inniu ann. Bhí baint ag muintir Uiginn go stairiúil le Ceall Cluaine. Tugann an leasainm 'dall' le tuiscint go raibh máchail éigin súl air (Knott, 1922: xxiii–xxvi). Níl móran ar eolas againn mar gheall ar a ghaolta féin. Tá tagairt shuimiúil i lámhscríbhinn Ghaeilge a thiomsaigh Fearghal Dubh Ó Gadhra san Ísiltír le linn na tréimhse 1655–59 (lámhscríbhinn 23 F 16 de chuid Acadaimh Ríoga na hÉireann). Deirtear linn san fhoinse seo go raibh deartháir ag Tadhg, Maolmhuire Ó hUiginn, a coisriceadh sa bhliain 1586 ina ardeaspag ar Thuaim agus gur cailleadh in Antwerp sa bhliain 1590 é agus é ar a shlí abhaile go hÉirinn ón Róimh (O'Rahilly 1927: ii, 204). Tá a fhios againn go raibh mac amháin ar laghad ag Tadhg Dall. Saolaíodh Tadhg Óg sa bhliain 1582 agus tugadh síos dó i bpardún i 1603 é bheith ina 'rymer' (Knott 1922: xxxii; O'Rahilly 1921–24: 117). Bhí Tadhg Óg ina ghníomhaí géarchúiseach i gcomhthéacs casta na polaitíochta i Sligeach sa seachtú haois déag. Faoi thosach na 1630aidí, bhí Tadhg Óg ar dhuine de na tiarnaí talún ba mhó de na dúchasaigh sa Chontae. Ceapadh ina shirriam é ar Shligeach sa bhliain 1634 agus roghnaíodh é sna 1640aidí ina theachta chun Tionól an Chomhcheangail i gCill Chainnigh, mar léiriú gan amhras ar a stádas agus a éifeacht áitiúil (O'Dowd 1991: 58–9, 78).

Tugann na sonraí a thras-scríobh Eleanor Knott ó ábhar na bhfiosrúchán (nó 'inquisitions'), ar loisceadh a bhformhór nuair a cuireadh Oifig na dTaifead Poiblí in Éirinn trí thine sa bhliain 1922, tugann sin eolas bunúsach dúinn ar na tailte a bhí i seilbh Uí Uiginn uair dá raibh. I bhfiosrúcháin éagsúla a cuireadh ar bun i Sligeach sna blianta 1584 agus 1590 inar ghlac Tadhg Dall páirt mar choisteoir (nó giúróir), 'Tege Dall O Higgen de Dughorne' agus 'Thadeus O Higgin de Cowlerecoll' a tugadh air. I bhfiosrúchán státchiste a cuireadh ar siúl i

Sligeach i mí Iúil na bliana 1590, tugadh mar fhianaise go bhfuair 'Matheus O Higyn' as 'Dougharane', i mbarúntacht Luíne, bás ar an 9 Eanáir 1585 agus tugadh le fios go raibh a oidhre, Tadhg Dall, 40 bliain d'aois agus go raibh sé pósta ar ócáid an fhiosrúcháin. I bhfiosrúchán a cuireadh ar bun i mBaile an Mhóta sa bhliain 1593, dúradh mar fhianaise gur cailleadh Tadhg Dall i 'Cowlrecoyll' ar an lá deireanach de Mhárta 1591 agus gurbh é a mhac Tadhg Óg, a bhí naoi mbliana d'aois nuair a básaíodh an t-athair, a oidhre dílis (Knott 1922: xiv–v; Wood-Martin 1882: 388–9, 395–6, 400). Tá Dumha Chorainn (nó 'Dogherne' sa Bhéarla) i bparóiste Achadh Conaire agus tá Cúl re Coill i bparóiste Chill Mhic Thaidhg i mbarúntacht Luíne. Tamall ina dhiaidh sin, bronnadh Dumha Chorainn agus Cúl re Coill, mar aon le stráicí eile talún, ar Thadhg Óg (Knott 1922: xxxi–xxxii). Ghlac an fear céanna páirt mar ghiúróir i bhfiosrúchán seansaireachta i Sligeach, ar an 30 lá Meitheamh 1617, a cuireadh ar bun chun iniúchadh a dhéanamh ar éilimh ar úinéireacht talún a bhí roimhe sin i seilbh mhuintir Eadhra. Tuairiscíodh go bhfuarthas muintir Eadhra ciontach sa bhliain 1591 as 'murdering one Teige Dall O Higgen his wife and childe in the yeare one thousand five hundred ninetee and one or thereabouts' (Knott 1922: xv).[4] Tá comhdhearbhú ar dhúnmharú seo Thaidhg le fáil i dtagairt fhánach dó i ndán ar mheath scoláireacht agus chultúr na mbard a bhfuil an leagan is túisce de ar marthain i Leabhar Uí Chonchubhair Dhuinn (c. 1631). Baintear leas as an bhfocal 'oidhidh' sa tagairt do Thadhg agus tugann seo le tuiscint gur maraíodh go foréigneach é (de Brún *et al.* 1971: 1). Tá breis eolais le fáil ó cheannteideal aoir, atá curtha i leith Thaidhg, ar sheisear robálaithe de mhuintir Eadhra. Sa leagan den aoir seo a scríobh Muiris Ó Nuabha sa bhliain 1714 (Acadamh Ríoga na hÉireann, lámhscríbhinn 23 L 34) tá sé ráite gur de dheasca na haoire a bhain muintir Eadhra an teanga as ceann Thaidhg (Knott 1922: xvi). Tugann na tagairtí seo le tuiscint gur éag Tadhg Dall go foréigneach timpeall na bliana 1591 mar gheall ar a bheith i bhfíoch le cuid de mhuintir Eadhra.

Tá tábhacht chomhaimseartha stádas ghairmiúil Thaidhg le sonrú sa raon cuíosach leathan de thiarnaí i dtuaisceart Chonnacht agus in iardheisceart Uladh a bhfuil dánta cumtha aige dóibh. I measc na ndánta dá chuid atá ar marthain sa lá atá inniu ann, tá dánta a tiomnaíodh do Chú Chonnacht Mág Uidhir (†1589), Aodh Mág Uidhir (†1601), Chormac Ó hEadhra (†1612), Bhrian na Múrtha Ó Ruairc (†1591), Chonn Ó Domhnaill (†1583), Aodh Ó Domhnaill (†1600), Thoirdhealbhach Luineach Ó Néill (†1595), do chuid áirithe de mhuintir Mheic Uilliam Búrca ó Mhuigh Eo, ina measc siúd Seaán (†1580) agus Maolmhuire (†1586) (Kno◎ 1926: vii–viii). Is comhartha eile é de stádas Thaidhg cóipeanna de dhánta leis a bheith in dhá dhíolaim mhórthábhachta ó luath sa seachtú haois déag. Tá 25 dán leagtha ar Thadhg Dall sa chnuasach dar teideal 'Leabhar Uí Chonchubhair Dhuinn' a chuir Aodh Ó Dochartaigh i dtoll a chéile den chuid is mó in Ostend sa bhliain 1631. Tá 16 dán curtha i leith Uí Uiginn i lámhscríbhinn Uí Ghadhra (Acadamh Ríoga na hÉireann lámhscribhínn 23 F 16) a cuireadh le chéile sa Bhruiséil agus i Lille thart ar 1655–59. Mar shlat tomhais ar chlú Uí Uiginn, is fiú a mheabhrú go bhfuil 25 dán le hEochaidh Ó hEódhusa agus 30 dán le Fearghal Óg Mac an Bhaird i 'Leabhar Uí Chonchubhair Dhuinn'. Bhí ainm Uí Eódhusa agus Mhic an Bhaird suas le linn Uí Uiginn mar mháistrí ar cheard na filíochta clasaicí agus toisc Tadhg Dall a bheith ina gcuideachta ar phár, ní mór a admháil gur tugadh suas d'Ó hUiginn leis a bheith ina mháistir i measc na bhfilí luath sa seachtú haois déag. Tá foinsí eile lámhscríbhinne tábhacht do shaothar Thaidhg ann. Mar shampla, tá dánta dá chuid caomhnaithe i lámhscríbhinn 72.1.44 de chuid Leabharlann Náisiúnta na hAlban (roimhe seo, lámhscríbhinn XLIV de chuid Leabharlann na nAbhcóide, Dún Éideann) ón seachtú haois déag. De réir dealraimh, baineann an fhoinse seo le *milieu* Gaelach in Éirinn (Ó Macháin 1986: 69–76; Black 1989: 155; Ó Macháin 1994: 78). Ina theannta sin, tá dánta dá chuid le fáil i lámhscríbhinn Phroinsiasach UCD A 25 (roimhe seo, A 34). Tá an chuma ar an scéal gur chuir Brian Mág Niallghuis an cnuasach seo le chéile i bhficheadaí an tseachtú haois déag agus go mbaineann an tiomsú le tuaisceart na tíre. Leagtar seacht ndán ann ar Thadhg Dall go díreach nó go hindíreach (Dillon *et al.* 1969: 50–5).

Ní mór a bheith cúramach agus sinn ag cíoradh fhéiniúlacht agus idé-eolaíocht Uí Uiginn toisc tionchar speisialta nó athmhúnlú a dhul ar an tuiscint a bheadh againn ar an dearcadh a bhí aige maidir le polaitíocht agus ceard na filíochta de bharr roghnú agus caomhnú na ndánta ag na glúnta scoláirí agus scríobhaithe a chuaigh romhainn. Tá sé cinnte nach bhfuil againn inniu ach cuid de shaothar filíochta Uí Uiginn, agus go bhfuil cuid mhaith de, nó fiú an chuid is mó de, caillte anois orainn. Mar sin, tá sé siúráilte freisin go ndearnadh na dánta atá ar marthain a roghnú de réir chlaonadh faoi leith agus go mbaineann cúinsí polaitiúla agus sóisialta ar leithligh leo ós rud é gur chinntigh pátrúin éagsúla, a muintir ina ndiaidh agus scoláirí na Gaeilge agus na hársaíochta iad a chur i dtaisce i bhfoirm scríofa. Dá thairbhe seo, ní féidir a bheith deimhnitheach docht ná daingean agus sinn ag iarraidh tátal a bhaint as léamh a chuid filíochta mar atá sí againn inniu. Ina theannta sin, i gcás na haiste seo níl sé i gceist agam ach féachaint ar roinnt gnéithe den idé-eolaíocht agus den fhéiniúlacht i saothar Thaidhg. Séard a leanann anseo, mar sin, ná iarracht ar eilimintí lárnacha a spíonadh ina thuiscint ar an gcomhthéacs polaitiúil inar cuireadh ceannas na dTúdarach in Éirinn i dtreis; agus chomh maith leis sin, is mian liom a rianú cén cur síos a bhí aige ar a stádas gairmiúil — dhá aidhm anailíse atá ar leithrigh agus gaolta in éindí.

Go ríshoiléir i bhfilíocht Uí Uiginn tá téama fhlaitheas na hÉireann agus téama an chríoch-chirt in éadan na cumhachta seachtraí. I gcomhthéacs na dtéamaí seo, an creatlach staireagrafaíochta i dtaobh na n-ionraitheoirí éagsúla a tháinig ina seal ag gabháil na hÉireann de réir an tseanchais agus a ríomhadh go mion cairéiseach sa téacs clúiteach bréag-staire 'Leabhar Gabhála Éireann', cuireann sin bonn cruthaíoch faoin togra fileata. Baineann Tadhg Dall leas as an bparaidím ársa seo le mór-sprioc amháin a chur i gcrích, is é sin, theastaigh uaidh sliocht gaelaithe na gcolóinithe Angla-Normanacha a shuíomh taobh istigh de fhráma tagartha fhéiniúlacht na n-Éireannach. Sa dán dar tús 'Tógaibh eadrad is Éire', a chum Tadhg Dall do Chonn (†1583), mac le Calbhach Ó Domhnaill (†1566), cuireann sé Conn i láthair i gcomhtheács náisiúnta oileán iomlán na hÉireann, cé gurbh fhear uasal é Conn nach raibh ag gabháil leis ach stádas tánaisteach cinsealachta (Knott 1922: uimhir 1, 1–9). Agus feidhm á baint aige as móitíf sheanda Éire a bheith ina bean, dar leis is baintreach thréigthe atá ar thóir an fhir chéile ba dual di í tír nó flaitheas na hÉireann ('olc an bhaintreabhthach bean Fhloinn'; rann 2). Tá Éire, tír atá álainn thar na bearta, go brónach gruama toisc gan aon chéile a bheith aici ('cruth na haontamha ar Éirinn': rann 3). Cé gur tuaradh go raibh faoiseamh i ndán di, tá Éire go hainnis ('an ceó tuirse atá ar Éirinn'; rann 8). Ag labhairt le Ó Domhnaill ina ainm, molann an file dó aird a thabhairt ar an tairngreacht stairiúil go mbeadh i ndán dó Éire a thabhairt de nuachar chuige ('Ribhse, a Choinnmheic an Chalbhaigh … do bhí Éire ag anamhain'; rann 10). I bhfriotal atá thar a bheith earótach, moltar do Ó Domhnaill luí go fonnmhar mianúil leis an nuachar atá tuartha dhó ('Dlúthaigh ria, luigh 'na leaba … téigh re cneas chéile Logha, suil bheas Éire i n-aontomha'; rann 13). Trí mheán íomháineachais earótaigh a bhfuil macalla ann de stíl agus de fhriotal liteartha na ndánta grá a bhí á gcumadh ag an am, cuirtear in iúl dó gur cóir dó glacadh léi go hiomlán. Mar a rinne na filí ó chianaimsir, cromann Tadhg Dall ar sholaoid ón stairsheanchas de thacú lena áitiú. Agus é ag cur comhairle ar Ó Domhnaill póg na fuascailte a thabhairt do bhanshamhail na Éireann ('fuasgladh Bhanbha braonuighe, atá ar phóig d'fhoghbháil aguibh'; rann 17), cuireann sé i gcuimhne dó gur bhronn a shinsir Niall mac Eochadha, agus Brian Bóroimhe a leithéid de phóg anallód uirthi agus gur éirigh leo ceannas iomlán a bhaint amach ar fud an oileáin. Ar nós ban eile a cuirtear go humhal faoi dhraíocht ('Nós na mban bhíos fa gheasaibh'; rann 18), beidh Éire toilteanach glacadh lena fuascailteoir. Tacaíonn Tadhg Dall lena chás in apalóg nó uirscéal faoi iníon Hippocrates, mac le Núl, agus na geasa éagsúla a cuireadh uirthi agus ina theannta sin gur cuireadh don Afraic í agus í ina dragún. Lena háilleacht nádúrtha a chur i gcuimhne di, ligtí di athghabháil a dhéanamh ar a bunchló uair sa bhliain. Babhta amháin, chas mac ceannaí ó Éirinn léi agus í tar éis a riocht nádúrtha a ghlacadh chuici féin. Nuair a tugadh le fios go saorfadh ridire ó Éirinn í ('Atá ridire i ndán dúin … le póig dá saorfaidhir sinn, Cairn do laochraidhibh Fhóid Fhéilim'; rann 29), chinn sé láithreach bonn ridire a dhéanamh de féin agus ar fhilleadh dó fuair sé dragún millteanach uathmhar roimhe. D'éalaigh an t-ógánach cráite bocht le teann uafáis. Ar iompú na boise, leag iníon Hippocrates roimpi féin gan aird ná beann a bheith ar aon fhear aici nó go dtí go dtiocfadh ar an láthair an fuascailteoir a bhí i ndán di. Ag iompú ar ais chuig Ó Domhnaill do Thadhg, míníonn sé go seasann an mhaighdean san apalóg seo do thír na hÉireann agus gurb é Conn an laoch a bhfuil sé i ndán dó fuascailt a dhéanamh ar oileán na hÉireann ('Éire an bheansoin, a bharr slim, tusa an fear fhóirfeas Éirinn'; rann 40). Mar chomhartha ar eolas agus spéis leitheadach an fhile agus mar scáth ar a scoláireacht agus a shuim sa léann neamhthraidisiúnta, bhí sí de thuairim ag Eleanor Knott go bhfuair Tadhg Dall an scéal seo mar gheall ar iníon Hippocrates ón aistriúchán go Gaeilge, a rinne Finghín Ó Mathghamhna sa bhliain 1475, ar an 'Buke of John Maundeville' (Knott 1926: 191; Stokes 1899).

Agus mion-chur-síos déanta ar chás na hÉireann aige, casann Tadhg Dall ar bhunúdair staid thruamhéalach na tíre. D'fhéadfaí a rá go raibh an file ag tabhairt achasáin do Ó Domhnaill nuair a deir sé go raibh curtha in iúl ag mórán daoine gur chosúil nár mhiste le Ó Domhnaill cinseal eachtrannach a bheith in Éirinn ('I láimh eachtrann re hathaidh … mór sochuidhe dá rá ruibh, nách mothuighe Clár Cobhthuigh'; rann 42). Chun na fírinne a rá, dar le Tadhg Dall, tá an ceart ag daoine a leithéid a rá. Ag labhairt go dásachtach pointeáilte, cuireann Tadhg i gcuimhne do Ó Domhnaill nach mbaineann sé leis an gcéad rang polaitiúil, ach ina ainneoin sin, tá sé ar a chumas Éire a shaoradh ó dhaorbhroid ('Ar son nách beitheá, a bharr tiogh, i gceannas chríche Gaoidheal, críoch Bhanbha do bhuing a glas, tarla, a Chuinn, ar do chumas'; rann 44). Deir an file, agus fios maith aige nach tiarna cumhachtach é Ó Domhnaill, go bhfuil fonn cogaidh ar na Gaeil agus go bhféadfadh Ó Domhnaill ról spreagúil a imirt, mar a scaipfeadh bladhm ó theach a bheadh trí thine go tapaidh go dtí na tithe eile sa chomharsanacht ('Adhnaidh teach don toigh re a thaoibh; géabhaidh cách dod chéibh bharrchlaoin, do rún cagaidh dá gcluintear'; rann 46). Má thugann Conn fogha faoi na saighdiúirí gallda, tabharfaidh sin misneach do dhaoine eile tabhairt faoi na stróinséirí. Agus iad aontaithe le Ó Domhnaill, tiocfaidh muintir na tíre a chúnamh dó na Gaill a chur faoi léigear. Molann an file go sonrach do Ó Domhnaill gan dearcadh ná tuiscint chúng chúigeach a bheith aige ('Gaoidhil fad bhreith do-beirthear'; rann 55). Cuireann an file clabhsúr ar an *tour de force* suntasach fileata seo lena chur i gcuimhne arís do Ó Domhnaill go bhfuil an fháistine ann go mbeidh sé ina fhuascailteoir ar an tír. Tá an dán seo an-soiléir maidir le léiriú críoch-chearta agus fhlaitheas na hÉireann trí íomháineachas banda an oileáin. Tá an mhóitíf seo an-seanda ar fad ach tagann athfhás uirthi agus déantar athmhúnlú uirthi sa chomhthéacs seo chun freagra a thabhairt ar dhúshlán polaitiúil comhaimseartha. Ina theannta san, tá sé tábhachtach a mheabhrú, gur caomhnaíodh cóipeanna den téacs i lámhscríbhinn Phroinsiasach A 25 agus i 'Leabhar Uí Chonchubhair Dhuinn' agus níos déanaí i dteaglaim Uí Ghadhra. De réir dealraimh, glacadh leis go raibh luach, brí nó suntas áirithe ag baint leis an dán seo sa seachtú haois déag.

Tá na nóisin chéanna maidir leis an ngá agus leis an éifeacht atá leis an gcogaíocht, tá sin le braistint go tiubh i ndán a chum Tadhg Dall do Bhrian na Múrtha Ó Ruairc ó Iar-Bhréifne. Tá seans ann gur cumadh an píosa seo timpeall na bliana 1588. Bhí Sir Richard Bingham ina uachtarán ar Chonnachta agus ba sa tréimhse seo a tharraing Ó Ruairc mioscais Bhingham air féin mar gheall gur chuidigh sé leis na mairnéalaigh a tháinig i dtír ó longbhriseadh an Armada ar an gcósta thiarthuaidh, agus ina dhiaidh sin, toisc gur lig Ó Ruairc dá mhuintir íomhá a dhéanamh den bhanríon Eilís agus í a mhaslú go poiblí (Highley 1998: 67–70). Sa bhliain 1590 bhí ar Ó Ruairc dul ar a choimeád agus an bhliain dar gcionn theith sé óna dhúiche go hAlbain. Ar mhí-ámharaí an tsaoil, thug Séamas VI na hAlban suas é do na húdaráis in Whitehall agus crochadh é i dTyburn sa bhliain 1591. Tá an dán dar tús 'D'fhior chogaidh comhailtear síothcháin' suntasach faoina bheith dírithe go leanúnach fíochmhar ar láithreacht na Sasanach in Éirinn (Knott 1922: uimhir 16, 108–9; Ó Háinle 1978: 37–60). Áitíonn an file nach mbeidh síocháin go deo ná go brách ag na Gaeil ó na Sasanaigh ar bhonn na Gaeil a bheith umhal séimh géilliúil ('Ní fhuighid siad síodh ó Ghallaibh, Gaoidhil na ngníomh gcathardha'; rann 3). Bhí uaisle na nGael á mbrú go ciumhaiseanna an oileáin cheana féin, agus tailte méithe gafa ag na heachtrannaigh ('Siad dá gcur i gciomhsaibh Banbha, buidhne Ghall 'na glémheadhón'; rann 6). Tá aiféala ar Thadhg gur tugadh droch-chomhairle do na Gaeil a bheith ró-ghéilliúil dá naimhde.

Dar leis ba chóir do na filí muintir na hÉireann a ghríosadh chun troda leis na stróinséirí ('Mór an neamhchuid do neach éigin, d'éigsibh an fhuinn ghealtolchaigh, gan a rádh re fearaibh Fódla, deabhaidh d'fhógra ar eachtronnchaibh'; rann 10). I gcás Uí Ruairc, is cinnte go bhfuil sé ar a chumas drithle an fhreasúra a fhadú sa choigilt ('Drithle bheag do chur san chagail'; rann 12). Beidh hÉireannaigh ar aon chéim le Ó Ruairc agus an aidhm mhíleata amháin acu ('Raghaidh Éire ar aonchogadh'; rann 14). Mar a rinne sé ina aitheasc do Ó Domhnaill, tráchtann an file ar an mborradh cogaidh a bheith ar fud an oileáin mar a scaipfeadh tine ó theach go teach ('mar loisgthear teagh re teagh oile, ar feadh moighe míonBhanbha'; rann 15). A luaithe agus a bheidh a fhios ag fearaibh Éireann go bhfuil Ó Ruairc i mbun troda, ní bheidh aon cheathrú san oileán slán ó ionsaí (rann 17). Locus uile-Éireann ach go háirithe an cúrsa atá á mholadh aige do Ó Ruairc agus baineann feidhm dheimhnitheach as na téarmaí 'fir Éireann' (rann 16) agus 'Éireannaigh' (rann 17).

Cuir síos beacht scanrúil atá ag Tadhg Dall ar thoradh an ionsaithe fhíochmhair ar eachtrannaigh Éireann. De bharr an áir uafásaigh, beidh orthu téarmaí a lorg ó laochra na nGael ('na Goill ó chrích iathbhuig Almhan, iarrfuid snadhmadh síothchána'; rann 28). Toisc an dearg-ghráin a bheith ag an bhfile ar na Gaill, molann sé do Ó Ruairc gan ligean dá gcuid plámáis é a mhealladh ('Ná mealluid le millsi briathar, Brian mhac Briain ó Bhréifneachaibh'; rann 32). Léiríonn sé an téama seo le tagairt d'apalóg atá le rianú siar go dtí fabhalscéalta Aesop; uirscéal inar thug leon glic cuireadh d'ainmhithe éagsúla bualadh isteach go dtína áit chónaithe in uaimh (rann 34). Tháinig cuid mhaith acu ar cuairt chun an leoin ach d'fhan ceannaire na sionnach amach as an uaimh nó go dtí go mbeadh an t-ionú ceart ann. Nuair ba chuí, thug na sionnaigh aghaidh ar áitreabh an leoin agus iad ina líne aonair i ndiaidh a chéile. Nuair a thug ceannaire na sionnach faoi deara go raibh lorg cos ag dul isteach san áitreabh agus gan aon dealramh go rabhadar ag filleadh amach, chinn sé láithreach bonn éalú agus theitheadar ('An céidshionnach do chuaidh aca, gusan uaimh mbric mbéalaolta, do ráidh riú i n-imeal na huamha, filleadh uadha d'éanaonta'; rann 38). Ag iompú ar chúrsaí Éire na linne, tá uaimh na leon ag seasamh do chúirt na nGall agus tá na hainmhithe marbha ag seasamh do Ghaeil na hÉireann ('Is sí an chúirtse ag cathaibh eachtronn, uaimh an leómhain léimeannaigh, 's is siad na ceathra fhuair oidhidh, sluaigh an oirir Éireannaigh'; rann 42). Ní mór do Ó Ruairc gan aon mhuinín a chur sna Gaill (rann 43). Dá dheasca sin, tá air Éire a chosaint le tacaíocht fhir Chonnacht agus Uladh. Ar an gcéad dul síos tabharfaidh a bhuíon faoi Bhaile Átha Cliath agus gan iad a fhágaint ina ndiaidh ar an mbealach ann dóibh ach bánú agus scrios ('Ríoghraidh Ghaoidheal gluaisfid ainnséin, go hÁth Cliath don chéidiarraidh'; rann 56). Beidh ina cogadh mhillteanach ach ar deireadh ruaigfear na heachtrannaigh ach go háirithe. Le fógra catha, ní bheidh de chinseal in Éirinn ach Gaeil ('nách bia do shíor ón ágh d'fhógra, ós chlár Fhódla ach Éireannaigh'; rann 68). Ar ndóigh, is le marú daor dochrach a bhainfear an bua amach. Do lucht éisteachta fhilíocht Thaidhg, is dócha go raibh allabhair faoi leith ag cumhacht na híomhá siombalaí seo, Baile Átha Cliath, lárionad na nGall ar an oileán, a bheith faoi cheannas na nGael.

Sa dán seo leis, tá débhrí áirithe le sonrú sa rangú atá ag an bhfile ar áitritheoirí an oileáin. I gcodarsna leis an gcur chuige comréitigh a léiríonn sé i leith na Nua-Ghall, tá teibíocht ag baint lena thrácht ar na Gaeil agus ar shliocht na n-ionraitheoirí Angla-Normannacha. Tá solúbthacht le braistint sa téarmaíocht. Baintear leas go comh-chéimneach as an bhfocal 'Gaeil', atá cruinn teoranta ina bhrí, agus as an bhfocal 'Éireannaigh' atá níos leithne ina chiall toisc go dtagraíonn sé do dhá phobal stairiúla an oileáin. Déantar an teannas séimeantaice seo a chíoradh i ndán suntasach a chum Tadhg Dall do Sheaán, Mac Uilliam Búrca Íochtarach ó Mhaigh Eo. Cumadh an dán, creidtear, le linn thiarnais Sheaáin a mhair ó 1571 go dtí 1580. Bhí Seaán ina oidhre ar chlann a raibh mórtas ar leith acu as an gcoibhneas a ceapadh, mar dhóigh dhe, a bheith acu le Charlemagne agus le hUilliam Concaire. Ach b'iníon le Ó Domhnaill í máthair Sheaáin. Agus é i ngleic le castacht agus réaltacht idirghabhála idir cultúir agus eitniúlachtaí, d'éirigh le Tadhg miotas bunúis na nGael a athmhúnlú go sárchumasach chun na hAngla-Normannaigh a thabhairt san áireamh chomh maith. Sa dán 'Fearann cloidhimh críoch Bhanbha' (Knott 1922: uimhir 17, 120–31) deir an file go litriúil go bhfuil Éire ina fearann claímh agus dá thoradh sin, beidh ceannas an oileáin go cinnte ag an té is treise ('Ní fhuil cóir uirre ag aoinfhear … bheith fa neart an té is treise, is é ceart na críchese'; rann 2). Go bunúsach, níl aon cheart buan ag na Gaeil ar an oileán seachas de láimh láidir ('Ní fhuil do cheart ar chrích bhFáil, ag Macaibh Míleadh Easbáin … acht sí d'fhagháil ar éigean'; rann 4). Na Fir Bholg, na Tuatha Dé Danann agus na Gaeil, sleachta iad a chuaigh i gceannas ar an oileán ina n-ionú i ndiaidh a chéile agus bhí orthu go léir géilleadh do phobal ní ba cumhachtaí ná iad. Bhain trí fhine faoi leith leis na hAngla-Normannaigh, arna n-idirdhealú ar bhonn fhréamhacha na bhfinte sa bhFrainc, sa Ghréig agus i Sasana (rann 10). De thairbhe iad a bheith ina sliocht, de réir barúla ar aon nós, ag Charlemagne, tugtar 'Sliocht Séarlais' ar na Búrcaigh (rann 14). Tacaíonn an file go daingean le stádas na mBúrcach in Éirinn. I ndáiríre, dar leis, ní raibh sé indéanta ná fiú loighciúil aon amhras a bheith mar gheall ar iad a bheith in Éirinn toisc gur cuairteoirí ar an oileán iad Gaeil agus Gaill araon ('Gi bé adéaradh gur deóraidh, Búrcaigh na mbeart n-inleóghain, faghar d'fhuil Ghaoidhil nó Ghoill, nách fuil 'na aoighidh agoinn'; rann 17). Ní féidir iad a cháineadh as talamh a ghabháil in Éirinn ó tá seilbh innti féin neamhbhuan ('Gi bé adeir nách dleaghar dháibh, a gcuid féin d'Éirinn d'fhagháil, cia san ghurt bhraonnuaidhe bhinn, nách lucht aonuaire d'Éirinn?' rann 18). Cé gur thug na Gaeil 'eachtrannaigh' ar na Búrcaigh, b'áiféis dóibh é toisc go raibh na Gaeil féin ina n-eachtrannaigh bhunaidh leis ('coimhighthe an dream adeireadh'; rann 19). Go deimhin, tá láithreacht na mBúrcach sa tír ina *fait accompli* le fada an lá ('Dul uatha ag Éirinn ní fhuil'; rann 20). Ó tharla gur bhain na filí leis an éilít nó an scothaicme, ní hionadh gur mór ag Tadhg Dall uaisleacht fola na mBúrcach agus seilbh bhuan a bheith dóibh ar a dtailte. Bhí meas dá réir ag dul dóibh ('Is siad féin is uaisle d'fhuil … díobh is doibheanta Bóinn Bhreagh, oireachta dan cóir creideamh'; rann 21).

Chuir an dán seo as chomh mór do Chathal Ó Conchubhair, scoláire Gaeilge agus ársaitheoir a mhair san ochtú haois déag, gur scríobh sé mar seo a leanas ar chiumhais na cóipe den téacs atá i Leabhar Uí Chonchubhair Dhuinn: 'mo mallacht ort a thaidhg is nairech an dan é so do dhiaidh' (Knott 1922: 120). Tá an chosúlacht ar an scéal nach raibh sé ró-shásta leis an dlisteanú a rinne Tadhg Dall ar choncas na nAngla-Normannach agus mar a chuaigh sin i bhfeidhm ar Ghaeil. Is féidir a áitiú, ámh, go raibh caibidil úr curtha leis an gcuntas ag Ó hUiginn ar stair na hÉireann mar a ríomhadh sa 'Lebor Gabála' í. Ní mór dúinn ach go háirithe suntas a thabhairt den athmhúnlú seo ag Tadhg ar mhiotas bunúis fíor-lárnach. Bhí tionchar ollmhór ag an téacs sintéiseach Leabhar Gabhála de chuid an aonú haois déag ar léann, litríocht agus seanchas na nGael sna méanaoiseanna agus sa luath-nua-aois. I dtaobh thinfeadh nó thionchar na sintéise sin deir John Carey (1993: 6) go raibh sin 'fundamental and ubiquitous'. Séard a dhéanann Tadhg Dall, agus é ag cur leis an mbunscéimre, ná tacú le stádas chultúr na nGael agus a gcruinneshamhail. Baineann sé cor as an traidisiún agus lonnaíonn na Sean-Ghaill go dúchasach ar an oileán de réir údarás chreatlach staireagrafaíochta aitheanta bunaithe. Le linn dó cur le sinsearacht na nGael tugann sé rabhadh tráthuil go mbaineann impleachtaí do-sheachanta le cumhacht mhíleata chloíte. Go dearfa féin, déantar an t-idirmhalartú solúbtha atá idir cultúir, atá le sonrú i bhfilíocht Thaidhg, a chur chun cinn arís agus rann molta do Chonn Ó Domhnaill ceangailte de chlabhsúr leis an dán. De réir dealraimh, bhí meas ag muintir de Búrca ar an gcosaint a rinne Tadhg orthu, mar féach gur caomhnaíodh an dán seo i lámhscríbhinn stair na clainne dar teideal *Historia et Genealogia Familiae de Burgo* (Abbott agus Gwynn 1921: lámhscríbhinn Choláiste na Tríonóide 1440, 318–20).

Tá idirghníomhaíocht bhríomhar shóisialta agus chultúrtha idir an dá phobal stairiúla ar an oileán le tabhairt faoi ndeara i ndán atá curtha i leith Thaidhg i 'Leabhar Uí Chonchubhair Dhuinn'.[5] Is cosúil gur tiomnaithe do Ricard Óg mac Uilliam Íochtraigh de Búrc a bhí an píosa dar tús 'T'aire riot, a Riocaird Óig', duine de shliocht Mheic Uilliam Íochtraigh. Ba mhac é le Ricard (†1571), a bhí tráth ina thaoiseach ar an gclann (Knott 1922: uimhir 22a, 160–8). Luann *Annála Locha Cé* gur crochadh Ricard Óg sa bhliain 1586 ó ordú Sir Richard Bingham, tiarna uachtaráin Chonnacht (Hennessy 1871: *sub anno* 1586, 471). Tá an chuma air go bhfuair Tadhg amach go raibh leagtha roimhe ag Ricard Óg teideal gallda nó feidhm riaracháin a ghlacadh chuige féin. Níl comhthéacs ceapadóireachta an dáin soiléir. Cheap Eleanor Knott go m'fhéidir go raibh post mar shirriam ar Mhaigh Eo nó mar sheanascal á thairiscint dó. Deir an file, go hoscailte neamhbhalbh, nach raibh sé sásta in aon chor go raibh an beart seo idir lámha ag an mBúrcach. Molann sé dó cloí lena theideal bunaidh agus an teideal eachtrannach a sheachaint ('Dá bhfaghthá ceannus Chláir Fhloinn, níorbh fhiú dhuit, a dhreach shéaghoinn, ainm allmhardha dá rádh ruibh'; rann 9). Is é a ainm dúchasach ba chúis dá rath go dtí seo ('leis do-chuabhair i gcéimibh'; rann 3, agus 'ós uaidh fríoth a bhfuarabhair'; rann 7). Fiú agus dá mbeadh Éire faoina smacht aige, ní bheadh dá thairbhe aige ach mí-fhortún. Le húdarás cultúrtha na mbard, cuireann an file bac iomlán air a leithéid a ghlacadh chuige ('Crosmaoidne h'iomlaoid anma, ort a hucht na healadhna; cóir car an athanma ar ais, suil rabh h'athardha it éagmais'; rann 19). Go hachomair, tá baol ann go ndéanfadh sé teideal atá aitheanta ag an traidisiún a thabhairt ar theideal neamhbhuan deoranta (rann 48). Tugann fianaise an dáin seo agus an dán 'Fearann cloidhimh críoch Bhanbha' in éindí le tuiscint go raibh Tadhg Dall sásta féiniúlacht choitianta Éireannach a shamhlú ach an fhéiniúlacht sin a chur in alt a chéile faoi choimirce an chultúir Ghaelaigh agus a dheasghnátha. Dá réir sin, séard atá á rá aige, go mbeadh an fhéiniúlacht choitianta bunaithe den chuid ba mhó ar limistéar deimhnitheach ar leith (*jus soli*) seachas féiniúlacht i bhfad ní ba theoranta a bhunú ar choincheap na fíoreitneachta (*jus sanguinis*) (Hastings 1997).

Ba mhaith liom anois, sa chuid eile den aiste seo, cromadh ar ghné eile de shaothar Uí Uiginn. Is é sin, an trácht poiblí a bhí ag Tadhg Dall ar a stádas mar fhile agus ar éirigh as sin dá fhéiniúlacht ghairmiúil féin. Sula gcromaimid ar shúil a chaitheamh ar dhá dhán a bhfuil léaspairt ar na hábhair seo iontu, ach go háirithe maidir leis an gcomhthéacs ailtireachta ina raibh an file ag feidhmiú, tá sé riachtanach tagairt a dhéanamh don láthair reacaireachta atá coitianta sa bhairdne. Scríobh Richard Stanihurst sa bhliain 1584 go raibh cónaí ar na tiarnaí Gael i gcaisleáin chloiche agus go raibh 'reasonably big and spacious palaces made from white clay and mud' curtha de bhreis leis na caisleáin agus gur sna hárais nó sna hallaí seo a bhíodh a bhfléanna ar bun acu. Tá cur síos spleodrach ag Stanihurst ar mheidhir agus ar shiamsaíocht na bhfléanna céanna agus na fáiltí geala a feartaí roimh aíonna agus chuairteoirí (Lennon 1981: 146–7). Go deimhin féin, bhain caisleáin seo na n-uasal, nó de réir théarma theicniúil an Bhéarla 'tower houses', le gluaiseacht mhór tógála in Éirinn, sa tréimhse tuairim is ó 1400 go dtí 1640, nuair a tógadh raidhse caisleán (O'Conor 2001: 330; O'Keeffe 2004: 12–4). B'é a bhí sa ghnáthfhoirgneamh bunúsach, 'the characteristic fortified building of late medieval Ireland', a deir Terry Barry, seandálaí, agus tugann sé buille faoi thuairim gur tógadh suas le 7,000 de na caisleáin seo ón gceathrú haois déag go dtí an seachtú haois déag. Cheap Barry, chomh maith céanna, gur bhain na caisleáin le sochaí faoi leith ina raibh 'intense localisation of control in much of late medieval Ireland' agus dar leis: '[they] represent a very local form of stability' (Barry 1993: 108, 110). Chomh fada is atá léiriú le fáil i bhfilíocht na mbard ar fhoirgnimh na sochaí Gaelaí, tuairimíonn Katharine Simms toisc go ndéantaí reacaireacht ar na dánta laistigh den chaisleán gur go hinmheánach a bhí súil an fhile dírithe: 'a poet's eye view often seems to lay more stress on the interior surfaces of the buildings'. Dá thoradh sin, is minice ag na filí caint thar 'rafters, and the wooden or wattle-and-daub banqueting-halls attached to stone towers, rather than the external stone walls that are all that are left to catch the eye of the modern observer' (Simms 2001: 248). Is chuige seo atáim anseo síos gur bhain Tadhg Dall feidhm as insint spásúil chun a stádas agus a fhéiniulacht a chur chun cinn agus a chur os comhair na muintire i ndánta atá dírithe go príomha, maidir le téamaí de, ar fhéile agus ar chórtas a phatrúin.[6]

Sa dán dar tús 'Nodlaig do-chuamair don Chraoibh' ceiliúrann Tadhg fleadh Nollag d'éigsibh na hÉireann a thug Toirdhealbhach Luineach Ó Néill (Knott 1922: uimhir 8, 50–6). Cheap Eleanor Knott go raibh an Chraobh seo suite ar an taobh thiar d'abha na Banna in aice le Cúl Raithin. Le déanaí, ámh, tuairimíonn Diarmaid Ó Doibhlin (2000: 427) go bhfuil tagairt san áitainm seo do chrannóg a bhí ag Ó Néill in aice le Stewartstown an lae inniu, i gContae Thír Eoghain.[7] Tá macallaí sa duan seo de dhán a cumadh sa cheathrú haois déag dar teideal 'Filidh Éirionn go haointeach', a chum Gofraidh Fionn Ó Dálaigh ag moladh fhéile Uilliam Uí Cheallaigh agus an féasta groí Nollag a thug sé d'fhilí agus do shaoithe na hÉireann sa bhliain 1351. Sa dán do Ó Néill, a cumadh b'fhéidir timpeall na bliana 1577, tá cur síos ag Tadhg Dall, agus an teannas sa chumadóireacht aige ag méadú de réir a chéile, mar a thug buíon thnúthánach filí, a raibh sé féin ina measc, aghaidh ar áras Uí Néill. Léiríonn sé an t-iontas a bhí orthu ag féachaint dóibh den chéad uair ar an bhféasta breá agus ar mhaisiú mórthaibhseach an chaisleáin ina dtimpeall. Cuireann sé leis an teannas ag rá linn nár thoiligh Ó Néill teacht ina láthair an chéad oíche ('Amharc ar airdrígh Uisnigh, ní fríoth uainn an adhuighsin'; rann 13). Cibé sin de, caitheadh go fial leo ina éagmais. Chuir Toirdhealbhach Luineach giolla chucu ag fiafraí díobh an raibh duan cumtha acu ar a ghaisce agus a chuid caismirteacha éagsúla ar fud an oileáin ('Cuiris fhear dá fhéachain ruinn, an raibhe i n-éandán aguinn, sgeóil a threasa ar fheadh nÉireann'; rann 15). Dúradarsan nach raibh a léithéid cumtha go fóill acu ó bhí tosnaithe acu ar dhánta a chumadh ar ghinealach Uí Néill agus ar na cearta críche éagsúla a bhí ag dul dó. Nuair a hinsíodh seo do Thoirdhealbhach Luineach, níor thaitin leis agus dúirt sé leo gur faoina mhuintir i gcoitinne a bhíodar ag cumadh na filíochta seo seachas faoi féin.

Tar éis go ndúirt sé nár thoil leis a ndánta a chlos, dúirt an taoiseach go gcúiteodh sé na dánta ar aon chuma leo ('Do ráidh Ó Néill Teamhrach Truim, nách éisdfeadh éandán aguinn, 'sgo dtiobhradh díol ar gach dán'; rann 22). Ansin tagann Ó Néill i láthair agus stuaic air leo agus na filí féin maolchluasach go maith roimhe. Nuair nach n-éiríonn leo é a shásamh, buaileann Tadhg Dall amach os comhair Uí Néill ag fiafraí de canathaobh go raibh sé chomh mí-shásta sin ('Fiarfaighim d'airdríogh Oiligh … gá cúis fhírfheirge ór éirigh?' rann 30). Mar a bheadh sé i bhfolach go dtí seo faoi bhrat corparáideach na mbard, tagann Tadhg amach anois ar an stáitse sa chéad phearsa uatha agus ina agallóir le Ó Néill os comhair a chomhghuaillithe filí agus iontas nach beag orthu leis. Deir Tadhg leis nach cóir dó aon fhearg a bheith air. Tá ómós dá ghinealach agus aitheantas dá údarás polaitiúil go forleathan ar fud na tíre. Cé go n-admhaíonn Tadhg nár chum aon fhile acu caithréim nó liosta de bhuanna cogaidh Uí Néill, éiríonn leis an scéal a shocrú de bheagáinín nuair a deir sé go mbeifí go Lá an Bhrátha ag tuairisc a ghaisce lena raibh buaite i gcath aige ('Go ló an bhráith do bhiadh 'na gcionn, dá gcumthaoi ag éigsibh Éirionn, creacha foda an mhóir mheanmnaigh, slóigh is troda Toirdhealbhaigh'; rann 37). Agus a insint á lonnú aige laistigh de limistéar mhuintir an chaisleáin agus an halla, éiríonn le Tadhg Dall a fhéiniúlacht ghairmiúil a chruthú ar bhonn é a bheith ina lánpháirtí san éigse agus ina chomhchainteoir pribhléidithe de chuid Uí Néill.

Sa dán dar tús 'Mairg fhéagas ar Inis Ceithleann', tá cuntas ornáideach bláfar ag Ó hUiginn ar chuairt a thug sé ar áras Chú Chonnacht Mhéig Uidhir in Inis Ceithleann (Knott 1922: uimhir 11, 73–80). Deir sé go raibh mórán cloiste aige mar gheall ar shuáilcí draoíchta Inis Ceithlinne sula ndeachaigh sé ann agus gur dá dheasca sin a deir sé a thug sé aghaidh ar an áit agus é faoi aoibhneas agus ghliondar croí. Sa radharc os comhair an chaisleáin díríonn Ó hUiginn ar sheilg agus ar rásaí na gcapall. Ag dul isteach go dtí áras Mhéig Uidhir féin, castar buíon filí agus scoláirí leis i gcúirt ghnóthach an chaisleáin. Lena chois sin, deir Tadhg go raibh filí agus ceoltóirí ar fud an dúin ('Fuaras fós ar feadh an longphuirt, a lán d'éigsibh is d'aos fhuinn'; rann 15). Deirtear linn go raibh an saol go haoibhinn laistigh de theach agus theaghlach Mhéig Uidhir agus luaitear gnótha éagsúla an tí: na ceardaithe ag saothar agus dream ag marcaíocht. Um thráthnóna, bailíonn Mág Uidhir agus a lucht leanúna le chéile i halla an chaisleáin. Nuair atá gach duine suite roimhe, suíonn Cú Chonnacht é féin ar a shuíochán ríoga ('ar suidhe dá mbíodh 'na bhruidhin, 'na shuidhe ríogh suidhidh sé'; rann 25). Mar atá aige sa duan a chum sé do Thoirdhealbhach Luineach, tá ról lárnach ag an bhfile mar deir sé linn go raibh sé suite díreach ar thaobh na láimhe deise de Chú Chonnacht. D'fhan sé ann go dtí go raibh an féasta caite nó, ní ba chruinne, go dtí go raibh dáil na gcorn thart ('Suidhimse ar deis dreagain Teamhrach, go dtairnigh dhúin dáil na gcorn'; rann 26). Mar a bhíodh go hiondúil san Eoraip sa luath-nua-aois, léirítí stádas laistigh de theaghlach i dtéarmaí spáis agus i gcéimeanna gairdeachta don údarás. Mar sin, bhí stádas duine ag brath ar a chumhacht chun spás a rialú (Vickery 2009: 203).

Lá arna mhárach, éiríonn na hógánaigh go moch mear tapaidh agus i mbun gaisce airm. Ach cromann Tadhg Dall ar a fhéile is a chaith Mág Uidhir leis na filí a bhí i láthair. Cuireann sé é féin chun tosaigh an dara huair san insint seo ar an gcaisleán rá is nach raibh srian ag Cú Chonnacht a dheora a chosc nuair a chuala sé go raibh Tadhg ar tí imeachta ('ag snighe déar re a dhreich nduinn'; rann 36). Luann Ó hUiginn an fíorbhrón a bhí air toisc gur fhág sé teaghlach uasal thiarna Fhear Manach ('guir luigh do cheas ortha uile'; rann 37). Is í breith na n-ollamh go léir nach raibh sárú le fáil ar theach Mhéig Uidhir ('Ní chuala comhmaith an teaghlaigh ... ag sin breath gach ollaimh air'; rann 39). Arís sa dán seo, tá stádas agus féiniúlacht an fhile ag brath ar a idirghníomhaíocht phearsanta agus ghairmiúil le flaith Gaelach i gcomhthéacs an phobail is na hócáide suntasaí. Tá an comhshuíomh céanna, idir insroichteacht maidir leis na huaisle agus stádas cruinn laistigh de spás ar leithligh, le sonrú i ndán a chum Tadhg agus é ar cuairt tigh Mhaoil Mhórdha Mheic Shuibhne. Bhain an Suibhneach seo le brainse d'fhine Mheic Shuibhne Chonnacht. Maraíodh sa bhliain 1581 é. Sa dán dar céadlíne 'Tánag adhaigh go hEas gCaoille', tugann an file suntas arís do spás an phobail in áras Mheic Shuibhne (Knott 1922: uimhir 25, 180–6). An babhta seo, sníomhann Tadhg Dall a chuimhne féin ar thriúr filí, a bhí mór leis tráth, lena chuimhne ar thráthnóna a chaith sé agus é ina aoi ag Mac Suibhne — bhí an triúr filí seo go léir ar shlí na fírinne nuair a chum sé an dán. Tráchtar ar an triúr acu, Brian Ó Domhnalláin, Brian Mac Con Midhe agus Conchobhar Ó hUiginn, agus ar Mhaoil Mhórdha laistigh de fhráma na fleá i gcaisleán Eas Caoille. Sa chás seo, leagann Tadhg béim faoi leith ar a stádas laistigh dá insint ar an gcaisleán trí mheán na mbronntanas a thug ceann an tí agus a chomhfhilí dó. Bronnadh nithe luachmhara air, mar atá, each, cú, lámhscríbhinn neamhchoitianta ina raibh teaglaim de 'thána, tochmhairc, toghla an bheatha', chomh maith le cláirseach (Knott 1922: 183–4). Chuidigh na bronntanais seo go léir stádas an fhile a bhuanú os comhair a chomhghuaillithe agus an teaghlaigh trí chéile. Má ghlacaimid leis go bhfuil áiféis chruthaitheach ag baint leis na tuairiscí ar na caisleáin agus ar a raibh laistigh sna caisleáin chéanna, fós féin is cinnte go raibh Tadhg Dall den bharúil gur ionaid rí-thábhachtacha a bhí iontu chun athláithriú gairmiúil agus bailíochta a chur i gcrích.

Ina réamhrá dá heagrán d'fhilíocht Uí Uiginn, éacht eagarthóireachta scolártha den chéadscoth, rinne Eleanor Knott coimriú ar an tuiscint a bhí aici ar Thadhg Dall mar seo a leanas:

> The apprehensions and sorrows which troubled Irish poets of a slightly later period did not affect Tadhg Dall. Shadows palpable enough to us in his own poems portended no disaster to him. We may take him as a typical figure, thoroughly adapted in mind and customs to the existing order; utterly unaware of the imminent dawn of a new world (Knott 1922: xlv).

San aiste seo, rinneas iarracht béim ar leithligh a chur ar ghnéithe polaitiúla de shaoldearcadh Uí Uiginn. Theastaigh uaim ach go háirithe a léiriú gur éirigh leis an bhfile dul in ngleic le ceisteanna fhlaitheas an oileáin agus na féiniúlachta náisiúnta laistigh de chomhthéacs ina raibh ceannas na dTúdarach in Éirinn á bhuanú. Le tróp ársa fhlaitheas bhaineannda na hÉireann, d'éirigh leis a chur in iúl go beacht cruinn go raibh bailíocht fhearann an oileáin faoi bhagairt ag fórsa seachtrach. Cé nach ndéanann Tadhg neamhshuim de chomhthéacs na polaitíochta áitiúla nó réigiúnaí a raibh tionchar nach beag aige ar phátrúnacht na mbard, tá sé soiléir chomh maith go gcuireann sé in iúl dá phátrúin agus dá lucht éisteachta go bhfuil athruithe móra sóisialta agus polaitiúla ag teacht i bhfeidhm ar bhonn an oileáin trí chéile. Dar leis nach aon dea-earra iad na hathruithe céanna. Ach ní raibh tuiscint chúng theoranta ag Ó hUiginn. D'aithin sé go maith go raibh eitneachtaí in Éirinn measctha ó bhun go barr. Mar sin, ghlac sé le réaltacht na staire, an chultúir agus na polaitíochta nuair a chuir sé roimhe féiniúlacht a chur chun cinn a bhí in oiliúint chuí do Ghaeil agus do Shean-Ghaill Éireann araon. Bhí an fhéiniúlacht Éireannach seo bunaithe ar chomhoidhreacht maidir le teanga agus cultúr. Is ait an rud é, áfach, nach ndéanann Ó hUiginn tagairt do cheist an chreidimh. Lena linn, bhí an eaglais bhunaithe leasaithe á cur ar aghaidh mar gur cheann de bhunchlocha chlár fhorbartha an rialtais Shasanaigh in Éirinn í. Ach níl aon rian den seicteachas le fáil i saothar an fhile. Ní dócha nach raibh beann ar bith ag Tadhg Dall ar chúrsaí eaglaise. Luas cheana go raibh deartháir leis ina ardeaspag Caitliceach Rómhánach ar Thuaim. Tá seans ann leis go raibh aithne phearsanta aige ar Sheaán Ó Cearnaigh a d'fhoilsigh teagasc críostaí soiscéalach do Ghaeilgeoirí sa bhliain 1571. Deirtear gur saolaíodh an Cearnach i Luíne, i Sligeach, dúiche Uí Uiginn, agus cuireadh oiliúint air in ollscoil Chambridge. Cé go raibh Ó Cearnaigh eolasach ar chultúr an Bhéarla agus cé gur ghlac sé go fonnmhar leis an reifirméisean agus teicneolaíocht an chló a bhí ag gabháil leis, fós féin ghéill sé do léann na bhfilí sa chur síos atá aige ar an nGaeilge ina *Aibidil Gaoidheilge & Caiticiosma* (Ó Cuív 1994). Cúis spéise freisin go bhfuil seans ann go raibh gaol ag Tadhg Dall le Domhnall Óg Ó hUiginn, ó Cheall Cluaine de réir dealraimh, a raibh páirt aige san aistriúchán stairiúil Gaeilge ar an Tiomna Nua a foilsíodh faoi choimirce an leasaitheora Ghaelaigh Uilliam Ó Domhnaill sa bhliain 1602 (Williams 1986: 31). Chomh maith le cúrsaí creidimh, thagras luath san aiste do chlaochlú agus do mhalartú a bheith le n-aithint againn ach grinnstaidéar a dhéanamh ar fhoinsí na staire. Tá a leithéid de chastacht agus de chodarsnacht le n-aithint nuair a chuimhnímid go raibh Tadhg Dall sásta meon frith-Shasanach a nochtadh in a chuid filíochta agus fós go raibh sé sásta cuidiú le rialtas Sasanach an chúige mar choisteoir ar fhiosracháin sna blianta 1584 agus 1590. B'anacronach an mhaise dúinn, gan amhras ar bith, iarracht a dhéanamh coimhlintí, beartaíocht agus géilleadh na polaitíochta áitiúla i gConnachta na dTúdarach a réiteach le dílseacht d'fhís na féiniúlachta náisiúnta agus do fhlaitheas na hÉireann. Ní mór a admháil ar bhonn a shaothair pé scéal é, gurbh fhear nua-aimseartha a raibh tuiscint ghrinn aige ar chúrsaí a linne a bhí in Tadhg Dall, ealaíontóir liteartha den scoth a maraíodh go tubaisteach agus é i ndaichidí luatha a shaoil.

Nótaí

1 Tá leagan den aiste seo foilsithe cheana i mBéarla agam (Caball 2010).

2 Maidir le hAogán Ó Rathaille, feic Ó Buachalla (2007).

3 I dtaca le mionstair feic Levi (1991).

4 Maidir le tagairt do Thadhg Dall i mbéaloideas Shligigh sna 1930aidí, féach Ó Muirgheasa (1937).

5 Leagtar an dán, ámh, ar Bhrian Ó Domhnalláin in LS 23 F 16 agus LS 23 L 17, Acadamh Ríoga na hÉireann, agus níl aon údar luaite leis an saothar LS Phroinsiasach A 25, Coláiste na hOllscoile, Baile Átha Cliath.

6 Níos ginearálta, d'ailtireacht na gcaisleán agus do chúrsái ionannais in Éirinn, féach O'Keeffe (2001 agus 2004); agus féach leis (Ronnes 2006).

7 Tá dearadh de chrannóg Ultach ó luath sa seachtú haois déag le fáil in Andrews (2008: 110, pláta 16).

LEABHARLIOSTA

Abbott, T. K. and Gwynn, E. J. (eds) 1921. *Catalogue of the Irish manuscripts in the library of Trinity College, Dublin*. Dublin: Hodges, Figgis, & Co.

Andrews, J. H. 2008. *The queen's last map-maker: Richard Bartlett in Ireland, 1600-3*. Dublin: Geography Publications.

Bailyn, B. 2005. *Atlantic history: concept and contours*. Cambridge, Massachusetts: Harvard University Press.

Barry, T. B. 1993. 'Late medieval Ireland: the debate on social and economic transformation, 1350–1550', in Graham, B. J. and Proudfoot, L. J. (eds) *An historical geography of Ireland*. London: Academic Press. 99-122.

Black, R. I. M. 1989. 'The Gaelic manuscripts of Scotland', in: Gillies, W. (ed.) *Gaelic and Scotland; Alba agus a' Ghàidhlig*. Edinburgh: Edinburgh University Press. 146-74.

Breatnach, P. A. 1983. 'The chief's poet', *Proceedings of the Royal Irish Academy* 83 C 3: 99–122.

– 1996. *A new introduction to the bardic poems of Tadhg Dall Ó hUiginn (1550–1591)*. London: Irish Texts Society.

Caball, M. 1998. *Poets and politics: reaction and continuity in Irish poetry, 1558-1625*. Cork: Cork University Press.

– 2010. 'Culture, politics and identity in sixteenth-century Ireland: the testimony of Tadhg Dall Ó hUiginn (c. 1550–1591)', in Riggs, P. (ed.) *Tadhg Dall Ó hUiginn: his historical and literary context*. London: Irish Texts Society. 1-21.

Canny, N. 1982. *The upstart earl: a study of the social and mental world of Richard Boyle, first earl of Cork, 1566-1643*. Cambridge: Cambridge University Press.

Carey, J. 1993. *A new introduction to Lebor Gabála Érenn*. London: Irish Texts Society.

Cunningham, B. 2000. *The world of Geoffrey Keating: history, myth and religion in seventeenth-century Ireland*. Dublin: Four Courts Press.

Cunningham, B. and Gillespie, R. 2003. *Stories from Gaelic Ireland: microhistories from the sixteenth-century Irish annals*. Dublin: Four Courts Press.

De Brún, P., Ó Buachalla, B. agus Ó Concheanainn, T. (eagí) 1971. *Nua-dhuanaire* I. Baile Átha Cliath: Institiúid Ard-Léinn Bhaile Átha Cliath.

Dillon, M., Mooney, C. and de Brún, P. (eds) 1969. *Catalogue of Irish manuscripts in the Franciscan Library Killiney*. Dublin: Dublin Institute for Advanced Studies.

Hastings, A. 1997. *The construction of nationhood: ethnicity, religion and nationalism*. Cambridge: Cambridge University Press.

Hazard, B. 2010. *Faith and patronage: the political career of Flaithrí Ó Maolchonaire, c. 1560–1629*. Dublin: Irish Academic Press.

Hennessy, W. M. 1871. (Ed.) *The annals of Loch Cé*. 2 vols. London: Longman.

Highley, C. 1998. 'The royal image in Elizabethan Ireland', in Walker, J. M. (ed.) *Dissing Elizabeth: negative representations of Gloriana*. Durham and London: Duke University Press. 60-76.

Knott, E. (ed.) 1911. 'Filidh Éireann go haointeach', *Ériu* 5: 50–69.

Knott, E. (ed.) 1922 and 1926. *The bardic poems of Tadhg Dall Ó hUiginn (1550–1590)*. 2 vols. London: Irish Texts Society.

Lennon, C. 1981. *The life of Richard Stanihurst the Dubliner, 1547–1618: a biography*. Blackrock: Irish Academic Press.

Levi, G. 1991. 'On microhistory', in Burke, P. (ed.) *New perspectives on historical writing*. Cambridge: Polity. 93-113.

Morley, V. 1995. *An crann ós coill: Aodh Buí Mac Cruitín, c. 1680–1755*. Baile Átha Cliath: Coiscéim.

Ó Buachalla, B. (ed.) 2007. *Aogán Ó Rathaille*. Dublin: Field Day Publications.

O'Dowd, M. 1991. *Power, politics and land: early modern Sligo 1568-1688*. Belfast: Institute of Irish Studies, Queen's University of Belfast.

O'Conor, K. D. 2001. 'The morphology of Gaelic lordly sites in north Connacht', in Duffy, P. J., Edwards, D. and Fitzpatrick, E. (eds) *Gaelic Ireland c. 1250–c. 1650: land, lordship and settlement*. Dublin: Four Courts Press. 329-45.

Ó Cuív, B. (ed.) 1994. *Aibidil Gaoidheilge & Caiticiosma: Seaán Ó Cearnaigh's Irish primer of religion in 1571*. Dublin: Dublin Institute for Advanced Studies.

Ó Doibhlin, D. 2000. 'Tyrone's Gaelic literary legacy', in Dillon, C. and Jefferies, H. A. (eds) *Tyrone: history & society*. Dublin: Geography Publications. 403-32.

Ó Háinle, C. 1978. *Promhadh pinn*. Maynooth: An Sagart.

O'Keeffe, T. 2001. 'Concepts of 'castle' and the construction of identity in medieval and post-medieval Ireland', *Irish Geography* 34 (1): 69–88.

O'Keeffe, T. 2004. *The Gaelic peoples and their archaeological identities, A.D. 1000–1650*. Cambridge: Department of Anglo-Saxon, Norse and Celtic, University of Cambridge.

Ó Macháin, P. 1986. 'Additional readings to some poems by Tadhg Dall Ó hUiginn', *Celtica* 18: 69–76.

– 1987. 'Rann ar Thadhg Dall', *Celtica* 19: 59–60.

– 1994. 'Tadhg Dall Ó hUiginn: foinse dá shaothar', in Ó Fiannachta, P. (eag.) *An dán díreach (Léachtaí Cholm Cille 24)*. Maynooth: An Sagart. 77-113.

Ó Muraíle, N. 1996. *The celebrated antiquary: his lineage, life and learning: Dubhaltach Mac Fhirbhisigh (c. 1600–1671)*. Maynooth: An Sagart.

Ó Muirgheasa, É. 1937. 'Tadhg Dall O Huiginn', *The Irish Book Lover* 25 (July–December): 84–5.

O'Rahilly, T. F. 1921–24. 'Irish poets, historians, and judges in English documents, 1538–1615', *Proceedings of the Royal Irish Academy* 36: 86–120.

Ó Rathile, T. (ed.) 1927. *Measgra dánta*. 2 parts. Corcaigh: Cló Ollscoile Chorcaí.

Ó Tuama, S. 1978. *Filí faoi sceimhle: Seán Ó Ríordáin agus Aogán Ó Rathaille*. Baile Átha Cliath: Oifig an tSoláthair.

Ronnes, H. 2006. *Architecture and élite culture in the United Provinces, England and Ireland, 1500-1700*. Amsterdam: Amsterdam University Press and Pallas Publications.

Simms, K. 2001. 'Native sources for Gaelic settlement: the house poems', in Duffy, P. J., Edwards, D. and Fitzpatrick, E., (eds) *Gaelic Ireland c. 1250–c. 1650: land, lordship and settlement*. Dublin: Four Courts Press. 246-67.

Stokes, W. (ed.) 1899. 'The Gaelic Mandeville', *Zeitschrift für celtische Philologie* 2: 1–63.

Vickery, A. 2009. *Behind closed doors: at home in Georgian England*. New Haven and London: Yale University Press.

Williams, N. J. A. 1986. *I bprionta i leabhar: na Protastúin agus prós na Gaeilge 1567–1724*. Baile Átha Cliath: An Clóchomhar.

Wood-Martin, W. G. 1882. *History of Sligo, county and town, from the earliest ages to the close of the reign of Queen Elizabeth*. Dublin: Hodges, Figgis & Co.

2008. Verne, J. *Cuairt na Cruinne in Ocht lá*: *Tour du monde en quatre-vingts jours*; Torna (Tadhg Ua Donnchadha) a rinne an leagan Gaeilge; N. Williams a chóirigh an t-eagrán seo.
2[u] heagrán. Westport: Evertype.
(le caoinchead Nicholas Williams)

Liam Mac Amhlaigh

An fhoclóireacht Nua-Ghaeilge agus feidhm Edmund Fournier inti in aimsir na hAthbheochana

Níor mhiste aitheantas a thabhairt don Ollamh Nicholas Williams i réimse na foclóireachta agus na téarmeolaíochta san fhéilscríbhinn seo atá curtha le chéile ina onóir. Thaitin focail leis riamh, idir shúgadh agus dáiríre. Bhí sé seiftiúil go leor an tsolúbthacht a bhain le focail a aithint agus focail nua a chruthú a bhí nádúrtha sa chaint chomh maith le bheith feiliúnach don suíomh. Ar ndóigh bhí réimsí áirithe sa teanga a raibh bearnaí ar leith iontu agus de réir na suime a bhí aige féin, thug sé go fonnmhar faoi na bearnaí sin a líonadh. Sa chás seo go háirithe, cuimhnímid ar an luibheolaíocht. San aiste seo tabharfar aghaidh ar scéal na foclóireachta ag tús an fichiú céad le léiriú a thabhairt ar theangeolaí eile ón iasacht a tháinig go hÉirinn agus a chuidigh le cás na Gaeilge san athbheochan: Edmund Fournier, mar aon le tuairisc ar a shaol agus ar a fhoclóir.

Réamhrá

Bhí fás suntasach san fhoclóireacht Nua-Ghaeilge ag tús an chéid seo caite. D'fhás an fhorbairt sin sa chéad deich mbliana den aois as an athbheochan teanga agus litríochta a tháinig sa Ghaeilge taca an ama chéanna. Chomh maith leis sin, ba ghá foclaíocht a chruthú le tacú le hidirbheartaíocht acadúil agus litríochta a spreagadh trí mheán na Gaeilge. Bhí gléasanna pleanála teanga, an phleanáil chorpais ach go háirithe i gcomhthéacs na haiste seo, ag teastáil chun dul i ngleic leis an easpa scríbhneoireachta agus easpa labhartha Gaeilge sa tír tré chéile.

Spreag náisiúnachas agus bród teanga foclóirithe aonair. Chuir cumainn agus aontais éagsúla bonn leis an teanga a chur i scríbhinn. Braitheadh gurbh fhearr gléasanna cearta a bheith ag pobal labhartha na Gaeilge. Ní mór amharc sa chás seo ar leithéidí *English-Irish Dictionary and Phrase Book* Edmund E. Fournier d'Albe (1903) anseo, chomh maith le *Lane's English-Irish Dictionary* Timothy O'Neill Lane (1904) agus *Foclóir Gaedhilge agus Béarla* Phádraig Uí Dhuinnín (1904); daoine a chuidigh le gluaiseachtaí teanga stairiúla agus dílseacht chásmhar don teanga acu. D'éirigh go sásúil le foclóirithe den tsórt seo dul i mbun tiomsaithe, agus iad ag brath go mór ar eiseamláirí a chuaigh rompu ach gan mórán de thuiscint ar phrionsabail tiomsaithe foclóireachta a mbeadh glacadh idirnáisiúnta leo. Thar aon tréimhse eile san aois seo caite, seasann údair na bhfoclóirí seo amach. B'éagsúil an spreagadh a bhí iontu agus iad d'uireasa an mhaoiniú nó an tacaíocht Stáit a bhí ar fáil níos deireanaí san aois sin d'fhoclóirithe a tháinig ina ndiaidh.

Feidhm an fhoclóirí

Go hiondúil bíonn dhá sprioc ag foclóirí:

- focail na teanga a mhíniú ar bhealach soiléir; agus/nó
- focail teanga amháin a mhíniú i dteanga eile.

Baineann obair an fhoclóirí go traidisiúnta le taifead agus míniú a thabhairt ar an teanga chruinn litríochta. Ceird agus saothar aonaránach a bhí ann ar feadh na mblianta. Sa lá atá inniu ann, is obair foirne ilghnéitheach atá i gceist le tionscadal foclóireachta. Is gá an obair a bhainistiú i gcodanna ar leith le scileanna ildisciplíneacha. Tá an buntaifead ar bhríonna focal éascaithe ag córais ríomhaireachta seachas bailiú a rinneadh tráth i bhfoirm slipeanna (m.sh. Nic Pháidín 2008: 93). Ach bíonn sainoiliúint de dhíth sna córais chéanna agus bíonn an-dua ar an bhfoclóirí fós eagar a chur ar an mbunábhar.

Ba dheacair go stairiúil an teanga a thaifeadadh go cruinn nuair a bhí meath ag teacht uirthi sna haoiseanna a d'imigh romhainn. Mar shampla, in aimsir Phluincéadaigh, bhí an teanga díbeartha agus caite ar leathtaobh ag na háitreabhaigh, rud a luaigh se i réamhrá a fhoclóra féin (*Vocabularium Latinum et Hibernum (Foclóir Lainne agus Gaoidheilge*)) (1662).

In aimsir Thaidhg Uí Neachtain san ochtú haois déag, luaigh Nessa Ní Shéaghdha an dua a bhain le scoláireacht na Sean-Ghaeilge agus na Meán-Ghaeilge: "They felt a need for grammars and dictionaries to elucidate old or archaic words for their livelihood as teachers of the language" (Breathnach agus Ní Mhurchú 2001: 163). Ba mhodh í an Ghaeilge tráth dá raibh le litríocht a chumadh agus a chraobhscaoileadh agus le spioradáltacht a chur in iúl ar fud na tíre. Idir an $17^{ú}$ agus $19^{ú}$ haois, bhí an teanga labhartha i réim, í saibhrithe ag traidisiúin tuaithe agus mara go háirithe (Nic Pháidín 2008: 93). Ba dhúshlán a bhí sa mhéid sin i gcónaí don fhoclóirí oilte an méid sin a thaifead sna foclóirí clóite. Go comhaimseartha, mheas an tOllamh Oftedal ó Ollscoil Oslo gur dheacair foclóir Nua-Ghaeilge a chruthú:

> Compiling a dictionary of contemporary Irish must be one of the most difficult tasks with which a lexicographer can be entrusted. While the English or French lexicographer must content himself with registering the actual use of the modern literary language, his Irish colleague has the unique assignment of codifying an idiom which is regarded by some as a dying language and by others as a language in the making — and which is, for the time being, both (1962: 226–8).

Is mar sin fós atá ag an bhfoclóirí Nua-Ghaeilge: bíonn cinntí áirithe le glacadh i rith na hoibre maidir le focail ar leith a cheadú agus/nó dul i muinín na cumadóireachta le bearnaí a líonadh. Bhí na riachtanais seo i gceist don fhoclóirí Nua-Ghaeilge dar le Oftedal (1962: 227):

1. Eolas cuí ar theanga ársa litríochta na Gaeilge;
2. Eolas cuí ar an oiread sin canúintí difriúla agus is féidir;
3. Cur amach ar litríocht nua-aimseartha; agus
4. Tuiscint ar cé na focail a dtabharfar tús áite dóibh.

Tugtar faoi deara gur foclóirí dátheangacha a bhíonn á gcruthú ag foclóirthe Nua-Ghaeilge den chuid is mó. Níorbh aon eisceacht í an fichiú haois. Idir Bhéarla-Gaeilge agus Ghaeilge-Béarla sna foclóirí, níl fáil ag Gaeilgeoirí ná ag Éireannaigh ar fhoclóir aonteangach a mhíníonn díorthuithe na bhfocal Gaeilge go fóill. Tá teoiric ag Crowley (2005: 129) go léiríonn an nós seo gur tiomsaíodh na foclóirí dátheangacha ar fad i dtéarmaí teangacha eile amháin, go háirithe an Béarla. Ba thríthi a fuair an Ghaeilge a sainmhíniú agus a haitheantas san fhichiú haois.

Seasamh na foclóireachta faoin mbliain 1900 agus athbheochan na Gaeilge

Nuair a bhí tús curtha le hathbheochan na Gaeilge sa cheathrú dheireanach den naoú céad déag tugadh faoin teanga a shlánú agus a chur i bhfeidhm arís mar theanga scríofa agus cumarsáide ach chomh maith leis sin mar mheán leis an bhféiniúlacht Ghaelach a shlánú. Ní gá a cheapadh gur bhain na hiarrachtaí seo leis an náisiúnachas polaitiúil amháin. Bhí sraitheanna difriúla smaointeoireachta ag an am seo i gceist, cé gur shíolraigh cuid mhór den fhuinneamh leis an náisiúnachas polaitiúil a bhaint amach as an athbheochan chéanna (Ó Háinle 1994: 745).

Nuair a cuireadh eagraíochtaí ar nós Chonradh na Gaeilge ar bun sa tréimhse seo, ní mórán de léamh agus scríobh na teanga a bhí ag an bpobal ar chor ar bith. Mar a luann Nic Mhaoláin: "dá shaibhre an teanga féin, agus an scéalaíocht agus an amhránaíocht, ní raibh litríocht ar bith ab fhiú á cumadh inti, agus is beag réimse den saol nua-aimseartha a d'fhéadfaí a phlé inti" (1994: 4). Níorbh fhéidir an Ghaeilge a fheiscint i léann an leighis nó an dlí, nó, ar an mórgóir, acu siúd a bhí gafa le gnó nó tráchtáil. Le go mbeadh seasamh ag an nGaeilge arís mar shiombal is mar shuaitheantas féiniúlachta, áfach, ba ghá go n-aithneofaí mar theanga cheart liteartha í; timpeall na hEorpa, níor mhór ag an am sin bunús liteartha a bheith ag an teanga le foirfeacht a bheith ar fáil di (Weber 1979: 80, 89). Mar atá ráite ag Ó Háinle (1996: 746):

> Thuig lucht na hathbheochana ón tús, más ea, nár leor an Ghaeilge a chur á labhairt go fairsing arís, ach go mba ghá í a chur á scríobh agus á léamh, agus litríocht á soláthar inti freisin.

Bhí téagar nádúrtha na cainte beo i saothar na gcainteoirí dúchais, ach ba theoranta friotal a gcuid scríbhneoireachta (Ó Dónaill 1951: 12–4, 25–6) mar nach raibh aon "éabhlóidiú" á dhéanamh ar an teanga, rud a d'éiligh Máirtín Ó Cadhain níos deireanaí (1969: 21). Bhí teanga den chineál 'chaint na ndaoine' inniúil go leor ar ionramháil a dhéanamh ar an saol a chruthaigh í, saol na tuaithe, agus a raibh baint aici leis. Mar sin, bhí sé éasca an cineál beatha sin a chur in iúl sa litríocht chruthaitheach nó i mbeathaisnéisí nó dírbheathaisnéisí.

Luaigh Tomás Ó Flannghaile i 1896 go raibh an ganntanas d'fhoclóirí maithe ar cheann de na deacrachtaí ba mhó a bhí ag cur isteach ar léann na Gaeilge. Dúirt sé go raibh "a complete dictionary of modern-Irish" de dhíth chomh maith le foclóir Sean-Ghaeilge agus foclóir Gaeilge na meánaoiseanna (Ó Háinle 1994: 756). Bhain daibhreas áirithe le teanga na Gaeilge an uair sin, de cheal aon réim friotail seachas an réim neamhfhoirmiúil a luadh thuas (lasmuigh de litríocht an bhéaloidis) agus nach raibh an teanga á saibhriú le luathlitríocht na Gaeilge. Ní raibh an Ghaeilge i dteagmháil bhisiúil leis an saol nuamhaisithe uirbeach a bhí ag teacht chun cinn ag tús an fichiú haois. Faraor, níor chuidigh dúil sa chanúnachas leis an scéal. Bhí róbhéim ar fhoirmeacha canúnacha fós, rud a rinne deacair don léitheoir nach raibh canúint ar leith aige brí an fhocail scríofa a thuiscint. Ba ghá sa saol a bhíonn ag athrú agus ag "nua-aimsiriú" de shíor, teacht ar réimeanna eile friotail a fhorbairt agus le foclóiriú agus intleachtú a dhéanamh ar an teanga bheo le go bhfeilfeadh sí mar mheán cuimsitheach nua-aimseartha scríbhneoireachta (Ó Háinle 1994: 765).

Ba ag an uair seo a bhí riachtanas leis an gcineál céanna oibre a bhí cuimsithe in obair lámhscríbhinne Uí Neachtain agus an Phluincéadaigh. Faraor, ní dhearnadh é. Admhaíonn Eoin Mac Néill "that the proscription of Irish during two centuries has had the result in preventing, to some extent, the retention or the acquisition of a technical vocabulary suited to many of the complex needs of modern life" (*Irisleabhar na Gaedhilge* 1896: 36).

Tá sé éasca gluaiseacht áirithe a aithint anseo: cruthú foclóirí agus cruthú téarmaí ionas go bhféadfaí cabhrú leis an teanga a chur in úsáid go forleathan. Chuideodh sé sin le seasamh na teanga de go hacadúil, agus níos ábhartha ná sin ag an am sin, chuideodh sé sin leis an teanga go polaitiúil chomh maith, agus an teanga (agus a pleanáil) ina huirlis eile chun féiliúnacht a chur in iúl agus chun saoránaigh a ghríosadh. Athréimniú de chineál a bhí i gceist anseo gan amhras.

I gcomhthéacs lucht na hAthbheochana, aithníodh go raibh géarghá sa chéad áit le foclóirí idir Bhéarla-Gaeilge agus Ghaeilge-Béarla. Ba mhinic léitheóirí *Fáinne an Lae* ag gearán nach raibh ar a gcumas an nuachtán a léamh in ainneoin an leabhair ghramadaí *Simple Lessons* (1894) de chuid Uí Ghramhnaigh a bheith léite acu. Ghlac Osborn Bergin, a bhí ag obair le Coláiste na hOllscoile, Corcaigh, leis an dúshlán seo. Foilsíodh leathanach samplach, leathanach a fiche, den saothar a bhí beartaithe in *Fáinne an Lae* ar 30 Iúil 1898 agus cuma mhaith air. Ó eiseamláir an leathanaigh sin, ba é an chéad fhoclóirí sa naoú haois déag a chinn droim láimhe a thabhairt do na focail ársa a bhí imithe as úsáid le fada, ach a bhí á gcur ar aghaidh i bhfoirm chalctha i bhfoclóirí roimhe sin. Bhain Mac Ádhaimh an-leas as an gcaint bheo ina fhoclóir Béarla-Gaeilge in 1850 ach níor foilsíodh riamh é. Léiríonn tuairisc an Aimhirgínigh go raibh sé i gceist aige aitheantas a thabhairt don chaint bheo agus bhí roinnt mhaith focal aige nach raibh ag Ó Raghallaigh (*Sanas Gaoidhilge-Sagsbhearla: An Irish-English Dictionary*) (1817).

Fógraíodh gur shaothar 250 leathanach a bhí le bheith ann, ar díol ar shíntiús sé phingin sa mhí nó an t-iomlán ar chúig scillinge (Nic Pháidín 1999: 115). Ba é Bernard Doyle, náisiúntóir agus clódóir, a bhí luaite leis an bhfoclóir. Chuir an réamhfhógra seo fearg ar an gConradh. Ní léir cén fáth nár fháiltigh Eoin Mac Néill roimh an bhfoclóir. Bhíothas ann a mheas go mb'fhéidir go mbeadh canúint na Mumhan chun tosaigh ag an Aimhirgíneach. Chuir Coiste Gnó an Chonartha in iúl go soiléir don Dúilleach nach raibh aon údarás aige poiblíocht a thabhairt don fhoclóir in *Fáinne an Lae*. Ba é an chúis a luadh ná go raibh feachtas cistíochta "shilling fund" á sheoladh ag an gConradh an tseachtain chéanna sin (Nic Pháidín 1999: 115).

B'iad seo na hiarrachtaí a tháinig go baileach roimh iarrachtaí na bhfoclóirí de chuid Fournier, O'Neill Lane agus Uí Dhuinnín faoi seach, agus a léirigh gur aithníodh an ganntanas de dhul chun cinn san fhoclóireacht ó thús an naoú haois déag. Ach sa bhreis orthu sin ar fad, trí mheán fhéile an Oireachtais, tairgíodh duaiseanna le haghaidh téarmaí teicniúla agus ceardaíochta ón mbliain 1899 amach. "Liosta téarmaí teicniúla a bhaineann le gnó nó le ceard ar bith – ábhar, uirlisí 'srl." a bhí i gceist an chéad bhliain agus ba é Éamonn E. Fournier, Deilginis, Co. Bhaile Átha Cliath a bhuaigh an chéad duais (Ó Súilleabháin 1984: 178). Leanadh de shnas a chur ar liostaí de théarmaí teicniúla agus ceardaíochta chomh maith agus d'fhoilsigh an Conradh trí cinn d'fhoclóirí téarmaíochta ag tús an chéid dá bharr: *Focla Gnótha agus a gCora Cainte* (1904), *Foclóir an Leagha* (1905) agus *Focla Gramadaighe* (1911). D'eascair foclóir beag eile as comórtas téarmaíochta an Oireachtais sa bhliain 1901, *Foclóir do cuireadh le Fionn agus Lorcán* (1913), a thiomsaigh Seosamh Laoide le cabhair ó Chonchubhar Ó Muimhneacháin. Bhí sé soiléir go mbeadh fáilte leanúnach sa tslí seo roimh fhorbairt sa téarmaíocht, agus bhí Fournier eolach ar an tosaíocht seo.

Edmund Fournier

Fear ildánach (foclóirí, eagarthóir, innealtóir, fealsamh) ab ea Fournier (Mac Amhlaigh 2008: 79). Bhí sé ina bhall gníomhach de Chonradh na Gaeilge in éineacht le Pádraig Mac Piarais agus Dúbhglas de Híde ach caitheadh amach as an gConradh é tar éis dó lámh a bheith aige i mbunú an Chumainn Cheiltigh, in éineacht leis an Tiarna Castletown, duine de mhuintir Mhic Giolla Phádraig (Breathnach agus Ní Mhurchú 1992: 33).

Dar le Nagai (2011: 58) ba dhuine éalárnach a bhí i Fournier ag a raibh tuairimíocht choitianta an phobail i dtaobh na hathbheochana ach gur shíl cuid mhaith athbheochantóirí go raibh Fournier ró-aisteach agus ró-eachtrannach dá gcuspóirí le linn aimsir na hathbheochana. In *Fáinne an Lae* ar 22 Iúil 1899, mar léiriú ar a chumas ilteangach dúradh go raibh Manainnis, Briotáinis, Breatnais agus Fraincis réasúnta ar a thoil aige. Bhí an-spéis aige i gcur chun cinn na dteangacha Ceilteacha go ginearálta agus gréasáin idirnáisiúnta a chruthú a thabharfadh creidiúint do na teangacha sin go léir. Ach ní hamháin gur leag sé béim ar theangacha Ceilteacha, bhí sé chun tosaigh i gcur chun cinn na teanga idirnáisiúnta Esperanto go fiú agus aistriúchán Espersanto de *Eachtra Laoghaire Mhic Criomhthain go Maigh Meall* (cuid de Leabhar Leasa Mhóir) a sholáthar le cabhair ó Robert Boyd White.

Bhí sé ráite gur i mBriotáin na Fraince a rugadh é (Mac Giolla Phádraig 1954) agus go raibh an cháil air gur shíolraigh sé ón Diúc d'Albe (a athair, fisiceoir agus innealtóir, a chuir an t-aguisín d'Albe leis an sloinne). Ach ar a theastas breithe, rugadh Fournier i Londain sa bhliain 1868. Chuaigh sé ar scoil in Düsseldorf na Gearmáine agus i gColáiste na hEolaíochta i Londain.

Bhí dhá dhochtúireacht aige, ó ollscoileanna Londan agus Birmingham. Tháinig sé go hÉirinn in 1894 in éineacht lena aintín agus chónaigh siad ar Chnoc Torca i nDeilginis. Bhí tréimhsí áirithe aige i mbun oibre i saotharlanna Choláiste na Tríonóide agus Choláiste Ríoga na hEolaíochta.

Thosaigh an bhaint a bhí aige leis an nGaeilge sa cheol agus in imeachtaí na Feise. Eagraíodh an chéad fheis sa bhliain 1897, agus i ndiaidh na bliana sin ceapadh é ina chláraitheoir ar an gcomórtas i ngeall ar 'the zeal and ability he had shown in business management' san fhéile (*Freeman's Journal* 1897: 6). Lean sé sampla na Feise agus thar cheann na Comhdhála Ceiltí, in éineacht le Tiarna Bhaile an Chaisleáin, d'eagraigh sé na Comhdhálacha Ceilteacha i mBaile Átha Cliath i 1901, in Carnarvon i 1904, agus i nDún Éideann i 1907. Bhunaigh sé an iris *Celtia* agus bhí ina eagarthóir uirthi idir 1901 agus 1904 agus arís in 1907. Nuair a bhí an chéad eagrán den fhoclóir foilsithe i 1903, thosaigh sé ar mhórfhoclóir Ceilteach a scríobh ach ní dheachaigh sé níos faide ná an litir C. Nuair a tháinig deireadh lena chuid oibre leis an gCumann Ceilteach agus le cur chun cinn na dteangacha éagsúla, dhírigh sé ar an eolaíocht don chuid eile dá shaol. Ó 1910 go 1914, bhí sé ina léachtóir cúnta san fhisic in Ollscoil Birmingham agus chaith sé

1914–1915 in Ollscoil Punjab san India. D'fhoilsigh sé ábhar go forleathan i réimse na heolaíochta, go háirithe taighde sa leictreamhaighnéadachas, agus níos déanaí ina shaol, sa teilifís, sa solas agus san fhuaim.

Fuair sé bás ar 29 Meitheamh 1933 in St Albans i Sasana de bharr taom a bhuail é ceithre bliana roimhe sin (Breathnach agus Ní Mhurchú 1992: 33). Ar aon dul le Tomás de Bhaldraithe níos déanaí sa chéad, bhí cuma beagán éagsúil air i gcomparáid lena chomhfhoclóirithe le linn an ama sin: scoláire acadúil oilte sa Ghaeilge agus sa teangeolaíocht a thug faoin bhfoclóireacht agus a lean le dualgais eile ollscoile a bheith air ina dhiaidh. Gníomhairí teanga a bhí iontu chomh maith: de Bhaldraithe i gcás an Chomhchaidrimh agus Fournier i gcás an Chumainn Cheiltigh.

English-Irish Dictionary and Phrase Book Fournier

Ba é foclóir beag eolaíochtúil Fournier *English-Irish Dictionary and Phrase Book* an chéad iarracht shuntasach foclóireachta a foilsíodh ag tús an fichiú haois. Foilsithe ag an gCumann Ceilteach, bhí sé mar aidhm ag an bhfoclóir eolas a chur ar fáil do mhic léinn chun iad féin a chur in iúl i nGaeilge chruinn, ghrástúil (Fournier 1903: x). Tá 316 leathanach agus 21,000 ceannfhocal ann mar aon le comhchiallaigh, eolas canúna, inscne, díochlaonta agus ainmneacha briathartha. Chríochnaigh sé an tionscadal ar 1 Meitheamh 1903 agus cuireadh an dara cló air le roinnt ceartúchán dhá bhliain ina dhiaidh sin ar phraghas sé scillinge.

Rinne Fournier iarracht an focal/an bhrí i mBéarla a aistriú go Gaeilge sa tslí is dírí agus is lú botún. Bhí béim ar shimplíocht, rud a chuidigh le Fournier féin (agus gan smacht leathan an chainteora dúchais aige) agus le foghlaimeoirí i gcoitinne. Ba mhian le Fournier an foclóir a chur ar fáil mar áis teanga. Shimpleodh sé an focal agus an litriú cuí a bheith ag cainteoirí Gaeilge na hathbheochana leis an teanga a scríobh. Níor ghá don léitheoir dul go foclóir Gaeilge-Béarla le heolas gramadaí a fháil: bhí nodaireacht curtha ag Fournier leis na focail (Fournier 1903: v).

Bhí an nós aige an leagan Gaeilge a lua tar éis gach brí i mBéarla nuair a bhí an-chuid bríonna éagsúla ag focal. Chuidigh an méid sin leis an bhfoghlaimeoir. Ní raibh orthu breathnú ar liosta fada focal gan aon idirdhealú céille. Nuair a bhí dhá fhocal ann agus an bhrí chéanna acu, ba nós leis an focal clasaiceach a chur chun tosaigh agus na focail áitiúla ina dhiaidh agus má bhí difríocht chanúna i gceist idir Béarla agus Gaeilge, léirigh sé le frásaí gairide é (Fournier 1903: vi), bíodh agus go bhféadfaí a áitiú nár leor i gcónaí na frásaí ar bhain sé feidhm astu.

Shíl Fournier go raibh tuairim agus 20,000 focal de dhíth ar an ngnáth-Eorpach le plé a dhéanamh ar litríocht nua-aimseartha. Mheas sé nach raibh ach 5,000 focal ag an gcainteoir dúchais Gaeilge. Dá dheasca seo, ní fhéadfaí stór focal uile na Gaeilge a ghlacadh ó fhoinsí béil amháin agus bhí stór saibhir na litríochta scríofa ag teastáil chomh maith, dar leis. Rinne sé iarracht, mar sin féin, na focail a bhí beo a roghnú. Ní raibh spéis aige teanga iomlán an Bhéarla a aistriú go Gaeilge. Dá bhrí sin, d'fhág sé réimse mór focal i mBéarla ar leataobh nach raibh feidhm choiteann leo nó a raibh fáil éasca ar chomhchiallaigh choitianta dóibh (Fournier 1903: vi). Ar aon tuairim le de Bhaldraithe níos deireanaí sa chéad, níor shíl sé mórdheacrachtaí a bheith ann focail nua a chruthú. Chuir sé réiltín in aice leis na heiseamláirí a chruthaigh sé féin don fhoclóir. Ba mholtaí a bhí iontu agus bhraith sé go raibh cumadóireacht den chineál sin riachtanach leis an teanga a choimeád beo (Fournier 1903: vi). Ar ndóigh, bíodh agus moladh tuilte dá sheift, ní hionann teanga agus cruthú téarmaí: níor chuidigh béim an fhoclóra ar mholtaí den chineál sin le fad saoil an imleabhair.

Téarmaíocht i bhfoclóir Fournier

Le taobh ceisteanna ábhair, agus cruthú téarmaí, lean díospóireachtaí eile a raibh éifeacht acu ar na foclóirí i rith na haoise. Níor thábhachtaí aon cheann acu de réir mar a chuaigh an aois ar aghaidh ná úsáid agus scríobh na teanga i bhfoirm a bheadh ní ba rialta ná foirmeacha coiteanna na Gaeilge ba ghnách le cúpla céad bliain roimhe sin. Bhí dhá mhórdheacracht sa tslí ar chur chun cinn ghramadach aontaithe na Gaeilge nuair a bunaíodh an Stát: (1) an litriú agus (2) éagsúlacht gramadaí sna canúintí. Níorbh fhéidir tabhairt faoi ghramadach aontaithe a chinntiú in aon chor go socrófaí ceist an litrithe. Ag an bpointe sin, fiú, bhí leithleachas na gcanúintí le sárú. Dul ar aghaidh mall a rinneadh mar bhí an coimeádachas an-láidir. Agus na leasuithe litrithe déanta, fiú, ba ghá fanacht roinnt blianta go rachfaí ina dtaithí sna scoileanna agus sa litríocht sula rachfaí ag plé le cló ná le gramadach aontaithe (Ó Riain 1985: 75; Ó Conchubhair 2009: 169–236).

I bhfad roimhe seo, bhí moltaí cruthaithe ag Fournier chun éabhlóid a chur ar fáil. Luaigh sé go raibh córas litrithe aige a bhunaigh sé ar bhunrialacha ar nós "caol agus leathan". Thuairimigh sé go raibh sé ciallmhar fréamhacha bunaithe go lom díreach ar "gas, electricity, magneticism, chemistry" a úsáid chun na focail a chruthú. Ba bhoichte an teanga d'uireasa a leithéid. Focail idirnáisiúnta a thug sé orthu, agus níorbh fhonn leis aon róghaelú a dhéanamh orthu (Fournier 1903: vii). Maidir le litriú, mheas sé go raibh caighdeán áirithe ag teacht chun cinn le tamall roimhe sin agus lean sé nós Foley (1855) le *-sc-*, *-sp-* agus *-st-* a chur in áit *-sg-*, *-sb-*, *-sd*, leasuithe a bhí ar aon dul le cuid dá raibh ag Ó Duinnín ar ball. Mhínigh sé freisin nach rud nua é malartú *-eu-* le *-éa-* ach ag an am céanna nár cheart *-idhe-* a athrú go *-i-*, toisc nach raibh aon ghá leis (Fournier 1903: vii).

Is fiú a lua go mbíonn na hiontrálacha i bhfoclóir Fournier gairid agus pointeáilte,[1] agus ní chuireann sé aon fhad sa bhreis leo nuair nár ghá:

- **Run** Rith, *s* – rioth *m3*; *vn* rithim; (of water) rilim.
- **Pentecost** Cingcís *f.* 2
- **Pilot** *s.*, píolóid, *m.4i.* **Pilot** *v.* cuirim ar eolas. pilotage piolóideacht f. 3.
- **Poultry**, cearca *pl*.
- **Guthán/telephone:** Níl teacht ar an bhfocal san fhoclóir
- **Sweet** *a.* milis. **Sweet** *s.* milseán *m. 1 t.*
- **Green** *a.* glas, glas-uaithne. **Green** *s.*, faithche, *f. 4. r.*, lanntán, *m. 1.t.*
- **Sensible**, ciallmhar.

Foinsí agus forbairt

D'admhaigh sé gur chuidigh foclóirí áirithe leis: foclóirí Foley, Uí Bheaglaoich, an Chonúsaigh (duine nár leasc leis dul i muinín na cumadóireachta) agus Uí Raghallaigh. Chomh maith leis sin, bhain sé leas as *Leabhar cainte* (Doyle 1901); *Irish Phrase-book* (Hogan 1899), *Dánta, Amhráin is Caointe* (MacErlean 1900), *Amhráin Eoghain Ruaidh Uí Shúilleabháin* (Ó Duinnín 1901) agus *Keating's History of Ireland* (Joyce 1880). Luaigh sé *Die Araner Mundart* (1899) le Finck óir mheas sé gurbh é an anailís ba chuimsithí ar chanúint ar bith de chuid na Gaeilge é (Fournier 1903: viii). Roghnaigh sé na frásaí go cúramach, agus rinne scagadh cúramach orthu, agus chuir sé faoi bhráid na gcainteoirí Gaeilge sna Gaeltachtaí iad. Ba é T. O'Neill Russell a léigh na profaí ar fad a bhí aige. D'admhaigh sé foinsí a thug cúnamh dó: J. H. Lloyd, P. S. Dinneen, R. J. O'Mulrenin, Richard Foley, Douglas Hyde, F.W. O'Connell, P. P. O'Sullivan agus an coiste feidhmeach an Chumainn Cheiltigh (Fournier 1903: viii).

Sa dara heagrán, rinne sé ceartúcháin áirithe ar an téacs agus sna haguisíní agus d'admhaigh sé go raibh éacht déanta le foilsiú fhoclóir Uí Dhuinnín, cé gur mhaígh sé go raibh an foclóir sin agus an ceann aige féin cosúil i gcruth, litriú agus i gcineál, rud a d'fhágfadh go mbeadh sé níos fusa caighdeán amháin a ghlacadh, caighdeán a bhí riachtanach chun an litríocht nua-aimseartha a mhéadú (Fournier 1905: iii). Feictear ón bplé seo thuas a chórasaí agus a bhí an foclóir agus na slite agus na bunphrionsabail a leag Fournier amach leis an eolas a bhailiú agus a réiteach d'fhoghlaimeoirí na teanga. Rinne sé féin suntas den tuairim nár cheart focail nua a chruthú le freastal ar bhearnaí sa stór focal nua-aimseartha, agus ar seisean:

> Now it is evident, as the matter stands, that the chief purpose and usefulness of an English-Irish dictionary lies, not in the interpretation of English, but in the harmonious development of Irish speech. If that cannot be accomplished without some sacrifice of lexicographic tradition, the author is quite prepared to make that sacrifice (Fournier 1903: vi).

San alt géar a bhí ag Micheál Ó hIcí ar fhoclóir an Duinnínigh, tá líne nó dhó aige atá moltach go leor maidir le foclóir Fournier:

> *Lane* [foclóir Timothy O'Neill Lane] is probably superior to all works of its kind. It is a larger work than Fournier d'Albe. It is dearer. However Fournier d'Albe, a smaller less pretentious work, has a better grasp of scientific lexicography The volume contains a considerable number of vocables — round about the same number as Foley's. Grammatical details are also given and so are examples illustrating the uses of many words, showing them in their actual setting. All this is so far satisfactory, and the compiler is entitled to full credit for it. The work is well-printed and the proof-reading in the main seems to be fairly well done. (O'Hickey 1904: 526)

Conclúidí

Bíodh is gur foclóir beag go leor é foclóir Fournier, is foclóir cruinn eolaíochtúil é agus gan mórán acmhainní ná luach saothair airgid ar fáil dó, chuir Fournier saothar tábhachtach ar fáil ag tús an chéid (Mac Mathúna 2004). I gcomhthéacs na staire, áfach, níor tugadh aird ar fhoclóir Fournier toisc saothair eile a bheith ar fáil taca an ama chéanna agus mar sin ba thrua gur foilsíodh é ag an tráth céanna agus a bhí foclóirí éachtacha agus toirtiúla an Duinnínigh agus Lane ag teacht ar an bhfód. Ba mhó an aird a tugadh ar shaothar Lane ag an am. Ní raibh aon amhras go raibh Fournier ag déanamh gach iarracht spriocanna na hAthbheochana a chomhlíonadh tríd an bhfoclóir a chumadh ach is léir ón suíomh sochpholaitiúil ag an am go raibh iarrachtaí an Chumainn Cheiltigh níos imeallaí ná grúpaí eile agus go mb'fhéidir gur samhlaíodh Fournier féin ró-eachtrannach le bheith ina chostantóir ná ina fhorbraitheoir do theanga na Gaeilge.

Thosaigh an aois le roinnt aidhmeanna soiléire a shíolraigh ó thús na hAthbheochana. Síleadh go mba ghá pleanáil teanga chun spriocanna an náisiúnachais a bhaint amach agus go sonrach go mba ghá foclóirí dátheangacha a chur ar fáil chuige seo. Bhí foclóirithe "príobháideacha", fearacht Fournier, agus Lane agus Uí Dhuinnín, ag saothrú ina n-aonair go príomha, agus iad i mbun tiomsaithe ag tráth a bhí cinntitheach do ghluaiseacht na Gaeilge. Rinneadh litearthacht na Gaeilge a leathnú nuair a cuireadh áiseanna cuí ar fáil, agus chuidigh soláthar na bhfoclóirí leis sin.

Bhí foclóirithe éagsúla níos eolaíochtúla ná a chéile sa ghnó seo ar fad. Ach d'fhág iarrachtaí na mblianta seo eiseamláir dóibh siúd a lean, den chéad uair ó lár an chéid roimhe sin. Bhí sé de bhuntáiste gur lean Lane agus Ó Duinnín dá gcuid oibre a fhairsingiú. Bhí eagraíochtaí na Gaeilge ag cur le feachtasaíocht don nuathéarmaíocht chomh maith. Níor tháinig an oiread sin de thoradh ó na hiarrachtaí seo i gcomparáid leis an obair a baineadh amach níos déanaí sa chéad.

Is féidir breithiúnas a thabhairt ar iarrachtaí foclóireachta an chéid den chuid is mó ina mbeartais dhifriúla d'fhoghlaimeoirí na Gaeilge/cainteoirí dara teanga agus d'fhonn spriocanna oideachasúla a bhaint amach. Níor braitheadh tábhacht ar leith a bheith le cainteoirí dúchais na teanga a shásamh. Nuair a chuirtear foclóirí tiomsaitheoirí aonair, leithéid Fournier mar shampla, san áireamh cuireadh Gaeilge fhairsing ar fáil don té a bhí ag foghlaim nó ag leathnú a stór eolais ar an teanga agus d'oir foclóir Fournier sa chomhthéacs sin.

Nóta

1 Tá tuilleadh de phlé ar na hiontrálacha seo i gcomhthéacs na saothar foclóireachta eile de chuid na haoise chéanna déanta in Mac Amhlaigh (2010).

Leabharliosta

Breathnach, D. agus Ní Mhurchú, M. 1992. *1882–1982 Beathaisnéis a trí*. Baile Átha Cliath: An Clóchomhar.

– 2001. *1560–1781 Beathaisnéis*. Baile Átha Cliath: An Clóchomhar.

Crowley, T. 2005. 'Encoding Ireland: dictionaries and politics in Irish history' *Éire-Ireland* 40.3+4: 119–39.

Freeman's Journal. 1897. 'Feis ceoil', *Freeman's Journal and Daily Commercial Advertiser*, 14 Iúil, 6.

Fournier d'Albe, E. E. 1903. *An English-Irish Dictionary and Phrase Book with synonyms, idioms, and the genders and declensions of nouns*. Dublin: M. H. Gill & Son.

– 1905. *An English-Irish Dictionary and Phrase Book with synonyms, idioms, and the genders and declensions of nouns*. Dublin: M. H. Gill & Son; Second Edition. Revised and Enlarged, 1905.

Mac Amhlaigh, L. 2008. *Foclóirí agus Foclóirithe na Gaeilge*. Baile Átha Cliath: Cois Life.

– 2010. Tráchtas neamhfhoilsithe dochtúireachta, *Eábhlóid na foclóireachta Nua-Ghaeilge san fhichiú haois*. Baile Átha Cliath: An Coláiste Ollscoile.

Mac Giolla Phádraig, B. 1954. 'Edmund Fournier d'Albe' *Inniu*, 6 Lúnasa.

Mac Mathúna, L. 2004. 'Spléachadh ar fhocail nuachumtha i bhfoclóirí Gaeilge thosach an 20ú haois'. Caint neamhfhoilsithe. Comhdháil teangeolaíochta, Coláiste Phádraig, Droim Conrach, Baile Átha Cliath, 30 Aibreán.

Nagai, K. 2011. ''Tisoptophone which ontophanes': race the modern and Irish revivialism', in Pratt, L. (eag.), *Modernism and Race*.Cambridge: Cambridge University Press. 59–76.

Nic Mhaoláin, M. 1994. 'Fílíocht na foclóireachta nó an Teanga Bhithnua' *An tUltach* 11: 4–11.

Nic Pháidín, C. 1999. *Fáinne an lae agus an Athbheochan 1898–1900*. Baile Átha Cliath: Cois Life.

– 2008. 'Corpas Planning for Irish – Dictionaries and Terminology', in Nic Pháidín, C. agus Ó Cearnaigh, S. (eagí), *A New View of the Irish language*. Baile Átha Cliath: Cois Life. 93–107.

Oftedal, M. 1962. 'De Bhaldraithe, Tomás: *English-Irish Dictionary*' in *Lochlann, a review of Irish Studies* (Sommerfelt, A. ed., Oslo: Oslo University Press) 2: 226–8.

Ó Cadhain, M. 1969. *Páipéir Bhána agus Páipéir Bhreaca*. Baile Átha Cliath: An Clóchomhar.

Ó Conchubhair, B. 2009. *Fin de Siècle na Gaeilge: Darwin, an Athbheochan agus Smaointeoireacht na hEorpa*. Indreabhán: An Clóchomhar.

Ó Dónaill, N. 1951. *Forbairt na Gaeilge*. Baile Átha Cliath: Sáirséal agus Dill.

Ó Háinle, C. 1994. 'Ó chaint na ndaoine go dtí an Caighdeán Oifigiúil' in McKone, K., McManus, D., Ó Háinle, C., Williams, N., agus Breatnach, L. (eagí), *Stair na Gaeilge*. Má Nuad: Coláiste Phádraig. 745–93.

O'Hickey, M.P. 1904. 'Irish lexicography' *Irish Ecclesiastical Record*: 4th series December, 521–32.

Ó hÓgáin, E. 1983. 'Téarmaí teicniúla sa Ghaeilge: caighdeánú agus ceapadh le céad bliain anuas' *Teangeolas* 17: 27–33.

Ó Riain, S. 1985. *Pleanáil teanga in Éirinn*. Baile Átha Cliath: Carbad.

Ó Súilleabháin, D. 1984. *Scéal an Oireachtais 1897–1924*. Baile Átha Cliath: An Clóchomhar.

Pluincéad, R. 1662. [Vocabularium Latinum et Hibernum] (LS Z. 4.2.5 Leabharlann Marsh).

Weber, E. 1979. *Peasants into Frenchmen: the modernisation of rural France 1870 – 1914.* Stanford: Stanford University Press.

1980. *The poems of Giolla Brighde Mac Con Midhe;*
edited by N. J. A. Williams.
(Irish Texts Society, 51). Dublin: Irish Texts Society.
(le caoinchead Chumann na Scríbheann Gaeilge)

Mícheál Mac Craith

Tadhg Ó Cianáin, na Taoisigh Ultacha agus Assisi

Agus iad ar a mbealach ó dheas ó Lobháin chun na Róimhe, chaith Aodh Ó Néill, Rudhraighe Ó Domhnaill agus a lucht leanúna trí seachtaine i Milano ó 13 Márta go 12 Aibreán 1608. Ansin chuaigh siad ar aghaidh go Loreto, an scrín ba mhó tábhacht in ómós na Maighdine san Eoraip ag an am, agus bhain siad an tearmann sin amach 21 Aibreán. Bhog siad chun cinn dhá lá ina dhiaidh sin ach nuair a tháinig siad chomh fada le Foligno, chuaigh Ó Néill ar aghaidh go Montefalco. Chas roinnt den ghrúpa siar ó thuaidh, áfach, chun cuairt a thabhairt ar Assisi, cathair dhúchais San Proinsias agus cliabhán an oird a bhunaigh sé. Seo é an cuntas a thugann Tadhg Ó Cianáin dúinn ar an gcuairt ar Assisi:

Éirghis an tIarla agus an Barún, Mag Uidhir agus mac Uí Dhomhnaill, drong do dhaoinibh uaisle dia gcoimhideacht, do dhéanamh oilithre agus turais óthá Fulino gusan bpríomhchathraigh n-oirdhirc diar comhainm Asidhis, airm i n-a bhfuil corp an naomhéarlaimh uasail oirdhirc adhamhra oirdnidhe, id est, Sanctus Fransiscus, diar comhlán an Chríostaidheacht go huilidhe dia shubháilcibh agus feartaibh agus míorbhailibh, for ar mhuidhsead cóig créachta i bhfíodhair agus i bhforaithmead páise Críost agus na gcóig n-áladh do shonnradh.

Atá iomorra a chorp go n-onóir agus go n-oirmhidin, go bhfeartaibh agus go míorbhailibh, i soiléar thalmhan ag chongbháil suas go grásamhail éagsamhail iongantach gan buain aige frisin talmhain faoi nó frisin bhovtain uasa cheann. Ní ceadaighthear leisin Eaglais a fhaicsin acht maille re hughdarás agus cead speisialta ón bPápa.

Geinearál an Uird Mhionúir seachnóin na Críostaidheachta gusna céadaibh do bhráithribh agus d'aithreachaibh onóracha for a gcionn isin mainistir. Gabhaid chuca na hÉireannaigh sin go ro-onórach forbhfáilidh. Iar sin do-ghníd a dturas mórlóighidheachta.

Taisealbhthar iliomad do roighnibh reilicias dóibh. Ascnaidhid i n-iarmharacht Uí Néill iardain (Ó Muraíle 2007: 6.5–7, 260).

Cé nach bhfuil ach céad seachtó trí focal sa chuntas thuas, níl an tráchtaireacht leath chomh simplí is a bhreathnaíonn sí ar an gcéad léamh agus is é aidhm na haiste seo aird a thabhairt ar na deacrachtaí a eascraíonn ón téacs agus iarracht a dhéanamh ar roinnt de na fadhbanna sin a réiteach.

Sa chéad áit ní mór rud éigin a rá faoi fhráma an turais. Dá mbeadh duine ag iarraidh an bealach ab éascaí a ghabháil ó Milano go dtí an Róimh, roghnódh sé an Via Francigena in iarthar na tíre, bealach mór na n-oilithreach le fada an lá. Ina ionad sin chas an chomplacht Ultach soir ag Bologna chun aghaidh a thabhairt ar Loreto. Dealraíonn sé dá réir sin gur cinneadh tomhaiste amach is amach a bhí anseo. Mar thacú leis an tuairim seo, ní gá ach aird a thabhairt ar an tuairisc a sheol Sir Henry Wotton, ambasadóir Shasana sa Veinéis , chuig Séamas I Aibreán 4 1608, go raibh sé ar intinn ag Ó Néill imeacht ó Milano go Loreto 'to mark his purpose with a show of religion' (C.S.P.I., James I 1606–8, 651; Swords 2007: 74). Mí ina dhiaidh sin i litir chuig Iarla Salisbury ar an dara lá de mhí na Bealtaine thuairisc Wotton gurb í an nuacht dheireanach a bhí cloiste aige faoi Ó Néill go raibh sé i Rimini ar a bhealach go Loreto:

> Before him was sent the Earl of Tyrconnel … with three coaches full of attendants to take up the hostelries for the Prince; so they style Tyrone himself … They determined to be at Rome of Friday the 25th of April, which seems strange haste; for, as he (Wotton) has cast up his travel, he could not be at Loreto before the 21st at night, whence to Rome is four good days' journey, and this is the only place worth even of a cursory visitation (C.S.P.I., James I 1606–8, 653–4).

Dá mhéad clú agus cáil a bhí ar Loreto ón 15ú haois ar aghaidh, tháinig borradh mór faoi ghradam na scríne tar éis bua mór an chabhlaigh Chríostaí ar na Turcaigh ag cath Lepanto (Comment: Tá an cath seo ar cheann de mhórchathanna na hEorpa agus, fearacht Waterloo,

Agincourt 7rl, ní dual sainiú a dhéanamh ar an suíomh. Mar a tharlaíonn sé tá Lepanto i Murascaill na Corainte a dhealaíonn an Pheileapainéis ó iarthar na Gréige.) sa bhliain 1571 ó tharla gur cuireadh an t-arm Críostaí faoi choimirce Mhaighdean Loreto. Tionóladh Iubhaile nó bliain naofa de réir an ghnáis sa bhliain 1575 agus tionóladh Iubhaile speisialta do Loreto go sonrach sa bhliain 1576. Cuireadh feabhas ar an mbóthar mór idir an Róimh agus Loreto d'aon ughaim chun an tslí a éascú do lucht oilithreachta agus d'éirigh sé coitianta oilithreacht dhúbalta leis an Róimh agus Loreto san áireamh a dhéanamh as sin amach (Grimaldi 2001: 23). Má buaileadh na Turcaigh ag Lepanto níor sáraíodh a smacht ar oirthear na Meánmhara ar aon chuma. Bhain contúirt mhór le hoilithreacht chun na Talún Naofa ach d'fhéadfaí an oilithreacht go Loreto agus an Róimh a áireamh mar thuras fíorúil chun na Pailistíne, idir an *Santa Casa*, teach naofa Nasaret, i Loreto agus tuamaí na n-aspal sa Róimh. Ní hamháin go raibh Aodh Ó Néill agus a chuideachta ag teacht i dtír ar chráifeacht na linne, ach bhí sé ag déanamh aithrise ar cheannairí buacacha Lepanto, Marcantonio Colonna agus Don Juan na hOstaire, beirt a rinne oilithreacht bhuíochais go Loreto i ndiaidh an chatha (Santarelli 1997: 12; Grimaldi 2001: 21). Ach cúrsaí cráifeachta a fhágáil ar fad as an áireamh, thug an turas go Loreto deis d'Aodh Mór Ó Néill é féin a láithriú mar cheannaire míleata de chuid an Fhrith-Reifirméisin Chaitlicigh ar aon dul lena mhacasamhala, buaiteoirí Lepanto. Sa bhliain 1575 scríobh Carlo Borromeo, Ardeaspag Milano, agus Agustino Valerio, easpag Verona, litreacha tréadacha chuig a bpobail ag iarraidh orthu turas Loreto a dhéanamh mar chuid dá n-oilithreacht chun na Róimhe don bhliain naofa (Grimaldi 2001: 34). Déanta na fírinne tá mionchur síos againn ó dhá oilithreacht ón Róimh aneas go Loreto, ceann sa bhliain 1578, an ceann eile sa bhliain 1602, agus bheartaigh na hoilithrigh scrínte eile a chur san áireamh, Assisi go háirithe. Agus chomh maith le Assisi, chuaigh oilithrigh na bliana 1602 chuig tearmann Santa Maria della Cerqua gar don Róimh ar an turas abhaile (Pieroni Francini: 1998: 296–318).

Dealraíonn sé mar sin nár rud neamhghnách é oilithreacht a dhéanamh a thabharfadh cuairt ar na trí scrín, Loreto, Assisi agus an

Róimh. Má théimid níos mine sa scéal, áfach, tagann castachtaí eile chun cinn. Nuair a d'fhág na hoilithrigh Iodálacha Loreto chun dul go Assisi chuaigh siad siar trí Osimo, Jesi agus Fabriano. Ach maidir leis na hUltaigh, bhog siad ó dheas ó Loreto gan casadh siar ó thuaidh i dtreo Assisi go dtí gur bhain siad Foligno amach. Thabharfadh sé sin le fios gur cinneadh cineál tobann ab ea an cinneadh dul chuig áit bhreithe San Proinsias, nó ar a laghad ar bith gur cinneadh é a rinneadh cineál mall sa lá gan a bheith sna pleananna ón tús. Ar an lámh eile, tá an turas ó Foligno go dtí an Róimh sna cuntais Iodálacha agus i gcuntais Thaidhg Uí Chianáin beagnach mar an gcéanna, ach amháin go raibh na hIodálaigh ag imeacht ó thuaidh ón Róimh aneas fad is a bhí na Gaeil ag imeacht ó dheas ó Foligno.[1]

Tagraíonn Ó Cianáin don chuairt ar Assisi mar 'oilithre agus turas' agus tagraíonn sé do San Proinsias mar 'naomhéarlamh'. Cuimhnímis go raibh Flaithre Ó Maoil Chonaire, Proibhinseal Phroinsiasaigh Obsarvantacha na hÉireann i gcomhluadar na dtaoiseach Ultach agus is cinnte go mba ghníomh *pietas* dó dósan an deis a thapú chun cuairt ar áit dhúchais a naomhéarlaimh agus ar chliabhán an oird a bhunaigh sé. Cuimhnímis freisin go mba phátrúin mhóra ar na Proinsiasaigh iad muintir Uí Dhomhnaill agus muintir Mhic Uidhir faoi seach. Ba iad Aodh Ruadh Ó Domhnaill, Taoiseach Thír Chonaill agus a bhean chéile Nuala Ní Bhriain a bhunaigh mainistir na bProinsiasach Obsarvainteach i nDún na nGall sa bhliain 1473 nó 1474 agus ba iad tuismitheoirí Aodha Ruaidh a thug an Treas Ord Rialta go Machaire Beag i gCo. Thír Chonaill roinnt blianta roimhe sin. Is i reilig na bProinsiasach i nDún na nGall a d'adhlactaí na Dálaigh mhóra go léir agus go leor d'uaisle iarthuaisceart Uladh chomh maith, taoisigh Mhic Uidhir go háirithe. Is cinnte gur ansin a d'adhlacfaí Rudhraighe Ó Domhnaill agus Cú Chonnacht Mag Uidhir dá bhfanfaidís in Éirinn agus an mhainistir a theacht slán (Mooney 1954–5: 20). Má ba bhás ar deoraíocht a bhí i ndán dóibh beirt, díol spéise gur i mainistreacha Proinsiasacha a adhlacadh iad araon, Rudhraighe i San Pietro in Montorio sa Róimh, 29 Iúil 1608 agus Cú Chonnacht i mainistir na bProinsiasach i Genoa coicís ina dhiaidh sin. Nuair a chuirtear na nascanna Proinsasacha seo go léir san áireamh, ní hiontas ar bith é go dtabharfadh buíon den ghrúpa taistealaithe cuairt ar Assisi agus go dtuigfeadh Ó Cianáin a gcuairt i dtéarmaí oilithreachta go háirithe.

Díríonn an téacs aird ar leith ar chorp San Proinsias agus ar mhíorúilt na stiogmaí. Cruthaíonn sé sin roinnt deacrachtaí dúinn toisc nach raibh a fhios ag éinne ar feadh beagnach sé chéad bliain cá raibh tuama an naoimh in Assisi go dtí gur frítheadh é 12 Nollaig sa bhliain 1818. Chun tráchtaireacht Uí Chianáin a thuiscint, ní mor aird a thabhairt ar an éiginnteacht agus ar an mearbhall atá le fáil i gcáipéisí na bProinsiasach féin maidir le corp agus tuama an naoimh sa luathré nua.

Tosnaímis le fíricí an scéil. Fuair San Proinsias bás ar an tríú lá de Dheireadh Fómhair 1226, agus adhlacadh é i séipéal San Giorgio in Assisi. Naomhainmnigh an Pápa Greagóir IX é 16 Iúil 1228. Cúpla seachtain roimh an searmanas d'fhógair an Pápa go raibh sé ar intinn aige baisleac ollmhór a thógáil chun cnámha an naoimh a chumhdach agus d'fhág sé cúram na togála faoin mBráthair Elias, viocáire an oird. Bhí an bhaisleac íochtair réidh faoin mbliain 1230 agus aistríodh cnámha an naoimh ó shéipéal San Giorgio go dtí an t-ionad nua 25 Bealtaine. D'éirigh an slua chomh corraithe sin ar an mbealach gur bhaolach go rachadh sé ó smacht agus go ndéanfaí dochar do chorp na naoimh nó fiú go ngoidfí é. Chun an tubaiste sin a sheachaint, bheartaigh údaráis na cathrach buíon saighdiúirí a chur amach agus corp an naoimh a thionlacan isteach sa bhaisleac. Cuireadh na doirse faoi ghlas agus rinne an Bráthair Elias an corp a adhlacadh faoi dhithneas.

Cúrsaí slándála thar aon ní eile a bhí ag dó na geirbe ag an mBráthair Elias, ach cé gur adhlacadh an corp go slán sábháilte, bhí an sarcáfagas fós le feiceáil. Ach am éigin ina dhiaidh sin ní fhéadfaí é a fheiceáil níos mó agus ní fhéadfaí teacht air ach an oiread. Ón bpointe seo ar aghaidh, níl na staraithe ag teacht le chéile maidir le dáta cheilt an choirp, roinnt acu a chuireann fráma teann ama chun cinn, roinnt eile a chuireann fráma ama níos leithne chun cinn. Áitíonn tacadóirí an fhráma ama theann gur ceileadh an tuama faoin mbliain 1239, an bhliain a briseadh an Bráthair Elias as a phost mar ghinearál an oird, cé go n-áiteodh scoláirí eile go bhféadfaí an dáta a shíneadh chomh fada le 1253, comóradh cúig bliana is fiche ar aistriú chorp San Proinsias ó San Giorgio go dtí an bhaisleac (Gatti:1983: 108, 110–3).

Maidir leis an bhfráma leathan ama, maíonn tacadóirí na hargóna seo go raibh daoine eile i gceist seachas an Bráthair Elias. Bhí an tuama inrochtana agus infheicthe idir 1230 agus 1442. Ach nuair a chreach arm Perugia faoi cheannas Nicolò Piccinino cathair Assisi sa bhliain 1442, d'iarr údaráis Perugia cead ar an bPápa Eugenius IV corp San Proinsias a aistriú go Perugia mar dhea go mbeadh sé níos sábháilte sa chathair sin. Dhiúltaigh an pápa scun scan don iarratas seo sa litir *Accepimus licteras vestras* 21 Nollaig 1442, agus d'ordaigh sé go dtabharfaí an cúram is mó do thaisí an naoimh ionas nach bhféadfaí dochar ar bith a dhéanamh dóibh. Mar gheall ar an ordú seo scriosadh an pasáiste faoi thalamh chuig an tuama an bhliain dár gcionn, ach osclaíodh arís é nuair a theastaigh ón bPápa Nioclás V cuairt a thabhairt ar an tuama. Sa bhliain 1476, áfach, tar éis don phápa Proinsiasach Coinbhinteach Sixtus IV cuairt a thabhairt ar thuama San Proinsias, d'ordaigh sé go gceilfí go huile is go hiomlán é. Áitíonn scoláirí áirithe nár ceileadh an tuama go dtí an bhliain 1517, an bhliain a scaradh ord na bProinsiasach go foirmeálta ina dhá ghrúpa éagsúla, na hObsarvantaigh agus na Coinbhintigh. Fágadh Baisleac San Proinsias i seilbh na gCoinbhinteach de réir an tsocraithe seo. Ceapann scoláirí eile gur folaíodh an tuama a seacht nó a hocht de bhlianta roimhe sin nuair a bhí Rinaldi Graziani ina Mhinistir Ginearálta ar na Proinsiasaigh Chonbhinteacha. (Gatti 1983: 114–5).

Sin go achomair an dá hipitéis, ceann acu a áitíonn gur ceileadh tuama San Proinsias idir 1230 agus 1253, ceann eile a éilíonn nach raibh ceilt ann go dtí 1509–1517. Tar éis mionscagadh a dhéanamh ar iontaofacht agus údaracht na gcáipéisí leasmhara agus ar na hargóintí a eascraíonn astu, tháinig Isidoro Gatti, an saineolaí is mó ar an ábhar, ar chomhréiteach idir an dá thuairim. Sa chéad tréimhse clúdaíodh an tuama faoi leac inaistrithe, rud a d'fhág go bhféadfaí an tuama a fheiceáil faoi chúinsí speisialta. Níos déanaí, ach roimh an mbliain 1253, rinneadh an tuama níos daingne fós trí dhá leac cloiche eile a chur anuas air agus trí bharra iarainn a chur de thacaíocht leo. Ach nuair a mhéadaigh ar an mbaol go ngoidfí corp an naoimh, folaíodh an tuama am éigin tar éis 1253, gan rochtain ar bith air. Níl d'fhianaise údarásach againn faoi na hoibreacha tógála a rinneadh chun an tuama a dhéanamh sábháilte, áfach, ach an litir a d'eisigh Eugenius IV sa bhliain 1442. (Gatti 1983: 118–60, 160). Maidir leis na cáipéisí a deireann go bhfaca Nioclás V agus Sixtus IV corp an naoimh i riocht neamhthruaillithe, ní féidir muinín ar bith a chur iontu agus tá siad ardamhrasach. Siúd is go nglacann Gatti leis gur thug Sixtus IV cuairt go fírinneach ar Assisi sa bhliain 1476, déanann sé idirdhealú soiléir idir an chuairt agus na cáipéisí neamhiontaofa a scríobhadh ina dhiaidh sin a thugann cuntas ar an bpápa ag dul síos faoin talamh chun corp neamhthruailithe an naoimh a fheiceáil. (Gatti 1983: 121–31).

Toisc go raibh an oiread sin cáipéisí ar fáil a bhí ag bréagnú a chéile agus toisc nár frítheadh go beacht cá raibh tuama agus corp San Proinsias go dtí tochailtí na bliana 1818, ní hiontas ar bith é gur tháinig go leor traidisiún chun cinn faoi chorp an naoimh, fiú gur áitíodh gur adhlacadh é i séipéal eile ar fad faoi bhun an dá bhaisleac. Ní miste aird a thabhairt ar na traidisiúin seo más áil linn tráchtaireacht Thaidhg Uí Chianáin a thuiscint i gceart. Mhaígh traidisiúin áirithe gur fhan an corp neamhthruaillithe agus go raibh créachtaí na stiogmaí úr agus ag cur fola i gcónaí. Cé nár mhaígh beathaisnéisí tosaigh an naoimh a leithéid, sa mhéid gur léirigh siad an naomh mar *alter Christus,* is ón léiriú seo mar 'Chríost eile' a d'eascair na traidisiúin éagsúla (Gatti1983: 187). Má d'aiséirigh Críost caithfidh mar an gcéanna gur aiséirigh Proinsias. Ní hamháin gur mhaígh Giacomo Oddi, bráthair Obsarvantach ó Perugia, gur fhan corp Phroinsias neamhthruaillithe, ach bhunaigh sé a chreideamh ar 'chuairt rúnda' an Phápa Sixtus IV ar thuama agus ar chorp an naoimh sa bhliain 1476 (Gatti 1983: 194–5). Sa bhliain 1496 thagair an seanmóirí cáiliúil Obsarvantach Bernardino de' Busti don traidisiún seo arís: *corpus Francisci integrum permanet cum stigmatibus radiantibus more stellarum et visum fuit* (Gatti 1983: 195). Ní mor a rá, áfach, go raibh cáipéisí oifigiúla na heaglaise i bhfad níos srianta ina gcuid foclaíochta ná na seanmóirithe a bhí i mbéal an phobail. Go fiú Sixtus IV féin, príomhfhinné Giacomo Oddi más fíor, ní dhearna sé tagairt ar bith do chúrsaí neamhthruaillitheachta sa Bhulla a d'eisigh sé sa bhliain 1479, 'Dignum reputamus'. Dúirt sé gur mhian leis go dtabharfadh na fíréin breis urrraime do chorp an naoimh. Ní dhearna sé ach trí shaintagairt don chorp féin sa Bhulla, gach aon cheann acu lom gonta, *corpus S. Francisci, corpus ipsius sancti, praefati sancti corpus honorifice requiescit*. Dá mbeadh bunús ar bith le cuairt Sixtus agus le staid neamhthruaillithe chorp Phroinisas, is cinnte gur anseo a luafaí é (Gatti 1983: 197). Maidir leis na Proinsiasaigh Choinbhinteacha a raibh Baisleac San Proinsias faoina gcúram, bhí siad sin chomh srianta céanna sna rudaí a dúirt siad i dtaobh chorp an naoimh.

Tháinig borradh nua faoin traidisiún sa séú haois déag nuair a d'fhoilsigh Proinsiasach ón bPortaingéil, Fra Marcos de Lisboa, Croinicí Ord na mBráthar Mionúr sa bhliain 1557. Ní hamháin gur mhaígh sé go raibh corp Phroinsias neamhthruaillithe, ach go raibh sé ina cholgsheasamh go míorúilteach, 'aiséirithe'. Ina theannta sin thagair sé don tríú séipéal faoi bhun na baislice íochtaraí. Bhí an-éileamh ar chroinicí an Bhráthar Marcos agus aistríodh go hIodáilis agus go Spáinnis iad roimh dheireadh an tséú haois déag agus foilsíodh sa Fhraincis agus sa Ghearmáinis iad san aois dár gcionn. Bunaíodh fianaise an Bhráthar Marcos ar litir a fuair Diúca Andria, Francesco Baucio ón gcaptaen cáiliúil Spáinneach Gonzalo Hernandez di Cordova a d'aithris an chuairt a thug an Pápa Nioclás V ar Assisi sa bhliain 1449 (Gatti 1983:199–204). Chreid na Proinsiasaigh Choinbhinteacha an leagan is déanaí seo den traidisiún i ndeireadh na dála agus seo é an scéal a reic siad d'oilithrigh. Go fiú staraí mór na bProinsiasach, an tÉireannach Lúcás Wadding féin, tugann sé sliocht as litir Baucio agus cuireannn sé an méid seo a leanas leis: *perpetua traditio est et communis consensus cadaver (S. Francisci) erectum in pedes, integrum, illaesum, oculis apertis, vulneribus recentem manantibus adhuc conservari* (Gatti 1983: 208).

Níorbh fhada gur léir nach raibh ach bealach amháin leis na traidisiúin éagsúla seo a dhearbhú nó a bhréagnú, tochailt eolaíochtúil. Chuir na Proinsiasaigh Choinbhinteacha tús le roinnt tochailte i dtús na 1570idí ach nuair a bhásaigh an pápa Pius V, tionscnóir na scéime, i mBealtaine na bliana 1572, agus toisc gur bhain deacrachtaí nár bheag leis an obair, éiríodh as an togra. Níos mó ná tríocha bliain ina dhiaidh sin d'eisigh an Cairdinéal Alfonso Visconti, coimirceoir na bProinsiasach Coinbhinteach, litir thar ceann Phól V, dar dáta 28 Lúnasa 1607, a dhiantoirmisc ar éinne faoi phian choinnealbhá tuama nó corp San Proinsias a chuardach (Gatti 1983: 230). Ba léir gurbh eagal leis an bpápa go bhféadfadh tochailt mhíchúramach dochar doleigheasta a dhéanamh don tuama agus don chorp araon, ach tógadh a chuid fainicí chomh dáiríre sin gur cuireadh bac le tuilleadh tochailte go dtí an naoú haois déag nuair a thángthas faoi dheireadh ar chreatlach an naoimh, rud a bhréagnaigh go diongbháilte finscéalta agus traidisiúin na meánaoise.

Cé go bhfuil cuma na háiféise ar an gcuntas a thugann Tadhg Ó Cianáin ar chorp San Proinsias, is amhlaidh is fearr a thuigimid dó ach é a shuíomh i gcomhthéacs na dtraidisiún a chuir Fra Marcos de Lisboa chun cinn. Is léir gur chreid an Cianánach go raibh corp an naoimh neamhthruaillithe agus inrochtana. Agus é ag brath ar an téacs Gaeilge, cheapfadh léitheoir an lae inniu go raibh corp an naoimh ina luí go cothrománach, crochta go míorúilteach idir urlár agus díon an tuama. Ach nuair a chuirimid cuntas Fra Marcos san áireamh, tuigimid gub éard a bhí i gceist ag Ó Cianáin go raibh corp an naoimh ina cholgsheasamh go míorúilteach lasmuigh den tuama. Is aisteach liom go ndeir sé gur ghá cead speisialta a fháil ón bpápa chun an corp a fheiceáil. B'fhéidir gur bunaíodh an ráiteas seo ar na traidisúin bhréige a bhain le Nioclás V agus Sixtus IV. Ní fios dúinn an raibh sé ar an eolas faoi litir choinnealbhá Phól V. B'fhéidir go bhfuair sé a chuid eolais ó na bráithre in Assisi féin, ach níorbh iontas ar bith é dá mbeadh croinicí Fra Marcos léite cheana féin ag Flaithre Ó Maoil Chonaire sa Spáinnis agus gur Ó Maoil Chonaire a fuair Tadhg an scéal. Rud eile de, cuimhnímis gur chuir an Cianánach snas agus barrshlacht ar na nótaí a thóg sé le linn an turais nuair a bhain sé an Róimh amach agus gur cheadaigh sé foinsí scríofa sa chathair sin. Nuair a rinne na taoisigh Ultacha oilithreacht na seacht mbaisleac sa Róimh 12 Meitheamh 1608, luann an t-údar gur ordaigh an pápa go sonrach go dtaispeánfaí na taisí ar fad a bhí sna baisleaca dóibh. Bhí sé róluath chun cead seo an phápa a fháil nuair a bhí siad in Assisi. B'fhéidir gur frása cineál cosantach é abairt Uí Chianáin. Ach fios a bheith ag an bpápa go raibh siad ansin, thabharfadh sé cead dóibh corp an naoimh a fheiceáil. Déanta na fírinne deir sé gur taispeánadh 'iliomad do roighnibh reilicias dóibh' in Assisi, ach gan aon cheann acu a shainiú.

Deir an Cianánach linn go raibh 'Geinearál an Uird Mhionúir seachnóin na Críostaidheachta' i láthair in Assisi an lá a thug na hÉireannaigh cuairt ar an áit. Ach cruthaíonn se sin fadhb eile dúinn, cén ginearál go baileach a bhí i gceist aige, ceann na gCoinbhinteach nó ceann na nObsarvantach? Toisc go bhfuil an tuairisc ar fad dírithe ar an mbaisleac mar a raibh tuama agus corp San Proinsias, éilíonn loighic an téacs gur ag trácht ar cheannaire na gCoibhinteach atá an t-údar. Ach bhásaigh José Piscalli, ginearál na gCoinbhinteach sa bhliain 1607 agus fágadh an post folamh nó gur ceapadh Guillermo Hugues de Avignon sa phost ag Caibidil na Cincíse, 25 Bealtaine 1608. Fágann sin go raibh an post folamh faoin am a ndeachaigh na prionsaí Ultacha chuig Assisi. Maidir le ginearál na nObsarvantach, toghadh Arcangelo Gualtieri da Messina mar ghinearál ag caibidil ghinearálta an Oird i dToledo sa bhliain 1606, agus caithfidh gurb é seo an duine a bhí gceist ag Ó Cianáin. Ba í seo an chaibidil chéanna, déanta na fírinne, a cheap Flaithre Ó Maoil Chonaire mar phroibhinseal ar Obsarvantaigh na hÉireann. B'iondúil agus is iondúil fós gurb í an phroibhinse féin a thoghann an proibhinseal, ach siúd is go ndearna toscairí na hÉireann gearán ag an gcaibidil mar gheall ar an sárú nóis seo, chuaigh ceannairí an oird ar aghaidh le ceapachán Uí Mhaoil Chonaire. Toscaí suaite na hÉireann thar aon ní eile ba bhun leis an gcinneadh (Hazard 2010: 50–1). Ní hamháin gur cúrsaí *pietas* ba bhun le cuairt Uí Mhaoil Chonaire ar Assisi, ach gach seans gur thapaigh sé an deis chun tuairisc a thabhairt don ghinearál ar staid phroibhinse na hÉireann ó chuaigh siad beirt i mbun oifige.

Ní thugann Ó Cianáin aon aird ar scoilt na bProinsiasach idir Coinbhintigh agus Obsarvantaigh. D'éirigh thar cionn leis an Leasúchán Obsarvantach in Éirinn ó bhlianta tosaigh an chúigiú haois déag ar aghaidh, leasúchán inmheánach laistigh d'ord aontaithe. Sa bhliain 1446 bhunaigh an pápa Eugenius IV córas viocáireachtaí do na hObsarvantaigh agus is gnách an bhliain 1460 a lua le bunú na viocáireachta Obsarvantaí in Éirinn. D'éirigh go héachtach leis an leasúchán in Éirinn as sin amach. Idir 1460 agus 1536 bhunaigh siad deich dteach nua, an chuid is mó acu i gceantair na nGael, agus ghlac ocht dteach is fiche as an ocht dteach is daichead leis an leasúchán (Ó Clabaigh 2002: 53). Sa bhliain 1517 d'aithin an Pápa Leo X na hObsarvantaigh mar chomharbaí dlisteanacha San Proinsias agus rialaigh sé gur acu sin feasta a bheadh an teideal Ord na mBráthar Mionúr (Moorman 1968: 583–4). Maidir leo siúd nár mhian leo glacadh leis an Leasúchán, d'aithin an pápa mar ord ar leith iad an bhliain chéanna, mar atá, na Coinbhintigh. Maidir leis na Coinbhintigh in Éirinn ar éirigh leo teacht slán ó chur faoi chois na dtithe rialta, bhí dulta i bpáirt leis na hObsarvantaigh ag an gcuid is mó acu faoi na 1560idí.

Go praiticiúil, is féidir a rá nach raibh ach aon bhrainse amháin de na Proinsiasaigh in Éirinn faoi dheireadh an tséú haois déag, na hObsarvantaigh. B'fhéidir, dá bhrí sin, nach tógtha ar Thadhg Ó Cianáin nár aithin sé an scoilt san ord, nó nár thug sé aird ar na Coinbhintigh mar ord ar leith. Fós féin, ní miste a rá gurbh ann don teannas i gcónaí idir an dá bhrainse, teannas a bhí níos íogaire in Assisi ná aon áit eile mar gheall ar an mbaisleac agus tuama agus corp an naoimh a bheith i seilbh na gCoinbhinteach. Cé go rabhamar in ann a dhéanamh amach ó chúinsí seachtracha gurbh é ginearál na nObsarvantach an té a bhuail leis na deoraithe Éireannacha, thabharfadh foclaíocht Uí Chianáin, 'Ginearál an Uird Mhionúir' le fios gurbh é an duine céanna, ginearál na nObsarvantach, a bhí i gceist aige.

Ní hí an chuairt ar Assisi an t-aon áit amháin nach fiú leis an gCianánach idirdhealú idir Coinbhintigh agus Obsarvantaigh. Agus é ag tagairt don oibilisc a d'ardaigh an Pápa Sixtus V as an nua os comhair bhaisleac naomh Peadar, ní deir sé fúithi ach go mba 'bhráthair d'ord sanct Proinséis' é Sixtus V, gan cur leis gur bhain sé leis na Coinbhintigh. Agus maidir leis an bPápa Sixtus IV, ní deir sé go mba Phroinsiasach féin é, ní áirím é bheith ina Choinbhinteach.

Chomh maith leis an gcuairt ar Assisi, baineann toise Proinsiasach le gnéithe eile de théacs Uí Chianáin. Go fiú sa lámhscríbhinn féin, tá an managram IHS le fáil mar cheannteideal ar nócha sé leathanach den chéad tríocha cúig leathanach ar fad atá sa téacs, gan trácht ar shampla amháin eile ar an imeall clé ar leathanach nócha hocht. Is é an Proinsiasach cáiliúil, San Bernardino da Siena (1380–1444), duine de bhunaitheoirí na gluaiseachta Obsarvantaí, a leathnaigh úsáid an mhanagraim seo, nuair a bhaineadh sé leas as chun urraim d'ainm naofa Íosa a chothú le linn a chuid seanmóintí. Thabhaigh sé an oiread sin clú don mhanagram gur gheall le suaitheantas an oird féin é. (B'fhéidir nár mhiste a lua freisin, go bhfuil an managram céanna ina mhaisiúchán seacht n-uaire in eagrán 1610 de na *Cose Maravigliose dell' alma Città di Roma*, ceann de na foinsí a cheadaigh an Cianánach. Faightear ceann de na maisiúcháin seo ag deireadh an chuntais ar San Giovanni in Laterano (6), an áit is dílse ar cheadaigh Ó Cianáin an fhoinse.)

Tagann an toise Proinsiasach chun cinn arís nuair a théann na taoisigh Ultacha chomh fada leis an Róimh, go háirithe sa chuntas ar an gcuairt a thug said ar eaglais San Francesca a Ripa:

> An ceathrú lá Octobris .i. lá Sanct Proinséis, éirghis Ó Néill go mainistir onóraigh darab comhainm S. Francisco. Teagh bunaidh agus ionadh orisimh agus comhnaidhe, aoine agus apstanaide S. Proinséis isin Róimh an reilgléas ro-onórach sin. Séipéal ro-onórach i n-a mbíd ag aithrighe agus ag urnaighthe agus ag eadarghuidhe an choimhsigh chomhachtaigh isin mainistir chéadnasin. (Tabhair beannachtain for ainm an scríobhnóra.)
>
> **Crann** iongantach éagsamhail oráistidhe isin mainistir chéadna sin. Naomhthacht Sanct Proinséis ros-cuir i dtalmhain ó thus dia lámhchaibh badhéin. Cóig cnapáin bheaga chomhchruinne i

bhfíodhir chroise for gach n-oráiste dia bhfásann forsan gcronn.
Baramhail lasna diadhairidibh agus la tráchtairighthibh na screaptra naoimhe gur i bhfíodhair agus bhforaithmead na gcóig n-áladh ro shilsead fuil S. Proinséis i gcuimhne agus i ndíbheargóid páise Chríost bhíd na cóig cnapáin sin forsna horáistidhibh sin d'áirighthe seach oráistidhibh oile an domhain. Do-bheirid cách aithne forra i ngach ionadh i ngabhaid seachnóin na Críostaidheachta (Ó Muraíle 2007: 8.36–7, 384).

An dáta féin an chéad ní suntasach faoin sliocht thuas. Is iondúil gur ar laethe fhéile an naomhéarlaimh a thugadh na prionsaí cuairt ar shéipéil na Róimhe, laethe móra ceiliúrtha agus maithe agus móruaisle na Róimhe i láthair. Formhór an ama ní luaitear lá fhéile an naoimh go sonrach agus déanann an Cianánach talamh slán de go dtuigfidh an léitheoir ón dáta gurb é seo an lá atá i gceist. Luaitear lá fhéile Proinsias faoi dhó sa téacs, 4 Deireadh Fómhair 1607 agus 1608, agus sa dá chás tugtar an dáta agus an fhéile in éineacht.

An dara ní suntasach faoin sliocht go luanann an Cianánach gur ansin a d'fhanadh San Proinsias agus é ar cuairt sa Róimh, cineál ath-Assisi mar a déarfá. An trácht ar an gcrann oráiste a phlandáil an naomh lena dhá lámh féin an triú hábhar suntais. An tagairt is sine don chrann seo, go bhfios dom, tá sé le fáil i saothar Francesco Gonzaga (1587), *De origine Seraphicae Religionis Franciscanae*:

> Extat preterea ... fructifera quaedam atque pulcherrima malus medica eiusdem manibus in horto, qui capacissimus amoenusque est, plantata, cuius fructus, ex parti qua arbori annectitur, quinque pinnis in coronae modum dispositis, quae sacrarum eius stigmatae numerum atque mysterium hauddubie praeseferunt, elegantissime, ne potius dicam mirabiliter exornatur (Gonzaga 1587: 178).

Déantar trácht ar an gcrann seo freisin in eagrán 1610 den treoirleabhar cáiliúil, *Trattato Nuovo delle Cose Maravigliose dell'Alma Città di Roma*, (COMMENT: treoirleabhar cáiliúil ab Le Cose Maravigliose dell'Alma Città a tháinig amach go rialta ó 1557 ar aghaidh agus uasdátú á dhéanamh air de réir mar ba ghá. Ní chialláíonn Trattato Nuovo ach Tráchtas Nua. Eagrán nua atá i gceist dáirire.) ar tagraíodh dó thuas. Má cheadaigh Ó Cianáin foinse scríofa don eolas seo, is dóchúla, dar liom, gurb é an saothar Iodáilise seachas an saothar léannta Laidine a cheadaigh sé, ní féidir foinsí béil a fhágáil as an áireamh ach an oiread.

> *E Monasterio de Frati Riformati di S. Francesco., nel giorno della sua festiuità e per tutta l'ottaua vi è plenaria remissione de' peccati. Vi è anco vna Cappella, nella quale è il corpo della B. Lodouica Romana de Casa Mattei. S. Francesco habitò in questo luogo. La Compagnia del Santissimo Saluatore Sancta Sanctorum, & quella del Gonfalone ogni anno maritano quì Zitelle. Monsignore Biscia Chierico di Camera, ha fatto di nuouo il Choro, & altri abellimenti. A man manca entrando in detta Chiesa alla terza Cappella vi è un quadro d'vna Pietà fatto da Paolo Caraccioli Bolognese Pittore famosissimo. Nell'horto di questi Padri vi è vna pianta da melarancio piantata da S. Francesco, li frutti della quale stanno attaccati al piccolo con cinque bottoncini, quali ci rappresentano le cinque piaghe, ò vogliamo Stimmate di questo glorioso Santo* (48).

Is ar na traidisiúin a bhaineann le San Proinsias amháin a dhíríonn an t-údar Éireannach, gan spéis dá laghad aige sna saothair ealaíne atá le fáil sa séipéal, ná i gcorp an treasaigh Phroinsiasaigh, Ludovica Bheannaithe Albertoni (1474–1534). Déanta na fírinne is mór idir culaith ghaisce an chuntais Ghaeilge gusan uaim agus na haidiachtaí comhchiallacha agus cuntas lom srianta na hIodáilise agus na Laidine. Ní hamháin sin, ach cuireann Ó Cianáin leis na foinsí bunaidh nuair a mhaíonn sé go bhfuil oráistí an chrainn áirithe seo so-aitheanta thar oráistí uile an domhain mar gheall ar na cúig chnapáin i bhfíor chroise. Tharlódh nach dul na Gaeilge amháin atá taobh thiar den stíl bhladhmannach seo ach urraim phearsanta an údair féin do San Proinsias.

D'fhéadfaí fiafraí cén fáth ar roghnaigh na taoisigh Ultacha San Francesco a Ripa le cuairt a thabhairt air lá fhéile San Proinsias seachas Santa Maria in Aracoeli, príomhmhainistir na nObsarvantach sa

Róimh? Is é an freagra simplí ar an gceist sin go raibh San Francesco a Ripa ainmnithe mar shéipéal stáisiúin d'fhéile an naoimh le fada an lá. Ó 1588 i leith, bhí liostaí na stáisiún ó mhí go mí le fáil in eagráin éagsúla an treoirleabhair, *Le Cose maravigliose* agus luaitear San Francesco a Ripa ar leathanach 205 in eagrán na bliana 1610 mar shéipéal stáisiúin ar fhéile San Proinsias.

Is é San Pietro in Montorio an eaglais ab ansa leis na taoisigh Ultacha sa Róimh, eaglais Phroinsiasach agus eaglais Spáinneach araon. Rinne Ferdinand agus Isbéal na Spáinne pátrúnacht ar an séipéal seo d'aon ughaim chun cur le gradam agus cumhacht na Spáinne sa Róimh. Thiomnaigh an Pápa Alastar VI an eaglais nua sa bhliain 1500 agus dhá bhliain ina dhiaidh sin thosaigh an t-ailtire cáiliúil Bramante, faoi choimirce choróin na Spáinne, ar scrín a thógáil os cionn na háite inar céasadh Naomh Peadar bun os cionn de réir an fhinscéil. Ba é an *Tempietto,* seoid ailtireachta an *Renaissance,* toradh a chuid oibre. Lean comharbaí Ferdinand agus Isbéal den tacaíocht seo do San Pietro in Montorio agus é mar chuspóir acu buanionad den phátrúnacht Spáinneach a dhaingniú i bpríomhchathair an phápa (Dandalet 2001: 1–5, 26).

Tagraíonn an Cianánach don eaglais seo trí huaire. Is i gcomhthéacs oilithreacht na seacht mbaisleac a rinne na taoisigh 12 Meitheamh 1608 is túisce a luann sé San Pietro in Montorio:

> As a haithle tra éirghid go teampall San Pietro in Vaticano, príomhchathair Pheadair isin Róimh. Gabhaid forsin slighidh go séipéal beag dar comhainm séipéal Peadair agus Póil.
>
> An tan ro heargabhadh Peadar is Pól la Rómhánchaibh aimhirseacheaibh ro treóraigheadh amach asan gcathraigh gusan dú sin iad. Ceileabhraid diaroile. Iar sin dosradadh an tí Pól dia dhícheannadh go Tria Fontana fó bhíthin go raibh léacs ag na Rómhánchaibh gan neach d'fhírthreibh an tseanaidh Rómhánaigh badhéin do bhásúghadh acht fri cathraigh aneachtair.
>
> Peadar iomorra ro bhuí i n-a Ghalaleus dos-radadh isteach thar bhallaighibh na cathrach go sliabh ro-ard do sheacht bprímhshléibhtibh na Rómha diar comhainm Ianicolo. Treóraighid é

> gusan gcnoc don sliabh dar comhainm Montorio. Cuirid croch chomhard i n-a seasamh dó go gclóithibh imreamhra agarbha iarainn i n-a chosaibh agus i n-a lámhaibh. Ros-fuair féin mar athchuinghidh báis a chrochadh agus a bhásughadh i ndeaghaidh a chos as a mbeith neimhionannas martra agus básaighthe dó fria n-a Thighearna.
>
> Conrótacht iomorra la rí na Spáinne .i. Fardinando mainistir ro-onórach isin ionadh sin i n-onóir Peadair, a hainm gusan tan so S. Petro Montorio. Atá aniú go sámhadh agus go gcoimhthionól d'aithreacha ro-onóracha d'ord S. Proinséis. Dos-rad iomorra an tAthair Naomhtha an Pápa Paulus Tertius ró-iomad loghadh agus maitheamhnais na bpeacadh agus na dturcbhál do lucht cuarta turais agus taistil na heagailse-se amhail atá i gcloich mharmair fuil uas fordoras séipéil ro-onóraigh atá i gclaustar na mainistreach isin áit sainighthe in ro básaigheadh Peadar (Ó Muraíle 2007: 7.52–5, 330–2).

Luann an t-údar Gaeilge an traidisiún faoi bhás Pheadair. Luann sé chomh maith pátrúnacht rí na Spáinne ar an séipéal Proinsiasach seo. Is beag nach ndéanann sé neamhshuim ar fad den *Tempietto* ach cuireann sé an bhéim go léir ar líon na loghanna is féidir a fháil ach turas a dhéanamh go dtí an áit inar céasadh Naomh Peadar. Tá an easpa spéise i gcúrsaí ealaíne ag teacht le cur chuige an Chianánaigh ó thús deireadh a shaothair. Ar an lámh eile, áfach, tapaíonn sé gach deis is féidir leis chun aird a tharraingt ar loghanna. Cuimhnímis gur cúrsaí loghanna a chuir an lasair sa bharrach maidir le tús an Reifirméisin ach gur deimhníodh bailíocht loghanna ag seisiún deireanach Trento (1563–4), ach mí-úsáideanna a chealú. Béim seo Uí Chianáin ar loghanna, is bealach ag an údar é chun na taoisigh Ultacha a léiriú mar phrionsaí a thacaigh go huile is go hiomlán leis an bhFrith-Reifirméisean Caitliceach.

Baineann an chéad tagairt eile do San Pietro in Montorio le bás Ruaidhrí Uí Dhomhnaill, 28 Iúil 1608:

> Ar n-amhárach iomarra dia Máirt, lá Sancta Márta, an tochtmhadh lá fichead do mhí Iulíí (recte 29), ro haidhleacadh an t-iarla i mainistr S. Petro Montorio. Sochraide líonmhar agus tórramh ro-onórach ar n-a

> ordughadh ó Naomhthacht an Phápa i bproiséisión onórach go n-iomadlíonmhaireacht do lóchrannaibh lasamhain ciara, go gcanntaireacht gcaoinbhinn dtaidhiúir dtuirsigh ar gach taobh de. É i n-aibíd Sanct Proinséis mar do theagaisc féin a cor i n-a urthimcheall (Ó Muraíle 2007: 8.10, 372).

Ní hamháin gur roghnaíodh séipéal na bProinsiasach Spáinneach don tsochraid agus don adhlacadh, ach feictear urraim an Iarla féin do San Proinsias sa mhéad gur gléasadh é san aibíd Phroinsiasach de réir a thola féin. Nuair a bhásaigh Cú Chonnacht Mag Uidhir agus Séamus Mag Mathghamhna i Genoa 12 Lúnasa is i mainistir na bProinsiasach ansin a adhlacadh iad agus iad beirt gléasta in aibíd San Proinsias (Ó Muraíle 2007: 8.13–4, 372–4).

Luann Ó Cianáin San Pietro in Montorio don uair dheireanach agus é ag tagairt do bhás Chathbhairr Uí Dhomhnaill, deartháir Ruaidhrí, 15 Meán Fómhair:

> Ar mbeith dóibh aimsir annsin fuair mac Uí Dhomhnaill bás an cóigeadh lá déag Septembris. Is inmheasta iomorra nach don deaghfhortún nó don deighchinneamhain is fearr tárraidh Éire an urdail sin do dheaghroighnibh mhac Míleadh Easpáinne d'fhaghbháil bháis go hobann diaigh i ndiaigh i n-eachtairchrích imchéin ainiúil i gcoimhfhéagmhais a n-athardha bunaidh badhéin. Ro hadhnacht tra mac Uí Dhomhnaill i n-aibíd Sanct Proinséis go sochraide líonmhair lais agus go dtórramh ro-onórach i bproiséisión i n-a thimchioll isin mainistir chéadna, S. Petro Montorio, ar éindéanamh agus i n-iomfhochraibh do thomba an Iarla (Ó Muraíle 2007: 8.17, 374).

Ní hamháin go bhfuil an toise Proinsiasach agus an toise Spáinneach againn arís, ach díol spéise an uair seo go meabhraíonn Ó Cianáin d'aon ughaim an traidisiún cianársa gur ón Spáinn a shíolraigh na Gaeil an chéad lá riamh. Díol spéise freisin, nuair a thionlaic Flaithrí Ó Maoil Chonaire Aodh Ruadh Ó Domhnaill chun na Spáinne ar lorg cabhair mhíleata tar éis bhriseach Chinn tSáile, gur chuig Brigantia is túisce a chuaigh siad, an caladhphort ónar chuir Clanna Míle chun farraige ar an iomramh go hÉirinn (Walsh 1948: 340–1). Tugann an toise Proinsiasach snáithe aontachta d'inseacht Uí Chianáin agus sin í an ghné a aibhsíodh san aiste seo. Tugann an toise Spáinneach snáithe aontachta eile don téacs. I San Pietro in Montorio a thagann an dá thoise le chéile.

Nod

C.S.P.I. Calendar of State Papers relating to Ireland (Russell and Prendergast 1874)

Nóta

1 Díol spéise líon na mbailte idir bheag agus mhór a luann Ó Cianáin ar an aistear idir Loreto agus an Róimh. Ar an leathanach deireanach neamhuimhrithe d'eagrán na bliana 1608 de *Le Cose Meravigliose dell'Alma Città di Roma* tugtar líon na mbailte idir an Róimh agus Loreto, móide an t-achar idir gach dhá bhaile i mílte Rómhánacha. Díol suntais a dhílse a leanann an Cianánach an cuntas seo cé is moite den chor bealaigh ó Verchiano via Foligno go Assisi. Díol suntais freisin gur i léigeanna seachas mílte a luann an t-údar an t-achar idir na bailte. Nuair a thrasnaigh na hIarlaí an Tibir, beagáinín ó dheas ó Borghetto, b'aisteach le Tomás Ó Fiaich gur bhaist an croiniceoir ainm na habhann in Iodáilis ar an áit, tharla nach raibh baile ar bith in aice láimhe (Ó Muraíle 2007: 559–60). Ach má cheadaímid an liosta in *Le Cose Meravigliose,* feicimid go dtugtar ainm na habhann ar an log farantóireachta sa téacs seo freisin. Tugann sé seo go léir le fios gurb é bóthar mór na n-oilithreach a ghabh na Taoisigh Ultacha ó Loreto go dtí an Róimh agus gur cheadaigh an Cianánach eagrán 1608 de *Le Cose Meravigliose* sular réitigh sé an leagan deireanach dá chroinic.

Leabharliosta

Dandalet, T. J. 2001. *Spanish Rome 1500–1700.* Yale Univesity Press.

Facciotti, G. 1608. *Le Cose Meravigliose dell'Alma Città di Roma*. Roma.

Felini, P. M. 1610. *Trattato Nuovo delle Cose Maravigliose dell' Alma Città di Roma.* Roma, 1610, Facsimile, Roma, 1995.

Gatti, I. 1983. *La tomba di S. Francesco nei Secoli*. Assisi.

Gonzaga, F. 1587. *De origine seraphicae religionis Franciscanae eiusque progressibus, de Regularis obseruanciae institutione, forma administrationis ac legibus, admirabilique eius propagatione*. Romae.

Grimaldi, F. 2001. *Pellegrini e Pellegrinagi a Loreto nei Secoli XIV –XVIII.* Loreto.

Hazard, B. 2010. *Faith and Patronage The political Career of Flaithrí Ó Maoil Chonaire c. 1560–1629*. Dublin.

Mooney, C. 1954–5. 'The founding of the friary of Donegal' *Donegal Annual* 3 (1): 15–23.

Moorman, J. 1968. *A History of the Franciscan order from its Origins to the year 1517.* OUP.

Ó Clabaigh, C. N. 2010. *The Franciscans in Ireland. From Reform to Reformation.* Dublin.

Ó Muraíle N. 2007. *Turas na dTaoiseach nUltach as Éirinn; from Ráth Maoláin to Rome*. Pontifical Irish College, Rome.

Pieroni Francini, M. 1993. 'Itinerari della Pietà negli Anni della Controriforma Pellegrini Romani sulla Strada di Loreto', in Monticone, A. (a cura di), *Poveri in Cammino, Mobilità e Assistenza tra Umbria e Roma in Età moderna*. Milano. 296–320.

Russell, C. W., and Prendergast, J. P. 1874. *Calendar of the State Papers, relating to Ireland, of the Reign of James I: 1607–8*. London.

Santarelli, G. 1997. *Loreto nella Storia e nell'Arte*. Ancona.

Swords, L. 2007. *The Flight of the Earls: a Popular History*. Dublin.

Walsh, P. 1948. *Beatha Aodha Ruaidh Uí Dhomhnaill*, Part I, Text and Translation, ITS, 42. London.

1996. Forey, P., Fitzsimons, C. *Feithidí: cuntas ar na speicis Eorpacha is coitianta mar aon le léaráidí daite*;
N. Williams a rinne an leagan Gaeilge. (Eolaí póca).
Baile Átha Cliath: An Gúm.
(le caoinchead An Ghúm)

Caoimhín Mac Giolla Léith

'NÍ CEADMHACH NEAMHSHUIM'

Mar chomhghleacaí dil i gColáiste na hOllscoile, Baile Átha Cliath, ar feadh breis is scór bliain bhí Nicholas Williams chomh spreagúil céanna agus a bhí sé mar léachtóir agus mé féin i mbun na céime roimhe sin. Cé go mba dheacair a ceart a thabhairt d'ilghnéitheacht a shaothair mar scoláire i réimsí éagsúla den léann Ceilteach, gan trácht ar a shaothar mar aistritheoir, is mar fhile a thug mé féin suntas dó an chéad lá, creid nó ná creid, nuair a tháinig mé ar an dán spraíúil úd dá chuid ar 'Chearca Sibhialta na Gaeltachta' sa chéad eagrán den iris *Innti* agus mé fós ar an meánscoil. Tá súil agam, más ea, gur leor an méid sin mar leithscéal tabhairt faoin méid seo a leanas.

* * *

NÍ CEADMHACH NEAMHSHUIM

Níl cuil, níl leamhan, níl beach
Dar chruthaigh Dia, níl fear,
Nach dualgas dúinn a leas,
Níl bean; ní ceadmhach neamhshuim
A dhéanamh dá n-imní;
Níl gealt i ngleann na ngealt,
Nár chuí dhúinn suí lena ais,
Á thionlacan an fhaid
A iompraíonn thar ár gceann,
Ár dtinneas-ne 'na mheabhair.

Níl áit, níl sruth, níl sceach,
Dá iargúlta iad, níl leac,
Bídis thuaidh, thoir, thiar nó theas,

Nár cheart dúinn machnamh ar a suíomh,
le gean is le báidhíocht;
Dá fhaid uainn Afraic Theas,
Dá airde í gealach,
Is cuid dínn iad ó cheart:
Níl áit ar fuaid na cruinne
Nach ann a saolaíodh sinne.

– Ó Ríordáin (1971: 40)

Dán déanach é seo le Seán Ó Ríordáin ón gcnuasach deireanach a d'fhoilsigh sé lena bheatha, *Línte Liombó*, ón mbliain 1971. Dán neamhthipiciúil é ar bhealaí áirithe. Dar liom gurb í an ghaois choitianta fós gur i saothar próis an Ríordánaigh is mó — nó, fiú, gur ansin amháin — is fearr is féidir tuairimíocht pholaitiúil agus coinsias sóisialta an fhile a rianú, i gcodarsnacht lena chuid filíochta, ar mó de mhianach na miúine, mar a déarfadh Tadhg Ó Dúshláine, atá le sonrú inti, dianmhachnamh inbhreithnitheach a bhíonn ag bordáil go minic ar dhún dúnta an tsóilipseachais. (Ó Dúshláine 2006). Ach féach sa dán áirithe seo go dtugtar le fios go follasach nach i bhfolús diamhair éigin, saor ó chomhthéacs nó ó chomhthéacsú sochpholaitiúil, atá an file ar a mharana, an babhta seo, ar a laghad. 'Dá fhaid uainn Afraic Theas, / Dá airde í gealach, / Is cuid dínn iad ó cheart'. Is amach as ceartlár ré faoi leith den stair dhomhanda a eascraíonn an dán seo, mar atá ré na ngluaiseachtaí éagsúla ar son cearta sibhialta 'ar fuaid na cruinne', ar thaobh amháin, agus ré an spásthaistil agus na spásthaiscéalaíochta, ar thaobh eile, arbh é a dhúshlán críocha na cruinne céanna a shárú. Ar ndóigh, tá íoróin áirithe ag roinnt leis an gcúpláil a dhéantar i ndán Uí Ríordáin ar an dá thionscnamh mhórthaibhseacha seo. Is i dtéarmaí comhoibriú agus comhbhá á leathadh thar theorainneacha traidisiúnta idirchultúrtha a samhlaíodh an cur i gcoinne an chórais *apartheid,* feachtas a bhí ag cruinniú nirt de réir a chéile i gcaitheamh na seascaidí. Ach is i dtéarmaí contrártha na comórtaisíochta agus na coimhlinte, idir mórchumhachtaí na Stát Aontaithe agus Aontas na Sóibhéide, a fhéachaimid siar inniu ar an rás rémhíleach úd chun na gealaí arbh é tús a dheiridh ar bhealach, mar is eol dúinn anois, coiscéim bheag úd Neil Armstrong ar an 20ú lá de mhí Iúil 1969. Argóint agus achainí ar son na comhbhá agus na comhthuisceana atá sa dán seo, mar sin féin, scóip uileghabhálach amach is amach á samhlú leis an 'ngean' agus leis an 'mbáidhíocht' atá á mholadh is á mhóradh ag an bhfile.

Bíodh sin mar atá, is léir nach i gcónaí a bhraith an Ríordánach go raibh báidhíocht dá cháilíocht seo ar a chumas, fiú nuair is ag cuimhneamh a bhí sé ar chomhbhá leis féin, leis an mé sin a bhí ann cheana, nó an mé a dtiocfadh ann dó san am a bhí roimhe amach. Tá léiriú air seo, mar shampla, sa dán 'An Gad is Giorra don Scórnach', dán a cumadh tamall de bhlianta i ndiaidh 'Ní Ceadmhach Neamhshuim':

> Chím an duine romham amach
> Agus pian mhór air, chím a bhás:
>
> Ach is fuirist dom é féin agus a phian agus a bhás
> A chur ar an méir fhada;
> Mura gcuirfinn
> Ní mhairfinn;
> Is leor liom pian an té
> Atá faram i láthair na huaire …
>
> – Ó Ríordáin (1978: 28)

Más léir anseo, thar aon áit eile, a theoranta a bhíonn acmhainn na báidhíochta agus raon na comhthuisceana in amanna ag an bhfile cráite agus é i bpéin, gan comhbhá leis féin fiú ar a chumas, ní teip na haon uaire ar an gcomhbhá é, ná baol air. Cuimhnímis, mar shampla, ar an liodán searbh comhfhocal — agus tuigim nach searbhas a shamhlaíonn léitheoirí eile leis na línte seo — sa dán 'Saoirse', a thosaíonn leis an réimír 'comh-', mar a dtugann an Ríordánach le fios dúinn, mar dhea, go bhfuil faoi feasta 'gean a chroí' a thabhairt 'go fíochmhar' don rud atá 'srianta':

... Don chomhthuiscint, don chomh-sheanchuimhne,
do chomhiompar comhdhaoine,
Don chomh-mhacrud ...

– Ó Ríordáin (1952: 102)

Más deacair do chuid againn glacadh le ráiteas seo an Ríordánaigh, is léir faoi dheireadh an dáin nach bhfuil éirithe aige é a chur ina luí air féin ach an oiread gur fiú ná gur féidir leis géilleadh d'éileamh an tsaoil srianta faoi mar a thuigtear é sin, dar leis, dá chomhdhaoine.

Anois, níl aon amhras ach gurbh é Emmanuel Levinas mórfhealsamh na báidhíochta le leithchéad bliain anuas is breis, agus is údar spéise ar leith é an nasc bunúsach a shamhlaíonn sé siúd idir an fhulaingt agus an chomhbhá. Dar le Levinas, cé gur léir gur *datum* is ea an fhulaingt sa chomhfhios, olc is ea é freisin atá gan feidhm ann féin, olc a chuireann daonnacht an té atá i bpéin ó mhaith agus a fhágann an comhfhios i riocht na céastachta: céastacht, go deimhin, sa dá chiall atá ag an bhfocal seo sa Ghaeilge, mar a tharlaíonn, i.e. *céasta* sa chiall 'ciaptha', agus céasta sa chiall 'neamhghníomhach'. Mar a thugann Levinas le fios, tá an fhíorfhulaingt *gan bhrí* — agus anseo arís is cabhair don Ghaeilgeoir débhrí an fhocail againne, i.e. 'ciall' agus 'fuinneamh'. Má tá an fhíorfhulaingt daortha chun aonaránachta, gan radharc ar aon tslí éalaithe, tá údar dóchais taobh thall de dhún seo an éadóchais, mar sin féin, i bhfoirm an ruda ar a dtugann Levinas an 'idirdhaonnacht', *l'interhumain*. (Mana bunaidh dá chuid: *La tache humaine par excellence est celle de l'interhumain* 'cúram *par excellence* na daonnachta is ea cúram na hidirdhaonnachta'.) Is sa chúram a ghlacann daoine eile don té atá ag fulaingt a aimsítear pé brí atá aici mar fhulaingt. Is é an cúram seo don té atá céasta — a thaibhsíonn fiú, nó b'fhéidir go háirithe, as doircheachtaí uafara na fichiú haoise, agus tá Levinas ag cuimhneamh ar fhorbairt na cógaisíochta chomh maith le bláthú na carthanachta lena linn — is é an cúram seo an sárphrionsabal eiticiúil agus, dar leis, *nexus* na suibiachtúlachta daonna.

Is dóigh liom go dtuigfeadh an Ríordánach dó seo i bprionsabal, pé rud a déarfaimis faoin bpraitic, cinnte ar fhianaise an dáin atá faoi chaibidil, 'Ní Ceadmhach Neamhshuim'. Fiú ar leibhéal neamhchomhfhiosach na cumadóireachta, féach an ceangal struchtúraíoch idir an rím láidir deireadh líne (i gcanúint na Mumhan, ar ndóigh) ag deireadh na línte lárnacha 4 agus 5 sa dá rann faoi seach: 'neamhshuim : imní :: a suíomh : báidhíocht'. Is é an freagra cuí ar an imní an bháidhíocht, i dtéacs foirmiúil an dáin agus i gcomhthéacs eiticiúil an tsaoil araon. Ach, má tá an rud ar a dtugann Levinas an 'idirdhaonnacht' lonnaithe in easpa neamhshuime an duine aonair ina chomhdhuine — 'ní ceadmhach neamhshuim' — is é an pointe tábhachtach aige siúd go bhfuil rud níos bunúsaí i gceist anseo ná conradh na comhfhreagrachta, na cómhalartaíochta agus an chomhdhualgais idir daoine, faoi mar a chothaítear a leithéid i ndlithe agus i reachtaíocht neamhphearsanta. Is é sin le rá gur gá gurb ann don bháidhíocht *as féin* sul má chlóbhuailtear a leithéid go hoifigiúil agus go poiblí anuas ar sheasamh eiticiúil aonaránach an 'mise *qua* mise'.[1]

Anois, le filleadh ar dhán Uí Ríordáin, is fiú na téarmaí ina ríomhtar toisí na báidhíochta seo a bhreithniú go grinn, mar go bhfuil leide anseo againn go bhfuil leagan amach ar cheist na comhbhá ar intinn ag an Ríordánach atá níos uileghabhálaí agus níos radaicí ná cúram na hidirdhaonnachta amháin, à la Levinas. Tugaimis suntas faoi leith, mar shampla, do na neacha agus do na nithe a bhfuil dualgas orainn ina dtaobh de réir an dáin. Más ceadmhach dom, fágfaidh mé i leataobh ceann amháin acu seo, mar go bhfuil go leor ráite ag tráchtairí éagsúla romham faoin 'ngealt' mar phearsa eiseamláireach i bhfilíocht Uí Ríordáin, mar aon le pearsana eiseamláireacha gaolmhara eile ina shaothar ar nós an naomh, agus an file. Leor le rá gur gabhar tiomanta is ea an gealt sa dán áirithe seo a iompraíonn tinneas an tsaoil chomhaimseartha 'thar ár gceann' go léir. Breithnímis, áfach, na neacha eile a luaitear i bhfíorthús an dáin, agus an t-ord ina liostáiltear iad: 'cuil', 'leamhan', 'beach' — 'Dia', ar ndóigh, thar aon ní eile — 'fear', agus, ar deireadh thiar, ar sileadh beagáinín ón dream eile ó thaobh na meadarachta de, beagnach faoi mar a bheadh iarsmaoineamh ann, 'bean'. Cé nach bhfuil fúm cúram faoi leith a dhéanamh de chúrsaí inscne anseo, tá sé spéisiúil ó thaobh an chomhfhreagracht rithimiúil idir an dá líne thosaigh sa dá rann faoi seach, go bhfreagraíonn 'áit', 'sruth' 'sceach' agus 'leac' sa dara rann do 'cuil', 'leamhan', 'beach' agus 'fear' an chéad rainn, rud a fhágann go bhfuil an 'bhean' bhocht ar easpa páirtí sa scéimre seo, ar chaoi éigin. Pé scéal é, is léir gur mar ghnéithe éagsúla de chointeanóid na beatha, nó go deimhin na beithe, a shamhlaítear na nithe uile seo, ón bhfeithid is lú agus is laige, dá dtugtar tús áite sa dán seo ('bíonn cion ar an mion i méid' a deir an Ríordánach linn i ndán eile leis, 'Colm' (Ó Ríordáin 1964: 31), go dtí an duine féin, mar aon le gnéithe aiceanta den timpeallacht máguaird a shíneann amach san uile threo 'ar fuaid na cruinne', agus níos faide fós, i dtreo na firmininte ('dá airde í gealach').

I ndán cáiliúil Derek Mahon, 'Tractatus', a scríobhadh ar lorg Wittgenstein, dar tús 'The world is everything that is the case / from the fly giving up in the coal-shed / to the Winged Victory of Samothrace', tá cruinne á chuimsiú freisin ón bhfeithid aiceanta is lú go dtí an saothar ealaíne is luachmhaire, agus is údar spéise an t-ualach siombalach a leagtar ar an gcuil i ndánta Uí Riordáin agus Mahon araon. Mar a tharlaíonn, tá ualach siombalach den tsórt céanna á iompar chomh maith ag an míoltóg i gceann de mhórdhánta comhaimseartha Ghάidhlig na hAlban, 'A' Mheanbhchuileag' ('An Mhíoltóg') le Fearghas MacFhionnlaigh. Tosaíonn an dán seo le sliocht ina gcuirtear log nó suíomh fisiciúil an dáin faoi bhráid an léitheora:

Bha mi nam shuidhe uair a' leughadh aig bòrd
nuair a mhothaich mi lìon dhamhain-allaidh
air taobh-a-muigh na h-uinneige
agus meanbhchuileag ri strì innte.
Choimhead mi air-ais gum leabhar.
Nach b'e dòigh nàdair sin?
Meanbhchuileag agus damhan-allaidh air lìn.
So-leontachd agus cumhachd sníomhte le chéile.
Ach chuir e dragh orm … – Mac Fhionnlaigh (1980: 5)

Tá an file ina shuí ag bord ag léamh nuair a thugann sé faoi deara cruachás na míoltóige agus í ag streachailt i líon an damháin alla. Nach cuma faoi, dar leis ar dtús. Nach in é an saol: soghontacht agus cumhacht a bheith fite fuaite lena chéile i ngréasán nádúrtha an Dúlra? Ach, ansin ar ais, cuireann an radharc seo isteach air ('chuir é dragh orm') agus cuireann ag machnamh é. Cuireann sé ag machnamh é, thar dhá scór leathanach nó mar sin, ar oilc iomadúla an tsaoil as a chéile, ar na laigí éagsúla sa chine daonna, idir fhabhtanna fisiciúla agus fhabhtanna fealsúnaíocha, ar an mbagairt chomhaimseartha don chomhshaol, agus ar éagcumas, ar uireasa agus ar uirísleacht an duine nach bhfuil ann i ndeireadh thiar ach oiread na fríde i ré bhagrach na hollteicneolaíochta:

Innsidh mi seo dhuit –
chan e Atlas a th'annam;
chan urrainn dhomh an saoghal a ghiùlain.
Chan eil annam ach atam air druim an domhain,
ri strì eadar fisean is fiùisean …

– Mac Fhionnlaigh (1980: 5)

Ní Atlas na miotaseolaíochta clasaicí é. Ní féidir leis an domhan a iompar ar a dhroim mar nach bhfuil ann féin ar deireadh ach an t-adamh is lú ar dhroim an domhain chéanna: *Atam*. (Ait go leor, bhí gadhar darbh ainm 'Atom' ag an Ríordánach tráth (Ó Coileáin 1982: 388).) Tamall amach sa dán deir MacFhionnlaigh linn:

Tha mi beag is tha eagal orm roimh rudan beaga:
a' chealla aillseach a sgriosas bodhaig,
am facal òinseach a sgriosas gaol,
am bonn-airgid a reiceas rìoghachd,
an t-atam sgoilt a sgriosas Hioroisimea,
an vìoras neimheil, am pilear nàimhdeil,
mearachd ann an intinn feallsanaich.

– Mac Fhionnlaigh (1980: 7)

Samhlaíonn sé é féin ar chóimhéid leis na rudaí beaga a chuireann faitíos air: an cillín ailse a scriosann corp, an focal baoth a scriosann grá, an víreas nimhneach, an piléar naimhdeach, an earráid in intinn fealsaimh. Ba bhreá leis a bheith mar Argus na Gréige, *Argus Panoptes*, ag faire ar an domhan le céad súil ina cheann, ach, mar a deir sé:

> … tha an iunaibhears ro àibheiseach dhomh.
> Gidheadh, mur faic mi a h-uile nì
> cionnas a bhitheas cinnt agam air nì sam bith …
>
> – Mac Fhionnlaigh (1980: 7)

Tá an chruinne rómhór le súil a choinneáil uirthi ach, murar féidir an uile ní a chuimsiú i raon na súl, cén chaoi ar féidir a bheith cinnte faoin ní is lú? Sin í an cheist. Agus an freagra? Fócasú de shórt éigin, is dócha. Ach in áit a aird a dhíriú ar chruachás faoi leith de chuid a chomhdhuine, mar a mholfadh Levinas, abair, is ar pheata cait a chuimhníonn sé i dtús báire, bíodh go mbraitheann sé ciontacht i leith an tsaoil mhóir agus é ag smaoineamh ar an gcréatúirín suarach seo:

> Tha fhios nach eile e iomchaidh
> a bhith a' caoidh cait
> nuair a bhitheas
> crith-thalmhainn an Sìna
> is tuiltean sa' Bhanla Deis,
> is goirt feadh leth an t-saoghail.
>
> Ach bha cat againn a fhuair bàs;
> agus bha gràdh againn air …
>
> – Mac Fhionnlaigh (1980: 8)

Dar leis nár cheart dó a bheith ag cuimhneamh ar bhás an ainmhí bhig seo agus mórchrith talún ag déanamh slad ar an tSín, tuilte i mBangla Deis agus gorta ar fud leath na cruinne. Bíodh sin mar atá, nach maith a thuigfeadh an Ríordánach don chasadh áirithe seo sa scéal ag MacFhionnlaigh?

> An cat d'fhágáil amuigh
> Sa chaochoíche leis féin
> Is an spéir ró-ard mar thigh,
> Ní dhéanfainn a leithéid …
>
> – 'An Cat', Ó Ríordáin (1952: 54)

I bhfianaise dánta éagsúla leis an Ríordánach, mar shampla 'An Cat', 'Cúl an Tí', agus 'Malairt' ó *Eireaball Spideoige*; 'Catchollú', 'Tulyar' féin, b'fhéidir, ó *Brosna*; 'Tar éis dom é a chur go tigh na ngadhar' ó *Línte Liombó*, 'Piscín' ón gcnuasach *Tar Éis mo Bháis*, agus dán nó dhó eile nach iad, ba dhóigh le duine go mba túisce a thapaigh na hainmhithe féith na báidhíochta sa Ríordánach ná formhór mór a chomhdhaoine, fág a mháthair as an áireamh. Admhaíonn Seán Ó Coileáin é seo agus é ag trácht ar a raibh le rá ag an Ríordánach faoi laochra éagsúla dá chuid — sa phrós den chuid is mó, is fiú a lua — de réir mar a thit siad ar lár: Dónall Ó Corcora, Seán Ó hÉigeartaigh, Máirtín Ó Cadhain, Seán Ó Riada, an tAthair Tadhg, Micheál Ó Gaoithín ina measc:

> B'iad seo na laochra a thógadh óna shuaraíocht bheag phearsanta [an Ríordánach] lena ngníomh, lena samhlaíocht agus lena mórchroí. Ach ní bheireann aon chaill acu an greim céanna ar [chroí an fhile] agus a bheireann anbhás an ainmhí bhig arb é féin is freagrach ann. [i.e na gadhair agus na cait éagsúla a bhí ag Ó Ríordáin ag amannta éagsúla ina shaol]
> (Ó Coileáin 1982: 387)

Is é an difríocht is suntasaí, dar liom, idir Ó Ríordáin agus MacFhionnlaigh maidir leis an gceist seo ná go mbrúnn Ó Ríordáin an bháidhíocht seo le hainmhithe faoi leith níos faide ná MacFhionnlaigh, go dtí an pointe go samhlófá an difríocht idir an t-ainmhí agus an duine á chur ar ceal. Tá an difríocht bhunúsach seo idir an t-ainmhí agus an duine slán agus soiléir, áfach, in insint MhicFhionnlaigh. Meas tú, a thuairimíonn an file Albanach, sa sliocht a leanann ó scéilín a pheata cait, an mbeimis níos sona dá mbeimis ar nós na n-ainmhithe, is é sin gan urlabhra, gan mhiotaseolaíocht, neamhfhiosrach faoin mórchruinne, faoin am atá thart nó faoin am atá romhainn amach? Ní cás le hintinn ainmhí ceist na síoraíochta. Níl aithrí air i dtaobh a bhfuil déanta aige, ná eagla air roimh an mbreithiúnas atá le teacht. Inniu amháin atá sé beo, mar atá Dia, ar dhóigh. Agus nuair a dhruideann an bás faoi dhéin ainmhí tá níos lú den fhulaingt i gceist ná mar atá i gcás an duine — agus seo an pointe tábhachtach aige — mar go mbíonn an duine go síoraí ag dréim go faiteach leis an mbás faoi mar a bheadh poll dorcha ar an taobh thall de thollán solais ('mar linne dorchadais / air taobh thall tunail de sholas'.) Dar le MacFhionnlaigh tá difríocht dhosháraithe ann idir an duine agus an t-ainmhí agus is mar sin is ceart agus is cóir. Ar ndóigh, sin é an tuiscint choitianta atá ar an scéal, faoi mar a léiríonn, mar shampla, John Berger, in aiste leis dar teideal 'Why Look At Animals?' ón mbliain 1977, ar deacair don Ghaeilgeoir é a léamh gan an dán 'Malairt' leis an Ríordánach a thabhairt chun cuimhne:

> The eyes of an animal when they consider a man are attentive and wary. The same animal may well look at other species in the same way. He does not reserve a special look for a man. But by no other species except man will the animal's look be recognised as familiar ['Gabh i leith', arsa Turnbull, 'go bhfeice tú an brón i súilibh an chapaill'] Other animals are held by the look. Man becomes aware of himself returning the look. (Berger 1977: 4–5)

Is fiú cuimhneamh ag an bpointe seo ar an gcosúlacht shuntasasch idir an dán luath seo 'Malairt' agus an dán déanach leis an Ríordánach, 'Súile Donna', ainneoin an éagsúlacht thábhachtach gur caidreamh idir fear agus capall atá i gceist sa chéad dán acu, agus caidreamh idir an file agus neach daonna, mac le seanchara leis, atá i gceist sa dán eile. Is é an tréith a idirdhealaíonn an t-ainmhí ón duine de réir dhán

MhicFhionnlaigh an rud ar a dtugann sé 'so-leòntachd', agus is léir nach soghontacht fhisiciúil atá i gceist aige go príomha ach leochaileacht síceolaíochta nó goilliúnacht mhothálach. Níl 'so-le`ontachd', sa chiall atá i gceist ag MacFhionnlaigh, ar chumas an ainmhí faoi mar atá sé ar chumas an duine dhaonna, ach an oiread is a bheadh sé ar chumas innill ná meaisín ná aon rud neamhbheo, agus sin é go baileach a rud a shainíonn an duine mar fhíordhuine.

> An duine nach eil so-leònta, sann m`i-chneasda bhitheas e.
> Robot.
> Beò gun deò …
> AN FEAR A DHIULTAS SO-LEONTACHD, THEID E NA CHLACH!
>
> – Mac Fhionnlaigh (1980: 13)

Más geall le cloch, is é sin rud neamhbheo, an duine nach bhfuil cáilíocht na so-leontachta ann, is fearr mar sin don fhile an ghoilliúnacht dhaonna seo ann féin a chaomhnú agus a chothú feasta ('fanaidh mi so-leònta', a deir sé). Mar, tar éis an tsaoil, níl de rogha aige seachas sin ach Dia beag a dhéanamh de féin, cineál éigin *Übermensch* faoi mar a shamhlaigh Nietzsche a leithéid tráth. Go deimhin, déantar ionannú follasach i gcroílár na miúine seo idir toil chun cumhachta Nietzsche agus uabhar Ádhaimh i ngairdín Pharthais a thug dúshlán an Tiarna mar gur shantaigh sé féin 'tiarnas gan dleastanacht' ('a' sanntachadh tighearnas gun dleasnas'). Is éard is brí le dleastanacht anseo, is gá a rá, ní amháin an rud atá dlite *duit*, mar dhuine, ach an rud atá dlite *uait*, an dílseacht agus an cúram, an chomhbhá agus an charthanacht úd atá mar dhualgas ort i leith neacha nach tú. Agus is é an léas tuisceana seo, ar deireadh, a réitíonn an tslí do *dénouement* agus dúnadh an dáin, mar a dtagann an file ar mhalairt na tuairime a léirigh sé níos luaithe.

> Tha mi beag, agus is taigh leam na rudan beaga:

‘Is maith liom rudaí beaga’ – an gean agus an bháidhíocht tagtha anois in áit na heagla a cuireadh in iúl roimhe.

> an sìol adhlaict’ a sgoltas an cabhsair;
> an t-sileig uisg’ a chaitheas a’ chlach;
> a’ ghainmhein mhìn a thiodhlacas am biorramaid;
> a’ chiad eun a chuireas fàilt’ air a’ ghréin
> … – Mac Fhionnlaigh (1980: 32)

Tugtar an t-ómós is dual dó anseo, ar deireadh, don mhion i méid: don síol adhlactha a scoilteann an cosán, don silín uisce a chaitheann an chloch, don ghaineamh mín a chlúdaíonn an Phirimid mhór Éigipteach, don éan a chuireann fáilte roimh an ngrian. Ansin tagaimid chuig deireadh an dáin, muid fillte ar an láthair agus ar an *scenario* céanna lenar thosaigh an file:

> *Gu h-obann dh’èirich mi,*
> *agus chaidh mi don chidsin,*
> *a’ tilleadh le sgian gheur.*
> *Dh’fhosgail mi an uinneag*
> *agus gheàrr mi gu faicilleach*
> *tron lìon mu thimcheall na meanbhchuileag*
> *gus an robh i fuasgailte.*
> *Dh’fhalbh i air iteig,*
> *agus chaidh an damhan-allaidh air ais na tholl dorch.*
> – Mac Fhionnlaigh (1980: 32)

Fuascláitear an mhíoltóg, a eitlíonn léi, agus filleann an damhán alla ar a pholl dorcha:

> *So-leòntachd agus cumhachd;*
> *dóigh na cruinne-cè.*

So-leòntachd agus cumhachd;
agus tròcair
– Mac Fhionnlaigh (1980: 32)

Is deacair anseo gan 'A' Mheanbhchuileag' a chur i gcodarsnacht leis an dán 'Na Leamhain' leis an Riordánach, an bheirt fhile ina n-aonar i mbun na léitheoireachta agus feithid shuarach ag fulaingt: 'an bascadh mionsciathán', 'rud leochaileach á chrá'. Ach, ar ndóigh, murab ionann agus míoltóg MhicFhionnlaigh, ní thagann an leamhan i ndán Uí Ríordáin slán ó fhiosracht is ó dhúil amplach an fhile — 'Dob é mo chúram lámh a leagadh orthu / Is gan ligean leo chun fáin'. In áit na fuascailte is dán don mheanbhchuileag tá an leamhan thíos le gníomh ansmachtach Uí Ríordáin, 'sealbhú' agus 'sárú tearmainn' (murab ionann, abair, agus aoibhneas an 'chimescaoileadh' a fheicimid i ndán eile leis ina bhfuil 'smaoineamh beag mailíseach' á shamhlú mar leamhan a chromann ar Dhia féin a chiapadh ('????', Ó Ríordáin 1952: 98). Is é is toradh ar an sárú tearmainn sa dán 'Na Leamhain' ar deireadh 'creachadh na leamhan-scannán', ainneoin a dtugann an file le fios dúinn faoin mbeann mhór atá aige 'ar a mion-rírá'. Críochnaíonn dán MhicFhionnlaigh, mar atá feicthe againn, le hargóint ar son na trócaire, san áit gur aiféala, féintrua agus iarracht den déistin is mó a bhraithimid in 'Na Leamhain'. Ach, mar is eol, is féidir trócaire a bheith ann gan chomhthuiscint, fiú gan chomhbhá, agus sa mhéid seo d'áiteoinn go bhfuil mianach atá pas beag níos radaicí i meon an Ríordánaigh i leith na ceiste seo, mar is léir i scríbhinní áirithe eile dá chuid.

Tá sé seo le rianú sa chéad áit sa réamhrá cáiliúil a chuir sé le h*Eireaball Spideoige*, agus sa dara háit i ndornán dánta a bhfuil plé luachmhar déanta orthu sa chaibidil de leabhar Sheáin Uí Choileáin ar an Ríordánach, dar teideal 'Ríordánú Catbhall' (Ó Coileáin 1982: 379–93). Is é seo a leanas céadabairt na caibidle seo: 'Cineál so-aitheanta véarsaíochta ariamh [ag an Ríordánach] ab ea na dánta a raibh baint acu le hainmhithe'. Agus 'pé gaol eile' atá idir na hainmhithe sna dánta seo 'is é gaol an cheana is treise orthu go léir.' Gean agus báidhíocht chugainn arís. Go luath ina shaothar is mó a fhanann an Ríordánach 'lasmuigh' do na hainmhithe ar a dtráchtann sé, dar le hÓ Coileáin, cé go bhfuil mianach an chlaochlaithe cheana féin sa dán 'Malairt', agus sa chur síos ar aigne an linbh sa réamhrá le *Eireaball Spideoige*. Murab ionann baileach agus na dánta seo, áfach, ní hé próiseas an chlaochlaithe féin atá spéisiúil sa dán 'An Cat', i dtuairim Uí Choileáin, ach 'an catduine ag troid fairsinge na hoíche agus géire agus sceoin ina aonar'. Cé go bhfuil locht ag an gCoileánach ar na ranna seo a leanas, mar go bhfuil an iomarca den mhíniúchán ag roinnt leo, dar leis, is fiú iad a thabhairt:

Mar d'ólas smaointe an chait,
Is d'fhair an cat go géar
Na smaointe im shúil ag teacht
Is d'fhásamar araon

Do deineadh díom leathchat,
Ba dhuine an cat dá réir,
An caidreamh a scoilt,
Ní dhéanfainn a leithéid.

– 'An Cat', Ó Ríordáin (1952: 54)

Is furasta teacht ar sholaoidí eile níos deireanaí i saothar an Ríordánaigh atá ar an dul céanna leis seo, a leithéid seo ón dán 'Aistriú' sa chnuasach *Línte Liombó*:

Aistrigh a cló cait
Id aigne go bean,
Agus chífidh tú
Go mba bhreá an bhean í
Dá mbeifeá id chat fireann.

– 'Aistriú', Ó Ríordáin (1971: 24)

Nó sa dán 'Eireablú', a foilsíodh in *Tar Éis mo Bháis*:

> Fuair sí í féin ina cat,
> Dar léi siúd nárbh ait,
> Mar bhí sí riamh ina cat –
> Ceathairchosach, ciúin,
> Eireaball as a tóin,
> Radharc san oíche, scrabhadh,
> Gomh lapa is mí-amha,
> Is í chomh soghluaiste leis an abhainn.
>
> – 'Eireablú', Ó Ríordáin (1978: 25)

Léamh gruama go leor atá ag an gCoileánach ar an dornán dánta seo, 'cuid mhaith shuaithinseach' de shaothar Uí Ríordáin 'a bhaineann le saol na mion i dtoirt agus i dtábhacht, an saghas ab ansa leis.' Ba iad na peataí éagsula seo a dtráchtar orthu sna dánta, agus i sleachta difriúla ó na dialanna, an 'greim deireanach' ar an mbeatha ag an bhfile, gan aige ach iad 'lena chur in úil dó cad é an sórt é' féin, 'cheal aon toise eile a bheith ar fáil dó'. Buanaíocht de shórt éigin, nó blaiseadh di i ndomhan 'atá ag leá fém shúilibh', mar a deir Ó Ríordáin i sliocht as an dialann ón mbliain 1966, a theastaíonn ón bhfile. Is é an dúil seo faoi ndeara don Ríordánach dul, i bhfriotal Uí Choileáin, 'ag cantáil na hainmhíochta ar a chomhchréatúr' (Ó Coileáin 1982: 382) cé nach 'móide gurb … aon léas mór breise … ar shaol ná ar thaithí an duine', an coilíniú amplach céanna seo.

Tarlaíonn sé go bhfuil cosúlachtaí inspéise idir meon Uí Ríordáin anseo agus sruthanna ar leith sa smaointeoireacht chomhaimseartha i dtaca leis an ngaol seo idir an duine daonna agus an saol neamhdhaonna mórthimpeall air, agus ní hé an Ríordánach an t-aon fhile Gaeilge ar féidir a léithéid a chur ina leith. In aiste le Máire Ní Annracháin ar 'Éiceolaí' na filíochta comhaimseartha, Biddy Jenkinson, mar shampla, léiríonn sí an claonadh i saothar Jenkinson 'an teorainn idir an duine agus an dúlra' a dhoiléiriú, an dáimh a chuirtear in iúl leis an miondúlra, le leamhain, le dreancaidí, le péisteanna srl, agus an argóint a dhéanann an fhilíocht seo ar son caidreamh idir an duine agus an dúlra nach bhfuil bunaithe ar an smacht (Ní Annracháin 2000). Tá sé seo ar fad ag teacht le claontaí suntasacha comhaimseartha sa tsocheolaíocht, sa bhitheolaíocht, san antraipeolaíocht, san éiteolaíocht agus san fhealsúnacht, cé gur dócha go gcuirfeadh cuid de na boinn chomparáide agus na pointí tadhaill seo alltacht ar Sheán Ó Ríordáin, go háirithe sa mhéid is gur féidir na sruthanna éagsúla machnaimh seo a chuimsiú faoi scáth ginearálta an neamhdhaonnachais ('ahumanism'). Tar éis a bhfuil ráite i gcaitheamh na mblianta faoi iar-Chríostaíocht an Ríordánaigh, cuimhnímis gur i bhfriotal agus i ngramadach an traidisiúin Chríostaí — leagan heitreadocsach go maith de, admhaím — is mó a chuir Ó Ríordáin a mhachnamh faoinár mbráid, agus níl léiriú níos fearr air sin ná an réamhrá le *Eireaball Spideoige*.

Is í an chloch bhoinn atá faoin tuairimíocht ar fad atá i gceist anseo an tuiscint nach é an duine bun agus barr na cruinne, agus nach i dtéarmaí smachta, nó go deimhin ansmachta, is ceart smaoineamh ar a ghaol leis an saol mórthimpeall air. Dar le socheolaithe ar nós Bruno Latour agus John Law, mar shampla, glacann daoine páirt i ngréasán sóisialta ní ar mhaithe le hidirghníomhú le daoine eile amháin ach le hidirghníomhíu le hábhair iomadúla eile chomh maith. Is iad na gréasáin phátrúnaithe éagsúla sa saol a ghineann an institiúid, an t-eagras, an t-inneall, an pobal agus an duine araon. Sa leagan ábharga seo den tsocheolaíocht ní dhéantar aon idirdhealú bunúil idir aisteoirí agus gníomhairí daonna agus neamhdhaonna. Ní chiallaíonn sé seo, áfach, go bhfuil cumas gníomhaithe an duine á shéanadh. Níl ann ach go bhfuil an cumas gníomhaithe sin á shamhlú le mórán rudaí eile chomh maith: le téacsaí, le hairgead, le héadaí, le foirgintí, le hainmhithe, le feithidí, agus mar sin de (Latour 2005). Tá cosúlachtaí áirithe idir an dearcadh socheolaíoch seo agus tuairimí an bhitheolaí fheiminigh Donna Haraway, a mhaíonn go bhfuil mórán le foghlaim againn as beag is fiú a dhéanamh den tsean-chríochdheighilt idir an teicneolaíocht, an zú-eolaíocht agus an cultúr daonna agus muid ag tabhairt aghaidh ar an tírdhreach mearbhallach iardhaonnaíoch ('the posthumanist landscape') ina mairimid, agus gur féidir é seo a dhéanamh gan cúl a thabhairt lenár dtaithí phearsanta ar an saol. Déarfainn nach bhfuil mórán bitheolaithe a thabharfadh achoimre mar seo a leanas ar pháipéar dá cuid in iris acadúil:

> This is a confessional piece, one that names the roots of my erotic desire in the fusions promised by molecular cell biology and finds analytical tools for considering the nature of individuality in the life ways of Mixitrocha paradoxa, an undecidably multiple parasite in the hindgut of a south Australian termite. My situated knowledges tend to be recursively biological, and even I am not sure what is a metaphor and what is not. (Haraway 2004: 4)

Seans go bhfuil dul amú orm, ach d'fhéadfainn an Ríordánach a shamhlú ag baint sásaimh áirithe as aiste le Haraway ina dtugtar tuairisc ar an uair a thug sí féin agus a céile an dá mhada thrioblóideacha acu ar chúrsa i 'scoil umhlaíochta' a bhí á reáchtáil ag lánúin eile, ar thraenálaithe gadhar iad. Tuairisc mheáite oibiachtúil eolaíoch í ina dtugtar a cheart d'éilimh, do dhínit, agus d'fhadhbanna an dá ghadhar, an dá úinéir agus an dá thraenálaí araon. Níl sé gan greann áirithe ach oiread, ní miste a lua. Ach b'fhéidir gurb iad Gilles Deleuze agus Félix Guattari na fealsaimh is mó a spreagfadh athmhachnamh ar chuid de na dánta leis an Ríordánach atá luaite go dtí seo, gona dtuiscint siadsan ar an saol mar fhlosc síorghluaisteach, síorchlaochlaitheach d'fhórsaí agus d'fhuinnimh, gan tosaíocht ag aon cheann acu ar a chéile. Níor dheacair, mar shampla, dánta mar 'Catchollú' agus 'Eireablú' a léamh mar leaganacha den *devenir-animal* ('becoming-animal') a bhfuil an oiread sin tráchta ag Deleuze agus Guattari air (Deleuze and Guattari 1986). Bíodh go bhfuil mórán a déarfadh nach bhfuil i dteoiriciú den tsórt a chleachtann a leithéid seo ach imeartas éalaitheach focal agus coincheapú alluaiceach atá ar maos i gcodarsnachtaí doréitithe, tar éis an tsaoil ní teoiriceoir faiseanta Francach a chum na línte seo a leanas:

Cé dúirt go raibh toil
Ag smut de neamhní?
Níl ina thoil ach neamhthoil,
Is neamhní a ní …

B'fhearr liomsa féin,
Ach níor deineadh rud orm,
Fanúint im neamhní,
Ná iompáil im dhuine

Cé fhéadfadh mé a chlos
Le géilleadh dom thoilse,
Is gan ionam ach rud
Ná raibh ina rud fós.

– ' Toil', Ó Ríordáin (1971: 21)

Tá mórán eile sa mhachnamh comhaimseartha a d'fhéadfaí a thagairt do shaothar an Ríordánaigh: tábhacht na n-aonán, ('singularités'), de réir Jean Luc-Nancy, an pobal-le-teacht ('the coming community') ag Giorgio Agamben, cumhacht an phlóid ('the multitude') i ré na hImpireachta faoi mar a thuigeann Michael Hardt agus Antonio Negri é, meon na scaoithe, 'swarm mentality', mar a chuirtear síos ar a leithéid i scríbhinní bitheolaithe áirithe, agus neamhdhaonnachas dúshlánach na bhfealsamh úd a shamhlaítear leis an ('Speculative Realism') xx sic () ? xx. Is é an snáth is léire atá fite fuaite tríd an machnamh seo ar fad ceist nó ceisteanna an chaidrimh: idir nithe agus neacha, mór agus mion, daoine agus neamhdhaoine. An caidreamh *über alles*, d'fhéadfaí a rá, ach féach go bhfuair Ó Ríordáin féin teideal a dháin 'Clónna Über Alles' ó aiste san iris *Time* a thug Seán Ó Coileáin dó dhá mhí roimh a bhás, dar teideal 'Genes Über Alles', ina raibh, mar a deir an Coileánach linn "cur síos ar an eolaíocht nua ar a nglaotar 'sociobiology'".

Má tá lón machnaimh dúinn anseo is léir faoin uair a cumadh an dán lenár thosaigh muid, 'Ní Ceadmhach Neamhshuim', go raibh am sroichte ina shaol ag Seán Ó Ríordáin go raibh ceist na hidirdhaonnachta, i dtéarmaíocht Levinas, á chrá. In alt san *Irish Times* dar dáta, 29 Eanáir 1969, a bhí bunaithe, is cosúil, ar shliocht a scríobh sé ceithre seachtaine roimhe sin, ag fiche chun a dó ar maidin, Lá Coille, tá an méid seo a leanas le rá aige:

> Ceann de chruacheisteanna na beatha so is ea ár gcaidreamh lenár gcomhdhaoine. Ag cuimhneamh siar dom anois ar na véarsaí a fhoilsíos anuiridh [cuid éigin de na dánta a foilsíodh arís i *Línte Liombó* dhá bhliain níos deireanaí atá i gceist aige], ritheann sé liom go bhfuil sé soiléir orthu gur mithid dom níos mó caidrimh a dhéanamh le daoine (go bhfóire Dia ar na daoine!) agus go bhfuil pé gus a bhí, má bhí, im phlé agam liom féin caite. Braithim an guth sna véarsaí san sceirdiúil caolchúiseach, ar uireasa daonnachta agus sibhialtachta. Saibhríonn teangmháil le daoine teanga, aigne, filíocht. Sibhialú is ea caidreamh … (Ó Coileáin 1982: 385)[2]

AGUISÍN

Iarracht ar aistriúchán in onóir do Nicholas Wiliams, más sa treo contráilte féin é.

INDIFFERENCE IS NOT ALLOWED

Seán Ó Ríordáin

There is no fly, no moth, no bee
That God created, no man,
Whose welfare is not our task,
No woman. Indifference to their distress
Is not allowed.
There is no madman in this vale of fools
We should not sit beside
For company while
He carries, on our behalf,
Our sickness in his head.

There is no place, no stream, no bush,
No matter how remote, no rock,
Whose situation we should not think of
With sympathy and love.
Though South Africa is far away
And the moon is high above,
They are part of us by right.
There is nowhere on this earth
That is not our place of birth.

Nótaí

1 Tá an tuairisc seo bunaithe ar Levinas (1998).

2 Cuireadh cuid den ábhar seo faoi bhráid na Comhdhála bliantúla ar Litríocht agus Cultúr na Gaeilge in Ollscoil na hÉireann, Gaillimh, 2010. Gabhaim buíochas leis an lucht eagair as an gcuireadh an léacht úd a thabhairt.

Leabharliosta

Berger, J. 2009 [1980]. *About Looking*. Bloomsbury, London.

Deleuze, G. and Félix G. 1986. *Kafka: Towards a Minor Literature*, trans. by Dana Polan. University of Minnesota Press, Minneapolis and London.

Haraway, D. 2004 *The Haraway Reader*, Routledge, London.

Latour, B. 2005. *Reassembling the Social: A Introduction to Actor-Network-Theory*. Oxford University Press, Oxford.

Levinas, E. 1998. *Entre-nous: thinking-of-the-other*, trans. by Michael B. Smith and Barbara Harshav. The Athlone Press, London.

Mac Fhionnlaigh, F. 1980. *A' Mheanbhchuileag*. Gairm, Glaschù.

Ní Annracháin, M. 2000. 'Biddy agus an Bandia' i Riggs, P., Ó Conchúir, B. agus Ó Coileáin, S. (eagí), *Saoi na hÉigse: Aistí in Ómós do Sheán Ó Tuama*. An Clóchomhar, Baile Átha Cliath. 339–57.

Ó Coileáin, S. 1982. *Seán Ó Ríordáin: Beatha agus Saothar*, An Clóchomhar, Baile Átha Cliath.

Ó Dúshláine, T. 2006 ''Cnoc Mellerí' an Ríordánaigh: *Chiaroscuro* an Chreidimh', *Bliainiris* 6: 148-172.

Ó Ríordáin, S. 1952. *Eireaball Spideoige*. Sáirséal agus Dill, Baile Átha Cliath.

– 1963. *Brosna*. Sáirséal agus Dill, Baile Átha Cliath.

– 1971. *Línte Liombó*. Sáirséal agus Dill, Baile Átha Cliath.

– 1978. *Tar Éis Mo Bháis*. Sáirséal agus Dill, Baile Átha Cliath.

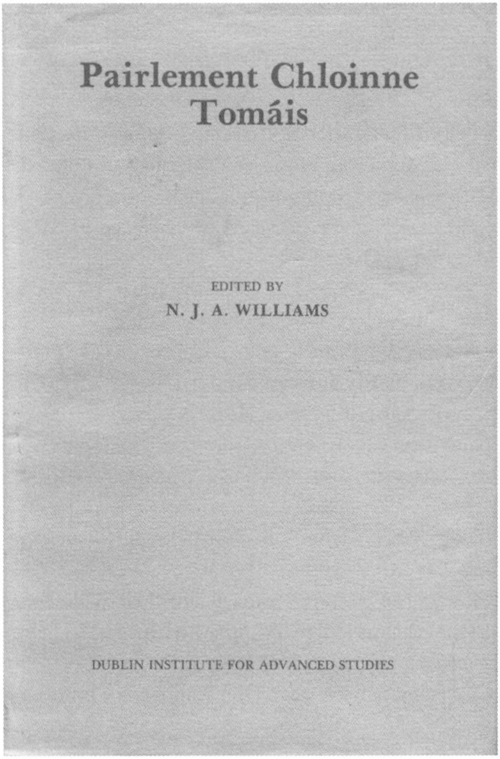

1981. *Pairlement Chloinne Tomáis*; edited by N. J. A. Williams.
Dublin: Dublin Institute for Advanced Studies.
(le caoinchead Bhord Rialúcháin Scoil an Léinn Cheiltigh d'Institiúid Ard-Léinn Bhaile Átha Cliath)

Peadar Mac Cuillinn

BEGRIFFSGESCHICHTE NA GAEILGE? ATHCHUAIRT AR AN *SUAIRCEAS*

San aiste seo, ba mhaith liom filleadh ar an fhocal *suairceas* a ndearna mé roinnt staidéir air tamall de bhlianta ó shin (McQuillan 2006 A agus B) agus gnéithe dá stair a shuíomh taobh istigh de chuid de na paraiméadair atá leagtha amach le gairid ag stair na gcoincheapanna (*Begriffsgeschichte* ag lucht na Gearmáinise). Tá trí thionscadal ach go háirithe ar mhaith liom díriú orthu agus smaoineamh lárnach a thoghadh ó gach ceann acu. Is iad na smaointe sin:

(1) Go bhfuil dlúthcheangal idir an stair theangeolaíoch / choincheapúil agus an stair shóisialta / pholaitiúil agus gur cheart staidéar a dhéanamh orthu i dteannta a chéile. Seo atá mar aidhm ag *Begriffsgeschichte* na nGearmánach. *Geschichtliche Grundbegriffe* (GG) leis na staraithe Reinhard Koselleck, Werner Conze agus Otto Brunner, an tionscnamh is mó a d'eascair as an dearcadh seo. Is é an t-idirdhealú is suntasaí idir an *GG* agus iarrachtaí eile a rinneadh roimhe ar "stair na smaointe" a scríobh (ar nós "history of ideas" i Meiriceá nó "*Geistesgeschichte*" sa Ghearmáin féin) ná an bhéim a leagtar ar an dlúthcheangal a meastar ba cheart a rianú idir smaointe ar thaobh amháin agus na comhthéacsanna sóisialta agus polaitiúla ar díobh iad ar an taobh eile. Chuige sin is gá dul i ngleic le réimse ionadaíoch foinsí: réimse leathan ábhair ar chúrsaí sóisialta, polaitíochta agus dlí móide tráchtais agus foclóirí. Ba cheart an oiread foinsí de chineálacha difriúla a chur sa chuntas agus baint acu leis an oiread aicmí sóisialta éagsúla agus is féidir. Is díol suntais é gurb í an litríocht (chruthaitheach) is lú a mbaintear feidhm aisti ar an ábhar nach foinse iomlán ionadaíoch í don stair pholaitiúil / shóisialta.[1]

An Ghearmáin idir 1750 agus 1850 is mó is cás leis an *GG*, glactar leis gur aois idirthréimhseach a bhí sa chéad sin idir an seansaol agus an saol nua-aimseartha san Eoraip (*Sattelzeit* na Gearmáinise). I rith tréimhse mar sin, bítear ag súil le forbairtí áirithe, mar atá, go gcuirtear dlús le forfhás an fhoclóra (*Beschleunigung*). Forbairtí eile is ea go mbíonn an foclóir céanna in úsáid ní amháin ag uasaicme ach ag sraitheanna níos isle ná í (*Demokratisierung*); go n-éiríonn foclóir níos teibí agus níos conspóidí (*Politisierung*) agus go gclaonann i dtreo na hidé-eolaíochta (*Ideologiesierbarkeit*). Tháinig an *GG* amach idir 1972 agus 1989 (Koselleck, Conze agus Brunner 1972–1989); ocht n-imleabhar atá ann san iomlán. An rath a bhí ar thionscnamh na Gearmáine, chuir sé ceann ar a mhacasamhail maidir leis an Fhrainc (Reichardt agus Schmitt 1985–).[2]

(2) Go mbaineann coincheapanna, is cuma cé chomh uilíoch is atá a gcuma, le cultúir agus le tréimhsí faoi leith. Tá plé spreagúil ag an teangeolaí Polannach Anna Wierzbicka ar choincheapanna mar "saoirse", "dúchas / tír dhúchais" agus "cairdeas" i dteangacha éagsúla (Wierzbicka 1997). Tugann sí faoi dhearcadh a mbíonn glacadh coitianta go leor leis gurb ionann, mar a déarfadh an Gaeilgeoir cuir i gcás, an *coincheap* "saoirse", a bhfreagraíonn iliomad focal i dteangacha éagsúla dó, agus an *focal* ar leith *saoirse* mar a fhaightear sa Ghaeilge é. Freagraíonn na difríochtaí idir na focail sna teangacha aonair do dhifríochtaí sna cultúir arb as iad.[3]

(3) Gur féidir coincheap a bheith ag teanga ach gan focal beacht amháin a shainíonn í a bheith aici. Maíonn Krostenko (2002) gur tháinig idé-eolaíocht nua shóisialta ar an fhód sa Róimh sa dara haois R.C. faoi choimirce uasaicme a bhí an-tógtha le hidéil chultúrtha na Gréige agus a bhain earraíocht as na hidéil chéanna le hí féin a chur chun cinn mar aicme. Chuige sin, forbraíodh foclóir nua, "the language of social performance", mar a thugann an t-údar air, leis an rud a bhí taitneamhach, tarraingteach agus "suairc" sa duine a shainiú, go háirithe maidir le deisbhéalaí. Bunaithe ar an "aeistéiticeachas" a bhí an t-idéal seo. Ach tugann Krostenko an rabhadh seo a leanas dúinn (Krostenko 2002: 2):

> There is, to be sure, no Latin word for "aestheticism" … (b)ut it is a gross mistake to think that the absence of a word must mean the absence of the concept.

I gcás mar seo, thig le teanga feidhm a bhaint as roinnt focal atá gaolmhar le chéile, a chuimsíonn réimse séimeantach, le coincheap a chruthú nó a thabhairt ar an saol. Is é an rud is tábhachtaí, go mbíonn gaol neamhshiméadrach go minic idir an focal agus an coincheap: más ann don fhocal, is ann don choincheap ach ní gá gur fíor a mhalairt. Is é sin le rá go bhféadfaí réimse focal gaolmhar a thabhairt chun solais ach gan aon hiopainm a bheith aige.

Ach murab é an focal deifinídeach a shainíonn an coincheap tús is deireadh gach scéil, conas a thagtar ar an choincheap mura dtagtar ar an fhocal? Nó le bheith níos cruinne b'fhéidir, murar léir ar an chéad amharc gurb ann dá leithéid? De thaisme, d'fhéadfaí a rá? B'amhlaidh dom féin i gcás na bhfocal *suairc* agus *suairceas*. Thóg mé ceann den dá fhocal sin ar dtús ar an ábhar nach dtiocfadh liom dán áirithe le Ó Bruadair a mhíniú go sásúil (dar liom féin ar aon dóigh) os coinne ranga agus mé i dtaobh leis an fhoclóir (*suairc(eas)* = "pleasant(ness), cheerful(ness" srl.). Ar eagla gurbh í m'easpa tuisceana féin ba bhunsiocair leis an deacracht, shocraigh mé ar amharc níos grinne air (Ó Buachalla *et al*. 1971: 49):

> Mairg nach fuil 'na dhubhthuata, / gé holc duine 'na thuata, / i ndóigh go mbeinn mágcuarda / idir na daoinibh **duarca**.
>
> Mairg nach fuil 'na thrudaire / eadraibhse, a dhaoine maithe, / ós iad is fearr chugaibhse, / a dhream gan iúl gan aithne.
>
> Dá bhfaghainn fear mo mhalarta, / ris do reacfainn an **suairceas**; / do bhéarfainn luach fallainge / idir é 'gus an **duairceas**.
>
> Ós mó cion fear deaghchulaith / ná a chion de chionn bheith tréitheach / truagh ar chaitheas le healadhain / gan é a-niogh ina éadach.

Ós **suairc** labhartha is bearta gach buairghiúiste / gan uaim gan aiste 'na theangain ná suanúchas, / mo thrua ar chreanas le ceannaraic cruaphrionta / ó bhuaic mo bheatha nár chaitheas le tuatúlacht.

Is cosúil go gcasann an dán ar an fhrithshuíomh *suairc(eas)* ar thaobh amháin agus *duairc(eas)* ar an taobh eile: "cheerful, pleasant, agreeable" versus "gloomy, morose, ignorant". Tá grinnléitheoireacht ar an dán cheana agam (McQuillan 2006A: 103–7); is leor liom a mheabhrú anseo go dtéann *suairceas* le bua a bheith ag duine (*a bheith tréitheach*) agus le saothrú na filíochta (*ealadhain*); ina choinne sin, baineann *duairceas* le haineolas agus ainmhíne (*tuatúlacht*) agus le heaspa deisbhéalaí (*trudaire … gan uaim gan aiste 'na theangain*). Ach an rud is *suairc* leis an fhile, is *duairc* leis an saol mór é agus a mhalairt go cruinn, is é sin a ghoilleann ar an fhile. Tá briste ar an cheangal idir luachanna aeistéitiúla urlabhraíochta ar thaobh amháin agus na luachanna sóisialta sin a seasann an *deaghchulaith* dóibh ar an taobh eile: luachanna aeistéitiúla na feiceála agus an fheistis seachas na hurlabhra; tá saol an fhile bun os cionn dá bharr sin. Tá an chuma air go bhfuil muid ag plé anseo leis an deighilt seanbhunaithe idir an *urbanitas*, arb ionann é anseo agus an fhilíocht ach go háirithe, agus an *rusticitas* arb ionann é áfach agus "*urbanitas*" nua an mhodha Shasanaigh.

Ba mhaith liom cur leis an phlé a rinne mé cheana ar *shuairceas* sa mhéid is go gcuirfidh mé na bunsmaointe a rianaíodh ag tús na haiste seo san áireamh. Má thógaimid an tríú ceann ar dtús, is cosúil go dtuigfí an frithshuíomh sa dán thuas in Eoraip an seachtú haois déag i dtéarmaí na "sibhialtachta" (*civility* nó *civilité*, cuir i gcás). Ach an bhfuil focal (amháin) sa Ghaeilge a shainíonn an tsibhialtacht sin? *Suairceas* mar shampla? Agus forbairt an téarma *civilité* sa Fhrainc i rith na tréimhse céanna á plé aige, cuireann Roger Chartier béim faoi leith ar ghné amháin mar a léirítear i bhfoclóirí na Frainicise í, gurb ionann *civilité* agus an deisbhéalaí sa chuideachta (Chartier 1986: 6–7). Is é is "sibhialtacht" ann:

Richelet (1680): "ne savoir rien dire que d'honnête et de bien à propos";

Académie (1695): "une manière honnête de converser dans le monde".

Sa Bhéarla, seasann *civil conversation* do *civility* minic go leor sa tréimhse seo (Bryson 1998: 54–7).[4] Ina theannta sin, idirdhealaíonn seilbh na sibhialtachta na haicmí sóisialta óna chéile:

Furetière (1690): "les paysans manquent à la civilité".

Ó thaobh cúrsaí aeistéitice de, is cosúil "na daoine duarca" ag Ó Bruadair le "les paysans" ag Furetière. Déantar ceangal coincheapúil sa dán idir tréith an tsuaircis ar thaobh amháin agus caint agus iompar ar an taobh eile (*ós suairc labhartha is bearta*). An ionann mar sin *suairceas* na Gaeilge agus *civilité* na Fraincise, nó *civil conversation* an Bhéarla? Má ghlacaimid le gluaiseanna an ghnáthfhoclóra Gaeilge-Béarla ar an *suairceas,* "pleasantness, cheerfulness, agreeableness, affability", is cinnte gur saintréithe de chuid na sibhialtachta i gcoitinne iad sin. Cén gaol mar sin atá idir *suairceas* agus leithéidí *civilité* nó *civil conversation*? Ar an chéad dul síos, caithfear cuimhneamh gur leithne an chiall a tugadh do *conversation* sa tréimhse seo (bhí iompar agus gotha i gceist chomh maith, féach arís *labhartha is bearta* thuas) siúd is gur tuigeadh gurbh é an t-iomagallamh a chroílár. An fhadhb is mó, áfach, ná réimse na bhfocal cosúil le *civility* nó *civilité* ar deacair go minic sainmhíniú cuimsitheach a thabhairt orthu, nó baineann siad leis an onóir, leis an tsuáilce agus leis an saol poiblí i gcoitinne (an sean-*civilitas*: an t-ord polaitiúil agus a chuid dualgaisí sin), agus ní amháin le "béascna" (Chartier 1986: 2–6; Bryson 1998: 48–9) Ar aon dóigh, is le cultúr faoi leith a bhaineann an focal faoi leith *suairceas* agus ní gá gurb "ionann" é agus focal ar bith eile i dteanga ar bith eile (Wierzbicka 1997 *passim*).

Má fhágaimid cúrsaí comparáide ar leataobh go fóill, cad é mar is féidir na focail *suairc* agus *suairceas* a ghrinniú? D'fhéadfaimis an tríú smaoineamh a luadh thuas a chur idir dhá cheann na meá arís le fáil amach cén bealach a n-eagraíonn cultúr aonair a chuid "smaointe" féin agus gan bacadh mórán le focal sainiúil a aimsiú. An réimse séimeantach atá i gceist go bunúsach anseo, is é sin, ní phléimid le focail aonair ach le gaolmhaireacht na bhfocal dá chéile taobh istigh de réimsí áirithe. Is chuige an scagadh na réimsí sin a thabhairt chun solais. Bhí iarracht den phlé sin thuas againn, téann *suairceas* le *healadhain* agus *duairceas* le *tuatúlacht*, mar shampla. Ní nach ionadh, tugtar tús áite in *Begriffsgeschichte* na Gearmáinise d'fhoinsí sóisialta agus polaitiúla nach den litríocht chruthaitheach iad. Ach d'fhéadfadh buntáistí a bheith ag an fhilíocht fosta maidir le léaspairt a thabhairt ar an eagar a chuirtear ar smaointe. Amharcaimis ar na natháin seo a leanas ón chéad leath den seachtú haois déag (na tagráin idir lúibíní móide na foinsí):

(i) suairceas saor na séimhfhear sinseardha / suairceas séimh na saorfhear sinseardha (An Ghaeilge: Ní Cheallacháin 1962: 63 / Ó Buachalla *et al.* 1971: 23)

(ii) sírghean sódha, snó soirbh, suairceas sámh (bean fháthchiallach: Ní Cheallacháin 1961: 61)

(iii) éigse an tsuaircis tsaoir (an fhilíocht / filí: *idem* 9)

(iv) mo sháith shíodhach shuairc (Éire: *idem* 8)

(v) suirghe is suairceas (taoiseach Gaelach: Williams 1979: 69)

(vi) a fhinnebhean tséimh shéaghanta shárchaoin tsuairc ("A bhean lán de stuaim": Ó Buachalla *et al.* 1971: 16)

(vii) suairc séimhidhe sultbhlasta (an Ghaeilge: Mac Giolla Eáin 1900: 17)

(viii) suairc suilbhir soghrádhach (bean uasal: de Teiltiún agus Laoide 1912: 43)

(ix) suairc seghainn soerlabrach (taoiseach Gaelach: Walsh 1948: 240)

Is díol suntais é go mbaineann (i) go (vii) thuas le filíocht na Sean-Ghall sa chéad leath den seachtú céad déag; pléifidh mé an ghné seo den scéal go mion ar ball (leis an phrós a bhaineann an dá shampla eile). Tugaimis aire ar dtús do réimse na bhfocal a ghabhann le *suairc* agus *suairceas*: *saor* "noble"; *séimh* "gentle, mild, refined, subtle"; *sámh* / *síodhach* "peaceful, easy, tranquil"; *séaghainn* "skilled, accomplished, well-formed"; *soerlabhrach* / *suilbhir* "eloquent, well-spoken"; *soghrádhach* "lovable, amiable, desirable." Sa Mheánaois, bíonn dlúthcheangal ag *suairceas* le suirí. *Eochair suirghe súarcus* a deirtear linn i dtéacs amháin (Meyer 1908: 270, rann 9); *suirgi .i. suarcas* a deir gluais ar théacs dlí.[5] Agus iad ceangailte leis na focail eile thuas, is dóigh liom gur de dhlúth agus d'inneach na bhfocal *suairc* agus *suairceas*, draíocht nó mealladh atá sóúil, anghrách agus collaí, ach a bhfuil srian na huasaicme léi (*saor*, *sámh* agus *séimh*).

Fágaimis tír na hÉireann arís go fóill beag. I dtráchtas dá chuid a foisíodh sa bhliain 1553, rinne Thomas Wilson cur síos ar an ghaol atá idir an gotha agus an reitric:[6]

> Gesture is a certain comely moderation of the countenance … the eyes quick and pleasant, the lippes not laied out, the teeth without grenning … comely sette out, as tyme, and cause shall beste require.

Cuirimis an dréacht sin i gcomórtas le rann ag Pádraigín Haicéad i ndán do chara leis (Ní Cheallacháin 1962: 61):

> Cuíbhe chóir chóimhdheas Ní Chuachagáin, / naoidhe bheag óg órfhuilt is uaisle cáil, / sírghean sódha, snó soirbh, **suairceas sámh**, / gnaoi gan gó, glóire gan ghruaim, gan ghráin

Tá an dán seo le léamh mar chomhfhreagas idir an file agus cara dó, Séamus Buitléir, ceathrú barún Dhún Bóinne i gCo. Thiobraid Árann. Seo mar a thosaíonn sé:

> A Shéamais, a chaomhthaigh, a chnú chroidhe cháidh, / do shaoghal 'na laethibh fá dhrúcht-líon áigh; / léigim-se céad feacht mo mhuirnín mná / gan éadach dot fhéachaint, go húirchríoch Fáil

Agus *muirnín mná gan éadach* á chur chuig a chara aige, is é atá an file a dhéanamh a *bheannacht* a chur, nó is ionann sin agus *bean nocht*, imeartas focal a raibh filí na Gaeilge doirte dó sa seachtú agus ochtú céad déag. Mar a deir an téacs linn: *Dob í beanocht Shéamais chuige* "Cuíbhe Ní Chuachagáin". Mar ainm fáthchiallach atá sé seo le tuiscint, "Propriety, daughter of the Curly-Haired One", nó mar sin. Is í Cuíbhe an muirnín mná gan éadach ach feisteas anois uirthi, feisteas fhriotal na filíochta. Is ionann seo agus an *decorum*, is ionann "Cuíbhe" (*cuibhdhe*) agus an chuibhiúlacht féin. "Cén riocht ina dtaispeántar an fhilíocht?" an cheist atá ag tráchtas de chuid na Sean-Ghaeilge; Freagra: "I riocht maighdine óige."[7] De ghrá an chuibhis, caithfear éadach a chur ar an bhean óg; is í an chumadóireacht féin buaic na cuibhiúlachta. I súile an fhile, is ionann an chumadóireacht agus srian a choinneáil le hanghráchas agus le collaíocht na hinspioráide, is chuige sin an gáire a bheith *só*, an snua a bheith *soirbh* agus an *suairceas* a bheith *sámh*. Thiocfadh Cuíbhe a shainiú mar seo a leanas (Greene 1969: 620):

> Fair, beautiful, expressing decent, sober or quiet beauty; agreeable to the feelings generally; to the moral sense, to notions of propriety or esthetic taste; becoming, decent, proper, seemly, decorous.

Is amhlaidh gur sainmhíniú é seo ar an fhocal Béarla *comely* mar a tuigeadh sa séú haois déag é. Ar na téacsanna bunaidh a bhain leis an bhéascna Eorpach san aois sin bhí *Galateo* leis an Iodálach Giovanni Della Casa a foilsíodh sa bhliain 1559. San aistriúchán Béarla aige (1576), míníonn Robert Peterson an tsibhialtacht mar chumas fir (Bryson 1998: 48–9):

> to put himself forth comely and seemly in his fashions, gesture and manners·

Arís, táimid i réimse an aeistéiticeachais. I saothar an Haicéadaigh ach go háirithe, is iad *suairc* agus *suairceas* an t-aeistéiticeachas seo ina steillebheatha; i ndán eile dá chuid, a chum sé agus é ar an choigríoch agus lán de thírghrá, cuireann sé i gcéill go soiléir é. "Cuirim séad suirghe chum seise" céadlíne an dáin (agus tá an dlúthcheangal idir suirí agus *suairceas* curtha i suim thuas); ar na fáthanna ar thug an file grá dá thír dhúchais tá (Ní Cheallacháin 1962: 8–9):

> d'fheabhas t'éigse an **tsuaircis tsaoir**

Más ionann an suairceas agus an fhilíocht féin, ní miste aird a thabhairt ar fheidhm fhileata na teanga, an aird a dhíríonn an friotal air féin mar fhriotal (Jakobson 1960; Waugh 1980). Is í an uaim saintréith na samplaí thuas le *suairc* agus *suairceas*. Go sonrach, tá sraith aidiachtaí uamacha ann dár tús "s" agus réimse comhleanúnach brí acu a bhaineann le béascna agus le haeistéiticeachas. Ach d'fhéadfaí fianaise bhreise a chur san áireamh anseo nó tá sraitheanna uamacha eile le fáil (dár tús "c" "g" agus "m" mar shampla) san fhilíocht chéanna a léiríonn gaolmhaireacht choincheapúil leis an tsraith in "s":

> Cuíbhe chóir chóimhdheas Ní Chuachagáin (Ní Cheallacháin 1962: 61)
>
> an chuanna cháilghlic chráibhtheach charthannach chóir (*idem* 4)
>
> (Máire) ghrádhmhar ghlóirfhíor ghnóchaoin ghrinnghlic ghaoth (*idem* 3)
>
> (bean) mhíonla mhacánta mhúinte mhallghlórach … (a beith) maordha monglúbach (Williams 1979: 46)

Tá na sraitheanna seo chomh tógtha céanna leis an "imprisean", le dul i bhfeidhm ar an lucht féachana / éisteachta: sainníonn siad réimse na tarraingte agus na cuibhiúlachta ag an am céanna. Thiocfadh a chruthú gurb ann do choincheap an aeistéiticeachais sa Nua-Ghaeilge Mhoch ar bhun na fianaise breise seo amháin, is dóigh liom, agus gan *suairc* ná *suairceas* a thabhairt i gceist ann fiú. Cé nach n-úsáidtear an téarma *sibhialtacht* i nGaeilge na tréimhse seo ar bhealach a bheadh ionchurtha leis na téarmaí Eorpacha *civility* nó *civilité* a shainíonn réimse coincheapúil iomlán, baineann filíocht na Nua-Ghaeilge Moiche earraíocht as foclóir saibhir comhleanúnach a chlúdaíonn an réimse céanna a bheag nó a mhór. Cuireann teicníochtaí na filíochta, an uaim ach go háirithe, le comhleanúnachas an fhoclóra sin, méadaíonn ar an cheangal a bhraitear a bheith idir na focail aonair mar atá (*séimh sámh síodhach séaghainn soilbhir saor* srl.). Sa chás áirithe seo, cuidíonn an meán le heagrú agus le cur i láthair na smaointe, le múnlú an choincheapa féin, is dóigh liom.

Dá bhrí sin, ní gá nach coincheap go focal sainiúil saintréitheach amháin. Seachas cúrsaí uaime, fianaise eile a bhaineann leis an fheidhm fhileata is ea an t-uaithne. Baineann seo le *suairceas* ach go háirithe. Mar is eol go maith do Ghaeilgeoirí, tá sraith de phéirí frithchiallacha sa teanga ar an mhúnla *saor:daor; soilbhir:doilbhir* agus ar uile. Ní taise do *suairc:duairc*:

> An té nár chleacht ach **d*uai*rceas** / beag a **sh*uai*rceas** i gceolta (Ó Rathaile 1977: 20)
>
> gur **d*uai*rc** le cléir an Ghaeilge ghrinnshlitheach, / ***suai*rceas** saor na séimhfhear sinseardha (Ní Cheallacháin 1962: 63)

Tá sé ráite cheana go bhféadfaí coincheap an dea-iompair nó na béascna a thabhairt chun solais agus gan ceann a thógáil de na focail *suairc* agus *suairceas*; ag an am céanna is rómhinic a thagtar orthu mar is léir ó na samplaí uamacha a pléadh thuas. An bhfuil tábhacht faoi leith leo mar sin? Amharcaimis ar an dá chás seo a leanas (tugadh an chéad cheann thuas):

> a fhinnebhean tséimh shéaghanta shárchaoin **tsuairc** (Ó Buachalla *et al.* 1971: 16) ;

cinedh **suairc** saerclanda soicineoil segainn socumainn saerbesach (Ní Mhaonaigh 1992: 40, n.33)

Tá pointe comhréire anseo is dóigh liom. I bhfoinsí ón tseachtú haois déag, agus sraith aidiachtaí uamacha i gceist, tá claonadh láidir *suairc* a chur ag tús nó ag deireadh na sraithe, mar a bheadh aird faoi leith á díriú air. An léamh a dhéanaim féin air seo, gurb é *suairc* tús agus deireadh an scéil (an réimse shéimeantaigh) agus gur léiriú íocónach ar an scéal sin atá againn sa chomhréir. Is é sin le rá, go bhfreagraíonn leagan amach na comhréire, ord na bhfocal anseo, don chiall.[8] Sa chéad sampla thuas, déanann *suairc* coimriú ar ar tháinig roimhe, ar éifeacht bhuanna na mná ar an fhile; sa dara ceann, míníonn na haidiachtaí i ndiaidh *suairc* an sórt céanna éifeachta a *leanann* céad-imprisean an tsuaircis.

Nuair a thagtar ar *shuairc* i sraith mar sin, is dual tús nó deireadh áite dó. Is fíor seo do thart faoi 85% de na samplaí ón tseachtú haois déag, ach gurb é an laige a bhaineann leis sin nach bhfuil i gceist san iomlán ach dosaen samplaí (in *Corpas na Gaeilge* faoi *suairc*). Is fiú ceist seo na minicíochta a mheas beagán, nó tagann sé aníos sa *Begriffsgeschichte* trí chéile mar a nglactar leis i gcoitinne go léiríonn minicíocht an fhocail a thábhacht. Arís, má thógaimid an focal *suairceas*, is deacair a mhaíomh gur téarma é a thagann chun solais go minic sa seachtú haois déag. Is fiú mar shampla a chur i gcomórtas leis an fhocal *onóir* don tréimhse chéanna. Seo tábla bunaithe arís ar *Corpas na Gaeilge* agus an fhianaise rangaithe de réir seánra: filíocht na scol[9]; an fhilíocht "nua"[10]; an prós saolta[11] agus an prós cráifeach:[12]

TÁBLA.1 *ONÓIR* AGUS *SUAIRCEAS* c. 1600–1660

Onóir		Suairceas
	Filíocht na Scol	
45		0
	An Fhilíocht "Nua"	
6		10
	Prós Saolta	
115		4
	Prós Cráifeach	
466		0

Bunaithe ar an mhinicíocht, is léir nach bhfuil comórtas ann: le hais *onóir*, déarfaí gur coincheap imeallach é *suairceas* sa seachtú aois déag. Ach sa *Begriffsgeschichte* féin, níl sa mhinicíocht ach critéar amháin gan amhras. Cé na critéir eile is féidir a chur i bhfeidhm? Ceann a mholfainn anseo ná an dáileadh. Tá cupla ceist ann. Ar an chéad dul síos, shamhlófaí gur de nádúr an tsuaircis (aeistéiticeachas, anghráchas) nach dtiocfadh sé i gceist rómhinic sa saothar cráifeach, mar shampla. (Ach amháin, gan amhras, dá mbeadh ionsaí á dhéanamh ag an údar ar a leithéid). Ach seo an chuid is tábhachtaí den dáileadh: gur san fhilíocht "nua", is é sin, an fhilíocht a thagann chun cinn sa seachtú céad déag ó na filí neamhghairmiúla, neamhoidhreachtúla ar de bhunadh na Sean-Ghall iad, is mó a thagann *suairceas* i gceist. Seo an cheist deiridh atá le plé agam anseo, cén fáth sin?[13]

Is é an cur síos atá ag Marc Caball ar an fhile Brian Mac Giolla Phádraig (a fuair bás i 1652), "representative of an emergent cohort of amateur poets familiar with the bardic ethos" (Caball 1998: 130). Tá an ráiteas chomh fíor céanna i leith na bhfilí Muiris mac Dáibhí Dhuibh

Mac Gearailt, (c. 1581-1630), Pádraigín Haicéad (c. 1602-1654) agus Seathrún Céitinn (c. 1580-1644).[14] De bhunadh na Sean-Ghall an ceathrar acu; sagairt Chaitliceacha triúr díobh agus chaith siad uile seal ar Mhórroin na hEorpa. Chomh maith leis sin bhí baint acu ar fad leis an mhionuasaicme Chaitliceach in Éirinn. Is cuid nach beag na filí seo agus a gcuid filíochta de "thonnchruthú an nuaghnáthaimh" i litríocht na Gaeilge ag deireadh an séú agus tús an seachtú haois déag (Mac Craith 1996).

Seo iad na dánta leo ar díol suime faoi leith iad (naoi gcinn):

Mac Gearailt:

1 "Mártan géar gruama gearánach" (Williams 1979: 45): "aoir ar chat Fhrancach" mar a deir na lámhscríbhinní, cat *géar gruama gearánach / i ngeall re suairceas an sealánach* (*sealánach* .i."crochadóir"), is é sin, chomh gruama sin go maraíonn sé an soilbhreas.

2 "Fuascail Fódla, a ua Eoghain" (*idem* 67–9): do Dhomhnall Mac Cárthaigh a leagtar *suirghe is suairceas Chon na Cuailnge* air. Eilimint amháin de reitric an dáin is ea díbirt na n-eachtrannach as Éirinn — is é an focal *gruama,* a chiallaíonn a mhalairt le *suairc,* a shainíonn na heachtrannaigh sin.

Mac Giolla Phádraig:

3 "Uchán malart na n-aimsior", faoin fho-teideal "Hibernorum mores in deterius mutati", caoineadh ar dhrochstaid na béascna agus na moráltachta i measc na nÉireannach le linn an údair (Mhág Craith 1958: 108–11): *tug siad suarcas ar gruamacht / tug siad stuamacht ar ghairbhe / tug siad séimhidhe ar garbhghlór.*

Haicéad:

4 "A Shéamais, a chaomhthaigh, a chnú chroidhe cháidh" a pléadh thuas; samhlaítear *suairceas* le "Cuíbhe", ní hionann is an dream a díbríodh uaithi (*duairc an dáil*). (Ní Cheallacháin 1962: 61–2)

5 "Cuirim séad suirghe chum seise" a luadh thuas (*idem* 8–9); tá *suairceas* na filíochta (nó filíocht an tsuaircis) ar cheann de na fáthanna a bhfuil grá ag an fhile d'Éirinn (*fáth mo shuirghe*)

6 "Do chuala ané ag maothlach muinteardha" (*idem* 63), ionsaí searbh ar na Doiminiceánaigh sin ar *duairc* leo an Ghaeilge (*suairceas saor na séimhfhear sinseartha*).

7 "A Risteird mhic Phiarais, a iarsma ar ndála" (*idem* 57), tuireamh ar Risteard Buitléir: ní féidir le mná uaisle na Mumhan srian a choinneáil lena racht bróin, is cuma cé mhéid den *suairceas* (nó den *áille* nó den *uaisle*) atá acu.

Céitinn:

8 "A Bhanbha bhogomh dhona dhuaibhseach", d' Éamonn Buitléir, dán a sciollann Éire an striapach atá ina *brúid gan tsuairceas* toisc gur dháil sí a dúil ar na heachtrannaigh agus ar an daoscar (*ar bhastardaibh danar is duaircfhear*) seachas ar a leannán ceart (an tsuirí arís), an uaisle dhúchasach. Gearánann an file fosta go bhfuil a *intinn abaidh* faoi bhrón (*meirg*) agus gur ceileadh a *suairceas* (suairceas a intinne) dá dheasca sin (Mac Giolla Eáin 1900: 77–88).

9 "Lá dá rabhas ar maidin go fánach" (*idem* 41), caoineadh ar dhuine de na Gearaltaigh, Seán Óg, a maraíodh sa bhliain 1626. Tá a *suairceas* caillte ag *ríoghradh Máighe* dá thoradh sin.

Seo a leanas réimse séimeantach don fhocal *suairceas* ag na filí Sean-Ghallda (is ionann na huimhreacha agus uimhreacha na ndánta thuas):

TÁBLA 2
RÉIMSE SÉIMEANTACH DO *SHUAIRCEAS* AG NA FILÍ NUA

Tagráin (+)	**Comhcheangail**
(2) Cú Chulainn	suirghe
(3) ar n-aoibhnios	séimhidhe
(4) Cuíbhe Ní Chuachagáin sámh	
	glóir gan ghruaim
(5) an éigse	saor
(6) an Ghaeilge ghrinnshlitheach	saor / séimh
(7) banchaire bantrachta	uaisle / áille
(8) m'intinn abaidh	
(9) ríoghradh Máighe	uaill/ aoibhneas/ áineas
SUAIRCEAS	
(1) Mártan (an cat)	sealánach
	géar gruama
(3) malairt na n-aimsior	gruamacht
deireadh gar n-aoibhnios	
(Hiberniorum mores in	
deterius mutati)	
(4) díbirt	duairc
(6) cléir (chinnsealach)	duairc
tréad	
(8) brúid	gan tsuairceas
bastardaibh danar agus duaircfhear	
(9) crádh	meirg
Tagráin (–)	**Frithchiallaigh**

Is é an díol suntais is mó anseo agus muid ag ceangal focail leis an saol seachtrach ar de é ná réimse na dtagrán, na nithe sa saol sin a ndéanann sé tagairt dóibh. Tá idir leanúnachas agus nuaíocht le fáil anseo (mar is gnáth). Baineann an leanúnachas go príomha leis na tagairtí ina gcuirtear an suairceas síos don duine uasail aonair. Sa Mheánaois, feictear an suairceas á leagadh ar leithéidí Héilean, Véineas agus Alastar i dteannta na n-uaisle dúchasacha. Faighimid sin i gcónaí sa seachtú céad déag ach tá forbairt shuntasach chomh maith ar réimse pragmatach na dtagrán, go háirithe sa mhéid is go seasann *suairceas* anois d'fheabhas agus d'fhiúntas *aicme* faoi leith, an uasaicme "Ghaelach" agus Ghaelaithe, agus in éadan aicmí eile nach nglacann an aicme sin leo: na Nua-Ghaill agus an "chosmhuintir" ghalldaithe atá, ar an ábhar sin, *duairc* agus *gruama*.[15]

Sa réimse séimeantach, mar fhrithchiallaigh a fheidhmíonn focail mar *duairc* agus *gruama*; is díol suime nach beag fosta na tagráin a théann leo sin. As seo a thuigimid gur *suairc* í Éire, agus í idéalaithe ag an deoraí Haicéad, ach gur *brúid gan tsuairceas* í Éire ag Céitinn nuair a thugann sí tús áite do *bhastardaibh danar agus duaircfhear*, don daoscar idir eachtrannaigh agus dhúchasaigh ghallda. Is é an *suairceas* ceann de na suáilcí atá de dhúshraith faoi shochaí chliarlathach Chríostaí Ghaelach a bhfuil an galldú agus luachanna na tráchtálaíochta (*gruamacht*) ag bagairt uirthi, dar le Mac Giolla Phádraig.[16] Tabhair faoi deara anseo fosta breithiúnas an fhile ar an ghéarchéim seo: *is cosmhuil … go bhfuil deireadh* ***'gar n****-aoibhnios*. Is léir, tharla an aidiacht shealbhach sa chéad phearsa iolra, go seasann *suairceas* do luach comhchoiteann seachas do bhua an duine aonair. Thairis sin, is í an teanga féin agus a cleachtadh ceart an *suairceas* ina steillebheatha ag an Haicéadach go speisialta, a bhfuil sé de dhualgas air mar fhile í a chosaint ina chuid filíochta. Athrú pragmatach seachas séimeantach atá anseo go príomha.

Tá aird dírithe ag Vincent Carey (1999) ar a chastacht is a bhí ceist na féiniúlachta in Éirinn sa séú haois déag. "Neyther good English nor good Irish" an breithiúnas a thug Richard Stanihurst ón Pháil ar staid na teanga ag a phobal féin, na Sean-Ghaill, ag an am. Mhol sé athnuachan chultúrtha in Éirinn, ach Sean-Ghaill na Páile a bheith ar thús cadhnaíochta inti, mar ba dhóigh leis gur ghlaine an Béarla acu ná teanga Shasana féin. Ach ní éiríonn rómhaith le Stanihurst a chuid imní i dtaobh a bhríomhaire is a bhí an Ghaeilge, fiú i measc Shean-Ghall na mbailte, a cheilt (Carey 1999: 47–9). Na Nua-Ghaill in Éirinn a bhí i mbun concais agus coilínithe, ba lú orthu an sioc ná na Sean-Ghaill mheathlaithe, dar leo ba mheasa iad ná na Gaeil féin. Dar le Spenser, ba dhual an tsibhialtacht Shasanach ("goodly conversation") do na Sean-Ghaill, ach b'iad a gcuid "licentious conversings" leis na Gaeil dhúchasacha (nár chleacht ach "filthy conversation") a chuir ó mhaith iad (Palmer 2001: 115–22). Tá teanga na sibhialtachta Eorpaí sa séú céad déag á labhairt ag Spenser anseo gan amhras: "civil conversation" mar mhacasamhail do "civility", chomh maith leis sin an tsibhialtacht in aghaidh na barbarthachta. Mar fhreagra ar Spenser agus ar na Nua-Ghaill a scríobh Céitinn *Foras Feasa ar Éirinn*. Ach iompaíonn sé réasúnaíocht Stanihurst bun os cionn: bhí sibhialtacht na hÉireann le tarrtháil ag an Ghaelú seachas an Galldú (Bradshaw 2008: 14–18). *Gabháltas Críostamhail* a bhí sa tseilbh a ghlac na hAngla-Normannaigh (nó a mbunús) ar thír na hÉireann sa mhéid is nár fhéach siad le teanga agus cultúr na nGael a dhíothú ach a mhalairt ar fad. D'fhéadfaí é seo a chur i gcomórtas le *gabháltas págánta* na Nua-Ghall a raibh sé mar aidhm aige an cultúr sin a scriosadh agus "Saxa nua dan hainm Éire" a bhunú.[17]

Is mar seo a fheicim forbairt an fhocail *suairceas* ag na filí Sean-Ghallda. Cuireann sí dioscúrsa uile-Eorpach na sibhialtachta in oiriúint do chúinsí Éireannacha ag tús an seachtú haois déag, go háirithe do chúinsí na Sean-Ghall Gaelaithe. Ag an Haicéadach go sonrach, is ionann *suairceas* agus an teanga, an Ghaeilge féin, arb í an deisbhéalaí ina steillebheatha í. Mar a chonaic muid, seo gné den tsibhialtacht Eorpach atá go mór chun cinn i rith na tréimhse seo ("une manière honnête de converser dans le monde", "la civil conversatione"). Foilsíodh iliomad lámhleabhar sa tréimhse seo ar fud na hEorpa ar an bhéascna agus ar an dea-iompar, an rud a thuigfí go coiteann mar shibhialtacht ar ball (Bryson 1998). Tá an t-áitiú ann gur ceart iad seo a thuiscint go pragmatach mar eiseamláirí den chomhrá féin, ó tharlaíonn struchtúr an iomagallaimh acu cuid mhaith.[18] Is dóigh liom gur féidir cuid mhaith de dhánta Haicéad a léamh ar an dóigh chéanna, dánta an deoraí chuig a chuid cairde ach go háirithe: mar aistí sa chomhrá nó san iomagallamh idéalaithe. Idéalú seo an agallaimh, baineann sé go dlúth leis an dara gné den tsibhialtacht, den *suairceas*, atá i gceist anseo: go n-idirdhealaíonn cleachtadh an agallaimh an uasaicme (sa Ghaeilge ach go háirithe) ó na híosaicmí agus, lena thaobh sin, ó na Nua-Ghaill "dhuarca", "ghruama".

Dá bhrí sin, is ionann an Ghaeilge agus tobar na sibhialtachta Éireannaí. Chun cur leis sin, seo rann clúiteach a leagtar ar an Chéitinneach:

> Milis an teanga an Ghaedhealg, / guth gan chabhair choigríche, / glór géarchaoin glé glinn gasta / **suairc** séimhidhe sultbhlasta.

Suairc séimhidhe sultbhlasta cinnte atá an Ghaeilge, ach fosta is *guth gan chabhair choigríche* í. Gan amhras ní fíor sin ó thaobh stair na teanga de. Ach ní chuige sin anseo í. Is chuige an Ghaeilge, dar le Céitinn agus dar le Haicéad, freastal ar an fhéiniúlacht choiteann nua a bhí á forbairt in Éirinn ag tús an seachtú haois déag ag idir Ghael agus Ghall. I dtaca le teanga, mar a mhaíonn Bradshaw, is í an Ghaeilge, an *guth gan chabhair choigríche,* is fearr a shásaíonn prionsabal an idirdhealaithe a dheimhníonn an fhéiniúlacht seo (Bradshaw 2008: 16). Sin ceann de na fáthanna b'fhéidir, cé nach bhfuil anseo ach tuairimíocht agam, ar tugadh tús áite don fhocal Gaeilge *suairceas* seachas leithéid *sibhialtacht*, nó leagan eile bunaithe ar *civility / civilité.*

Focal scoir ar *shuairceas* mar choincheap sa seachtú haois déag. Is léir go n-oireann cuid mhaith de pharaiméadair an *Begriffsgeschichte* do thréimhsí níos deireannaí: dlús as cuimse a bheith ar athruithe foclóra (*Beschleunigung*) ag freagairt do dhaonlathú na gcoincheapanna (*Demokratisierung*), mar shampla. Sa chás againn féin, is léir gur ag plé le huasaicme atá muid agus sa mhéid sin ar scor ar bith gur gaire sin do chás Krostenko (3 thuas): uasaimce Rómhánach a bhí tugtha don aeistéiticeachas bunaithe ar luachanna cultúrtha na Gréige. Is é atá á mhaíomh agam anseo gur fhorbair an uaisaicme Shean-Ghallda in Éirinn cód sóisialta agus aeistéitiúil ag tús an seachtú haois déag a bhí tógtha ar an Ghaelachas mar chosaint ar aithisiú na Nua-Ghall agus ar an ghalldú a bhí ag teacht i dtreis le béim síos an tseanchórais Ghaelaigh. Sa chomhthéacs áirithe seo, is féidir linn paraiméadar eile de chuid an *Begriffsgeschichte* a chur i bhfeidhm: go gclaonann téarmaí i dtreo na hidé-eolaíochta (*Ideologisierbarkeit*), sa chás seo idé-eolaíocht an Ghaelachais i measc na Sean-Ghall.

Dhírigh mé anseo ar ghnéithe de na focail *suairc* agus *suairceas* i dtréimhse ar leith (c. 1600–60) le ceann amháin de thréithe an *Begriffsgeschichte* a léiriú: an claonadh a bhíonn i bhfocail i dtreo na hide-eolaíochta le linn tréimhsí áirithe agus faoi chúinsí áirithe. Is é an idé-eolaíocht atá i gceist sa chás seo, an Gaelachas i measc na Sean-Ghall. Is focail iad *suairc* agus *suairceas* a bhí beo sa Mheán-Ghaeilge, agus sa tSean-Ghaeilge féin, ní focail nuachumtha iad, mar sin, ag Sean-Ghaill an seachtú céad déag. Mar is léir ón phlé giorraisc a rinneadh thuas ar dhán le Dáibhí Ó Bruadair (1625–98), ní raibh, nó níor fhan, filí na Gaeilge trí chéile dall ar *Ideologisierbarkeit* na bhfocal seo: baineann Ó Bruadair earraíocht as an fhrithshuíomh *suairc(eas)*: *duairc(eas)* leis an chomhlint idir an soilbhreas agus an tuatúlacht, mar a samhlaíodh an choimhlint sin dó féin ar scor ar bith, a scagadh go bríomhar agus go binibeach.

Is í an fhilíocht réadú an *tsuaircis* ag Haicéad agus ag Ó Bruadair agus ní taise ag filí an ochtú céad déag é (McQuillan 2006B). Cad é faoin *suairceas* sa phrós? Ar bhealach amháin, níl mórán le rá faoi sin, mar a thabharfadh Tábla 1 thuas le tuiscint b'fhéidir. Gan amhras, ní hí an mhinicíocht tús agus deireadh gach scéil mar a dúradh cheana, ach is é a gcoimeádachas, an leanúnachas le nós na Meánaoise a shainníonn na samplaí sa phrós: tagraíonn siad don *suairceas* mar bhua ag duine aonair de chuid na huasaicme, nó sainníonn *suairceas* iompar a mbeifí ag súil leis ón duine uasal:

> inghean an Impir do thocht ina haonar dá agallaimh agus a beith ag suirghe agus ag **suarcas** fair (O'Rahilly 1949: 19)

> Uilliam mac Uillicc, ceann **suarcusa** agus saoirbhés Búrcach (O'Donovan 1849: 656)

Feicimid arís an dlúthcheangal idir an *suairceas* agus an tsuirí ar thaobh amháin agus an bhéascna ar an taobh eile ach gur saintréith de chuid an duine aonair é an *suairceas* seachas luach comhchoiteann. Gan amhras, is féidir a áitiú go bhfuil an luach comhchoiteann *intuigthe* i dtólamh (agus b'fhéidir níos mó ná sin sa dara sampla nó seasann an taoiseach mar eiseamláir don teaghlach uile) ach is díol suntais é nach *léir* sin go dtí an seachtú haois déag. Mar a pléadh thuas, tá sé chomh suntasach céanna go leathnaíonn réim na dtagrán san aois sin, go dtí an Ghaeilge ach go háirithe.

Maidir leis an ghaol idir prós agus filíocht, tá pointe eile ba mhaith liom a lua anseo. Tagraíodh thuas do dhán nó dhó ag an Chéitinneach ina n-úsáideann sé an focal *suairceas*. Sa saothar is cáiliúla leis, an saothar próis *Foras Feasa ar Éirinn*, ní luaitear *suairceas*. Ón phlé a rinne mé thuas ar fhilíocht an Haicéadaigh ach go háirithe, bheadh sé le tuiscint gur ag cosaint nó ag dearbhú na sibhialtachta Éireannaí a bhí an file agus an focal *suairceas* idir lámha aige. Gan amhras, sin é díreach an aidhm a chuirtear síos do Chéitinn ina shaothar próis. Is dóigh liom gur féidir amharc ar an fhilíocht agus ar an phrós anseo i dtéarmaí comhlántacha. Is é is cás le Céitinn a chosaint go bunúsach an tsibhialtacht ar an sean-nós, an *civilitas*, is mian leis a chur ina luí ar an saol mór go raibh "seanbhunreacht" ag Éirinn riamh anall: córas dlí, ard-rí, "parlaimint" (feis na Teamhrach), arm náisiúnta (an Fhiann) móide eaglais a bhí Caitliceach agus náisiúnta. B'iad na hinstitiúidí seo ornaíochtaí an náisiúnstáit Eorpaigh sa seachtú haois déag agus is éard a bhí Céitinn a mhaíomh go raibh siad ag na Gaeil riamh amhlaidh (Bradshaw 1993; 2008). Na Gaill a mhair in Éirinn ón dóú haois déag ar aghaidh, mhair siad ar an ábhar go raibh meas acu ar an chóras agus ar an chultúr Gaelach a fuair siad rompu — ba shaoránaigh mhaithe iad ar an dóigh sin.

Ba chuid nár bheag é seo uile den *civilitas* mar a tuigeadh sin san Eoraip ó aimsir na Róimhe i leith: cleachtas an dea-rialachais agus dualgaisí na saorántachta. Ach ní chuige sin an *suairceas*. Is ag freagairt do réimse eile den *civility* / *civilité* ar leagadh béim faoi leith air sa séú agus sa seachtú céad déag atá sé: béascna, dea-iompar, deisbhéalaí. I rith na tréimhse seo, d'fhorbair réimse den saol poiblí nárbh ionann é agus an dualgas cathartha (civic responsibility), an rud a thuig an

Mheánaois leis an *vita activa* i saol na polaitíochta. Bhí an réimse nua seo go hiomlán in aghaidh an *vita contemplativa* chomh maith mar is léir ó lámhleabhair bhéascna na tréimhse.[19] An caidreamh sóisialta idir daoine sa saol mór ba chás leis an réimse nua seo. Chuige seo, foilsíodh an iliomad lámhleabhar cúirtéise ar fud na hEorpa a bhunaigh cód iompair leis an chaidreamh seo a rialú. Ba chuid nár bheag de dhintiúir an duine uasail máistreacht a léiriú ar an chód seo (Bryson 1998).

Is mar seo a léim *suairceas* na Gaeilge i dtús an seachtú haois déag. Is mar seo fosta is féidir, is dóigh liom, prós Chéitinn agus filíocht Haicéad a léamh le hais a chéile ar bhealach comhlántach. *Civilitas* ar an sean-nós a chur in oiriúint do stair na hÉireann, agus do stair na Sean-Ghall in Éirinn, an cúram atá ar Chéitinn in *Foras Feasa*; *civility* / *civilité* an mhodha nua atá i gceist go príomha ag an Haicéadach ina chuid filíochta. Ach dearbhú na sibhialtachta Éireannaí, nó le bheith níos cruinne b'fhéidir, shibhialtacht uasaicme Ghaelach agus Ghaelaithe na hÉireann, atá i bpáirt ag an bheirt acu.

Nótaí

1 Músclaíonn sé seo buncheisteanna do scoláirí Gaeilge na tréimhse 1600–1800 ar cás leo staidéar dá leithéid seo ach ar gá dóibh dul i muinín na litríochta cuid mhór.

2 Amharc Richter (1986; 1987; 1995) maidir le hainilís ar an *Begriffsgeschichte* trí chéile.

3 Amharc fosta McQuillan 2004: 183–229.

4 Aistríodh tráchtas an Iodálaigh Stefano Guazzo, *La Civil Conversatione* (1574) go Béarla sna 1580í faoin teideal *The Civil Conversation of M. Steeven Guazzo*; amharc Pettie agus Young 1586. Amharc fosta an cuntas ag Lievsay 1961 ar thionchar an leabhair seo ar Shasana.

5 *DIL* faoi *suirge*: "O'Curry's law transcripts in RIA" 1178 (H.3.18, 468).

6 Luaite in Bryson 1998: 179.

7 *Co delbh i ttadhbhas?... .i. i riocht inghine macdhacht* (Gwynn 1942: 38).

8 An rud a dtugtar "diagrammatic iconicity" air, amharc Haiman 1980: 515. Ní phléann Haiman le samplaí den chineál atá agamsa anseo (sraitheanna aidiachtaí), is é an prionsabal ginearálta atá i gceist agam. Féach fosta Greenberg (1966: 103): "The order of elements in language parallels that in physical experience or the order of knowledge"; Langacker (1978: 858–9), agus é ag caint ar choimpléisc bhriathartha: "It is claimed that the layered

morphological structure of complex words typically reflects the layering of the underlying propositional structure, *which in turn mirrors the conceptual organization of the expressions* (an bhéim curtha isteach agam féin). Ba ghá cinnte níos mó taighde a dhéanamh ar na struchtúir atá i gceist agam anseo.

9 The Book of O'Hara, An Leabhar Branach, Dioghluim Dána, Irish Bardic Poetry, Iomarbhágh na bhFileadh, Dánta Eoghain Ruaidh Mhic an Bhaird, Aithdhioghlaim Dána, Leabhar Chloinne Aodha Bhuidhe.

10 Dánta Mhuiris Mhic Dháibhí Dhuibh, Dánta Amhráin agus Caointe Sheathrúin Chéitinn, Filíocht Phádraigín Haicéad, Brian Mac Giolla Phádraig (*Celtica* 4)

11 The Flight of the Earls, Pairlement Chloinne Tomáis, Beatha Aodha Ruaidh Uí Dhomhnaill, Annála Ríoghachta Éireann, Foras Feasa ar Éirinn, Eachtra Uilliam, Caithréim Conghail Cláiringhnigh.

12 Uilliam Ó Domhnaill (Tiomna Nuadh), An Teagasg Críostaidhe, The Rule of St Francis, Eochair-Sgiath an Aifrinn, Desiderius, Scáthán Shacramuinte na hAithridhe, Bethadha Naemh nÉireann, Lives of St Mochuda and St Declan, The Calendar of Saints, Trí Bior-Ghaoithe an Bháis, Stapleton's Catechism, Parrthas an Anama, The Rule of St. Clare, Buaidh na Naomhchroiche.

13 Labhróidh mé go gasta ag deireadh na haiste ar na samplaí ón phrós.

14 Amharc na hiontrála ar líne in *The Dictionary of Irish Biography* (Acadamh Ríoga na hÉireann / Cambridge) agus *The Oxford Dictionary of National Biography.*

15 McQuillan 2006A: 99–101.

16 Amharc fosta an sciolladh aige ar na *nouveaux riches* galldaithe "Och! mo chreachsa faisean chláir Éibhir" in Ó Buachalla *et al.* 1971: 11.

17 Bradshaw 2008: 13–4; don leagan "Saxa nua", amharc Ó Rathaile 1977: 147, líne 90.

18 "*Dissimulatio* and mitigation in Castiglione's *Book of the Courtier.* Shaping the form of civil conversation": caint a tugadh ag Comhdháil an Renaissance Society of America, Washington DC, 22ú Márta 2012. Annick Paternoster (University of Leeds) agus Claudia Caffi (Università di Genova) údair na cainte.

19 Amharc Pettie agus Young 1586, Leabhar a hAon ach go háirithe. Pléann Bryson an pointe seo (1998: 54–7).

LEABHARLIOSTA

Bradshaw, B. 1993. "Geoffrey Keating: apologist of Gaelic Ireland", in Bradshaw, B., Hadfield, A. agus Maley, W. (eagí) *Representing Ireland: Literature and the Origins of Conflict 1534–1660*. Cambridge University Press. 166–90.

– 2008. "Reading Seathrún Céitinn's *Foras Feasa ar Éirinn*", in Ó Riain, P. (eag.) *Geoffrey Keating's Foras Feasa ar Éirinn: Reassessments*. Irish Texts Society. 1–18.

Bryson, A. 1998. *From Courtesy to Civility. Changing Codes of Conduct in Early Modern England*. Oxford University Press.

Caball, M. 1998. *Poets and Politics: Reaction and Continuity in Irish Poetry, 1558–1625*. Cork University Press.

Carey, V. 1999. "Neither good Irish nor good English: bilingualism and identity formation in sixteenth-century Ireland", in Morgan, H. (eag.) *Political Ideology in Ireland 1541–1641*. Four Courts Press. 45–61.

Chartier, R. 1986. "Civilité", in Reichardt, R. agus Schmitt, E. (eagí), Imleabhar 4: 7–50.

Corpas na Gaeilge 1600–1882. 2004. Acadamh Ríoga na hÉireann.

de Teiltiún, I. agus Laoide, S. (eag.) 1912. *Eachtra Mhacaoimh an Iolair*. Baile Átha Cliath.

DIL: Dictionary of the Irish Language 1983. Royal Irish Academy.

Greenberg, J. (eag.) 1966. *Universals of Language*. M.I.T. 73–113.

Greene, T. M. 1969. "The Perfect End of Shooting" *English Literary History* 36: 609–25.

Gwynn, E. J. (eag.) 1942. "An Old Irish tract on the privileges and responsibilities of poets" *Ériu* 13: 1–60, 220–36.

Haiman, J. 1980. "The iconicity of grammar. Isomorphism and motivation" *Language* 56: 515–40.

Jakobson, R. 1960. "Language and Poetics", in Sebeok, T (eag.) *Style in Language*. M.I.T. 350–73.

Koselleck, R., Conze, W. agus Brunner, O. (eagí) 1972–1989. *Geschichtliche Grundbegriffe: historisches Lexikon zur politisch-sozialen Sprache in Deutschland*. E. Klett.

Krostenko, B. 2002. *Cicero, Catullus and the Language of Social Performance*. University of Chicago.

Langacker, R. W. 1978. 'The form and meaning of the English auxiliary' *Language* 54: 853–82.

Lievsay, J. L. 1961. *Stefano Guazzo and the English Renaissance 1575–1675*. University of North Carolina.

Mac Craith, M. 1996. "Litríocht an 17ú haois: Tonnbhriseadh an tseanghnáthaimh nó tonnchruthú an nuaghnáthaimh?" *Léann na Gaeilge. Léachtaí Cholm Cille* 26. An Sagart. 50–82.

Mac Giolla Eáin, E. (eag.) 1900. *Dánta, Amhráin is Caointe Sheathrúin Chéitinn*. Conradh na Gaeilge.

McQuillan, P. 2004. *Native and Natural: Aspects of the Concepts of Right and Freedom in Irish*. Cork University Press.

– 2006a. "*Suairceas* in the seventeenth century" *Field Day Review* 2: 95–109

– 2006b. "Gnéithe de na focail *suairc* agus *suairceas* sa 18ú haois" in Doyle, A. agus Ní Laoire, S. (eagí) *Aistí ar an Nua-Ghaeilge in ómós do Bhreandán Ó Buachalla.* Cois Life. 193–215.

Meyer, K. (eag.) 1908 "Mitteilungen aus irischen Handschriften" *Zeitschrift für celtische Philologie* 6: 257–72.

Mhág Craith, C. 1958. "Brian Mac Giolla Phádraig" *Celtica* 4: 103–204.

Ní Cheallacháin, M. 1962. *Filíocht Phádraigín Haicéad.* An Clóchomhar.

Ní Mhaonaigh, M. 1992. "Bréifne bias in *Cogad Gáedel re Gallaib*" *Ériu* 43: 135–58.

Ó Buachalla, B., de Brún, P. agus Ó Concheanainn, T. (eagí) 1971. *Nua-Dhuanaire I.* Institiúid Ard-Léinn Bhaile Átha Cliath.

O'Donovan, J. (eag.) 1849. *The Annals of the Kingdom of Ireland.* Dublin.

O'Rahilly, C. (eag.) 1949. *Eachtra Uilliam.* Dublin Institute for Advanced Studies.

Ó Rathaile, T. 1977 [1927]. *Meascra Dánta II.* Cló na hOllscoile Chorcaí.

Palmer, P. 2001. *Language and Conquest in Early Modern Ireland.* Cambridge University Press.

Pettie, G., agus Young, B. (aistr.) 1586. *The Civil Conversation of M. Steeven Guazzo* Constable, 1925 (athchló).

Reichardt, R. agus Schmitt, E. (eagí) 1985– *Handbuch politisch-sozialer Grundbegriffe in Frankreich 1680–1820.* R. Oldenburg.

Richter, M. 1986. "Conceptual history (*Begriffsgeschichte*) and political theory" *Political Theory* 14, 4: 604–37.

– 1987. "*Begriffsgeschichte* and the history of ideas" *Journal of the History of Ideas* 48, 2: 247–63.

– 1995. *The History of Political and Social Concepts: A Critical Introduction.* Oxford University Press.

Walsh, P. (eag.) 1948 *Beatha Aodha Ruaidh Uí Dhomhnaill*, Part I. Irish Texts Society.

Waugh, L. 1980. "The poetic function in the theory of Roman Jakobson" *Poetics Today* 2, 1: 57–82.

Wierzbicka, A. 1997. *Understanding Cultures through their Key Words: English, Russian, Polish, German and Japanese.* Oxford University Press.

Williams, N. J. A. (eag.) 1979 *Dánta Mhuiris Mhic Dháibhí Dhuibh Mhic Gearailt.* An Clóchomhar.

1993. *Díolaim luibheanna*; N. Williams, a chnuasaigh.
Baile Átha Cliath: Sáirséal-Ó Marcaigh.
(le caoinchead Nicholas Williams)

Brian Ó Curnáin

AN DÁN DÍREACH, CARNACH, MEÁNACH

1 Struchtúr an Mhacalla in Ealaín na Bairdne

Is maith an tsamhail d'ealaín na bairdne Gaeilge, macalla an nádúir. Tá mórstruchtúir agus mionstruchtúir i gceist inti. Mórstruchtúir iad na haicmí filíochta agus rialacha na n-aistí (comhardadh agus béim, líon na siollaí, uimhir ceathrúin, aicill srl.) a ndéantar ailtireacht an dáin astu ó thaobh na fuaime de. Mionstruchtúir atá i gceist le bunús foghraíochta na ngnéithe: cuibheas, uaim, uaithne agus amas.

Tá macalla cruinn ann agus macalla maol. Déanann comhfhreagairt na bhfuaimeanna ceannann céanna cuibheas; nó déanann comhfhreagairt cosúlachtaí idir na fuaimeanna cuibheas ar leibhéal níos teibí ná leibhéal na bhfuaimeanna céanna: ar leibhéal na saintréithe foghraíochta. Is mithid an dá chur chuige seo a léirmhíniú san aiste seo. Má tá saintréith ar leith fuaime i gconsan aonair ar leith, caithfidh an tsaintréith chéanna a bheith i gconsan eile atá ag comhfhreagairt dó i gcuibheas. Modh déanta na gconsan go háirithe atá i gceist leis na saintréithe (an chaoi a ndéantar na consain ghaolmhara). I gcontrárthacht leis na saintréithe, tá tréithe idirdhealaitheacha a ndéantar neamhshuim díobh sa bhairdne i rangú aicmí consan, tréithe a bhaineann leis an ionad teagmhála don chuid is mó (an t-ionad sa bhéal a ndéantar an consan, nó ionad na hurlabhraíochta sa chóras urlabhraíochta, go háirithe ionad na teanga agus na liopaí), m.sh. srónach, coguasach, déadach, liopach (m.sh. *n*, *c*, *d*, *p* faoi seach).

I dteoiric na fóineolaíochta is minic ceist nó aighneas maidir le sainmhíniú fuaimeanna ina n-aonaid aonair, an cur chuige fóinéimeach, nó a sainmhíniú ina dteaglaim de shaintréithe, an cur chuige saintréitheach. Sa bhairdne fónann an dá chur chuige, mar a fhónann i meadaracht go leor teangacha. Don mhacalla céannachta teastaíonn eolas ar fhóinéimí na teanga. Agus don mhacalla cosúlachta nó aicmithe teastaíonn eolas ar na saintréithe (sin agus cluais mhaith). Tá ceist fóineolaíochta ann freisin i dtaobh gaol saintréithe le chéile nó a spleáchas ar a chéile chomh maith le ceist maidir le marcáilteacht na bhfóinéimí nó/agus na saintréithe. Is féidir le hanailís na fóineolaíochta foghlaim ón mbairdne agus le hanailís na bairdne foghlaim ón bhfóineolaíocht.

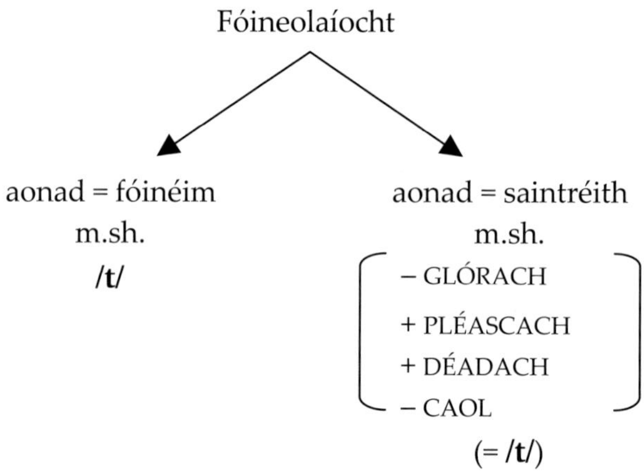

2 An Cur Chuige Fóinéímeach

Marab ionann agus gnáthmheadaracht an Bhéarla agus na Fraincise, i mbairdne na Gaeilge is iad na saintréithe rangaithe is tábhachtaí, go háirithe ó thaobh na gconsan de. Ach tá comhfhreagairt nó athrá fóinéimeach freisin sa bhairdne, is é sin le rá go bhfuil dála agus fuaimeanna áirithe ann a nglacann an tréith idirdhealaitheach luach nó feidhm an chuibhis. Go bunúsach tá seo i gceist le gutaí cuibheasacha agus (ach cáilíocht a theibiú) le consain uamacha.

I siollaí cuibheasacha caithfidh (1) gutaí aiceanta (más fada, meánach nó gearr iad) (a) faoi phríomhbhéim [ˈ] nó (b) faoi fhobhéim [ˌ];[1] agus (2) gutaí fada (agus meánacha[2]) neamhaiceanta, caithfidh sin a bheith mar a chéile, .i. comhfhreagairt fhóinéimeach. M.sh.

(1)(a) ˈ*géag* : ˈ*céad*; ˈ*gearr* : ˈ*leann*; ˈ*mine* : ˈ*fighe*; ˈ*chairde* : ˈ*bhfairrge*;

(1)(b) ˈ*mac* : ˈ*bhfionnˌshlat* (.i. príomhbhéim : fobhéim);

ˈ*hEalga* : ˈ*gruadhˌdearga* (meánach (agus fobhéim));

ˈ*gormˌat* : ˈ*donnˌbhrat* (.i. fobhéim : fobhéim);

ˈ*ghéigˌiobhraigh* : ˈ*céidˌiomdhaidh*;

ˈ*cnoi*ˈˈ*ˌfhiodhbhadh* : ˈ*roi*ˈˈ*ˌiongnadh* (don séanas, fch §3.1 thíos);

ˈ*finnˌleargadh* : ˈ*imˌdheargadh* (.i. fobhéim : fobhéim; meánach);

(2) *muinéal* : *cuiléan*; (meánach, m.sh. *cholainn* : *chrobhaing*).

(Ní gá an chomhfhreagairt fhóinéimeach ghutach in uaithne ná i gcineálacha amais.)

3 An Cur Chuige Saintréitheach; Rangú

Is i gcomhthéacs na gconsan is tábhachtaí na saintréithe, á n-idirdhealú i dtús focail san uaim, agus i gcomhthéacs consain aonair nó i gcomhthéacs cairn sa chuibheas; ach ní miste saintréithe gutaí a phlé i dtosach.

3.1 Saintréithe Gutaí

Trí shaintréith atá i gcuibheas gutaí (is gutaí défhoghair, agus iad + FADA mar aonad in uaithne, agus is guta – TOSAIGH *á* agus *a*):

± FADA, ± MEÁNACH, ± TOSAIGH.

Cuimsíonn + MEÁNACH leathfhad gutaí roimh chonsan TEANN (nach bhfuil idirghutach), .i. roimh chonsan TEANN i ndeireadh focail agus i dtús cairn, agus roimh chairn ÉADROM-TEANN áirithe (leathfhadú gutach a dtugtar síneadh meánach air (fch §6.3 go háirithe, thíos)). Dhá riail chuibhis is féidir a thagairt do ± FADA agus ± TOSAIGH:

(3) i gcomhardadh slán sna siollaí (a) neamhaiceanta, agus (b) idir siolla neamhaiceanta agus siolla faoi fhobhéim, agus (c) sa deibhí idir siolla aiceanta (príomhbhéim nó fobhéim) agus siolla faoi fhobhéim nó neamhaiceanta, is leor saintréith amháin, .i. – FADA, .i. gearr (gan + MEÁNACH a thabhairt san áireamh go fóill), m.sh.

(a) *doiligh* : *oighidh*; *chreachaibh* : *ndeachaidh*;

(b) ˈ*gaoltaibh* : ˈ*aonˌtoil*; ˈ*beoˌmharthain* : ˈ*Eoghanchaibh*;

(1)(b) agus (3)(b) *ˈthaobhˌghormˌdhuinn* : *ˈchaomhˌDhomhnaill;*

(3)(b) agus (1)(b) *ˈbachallˌbhuidhe* : *ˈsgathˌfhannˌmhuine;*

(c) (aiceanta : neamhaiceanta) *ˈoighir* : *ˈtathuighidh; ˈgabhadh* : *ˈleasaghadh;*

(príomhbhéim : fobhéim) *ˈreabhraidh* : *ˈmhóirˌmheanmnaigh;*

(fobhéim : neamhaiceanta) *ˈaoinˌfhir* : *ˈdhíomhaoinigh;*

(neamhaiceanta : fobhéim) *ˈinghean* : *ˈmhínˌfhinnˌgheal.*

Le + MEÁNACH (§6.3) a thabhairt san áireamh, m.sh.

(a) (neamhaiceanta) *ˈiomairdfe* : *ˈtiomairgthe;*

(c) (aiceanta : neamhaiceanta) *ˈdheargadh* : *ˈchoiseargadh;*

ˈleinb : *ˈdíbheirg;*

(príomhbhéim : fobhéim) *ˈchearda* : *ˈcróˌdhearga.*

Is féidir a mhaíomh gur suíomh neodraithe an suíomh neamhaiceanta i gcomhthéacs gutaí – FADA agus dá bhrí sin gur féidir leis an nguta neodrach, schwa, gach guta gearr a chuimsiú agus comhfhreagairt d'aon ghuta – FADA faoi bhéim (príomhbhéim nó fobhéim san áireamh).

(4) in uaithne, i bhfocail a chríochnaíonn ar ghuta, teastaíonn an dá shaintréith comhfhreagairt dá chéile, m.sh.

+ FADA, + TOSAIGH i *bhí* : *é;* nó

+ FADA, – TOSAIGH i *cló* : *mná* : *clú;* nó

– FADA, – TOSAIGH i (ndara cuid défhoghar mar) *lua* : *dia;* nó

+ FADA, – TOSAIGH i (ndéfhoghair mar aonad + FADA, agus an dara cuid – TOSAIGH mar) *a-tá* : *dó* : *Chua; nua* : *cló* : *ria;* nó

+ FADA, + TOSAIGH in *aoi* ~ *aí* (mar aonad + FADA, agus an dara cuid + TOSAIGH) i *lí* : *dhlaoi* : *nDé; bhaoi* : *gclí* : *sé.*

In aon uaithne eile níl tábhacht ach le saintréith amháin ghutach: ± FADA (gan cáilíocht chonsanta a thabhairt san áireamh, a chomhfhreagraíonn i gconsain dheiridh focal in uaithne).

Fágtar séanas taobh amuigh de rangú na gconsan, mar shaintréith easnaimh – CONSANTA, ar gá séanas eile á fhreagairt (séanas á léiriú anseo le ''), m.sh.

rai''_fhéarach : *ai''_éarach*; *so''_aimsir* : *Ro''_ailbhsin*;

cnoi''_fhiodhbhadh : *roi''_iongnadh*; *glé''_eadh* : *glé''_sheadh* (-*sh*- maon).

Nuair atá séanas san airdrinn comhfhreagraíonn guta aiceanta sa rinn do ghuta neamhaiceanta de réir riail an deibhí ach is féidir lena thús a bheith caol nó leathan de rogha i gcás -''*ó*- ~ -''*eó*- (i gcás na bhfocal coitianta *Si''(e)ón* agus *a''(e)ór* ar aon nós), m.sh.

bhán : *Mu''án*; *dháibh* : *Mu''áin*; *háil* : *Sea''áin*;

orsain : *Ro''albhsain* (nó *Ro''olbhsain* don síneadh meánach);

dhóibh : *ae''óir*; *eóin* : *ai''eóir*; *ceól* : *ai''eór*; *mór* : *ae''ór*.

Tabhair faoi deara gur féidir leis an rinn tosnú ar ghuta nó chonsan, de réir na gnáthrialach. Nuair atá séanas sa rinn ar ndóigh comhfhreagraíonn séanas san airdrinn, m.sh.

Mu''_áin : *seanChu''_áin*.

San uaim tá leagan amach (for)f(h)óinéimeach i bhfeidhm do na consain ach is féidir le guta ar bith uaim a dhéanamh le guta ar bith eile. Cheapfadh duine go bhfuil seo in aghaidh chur chuige fhóinéimeach na gconsan ach tá sé ag réiteach go hiomlán le rialacha na huama atá bunaithe ar thréithe idirdhealaitheacha ionad teagmhála na fóinéime: mar gheall nach bhfuil aon ionad teagmhála ag na gutaí tá siad uile in uaim le chéile, tá siad uile – CONSANTA. (Féach {*t*-,*n*-,*h*-,*fh*,V} §4.1 thíos.)

4 Forfhóin, Morf-fhorfhóin, Fofhóinéimí san Uaim

In uaim chonsanta caitheann bunfhoirmeacha na fóinéime a bheith mar a chéile (i dtús an fhocail) ach amháin ó thaobh cáilíochta de; is é sin le rá go ndéanann uaim neamhshuim den tsaintréith ± CAOL. Uamann consan caol agus consan leathan le chéile chomh fada is gur ionann iad ar gach bealach eile. Is féidir forfhón a thabhairt ar aonad fóinéimí gaolmhara. Is féidir forfhón a thabhairt ar an bpéire consan atá comhfhreagrach seachas ó thaobh ± CAOL de. Ní ar réaladh dromchlach na fuaime atá an uaim seo ag brath ach ar bhunfhorfhóin, beag beann ar thoradh na gclaochluithe tosaigh (cé is moite de *sh-, ts-; fh-, ph-*). Is féidir morf-fhorfhón a thabhairt ar fhorfhón agus a chéile claochlaithe. Is ar leibhéal an mhorf-fhorfhóin mar sin atá an uaim. M.sh.

± CAOL: *sinn* : *slán*; *shúil* : *shiobhal*;
fós : *Fearghus* .i. *f-* : *F-*; *thoigh* : *tráigh* .i. *t-* : *t-*; *mbacach* : *bád* .i. *b-* : *b-*;
agus gan uaim **mbacach* : *máthair* .i. **b-* : *m-*.

Ní bac don uaim ghutach aon chlaochlú (nó réamhlitir): *h-, n-, t-*. M.sh.

inbhir : *hÉireann*; *héadtrom* : *an t-eire*; *ollamh* : *n-Éireann*;
fhiadh : *n-Éireann*; *an t-eallach* : *amhluidh*.

4. 1 Cairn sC- *in Uaim;* fh-, ph- *in Uaim*

s-, f-, p- — trí chonsan eisceachtúil san uaim, ó thaobh na morf-fhóineolaíochta de. Tá *s* ina fóinéim neamhspleách i gcónaí ('an bhanríon', nó 'an rí', ina rang féin i gcónaí). In uaim tá *sh-* **[h]** ina aonad i gcónaí freisin (mar atá *shl-, shn-, shr-*), chomh maith le *sb-, sd-, sg-* agus *sm-*, is é sin ní cuibheas go cuibheas aonaid leis an mbanríon anseo. Tá na cairn a bhfuil *s-* ina dtús an-speisialta in uaim. Ní féidir uaim a bheith idir *sb-, sd-, sg-* ná *sm-*, agus ní féidir leo uaim a dhéanamh le haon chonsan (aonair ná i gcarn) ach leo féin. (Cairn thosaigh dhoshéimhithe iad.) Is féidir le *s-, sl-, sn-* agus *sr-* a bheith in uaim le chéile (*s-* nó grúpa *s*C^{sondach}- (gan *m* a aicmiú + SONDACH)). Ar an gcuma chéanna is féidir le *sh-, shl-, shn-* agus *shr-* a bheith in uaim le chéile. (Consan aonair nó cairn thosaigh intséimhithe iad.) (Ach maítear freisin nach n-uamann *shl-, shn-* agus *shr-* ach lena leathcheann féin.) Uamann *ts-* le *ts-* eile amháin (chomh maith le *ts-, tsl-, tsn-* agus *tsr-* le chéile). Is aonaid chuibhis fho-mhorf-fhóinéimeacha iad *sh-* **[h]** agus *ts-*; is aonaid chuibhis charnacha, agus dá bhrí sin, is aonaid fhorfhóinéimeacha, iad *sb-, sd-, sg-* agus *sm-*.

Ní uamann *s-* le *sh-*, mar atá ráite, ná ní uamann *f-* le *fh-*, ná *p-* le *ph-*. Is eisceacht *fh-*, toradh an tséimhithe ar *f-*, i gcóras na gclaochluithe mar go n-imíonn fuaim an bhun-*f-* ar ceal ar fad. Uamann *fh-* le *fh-* nó guta (mar gur ionann *fh-* agus guta (i ndiaidh *fh-*)), uamann *fh*C- le C- (nó *fh*C-) den chonsan céanna (.i. *fhl-* le *l-*; *fhr-* le *r-*) de réir uama consanta. M.sh.

> *uighthe* : *fhionnMhagh*;
> *fhliuch* : *lá*; *ribh* : *fhraoch*; chomh maith le
> *fhoghail* : *fhine* ; *fhlaith* : *fhlaithis*; *fhréimh* : *Fhrangcaigh*.

Formhór na gconsan tosaigh séimhithe, ní gnách i mbunléicsímí iad, m.sh. *c-* **[k]** > *ch-* **[x]**. Eisceacht eile *ph-* **[f]**, de bharr a comhfhuaime le *f-*, bunfhóinéim neamhchlaochlaithe (ag a bhfuil uaim eisceachta), agus a hannaimhe b'fhéidir. Ar an gcuma chéanna le *sh-* **[h]** de bharr a comhfhuaime le *h-*, bunfhóinéim neamhchlaochlaithe (ag a bhfuil uaim eisceachta (le guta)), agus atá annamh freisin mar bhunfhóinéim ach coitianta mar chlaochlú roimh ghuta. Uamann *f-* le *ph-* (agus uamann sin le *bhf-*). Uamann *p-*, agus *bp-* le chéile de réir na bunrialach. M.sh.

> *phuirt* : *Pharrthais*; *phrímhchéim* : *phosdfhlaith*;
> *Philip* : *féin* ; *Phort* : *bhFionn*; *port* : *bParthais*; cp. *bhfaoinlearg* : *bhfionn*.

Is iad na haonaid uama atá sa bhairdne in achomaireacht mar sin, ón gcuid is ginearálta go dtí an chuid is cúinge (gan ± CAOL a rianadh ach amháin le $C^{\cong}$ = consan céanna ± CAOL; V = guta):

{*fh*,*n-*,C,*h*}	(= {$C^{\cong}$: *n*-$C^{\cong}$: $C^{\cong}$*h* : *fh*$C^{\cong}$}; anseo *n-* = urú, *h* = séimhiú)
{*t-*,*n-*,*h-*,*fh*,V}	
{*s*}, {*ts*}, {*sh*}	({*s*} = {*s*V,*l*,*n*,*r*}; {*ts*} = {*ts*V,*l*,*n*,*r*}; {*sh*} = {*sh*V})
{*sb*}, {*sd*}, {*sg*}, {*sm*}	(nó {*shl*}, {*shn*}, {*shr*} a ionannú le {*sh*})
{*shl*}, {*shn*}, {*shr*}	
{*ph*, *f*, *bhf*}	

5 Saintréithe Consan

Achoimre ar na cúig shaintréith struchtúrtha chonsanta is tábhachtaí sa bhairdne:

	Comhthéacs:
± CAOL	ginearálta
± GLÓRACH, ± PLÉASCACH	aonair
+ TEANN	aonair, i ndiaidh guta ghearr
– GLÓRACH, ± PLÉASCACH	carn
+ SIOSACH	ginearálta

(Tá na saintréithe ± CONSANTA agus ± SONDACH, a luadh romhainn, níos imeallaí sa chóras cuibhis chonsan.)

5.1 (i) Saintréithe Consan Aonair

Cúig shaintréith ach go háirithe is bonn do chuibheas na gconsan aonair:

± GLÓRACH, ± PLÉASCACH, + TEANN, + SIOSACH, ± CAOL.

(Nó is féidir caitheamh le *s* mar aonad inti féin agus gan + SIOSACH ar bith a bheith i gceist (rud a d'fhágfadh ceithre shaintréith ann); bheadh sin níos fusa b'fhéidir do dhuine is é ag plé le '*s* banríon na gconsan' nó 'rí na gconsan' ach cloífear le saintréith + SIOSACH a áireamh anseo.) Is orthu seo is mó atá córas cuibhis na bairdne bunaithe. Ó tharla go gcaithfidh cáilíocht (caoile nó leithne) consan comhfhreagairt, aonair nó i gcarn, is féidir consain a aicmiú ar son na hachomaireachta gan aird ar an tsaintréith ± CAOL agus titeann siad i sé aicme. Na haicmí consan a dhéanann cuibheas le chéile.

	– GLÓRACH	+ PLÉASCACH	– PLÉASCACH	+ TEANN
+ GLÓRACH		b, d, g	bh, dh, gh, mh, n, l, r	nn, ll, rr, m, ng
+ PLÉASCACH	p, t, c			
– PLÉASCACH	ph ~ f, th, ch			nn, ll, rr, m, ng

+ SIOSACH	s		s	

Tabhair faoi deara go sainmhíníonn dhá shaintréith formhór na n-aicmí, na saintréithe lárnacha: ± GLÓRACH, ± PLÉASCACH. (Trí shaintréith / saintréith amháin ag *nn, ll, rr, m, ng*; trí shaintréith / saintréith amháin ag *s*.) Ón gcéad ghuta aiceanta, sa dá fhocal chomhfhreagracha, nó i leathcheann an phéire (an rinn) sa deibhí, a thosaíonn an cuibheas. Na sé rang consan seo mar aon lena dtéarma traidisiúnta agus le samplaí den chuibheas lán:

I + GLÓRACH, + PLÉASCACH	*oba : foda : boga*	– CAOL
CRUA b, d, g	*éigean : éidear*	+ CAOL
II – GLÓRACH, + PLÉASCACH	*sop : lot : boc*	– CAOL
BOG p, t, c	*cnuic : luit : cuip*	+ CAOL
III + GLÓRACH, – PLÉASCACH	*eagail : meadair*	+ CAOL
ÉADROM	*ibhe : Midhe : nighe : nimhe : mine : bile : mire*	+ CAOL
bh, dh, gh, mh, n, l, r	*caomha : Aodha; cailleadh : daingean*	– CAOL
IV – GLÓRACH, – PLÉASCACH	*eich : beith; Life : ithe : fliche*	+ CAOL
GARBH ph ~ f, th, ch	*catha : Macha; Grafann : gCorrbhachall*	– CAOL
V + TEANN	*ann : dall : barr : am; drong : donn*	– CAOL
TEANN nn, ll, rr, m, ng	*cailleadh : daingean*	+ CAOL
VI *s* nó + SIOSACH	*gas : bas*	– CAOL
RÍ, Banríon, Aimrid, Aonta	*craoiseach : taoiseach*	+ CAOL

Maidir le + TEANN de sa chonsan aonraic, tá an rangú seo i gceist go hiomlán i suíomh fóineolaíochta teoranta: níl an tsaintréith + TEANN feidhmeach nó sainiúil ach amháin i ndiaidh guta ghearr (guta – FADA ó bhunús, a thugann guta + MEÁNACH sa chomhthéacs seo). Dá bhrí sin tá cás ann a dtugtar neamhaird ar + TEANN, sna consain atá + GLÓRACH, – PLÉASCACH, + TEANN, agus rangaítear na consain sin dá bharr sin ina gconsain + GLÓRACH, – PLÉASCACH (le haicme III ÉADROM, thuas): tar éis guta + FADA (défhoghair san áireamh), m.sh.

dáimhe : fháinne; gialla : fiara; Niall : ciar;
céill : ai"éir (rinn agus airdrinn).

Agus, mar a fheicfimid, neodraíonn guta + FADA feidhm + TEANN agus neodraíonn sé feidhm + MEÁNACH i gcairn consan (§6.3). Ó tharla feidhm ag + TEANN idir gutaí (i ndiaidh guta – FADA) ní chomhfhreagraíonn, mar shampla, *shn* agus *shl* ach do chonsain ÉADROMA amháin, m.sh. do *mh*, *n*, *gh*, *n* agus *mh* faoi seach i:

> *soshnadhma* : *comharrdha* (.i. *sn* **SN-** > *shn* **hn-** > **-n-**);
> *anshódh* : *rashlógh*;
> *roishliocht* : *folaigheacht* (.i. *sl* **s´L´-** > *shl* **hl´-** > **-l´-**);
> *roshlóigh* : *onóir*;
> *mhéinneashlóigh* : *Éiriomhóin* (+ FADA *nn* : *r* – FADA *shl* : *mh*).

Tá seo i bhfeidhm le *l*, *n* agus *r* shéimh chomh maith, .i. *sn* **SN-** > *-shn-* > **n** agus *n-* **N-** > *-n-* **n** i gcomhthéacs séimhithe, *r-* **R-** > *-r-* **r** i gcomhthéacs séimhithe (níl aon tsolaoid ábharach de *-shr-* agam), comhfhreagraíonn sin do chonsan ÉADROM, m.sh.

> *soshnadhma* **[n]** : **[ṽ]** *comhardha*; *rolabhra* **[l]** : **[ṽ]** *comhardha*.

Ba mhaith ab eol do na filí sin. Is féidir *l, n, r* idirghutach shéimh, .i. ÉADROM, a chruthú, más call don mheadaracht, ach réimír a chur roimh *l, n, r* tosaigh na bunfhréimhe. Mar shampla, as 23 comhartha a d'aimsíos den léicséim *roineart* ~ *raineart* (*ro- / ra- + neart*) tá cóimheas an-ard acu ina bhfuil *-n-* i gcomhardadh slán (le consan ÉADROM dar ndóigh). Tá 19 comhartha acu le focal ina bhfuil ÉADROM-V-*cht* (coitianta mar dheireadh teibí *-igheacht*), go háirithe leis an bhfocal *oireacht* (seacht gcomhartha), agus comhartha le focal ina bhfuil ÉADROM-V-*rt*; agus fágann sin gan ach trí chomhartha eile, agus péire acu sin i gcuibheas deibhí san ardrinn, mar a gcruthaíonn an réimír siolla breise don ardrinn (agus, ar deireadh, aon chomhartha amháin neamhchuibhis). Ar an dul céanna, as 22 comhartha de *roiréidh* (*ro- + réidh*) a d'aimsíos, tá 17 i gcuibheas lán (le consan ÉADROM de réir na rialach). Mar eiseamláir:

> *roineart* **[n´]** : **[r´]** *oireacht* ~ **[ɣ´]** *deóruigheacht* ~ **[v´]** *doibheart* ~ *aineacht*;

roiriar **[r´]** : **[ṽ´]** *doimhiadh*; *roiréidh* : *oiléin* ~ *toibhéim* ~ *chloidhshéimh*.

Is féidir le réimír an breisiúchán siollach agus an consan ÉADROM a chumadh nuair is call, nó fiú le dhá réimír é a chumadh agus dul i gcomhardadh mar:

roiréalta **[r´]** : **[ð´]** *doidhéanta*.

Tugann comhshamhlú sondaigh, consan TEANN ar ndóigh, i sampla mar:

rinnfhéaghain **[N´]** : **[N´]** *indéanaimh*.

I ndiaidh guta + FADA is féidir a mhaíomh, mar sin, go gcumasctar aicmí III ÉADROM agus V TEANN in aon aicme neodraithe amháin ÉADROM-TEANN nó III/V. Le comhshamhlú dhá shondach ÉADROM go consan TEANN, m.sh. *l* + *l* > *ll*, comh-fhreagraíonn an consan TEANN do chonsan TEANN eile tar éis guta – FADA, ach TEANN nó ÉADROM tar éis guta + FADA:

diombuaidh **[m]** : **[L]** *gaoidhiolshluaigh*;
tromghalshlat : *foghlammac*;
fhionnfhuar : *iolshluagh*; ach
caoilshleaghaibh **[L´]** : **[ð´]** *Gaedhealaibh*; *aoibhinn* : *aoilshlim*.

Is léir gurb iad na saintréithe ± GLÓRACH, ± PLÉASCACH mar sin lár aicmiú na gconsan, gur as na ceithre fhéidireacht i ngaol an dá shaintréith seo le chéile a shainmhínítear rang I–IV. Agus sainmhínítear ranganna V–VI as saintréithe + TEANN agus + SIOSACH atá coinníollach (+ TEANN) nó leithleasach (+ SIOSACH) sa chóras. I dtaobh na téarmaíochta traidisiúnta de is féidir go bhfuil contrárthachtaí ar leith i gceist maidir le:

CRUA	vs.	BOG	.i. contrárthacht ± GLÓRACH;
ÉADROM	vs.	TEANN	.i. contrárthacht ± TEANN sna sondaigh;
BOG	vs.	GARBH	.i. contrárthacht ± PLÉASCACH.

Mar a míníodh, dúblaíonn an tsaintréith ± CAOL líon na n-aicmí consan, mar gheall nach bhfuil aon chomhardadh i gceist mara bhfuil réiteach idir + CAOL nó idir – CAOL ann; ach amháin in uaim, agus in uaithne nuair nach é an consan nó an carn is deireadh don fhocal. Tá 'neamhchonsan' amháin ann, *sh* (**[h]** i dtús focal ach neamhní, nó Ø, i lár focal) nach bhfuil fhios, agus ní miste sin don chuibheas, an caol nó leathan dó mar gheall nach mbíonn sé i gceist ach in uaim. Maon, nó báite, dó (Ø) i lár focal, m.sh.

fóidshean **[d´]** : **[g´]** *cóigeadh; roishliocht* **[l´]** : **[ð´]** *toidheacht;*
onóir **[n]** : **[l]** *roshlóigh; anshódh* : *rashlógh;*
naoimhshreathaibh : *aoinbheathaidh* (Cairn 1 (m.sh. Tábla 2, thíos), gan aon – GLÓRACH);
glé"_eadh : *glé"_sheadh* (fch §3.1 thuas).

(Tabhair faoi deara nach bhfuil éifeacht – GLÓRACH ag *-sh-*.) Níl ± CAOL i gceist leis na gutaí (cé gur féidir ± CAOL consanta a ionannú le ± TOSAIGH gutach).

6 (ii) Saintréithe Consan i gCarn[3]

Caithfidh carn consan comhfhreagairt do charn eile consan i gcomhardadh. Ach i gcairn, go han-ghinearálta, níl feidhm nó tábhacht le + GLÓRACH, ná le + TEANN; ná le líon níos mó ná dhá chonsan (.i. CC(+) : CC(+); seachas níos mó ná *s* amháin, b'fhéidir); ná, go han-ghinearálta, le hord (na saintréithe ná na gconsan) sa charn; ach go suimítear na saintréithe as gach consan de na cairn ar leith (agus gach saintréith ar leith sa charn sin a shuimiú uair amháin). (Ach féach go bhfuil mór-eisceacht an-tábhachtach ann: + MEÁNACH

§6.3.[4]) Dá bhrí sin tá trí shaintréith feidhmeach do chuibheas carn consan, nó ceithre shaintréith le *s* a chomhaireamh:

– GLÓRACH, ± PLÉASCACH, + SIOSACH, ± CAOL.

Fágann sin gurb iad na cúig rang atá i gcuibheas carn consan (ach neamhaird a dhéanamh de ± CAOL arís ar mhaithe le coimre):

	– GLÓRACH	+ PLÉASCACH	– PLÉASCACH
+ PLÉASCACH	p, t, c	b, d, g	
– PLÉASCACH	ph ~ f, th, ch		bh, dh, gh, mh, n, l, r, nn, ll, rr, m, ng
+ SIOSACH	s		s

Ach a mheabhrú gur consan – GLÓRACH, – PLÉASCACH, + SIOSACH í *s*. Gan aird go fóill ar fhad meánach ach go háirithe, is féidir an bhunriail a chur in abairt amháin:

> Má tá aon cheann de na ceithre shaintréith seo i gcarn amháin caithfidh a saintréith chomhfhreagrach a bheith sa charn atá i gcuibheas leis:
> – GLÓRACH, + PLÉASCACH, – PLÉASCACH, + SIOSACH.

In anailísiú cuibhis charnaigh láin mar sin suimítear na saintréithe seo do gach carn comhfhreagrach — meá ar mheá. Tig ó shaintréith amháin, ar a laghad, go dtí na ceithre shaintréith ar fad, ar a mhéad, a bheith i gceist. Is iad na cúig roinn consan atá i gceist i gcairn mar sin:

RÍ, BOG, CRUA, GARBH, ÉADROM-TEANN.

6.1 Ceannas Consan Carnach

Cé go bhfuil anailísiú na gcarn iomlán sa chur chuige saintréitheach seo, is féidir cur chuige ceannasachta consan a rianadh chomh maith céanna.[5] Tá déantús na gcarn in-rangaithe de réir scála marcáilteachta, ón gcarn is lú marcáilteachta go dtí an carn is marcáilte nó ón gconsan carnach is lú marcáilteachta go dtí an consan carnach is marcáilte. Tá scála marcáilteachta nó ceannais ag na saintréithe mar seo (>> = i gceannas ar):

{+ SIOSACH >> – GLÓRACH} >> {+ PLÉASCACH >> – PLÉASCACH}

An carn is lú marcáilteachta, is é an cineál cairn is lú suntas idirghutach don chluais nó / agus is mó is cosúil le consan aonair, .i. carn atá ard ó thaobh sondachta de agus íseal ó thaobh consantachta de. An carn is marcáilte, is carn é ina bhfuil *s* (RÍ) agus pléascach neamhghlórach (BOG), .i. carn atá ard ó thaobh consantachta de (agus dá bhrí sin íseal ó thaobh sondachta de) agus ina bhfuil consain atá éagsúil go maith le chéile agus dá bhrí sin ar fada an carn ó chonsan aonair.

Cairn ina bhfuil consan ÉADROM-TEANN le consan ÉADROM-TEANN eile, sin iad is neamh-mharcáilte ar fad. Cairn ina bhfuil consan GARBH na chéad chairn eile ar an scála. Cairn ina bhfuil consan CRUA ansin. Cairn ina bhfuil consan BOG ansin. Cairn ina bhfuil *s* an RÍ ansin. Agus cairn ina bhfuil *s* an RÍ agus consan BOG is marcáilte ar fad. Is eo é an scála mar sin:

RÍ
BOG
CRUA
GARBH
ÉADROM-TEANN

Is féidir a leagan amach níos pointeáilte mar seo:

	– GLÓRACH			
RÍ	s			+ SIOSACH
BOG	p, t, c	CRUA	b, d, g	+ PLÉASCACH
GARBH	ph ~ f, th, ch	ÉADROM-TEANN	bh, dh, gh, mh, n, l, r, nn, ll, rr, m, ng	– PLÉASCACH

Mar gheall ar mharcáilteacht na saintréithe – GLÓRACH, is í atá ceannasach ar a heasnamh. Is féidir mar sin consan amháin – GLÓRACH i gcarn amháin comhfhreagairt do charn eile ina bhfuil gach consan – GLÓRACH. Is é sin, is leor – GLÓRACH a bheith i gconsan amháin i gcarn do chéile cairn atá – GLÓRACH ar fad. Mar sin, i gcarn dhá chonsan, is féidir a mhaíomh go n-ardaítear stádas na gconsan CRUA agus ÉADROM-TEANN nuair a thagann siad i gcarn le consan – GLÓRACH, ar chomhstádas le BOG agus GARBH faoi seach.

Gníomh suimithe saintréithe comhfhreagracha atá sa chuibheas carnach. Is iad an dá chonsan is airde sa scála a fheidhmíonn don chuibheas. Is iad an dá phríomhchonsan iad. Consan breise nó consain bhreise i gcarn, atá níos ísle ar an scála, tá siad iomarcach nó gan fheidhm. Mar sin, má tá RÍ agus BOG (nó CRUA) i gcarn amháin caithfidh RÍ agus BOG (nó CRUA) a bheith sa charn céile agus is féidir a rá go bhfuil aon chonsan (nó chonsain) eile iomarcach i gceachtar de na cairn sin. Ó tharla gurb iad RÍ agus BOG is airde ceannais, ní thig leo a bheith iomarcach (agus bac ar chás ina mbeadh níos mó ná RÍ amháin, de réir theagasc na dtráchtaisí, nó gan teacht ar níos mó ná BOG amháin i gcarn). Consan 'bairr' nó 'de bharr' a thugtar ar chonsan iomarcach. Má tá RÍ agus BOG (nó CRUA (gan BOG)) i gcarn, an dá chonsan a chuimsíonn le chéile na ceithre saintréithe ar fad atá feidhmeach i gcairn, tá aon chonsan eile ina gcuideachta iomarcach.

6.2 Sé Chineál Carn

Míníonn an cur chuige saintréitheach, a pléadh i dtosach thuas (§6), bunús an chuir chuige cheannasachta, atá pléadh ina dhiaidh sin (§6.1). Is féidir an scála a eiseamláiriú sa dá thoise.

Tábla 1. Rangú Saintréitheach agus Aicmeach ar Chairn (Cairn 1–6)

	Saintréith	Aicme éigeantach	Aicme bhreise
1	– PLÉASC	ÉADROM-TEANN	
2	– PLÉASC, + PLÉASC	(A) ÉADROM-TEANN, CRUA	
	+ PLÉASC, – PLÉASC	(C) CRUA, ÉADROM-TEANN	
3	– GLÓR, – PLÉASC	GARBH	ÉADROM-TEANN
4	– GLÓR, + PLÉASC, – PLÉASC	BOG, ÉADROM-TEANN	
		GARBH, BOG nó/agus CRUA	ÉADROM-TEANN
5	– GLÓR, – PLÉASC, + SIOS	RÍ, GARBH nó/agus ÉADROM-TEANN	
6	– GLÓR, + PLÉASC, – PLÉASC, + SIOS	RÍ, BOG nó/agus CRUA	GARBH nó/agus ÉADROM-TEANN

Tá saintréith amháin i gceist le Cairn 1, dhá shaintréith le Cairn 2 agus 3, trí shaintréith le 4 agus 5, agus tá ceithre shaintréith i gceist le Cairn 6. Táirgíonn loighic an chórais seo líon ard féidireachtaí carnadh consan. Mar shampla, i gcairn ina bhfuil consain den aicme ÉADROM-TEANN amháin, Cairn 1, tá naoi gconsan aicmithe i gceist is féidir a charnadh le haon chonsan eile den aicme (ach amháin leis féin), rud a fhágann 72 féidireacht theibí (9 x 8 = 72) do chairn dhá chonsan, ach le comhshamhlú (m.sh. *bh#m*(*h*) > *m*) agus séimhiú (agus gan díolmhaine) agus bearnaí léicseacha a thabhairt san áireamh fágann sin 59 féidireacht charnacha, mar is léir ó Thábla 2.

Tábla 2. Cairn dhá Chonsan – PLÉASCACH; 1 ÉADROM-TEANN

	bh	dh	gh	mh	n	l	r	m	ng	Iml
bh	(b)	bhdh	bhgh	(m)	bhn	bhl	bhr	(m)	bhng	6
dh	dhbh	(d)	dhgh	dhmh	dhn	dhl	dhr	dhm		7
gh	ghbh	ghdh	(g)	ghmh	ghn	ghl	ghr	ghm		7
mh	(m)	mhdh	mhgh	(m)	mhn	mhl	mhr	(m)	mhng	6
n	nbh	(nn)[6]	ngh	nmh	(nn)	nl	nr	nm		6
l	lbh	(ll)[7]	lgh	lmh	ln	(ll)	lr	lm	lng	7
r	rbh	rdh	rgh	rmh	rn	rl	(rr)	rm	rng	8
m	(m)	mdh	mgh	(m)	mn	ml	mr	(m)		5
ng	ngbh	ngdh	(ng)	ngmh	ngn	ngl	ngr	ngm		7
Iomlán										59

Is féidir an líon sin a mhéadú ina gcéadta i gCairn 1 ach cairn trí chonsan agus ceithre chonsan a thabhairt i gceist, m.sh. *bhl* a léamh i gcolún *bh* i dTábla 2: *dhbhl, ghbhl, nbhl, lbhl, rbhl, ngbhl*; nó *rm* i ró *m* i dTábla 2 nó *bhr* i gcolún *bh*: *rmghr* srl. Is féidir an próiseas a leanacht i ranna 2–6, go háirithe in 3–6 mar a bhfuil an acmhainn mhéadaithe iontamhail i gceist de bharr láithreacht na haicme ÉADROM-TEANN.

Dhá bhun gramadaí atá ag na cairn:

(1) cairn léicseacha agus infhillte bhunaidh nó dhíorthaithe, atá inmheánach i bhfocail: (a) i mbunfhoirm focal agus (b) i bhfoirm infhillte agus iarchlaonta focal (mar atá meánchoimriú agus iarmhíriú);

(2) cairn comhfhocal agus focal réimírithe: (a) carn deiridh + guta, nó guta + carn tosaigh, agus (b) consan deiridh + consan tosaigh, nó consan deiridh + carn tosaigh, nó carn deiridh + consan tosaigh, nó carn deiridh + carn tosaigh.

Mar a eiseamláireofar thíos, is iomaí sin carn éagsúil ann ach tagann siad ar fad faoi scáth na gceithre shaintréith agus tuilleann siad ar fad sna sé roinn 1–6 (cé is moite de chairn ina mbeadh níos mó ná consan + PLÉASCACH amháin, mar a phléifear).

6.3 Tábhacht Ord na Saintréithe; + MEÁNACH[8]

Dúradh thuas (§6) nach bhfuil feidhm le hord na saintréithe nó na gconsan i gcairn chuibheasacha go ginearálta, an tsaintréith ± PLÉASCACH san áireamh. Go ginearálta, déanann C_aC_b : C_bC_a cuibheas, m.sh. *rth* : *thr*; *chs* : *sch*; *cr* : *rc*. Dúradh chomh maith nach bhfuil feidhm ag ± TEANN go ginearálta i gcairn. Ach tá feidhm le hord i gcarn ina bhfuil ± PLÉASCACH in dhá chás ar leith, agus tá feidhm le + TEANN i gcairn chomh maith (i bhforangú (iii) d'eisceacht (2) (+ MEÁNACH) thíos).

(1) Easpa *+ PLÉASCACH, + PLÉASCACH, – SIOSACH.
(2) Tús – PLÉASCACH + GLÓRACH ... = + MEÁNACH.

(1) Ní fhaightear dhá chonsan + PLÉASCACH (ná níos mó) i gcuibheas gan + SIOSACH eatarthu; is é sin le rá, tá cosc ar charn i gcuibheas den déanamh:

*+ PLÉASCACH, + PLÉASCACH, – SIOSACH

mar, le + PLÉASCACH x 2, gur gá + PLÉASCACH, + SIOSACH, + PLÉASCACH (san ord sin). Féach §6.7 thíos.

(2) Teorannaíonn an tsaintréith + MEÁNACH rogha na gcarn comhfhreagracha i ndiaidh guta atá gearr ó bhunús. Tá sé an-tábhachtach a mheabhrú nach gá an teorannú seo a bheith i gceist i ndiaidh guta + FADA. Eascraíonn an tsaintréith + MEÁNACH as guta atá gearr ó bhunús (– FADA) teacht roimh theaglaim áirithe consan ina bhfuil – PLÉASCACH + GLÓRACH sa chonsan tosaigh. Guta atá + MEÁNACH, caithfidh tús a chéile cuibhis an déantús iontamhail carnach a bheith aige, .i. – PLÉASCACH + GLÓRACH.

Tá trí phríomhchineál carn mheánacha ann:

(i) carn den déantús a suimítear le – PLÉASCACH, .i. Cairn 1 (m.sh. Tábla 2, dá bhfuil samplaí déchonsanta i dTábla 2) fearacht *rm, lbh, dhm*; is dá shainmhíniú go bhfuil – PLÉASCACH

+ GLÓRACH faoi dhó ar a laghad ann, rud a fhágann gur + MEÁNACH i gcónaí dó (go hiomarcach is féidir a mhaíomh);

(ii) carn den déantús a suimítear le – PLÉASCACH + PLÉASCACH (san ord sin), .i. Cairn 2A (m.sh. Tábla 2) fearacht *rb, dhg*; cairn den déantús seo, ó tharla go gcaithfidh carn dar tús – PLÉASCACH + GLÓRACH comhfhreagairt dóibh, comhfhreagraíonn a rangú féin dóibh, .i. suimiú agus ord – PLÉASCACH + PLÉASCACH, .i. Cairn 2A;

(iii) i gcarn den déantús $C^{+SOND}C^{-GLÓR}$, má tá an luach + TEANN ag an gcéad chonsan caithfidh consan – PLÉASCACH + GLÓRACH a bheith i dtús a chairn chuibhis. Contrárthacht atá i gceist ann idir carn mar *llt* vs. *lt*. M.sh. comhfhreagraíonn *llt* (*ll* + TEANN) do *rt* (*r* – PLÉASCACH + GLÓRACH chun tosaigh) ach ní chomhfhreagraíonn *llt* do *cht* (*ch* – PLÉASCACH – GLÓRACH chun tosaigh); mar sin tá *llt* i gcontrárthacht le *rt* a chomhfhreagraíonn do *cht*.

Eascraíonn as (i) agus (ii) go gcomhfhreagraíonn 1 do 1 (ráiteas iomarcach) agus 2A do 2A (agus dá réir sin 2C do 2C ina bhfuil ord + PLÉASCACH, –PLÉASCACH sa dá charn). Tá fochineál carn meánach ann, ina dtagann teorannacha léicseacha i bhfeidhm:

(iv) carn den ord {+ SONDACH, *ch*}, .i. *r, l, n, m* roimh *ch*: *rch, lch, nch, mch*. (Bheadh súil le *ngch* (b'fhéidir) ach tá samplaí de gann, go háirithe i mbunléicséimí.) Go hinmheánach i mbunléicséimí, comhfhreagraíonn carn dar tús – PLÉASCACH + GLÓRACH do na cairn *rch, lch, nch* (de réir a bhfuil bailithe agam). Cairn mheánacha inléicseacha is féidir a thabhairt ar *rch, lch, nch, mch,* a fhaightear i léicséimí (i) ó bhunús nó (ii) de bharr meánchoimrithe. Mar shampla, (i) *orchar, foilcheas, Donnchadh, iomchar,* (ii) *allmharchaibh, tulcha, Éireannchaibh.* Is fochatagóir iad *rch, lch, nch, mch* de chineál Carn 3 (m.sh. Tabla 7). M.sh. tá an cuibheas A *rch* : *mhch* B agus tá B *mhch* : *chbh* C ann ach níl

*A *rch* : *chbh* C (mar gheall nach dtosaíonn *chbh* ar – PLÉASCACH + GLÓRACH). (Do (A), (B), (C) féach anseo síos.)

Na trí phríomhchineál carn meánach (i), (ii) agus (iii) mar aon le fochineál (iv), teorannaíonn siad déantúis inchomhfhreagartha i gCairn 2–6. Tá an coinníoll teorannaithe céanna i bhfeidhm nuair a thagann carn meánach (de dhéantús (i), (ii)) i dtús Cairn 4–6 (m.sh. Tabla 7), go gcomhfhreagraíonn carn dar tús – PLÉASCACH + GLÓRACH dó.

Is + MEÁNACH gach Carn 1, níl aon deighilt i gCairn 1. Deighleann an coinníoll + MEÁNACH Cairn 2 ina dhá roinnt (2A (+ MEÁNACH) vs. 2C (– MEÁNACH)). Agus deighleann an coinníoll + MEÁNACH Cairn 6 ina dhá roinnt (6A (+ MEÁNACH) vs. 6 eile (nó 6B (ach nach + / – MEÁNACH dó) agus 6C) (– MEÁNACH)). Fágann an coinníoll + MEÁNACH deighilt thríroinnte ar na cineálacha eile (3, 4, 5):

(A) cairn atá + MEÁNACH (síneadh meánach éigeantach),
(B) cairn dar tús – PLÉASCACH + GLÓRACH atá inchuibhis le + MEÁNACH (is féidir a mhaíomh go bhfuil síneadh meánach roghnach i gceist leo),
(C) cairn nach bhfuil inchuibhis le + MEÁNACH (is é sin, tá (C) – MEÁNACH), mar gheall nach bhfuil – PLÉASCACH + GLÓRACH ina dtosach.

Mar shampla comair, i gCairn 5 (– GLÓRACH, – PLÉASCACH, + SIOSACH) le + MEÁNACH (iii) (.i. + TEANN), tá *nns* : *ns* nó *nns* : *rs* ann (.i. A : B), agus *ns* : *sn* nó *ns* : *sbh* (.i. B : C) ach níl **nns* : *sn* ná **nns* : *sbh* (.i. *A : C). Is féidir an gaol tríroinnte seo a chur in iúl i dtriantán a bhfuil bac ar shlios leis. Mar eiseamláir (gan aon tábhacht le suíomh rinn agus airdrinn sa sampla):

5 (+ TEANN)

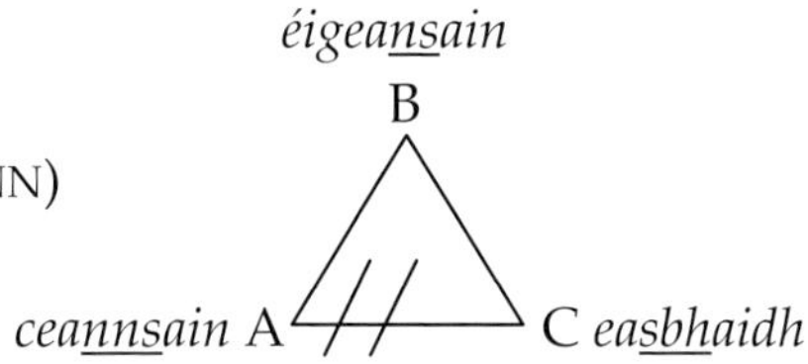

Is é sin le rá, *ceannsain* : *éigeansain*; *éigeansain* : *easbhaidh*; ach **ceannsain* : *easbhaidh*.

Is mar sin a chuireann + MEÁNACH teorainn ar chomhfhreagracht na gcarn. Ar an gcaoi chéanna i gCairn 4 (– GLÓRACH, + PLÉASCACH, – PLÉASCACH) tá contrárthacht, mar shampla, idir *llt* **[ʟt]**, *lt* **[lt]** agus *cht* **[xt]**:

4	A	*llt* i gcuibheas le A, B;	A, m.sh. =	*llt, nnt, mp, ngc*
	B	*lt* i gcuibheas le A, B, C;	B, m.sh. =	*lt, nt, lc, rt, rc*
	C	*cht* i gcuibheas le B, C;	C, m.sh. =	*cht, cr, gth, bth, gf, bf, cth, cf*

Mar eiseamláir:

4 (+ TEANN)

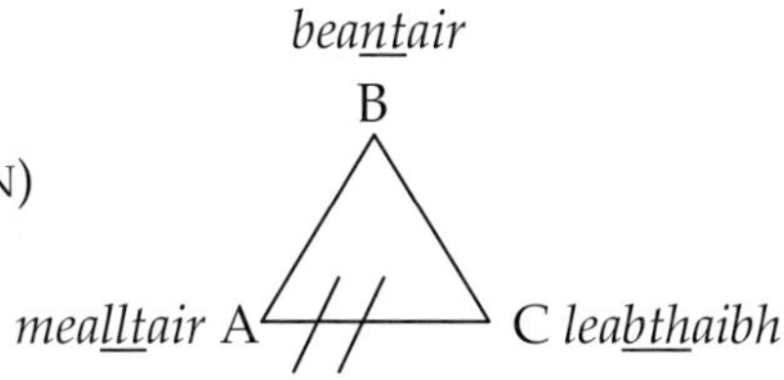

I gCairn 4 is féidir cairn + MEÁNACH eile a bheith i gceist ar ndóigh, cairn ina bhfuil a dtús ar dhéantús 1, m.sh. *rnt* (.i. *rn* 1 + *t*, tugann sin *rnt* 4 + MEÁNACH), agus cairn ina bhfuil a dtús ar dhéantús 2A, m.sh. *rgf* (.i. *rg* 2A + *f*, tugann sin *rgf* 4 + MEÁNACH). Méadaíonn siad seo ballraíocht roinn A + MEÁNACH, i gCairn 4 agus sna cineálacha eile mar a oireann de réir teaglama. Dá bhrí sin, cuirtear léi, mar shampla:

4 A *rnt, rgf* : A, B; A, m.sh. = *llt, nnt, mp, ngc, rnt, rgf, rgth, lgf, lgth*

Dá dheasca sin, mar eiseamláir:

4 (< 2A)

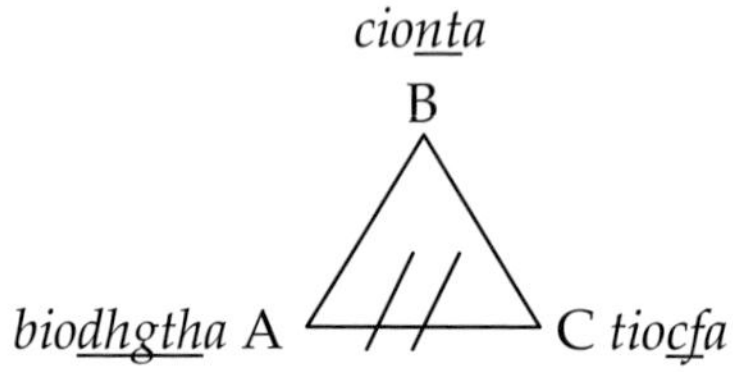

Agus is féidir an múnla tríroinnte + MEÁNACH i gcás 4 trí chéile a eiseamláiriú ar an modh céanna, m.sh.

4

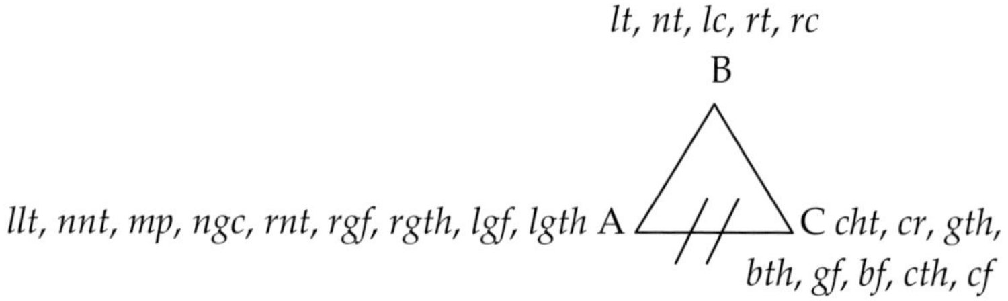

Agus na cineálacha eile dá réir, m.sh. 3 *nnph* agus *nnf* = A, *nph* agus *nf* = B, agus *fn* = C, ní fhaightear **nnf* : *fn*, mar a eiseamláirítear síos.

Is féidir an déroinnt ar Chairn 2 agus 6 a dhéanamh san fhráma tagartha céanna. Déroinnt Charn 2 mar seo:

2

Agus, ar mhaithe le comparáid a choinneáil leis na cineálacha eile, is féidir déroinnt Charn 6 a chur i láthair i dtriantán:

6 (< 2A)

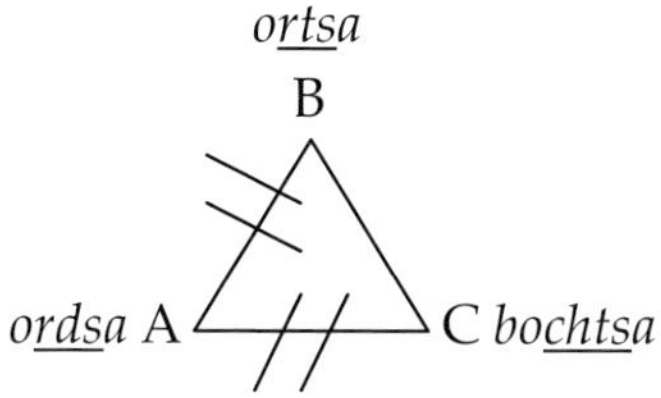

Is é sin le rá go bhfuil coinníoll breise i dtreis i gCairn 6 a choscann *6A : 6B. Faightear péirí de dhéantús mar *ortsa* : *bochtsa* i gcomhardadh slán ach ní fhaightear péirí fearacht *A *ordsa* : *ortsa* B agus tá cosc, mar a bheifí ag súil leis ón ngnáthchoinníoll, ar phéirí fearacht *A *ordsa* : *bochtsa* C.

Meabhraítear, mar a dúradh thuas, gur féidir le guta + FADA an coinníoll + MEÁNACH a chealú. Mar shampla, i gcás 2 (2A – PLÉASCACH, + PLÉASCACH; 2C + PLÉASCACH, –PLÉASCACH), is féidir an dá ord (– PLÉASCACH, + PLÉASCACH nó + PLÉASCACH, –PLÉASCACH) teacht i ndiaidh guta + FADA agus a bheith i gcuibheas lán. Ar an modh céanna, i gcás 5 (– GLÓRACH, – PLÉASCACH, + SIOSACH) níl an teorannú (mós éigeantach) i gceist i ndiaidh guta + FADA. I gcomhthéacs an triantáin chuibhis, más ea, an gaol nó an slios bearnach meánach, slánaíonn guta + FADA é, m.sh. tá *lls* : *ls* : *sl* slán:

5 (guta + FADA)

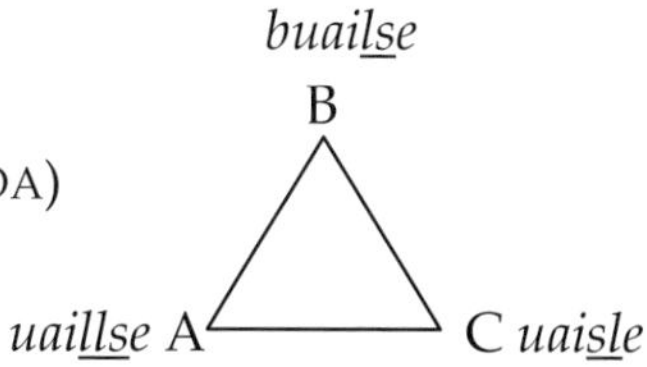

Agus faightear, m.sh., *uaimse* : *uaisle* (*m* = + TEANN) ach, taobh amuigh d'eisceachtaí áirithe, ní fhaightear *A *cuimse* : *cuisle* C, i gcontrárthacht le B *fhuilse* : *cuisle* C.

Is féidir anois idirghníomhú na gcineálacha carn agus na sínte ar a chéile a achoimriú i dTábla 3, mar aon le carn samplach do gach fochineál (á n-eiseamláiriú le *r-* agus *n-* ach ní gá sondaigh a bheith i gceist i dtúschonsan 1–6A ná 1–6B, meabhraítear, go háirithe i dtaobh B), agus an comhardadh slán idir fochineálacha na gcolún á léiriú le treochtaí saghad. Tá aibhsiú ar fhochineál neamhspleách nach bhfuil inchuibhis ach leis féin — ceithre cinn acu. Le hadhmad iomlán a bhaint as ábhar casta Thábla 3 is féidir dul tríd, colún ar cholún, ó Chairn 1 go dtí Cairn 6 agus gach cineál carn a thagairt dá n-eiseamláirí i gCairn 1–6 §§6.4–6.5 thíos.

Tábla 3. ± FADA, ± MEÁNACH agus Fochineálacha Carn A, B, C

± FADA	± MEÁN	Cineál Cairn								
		1	2	3		4		5	6	
+ FADA		✓	✓	✓		✓		✓	✓	
− FADA	+ MEÁN	*rl*	*rd*	*rrth* ↓	*rch* ↓	*nnt* ↓	*nnt##*	*nns* ↓	*rds*	A
	+ / − MEÁN	Ø	Ø	*rth* ↕	*r#ch* ↕	*nt* ↕	*lt##* ↓	*ns* ↕	(*rts* ↓)	B
	− MEÁN	Ø	*dr*	*thr* ↑	*chr* ↑	*tn* ↑	*tn* ↑	*sn* ↑	*ts* ↑	C

Go ginearálta feidhmíonn na coinníollacha seo gan tagairt do theorainn léicseach. Seasann colún 3 *nch* sa Tábla do na cairn C^{+SOND}*ch* (*rch, lch, nch, mch*) a gcaitear leo go hiondúil mar + MEÁNACH A taobh istigh de léicséimí ach, go príomha maidir le *rch* (samplaí *r#ch* le *-ear#* go háirithe), *lch* (*l#ch* (*geal#*), *nch* agus go háirithe le *n#ch*), a gcaitear leo mar + / – MEÁNACH B i gcomhfhocail nuair a thagann teorainn léicseach idir an sondach agus *ch* (m.sh. *r#ch*). Féach §6.4.2 do gach carn ar leith acu. Tá fochatagóir i gCairn 4 a bhaineas le deireadh focal (##; fch §6.4.3). Tá claonadh le haithint i roinnt fochineálacha cloí lena leathcheann féin, nó le leagan is gaire dhó, sa chomhardadh, m.sh. i gcarn ina dtuilleann *rms* (i gCairn 5A) is annamh comhardadh le carn d'fhochineál Charn 5B nach dtosaíonn ar shondach (ach faightear é: A *hairmsin* : *aibhsigh* B); mar is minice *rms* : 5A, leithéidí A *coimsidh* : *fhoirmsin* A; A *roghairmse* : *bhfaghaimse* A, agus *rms* : 5B dar tús sondach, m.sh. A *ormsa* : *comharsa* B; A *guirmsi* : *foghairsi* B; cp. *rbhs* 5A a dhéanann comhardadh le 5B dar tús sondach, go minic sa líon beag comharthaí atá bailithe agam, m.sh. A *oirbhsi* : *eagoilsi* B. Cé go bhfuil sé deasaithe in ionad + / – MEÁNACH i dTábla 3 ar mhaithe le hinchomparáideacht, tá 6B eisceachtúil, ó tharla nach bhfuil ach luach

– MEÁNACH aige, .i. inchatagóirithe in 6C. Ba chruinne, b'fhéidir, an t-ionad sin '6B' a fhágáil faoi 'Ø'. Is i gCairn 6 amháin mar sin nach bhfaightear comhardadh idir A agus B (.i. *A : B). Is cosúil go bhfuil an deighilt idir, m.sh., *rds* agus *rts* (*6AB) níos mó ná an difríocht, m.sh., idir *rrs* agus *rs* (5AB). I gcás *rds* mar shampla, ní chailleann *r* a glór, agus dá bhrí sin a sondacht, mar a chailleann, nó an oiread is a chailleann *rr* an glór in *rrs*. Is ar bhonn mar seo i gcás 5 atá an claonadh ann leithéidí *rms* : *bhs* a sheachaint agus leithéidí *rms* : *ms* a bheith de rogha, cé nach bhfuil ann ach claonadh i gCairn 5.

Is léir ó bhearnaí agus neamhréitigh i dTábla 3 go bhfuil an córas neamhshiméadrach maidir le pointí áirithe. Tá sé suntasach go rangaítear cairn i gcatagóir A i gCairn 2 a d'fhreagródh do B i gcineálacha eile carn, m.sh. *mhd* = 2A, ach *mhs* 5B. Fágann easpa *2B nach bhfeidhmíonn an chontrárthacht TEANN i gCairn 2. Mar sin, níl, mar shampla, an deighilt **lld* (A) / *ld* (B) sa chóras cé go bhfuil *llt* (A) / *lt* (B). Dá bhrí sin, maidir le consain THEANNA de, tá focail fearacht *gealldais* (2A) agus *gealdais* (2A) gan deighilt sa chóras ach focail fearacht *geallta* (4A) agus *gealta* (4B) deighilte. (Roimh theorainn mhoirféimeach go háirithe is soiléir an deighilt le ± TEANN.) Ar an gcuma chéanna bheadh *conda* (sa leagan le **nd**) agus *Connda* (le **Nd**) gan deighilt. Tá níos mó bearnaí ar ndóigh sna catagóirí maidir le Cairn 1. Shamhlófaí go bhféadfadh deighilt fhóineolaíochta a bheith idir, m.sh., *rrshl* **[R´l´]** (nó **[R´L´]** le comhshamhlú) (*bairrshleamhain*) agus *rshl* **[r´l´]** (*oirshliabh*) ach níl an córas cuibhis, mar atá sé i bhfeidhm, in acmhainn sin a iompar.

6.4 Eiseamláirí na gCarn 1–6; Cairn 1

Is féidir an cur i láthair seo, ina bhfuil cairn de dhéantús 1–6, a leanacht i gcur i láthair na n-eiseamláirí (gan réaladh foghraíochta *l(l), r(r), n(n)* nach bhfuil i dtús cairn inchontrárthachta a léiriú TEANN, ach a léiriú ÉADROM, .i. i leaba **L**, **N**, **R**, gach áit (ach i dtús an chairn inchontrárthachta) tras-scríobhtar **l**, **n**, **r** ar an mórgóir; agus tromchló a chur ar an ortagrafaíocht i gcairn atá + MEÁNACH éigeantach (A)):

1	(a)	*gruaidhgheal* **[ð´ɣ´]** :	**[m´n´]** *ruaimneadh*	+ CAOL
		C_1 – PLÉASC; C_2 – PLÉASC :	C_1 – PLÉASC; C_2 – PLÉASC	
=	– PLÉASCACH sa dá charn			
1	(b)	*coirneadh* **[r´n´]** :	**[r´m´l´]** *goirmshleagh*	+ CAOL
		C_1 – PLÉASC; C_2 – PLÉASC :	C_1 – PLÉASC; C_2 – PLÉASC; C_3 – PLÉASC	
=	– PLÉASCACH sa dá charn			
1	(c)	*balbha* **[lv]** :	**[vl]** *abhla*	– CAOL
		C_1 – PLÉASC; C_2 – PLÉASC :	C_1 – PLÉASC; C_2 – PLÉASC	
=	– PLÉASCACH sa dá charn			
1	(d)	*iongnadh* **[ŋn]** :	**[ðv]** *biodhbhadh*	– CAOL
		C_1 – PLÉASC; C_2 – PLÉASC :	C_1 – PLÉASC; C_2 – PLÉASC	
=	– PLÉASCACH sa dá charn			
1	(e)	*foghmhar* **[ɣṽ]** :	**[rmɣl]** *gormghlan*	– CAOL
		C_1 – PLÉASC; C_2 – PLÉASC :	C_1 – PLÉASC; C_2 – PLÉASC; C_3 – PLÉASC; C_4 – PLÉASC	
=	– PLÉASCACH sa dá charn			

Tabhair faoi deara gur consain den aicme ÉADROM-TEANN amháin atá i gceist i gCairn 1(a)–(e). Solaoidí eile:

Saidhbhe : *maighre*; *fuirgheadh* : *fuilngeadh*; *snadhma* : *marbhna*; *neamhdha* : *ndearna*; *chéadshaimhghréin* : *éadainréidh*; *gcumhnga* : *umhla*; *tiormruadha* : *Fhionnghuala*; *Bladhma* : *tarla*; *mbeirn* : *bhfeidhm*; *bionnbhrón* : *lionnghlór*; *Aonghuis* : *taobhghlais*; *niamhdha* : *iarla*; *C/cairn* : *spairn* ~ *aird* ~ *ainm* ~ *airm* ~ *maidhm* ~ *Sainbh*; *palmghas* : *Maghnas*; *dhealbhghlain* : *ingheanraidh*; *éirghe* : *éimhghe*; *órshlatacha* : *sróllbhratacha*; *órrdha* : *bhfrithólmha*;

agus féach:

Meadhbha : *bhfeadhma* ~ *leabhra* ~ *Bearbha* ~ *Teamhra* ~ *sealbha* ~ *meanma* ~ *Fhearghna* ~ *mbearna* ~ *ndearna* ~ *hEamhna* ~ *infheadhma* ~ *éinealmha* (*éinealbha*) ~ *cinneamhna* ~ *bhfíneamhna* ~ *creideamhna* ~ *tighearna* ~ *seinEamhna* ~

doimheanma ~ *soimheanma* ~ *mímheanma* ~ *claoinTeamhra* ~ *oireaghdha* ~ *bhfírfheardha* ~ *fiailfheardha*;

freisin *fheadhma* : *mhínMheadhbha*; *ndearna* : *seinMheadhbha*;

tairngire **[r´ŋ´]** : *ainbhfine* ~ *ainglidhe* ~ *ghlainbhile* ~ *gcaillbhile* ~ *bhfaidhbhnighe*;

tarngaire **[rŋ]** : *faghlaidhe*.

Tá síneadh meánach iontu sin ar fad ina bhfuil guta gearr bunaidh.

6.4.1 Cairn 2

2A (a) *aird* **[r´d´]** : **[r´g´]** *ghairg* + CAOL

C_1 – PLÉASC; C_2 + PLÉASC : C_1 – PLÉASC; C_2 + PLÉASC

= – PLÉASCACH, + PLÉASCACH sa dá charn

2A (b) *Gallda* **[ʟd]** : **[rb]** *ionnarba* – CAOL

C_1 – PLÉASC; C_2 + PLÉASC : C_1 – PLÉASC; C_2 + PLÉASC

= – PLÉASCACH, + PLÉASCACH sa dá charn

2A (c) *fionnardghlan* **[rdɣl]** : **[rb]** *ionnarbadh* – CAOL

C_1 – PLÉASC; C_2 + PLÉASC; C_3 – PLÉASC;
C_4 – PLÉASC : C_1 – PLÉASC; C_2 + PLÉASC

= – PLÉASCACH, + PLÉASCACH sa dá charn

2A (d) *taighdeadh* **[ɣ´d´]** : **[l´g´r´]** *bhailgshriobh* + CAOL

C_1 – PLÉASC; C_2 + PLÉASC : C_1 – PLÉASC; C_2 + PLÉASC;
C_3 – PLÉASC

= – PLÉASCACH, + PLÉASCACH sa dá charn

2 (e) *Fódla* **[dl]** : **[nd]** *corónda* – CAOL

C_1 + PLÉASC; C_2 – PLÉASC : C_1 – PLÉASC; C_2 + PLÉASC

= + PLÉASCACH, – PLÉASCACH agus – PLÉASCACH, + PLÉASCACH sna cairn

2 (f) *téigle* **[g´l´]** : **[g´n´]** *éigne* + CAOL

C_1 + PLÉASC; C_2 – PLÉASC : C_1 + PLÉASC; C_2 – PLÉASC

= + PLÉASCACH, – PLÉASCACH sa dá charn

2 (g) *shráidshliom* **[d´l´]** : **[l´g´]** *Táilgionn* + CAOL

C_1 + PLÉASC; C_2 – PLÉASC : C_1 – PLÉASC; C_2 + PLÉASC

= + PLÉASCACH, – PLÉASCACH agus – PLÉASCACH, + PLÉASCACH sna cairn

2C	(h)	*eaglais* **[gl]**	:	**[gṽ]** *teagmhais*	– CAOL
		C1 + PLÉASC; C2 – PLÉASC	:	C1 + PLÉASC; C2 – PLÉASC	
=	+ PLÉASCACH, – PLÉASCACH sa dá charn				
2C	(i)	*aigmhéile* **[g´ṽ´]**	:	**[d´l´]** *Braidshléibhe*	+ CAOL
		C1 + PLÉASC; C2 – PLÉASC	:	C1 + PLÉASC; C2 – PLÉASC	
=	+ PLÉASCACH, – PLÉASCACH sa dá charn				

Tá ar a laghad consan amháin den dá aicme ÉADROM-TEANN agus CRUA i gceist i gCairn 2(a)–(i). Tá síneadh meánach roimh an gcarn in 2A (2(a)–(d)). Solaoidí eile:

anba **[nb]** : **[rd]** *arda*; *gairgbhéasach* : *airdghréasach*; *airdeire* : *maighdine*; *colgdha* : *orda*; *thaighdeadh* : *maighdean*;
laghdaigh : *ardaigh* ~ *balgaibh* ~ *Albain* ~ *phlandaigh*; *Taidhgne* : *aonchairde*; *cairdeas* : *thairgeas* ~ *thaighdeas*; *mhaighdean* : *hairgeadh*;
treaghdadh : *beadhgadh* ~ *fhearggomh* ~ *deargadh* ~ *Leargan* ~ *cealgadh*;
Lo/un(n)da(i)n : *ughdar* ~ *tulgadh* ~ *ionnarbadh* ~ *comhardadh* ~ *cumhdaigh*.

Nuair atá CRUA i dtús an chairn, síneadh gearr (agus ní meánach) atá sa ghuta (atá gearr ó bhunús) roimh an gcarn, mar atá in 2C (2(h)–(i)). Samplaí eile:

eagla : *freagra*; *eagna* : *freagra* ~ *eagla*; *fíalbhogshlat* : *Diarmudmhac*; *aigneadh* : *caidreabh* ~ *bhfaidshleagh*.

Ní dhéanann 2A cuibheas le 2C. Féach go bhfuil an chontrárthacht ± MEÁNACH ar ceal nuair a thig guta fada roimh an gcarn, m.sh. in 2(e) agus (g). Samplaí eile:

ráidghil : *náimhdibh*; *éagmhais* : *do-ghéandais* ~ *mbéardais* ~ *imdhéaghdais*; *céadna* : *réalda* ~ *uaithbhéalda*; (*n*)*géabhdais* : *éagmhais* ~ *ngéagglais*.

Ach is minice CRUA i dtosach dhá charn chuibheasacha i ndiaidh guta + FADA, m.sh. 2(f); claonadh riail na gcarn + MEÁNACH a ghinearálú, nó, lena rá i modh eile, claonadh gan coinníoll maidir le hord an chonsain CHRUA a theorannú do shuíomh i ndiaidh guta – FADA. Samplaí eile:

róidshlighe : óigbhile;
ógmhac : ógshlat;
géagshlat : céadmhac;
séadshruth : éagnach;
chéadfhrais : éagmhais;
céidbhliadhna : géigniamhdha;
géigleabhair : éigneadhuigh;
bhróigshleamhuin : óigleanuimh;
dóidleabhar : óigleanabh;
géaglocha : séadshrotha;
éigneadh : bréigshreabh;
géigmhíolla : éigcríonna;
éidtréan : géigfhréamh;
céidfhréamh : éidtréan;
bhréigfhleadh : dhéidgheal;
ghéagshlataibh : sdéadmhacaibh;
(h)éagmhais : (bh)f(h)éadmais; géigshlim : éigrinn ~ gcéidrinn ~ dtéidbhinn.

Ar an láimh eile de, faightear péirí ina bhfuil déantús cairn mheánaigh ann ach a bhfuil guta + FADA roimh an gcarn, msh.

náimhde : Láirge; *ghialldaois : iarrdaois;* *náimhdeanas : mbráighdeanas.*

I bpéirí ar nós *coi**lgshl**eagh* : *mboi**rdgh**eal* agus *ai**rdr**éidh* : *ghai**rgfhr**éimh* is féidir a mhaíomh go bhfuil an tríú consan is gach carn 'de bharr', ó tharla síneadh meánach ar an nguta rompu.

6.4.2 Cairn 3

3C	(a) *hathchobhair* **[θx]** : **[xθ]** *clachtholaigh*		– CAOL
	C1 – GLÓR, – PLÉASC; C2 – GLÓR, – PLÉASC : C1 – GLÓR, – PLÉASC; C2 – GLÓR, – PLÉASC		
=	– GLÓRACH, – PLÉASCACH sa dá charn		
3	(b) *do-géabhthar* **[vθ]** : **[xθ]** *cúitéachthar*		– CAOL
	C1 – PLÉASC; C2 – GLÓR, – PLÉASC : C1 – GLÓR, – PLÉASC; C2 – GLÓR, – PLÉASC		
=	– GLÓRACH, – PLÉASCACH sa dá charn		
3	(c) *maothshlógh* **[θl]** : **[xf]** *laochphór*		– CAOL
	C1 – GLÓR, – PLÉASC; C2– PLÉASC : C1 – GLÓR, – PLÉASC; C2 – GLÓR, – PLÉASC		

=	– GLÓRACH, – PLÉASCACH sa dá charn			
3AA	(d)	*Fearchar* **[rx]** :	**[ʟf]** *mheallfadh*	– CAOL
	C_1 – PLÉASC; C_2 – GLÓR, – PLÉASC :		C_1 – PLÉASC; C_2 – GLÓR, – PLÉASC	
=	– GLÓRACH, – PLÉASCACH sa dá charn			
3	(e)	*aonchara* **[nx]** :	**[vθ]** *taobhthana*	– CAOL
	C_1 – PLÉASC; C_2 – GLÓR, – PLÉASC :		C_1 – PLÉASC; C_2 – GLÓR, – PLÉASC	
=	– GLÓRACH, – PLÉASCACH sa dá charn			
3	(f)	*suainche* **[n´x´]** :	**[r´x´]** *buairche*	+ CAOL
	C_1 – PLÉASC; C_2 – GLÓR, – PLÉASC :		C_1 – PLÉASC; C_2 – GLÓR, – PLÉASC	
=	– GLÓRACH, – PLÉASCACH sa dá charn			
3BA	(g)	*choidhche* **[ð´x´]** :	**[r´v´θ´]** *fhoirbhthe*	+ CAOL
	C_1 – PLÉASC; C_2 – GLÓR, – PLÉASC :		C_1 – PLÉASC; C_2 – PLÉASC; C_3 – GLÓR, – PLÉASC	
=	– GLÓRACH, – PLÉASCACH sa dá charn			

Tá consain GHARBHA amháin in 3(a); samplaí eile is ea:
dúthchusa : *múchfusa*; *aithfe* : *maithfe*.

Tá a leithéidí mós gann (fearacht leithéidí 4(h) – GLÓRACH thíos). Tá consain GHARBHA i gcuibheas le consain GHARBHA agus ÉADROM-TEANN i gcarn amháin in 3(b)–(c); solaoidí eile:

chreachthóir : *seachnóin*; *maithfidhe* : *aithrighe*;
consain GHARBHA agus ÉADROM-TEANN is gach aon charn in 3(d)–(g); samplaí eile:

dlúthgháir : *lúthgháir*; *réadhCholla* : *féathlanda*;
creachshlóigh : *seachnóin*; *cleathchrannda* : *mearphlanda*;
mochbhuadha : *gcomhchuanna*.

Nuair a thagann consan TEANN nó carn meánach roimh chonsan GARBH, nó nuair atá *rch, lch, nch, mch* inléicseach i dtús an chairn, comhfhreagraíonn a mhacasamhail dó (3A) nó carn atá inchuibhis leis dar tús consan – PLÉASCACH + GLÓRACH (3B). Dá réir sin, ní dhéanann carn 3A cuibheas le carn 3C. Mar eiseamláirí cuibhis mheánaigh i gCairn 3, tá (gan ord na samplaí freagairt i gcónaí d'ord A agus B, .i. A : B = B : A freisin):

A : A (< Carn 1)	*ma**rbhth**ana* : *a**nmch**ara*; *dei**rbhch**éile* : *lei**nbhthr**éidhe*;
A : A (TEANN)	*co**rrth**air* : *lo**ngth**oigh*; *gea**llf**adh* : *tea**ngth**adh* ~ *fea**llf**adh*;
	*dtea**ngth**aibh* : *gea**rrth**air*; *fhio**nnf**ainn* : *io**mthr**uim*;
cp.	*ba**llch**aomh* : *la**nnchr**aobh*; *cea**nnph**orta* : *rea**nnch**orcra*;
A : A (< Carn 1, TEANN)	*dea**rbhth**a* : *tea**ngth**a*; *ma**llchr**aoibh* : *ba**rrch**aoin*;
	*dea**rbhth**air* : *gea**rrth**air*;
	*fhréamhtha**rbhch**oin* : *tréanCha**rrth**ach*;
A : A (*rch* srl.)	*gea**lch**aill* : *ea**lch**uing*; *i**nch**inn* : *ti**mch**ill*;
	*gea**lch**as* : *sea**nch**as*; *ngortfhai**rch**igh* : *fhortai**lch**eil*;
A : A (TEANN, *rch* srl.)	*dtea**ngth**aibh* : *Éirea**nnch**aibh*; *fhio**nnf**ainn* : *fio**nnch**uill*;
	*io**mchr**adar* : *fio**nnph**oball*; *li**ngth**ear* : *ti**mch**eall*;
	*céimio**mch**air* : *Éirea**nnch**aibh*; *i**mch**ian* : *gri**nnch**inn*;
	*mea**llf**a* : *Tea**lch**a*; *fea**rch**onta* : *phea**llch**orcra*;
	*cea**nnph**ort* : *Caisea**lCh**orc*; *bhraointea**lch**a* : *aointea**ngth**a*;
	*bhea**rrf**as* : *sea**nch**as*; *ci**llchl**iar* : *i**mch**ian*;
	*i**mth**igh* : *ti**mch**il*; *i**lch**eall* : *ti**mch**eall*;
A : A (< Carn 1, *rch* srl.)	*foi**lch**easa* : *doi**rbhch**easa*; *co**rnch**as* : *fho**lch**as*;
	*fea**rch**on* : *dea**rbhth**ar*;
A : A ~ B	*lo**ngph**ort* : *do**nnph**ort* ~ *gho**rmCh**olt* ~ *caladhphort*;
A : B	*cheilfeas* : *sei**ngchn**eas*; *Chriomhthuin* : *Éirio**nnch**aibh*;
	*dea**rbhth**oil* : *beanfaidh*; *ma**rbhth**a* : *comhartha*;
	ilphian : *i**mch**ian*; *sloi**nnf**e* : *oidhche*; *sea**nch**airt* : *neamhphailt*;
	anphudhar : *a**rmch**uradh*; *séimhghi**lchn**eas* : *céimnidhfeas*;
	*thea**lch**a* : *mbuaidheartha*; *fo**lch**ai-se* : *onfaisi*;
	*coi**lch**i* : *choidhchi*; *fhoghai**lchr**each* : *comhuighteach*;
	*dru**mch**aoil* : *subhchaoimh*; *ti**mch**eal* : *dlighthear*;
	neamhthoil : *gea**rrth**air* ~ *dea**rbhth**oir* ~ *fea**rch**oin*;
B : B	*neamhthoil* : *fearthain*;

Leo sin thuas cuirtear i gcontrárthacht na heiseamláirí seo síos:

B : A ~ C	*glanphóir* : *a**nch**óir* ~ *fhathshlóigh* ~ *chathshlóigh*.
B : A ~ B (~ C)	Cp. go leor samplaí den fhocal *confa(i)dh(ach)* B : A >> B, m.sh. *bo**rrth**ar* A ~ *Cona**llch**aibh* A ~ *fhoghthair* B; ach as dhá shampla de *gonfaidh* a d'aimsíos, is le C atá an comhardadh: *Gofraidh* C : *gonfaidh* B. (Fch *confadh* simplí vs. *gonfaidh* infhillte < *gon*.)
B : C	*cathraigh* : *scarthain* ~ *marthain*; *cathrach* : *connarthach*; *gníomharthaibh* : *síodhshochraidh*; *Eachra* : *deabhtha*; *fhorthain* : *shochraidh*; *deaghmholfadh* : *neamhdhochraidh*; *uirthi* : *eolaichne*; *tairthibh* : *aithbhir*; *beirthe* : *ceithre*; *bhfaghthaoi* : *mhalachnaoi*; *tairthe* : *aithne*; *gonfaidh* : *Gofraidh*; *beanfaidh* : *Seafraidh* ~ *cheathraigh* ~ *leathfaidh*; *fheithfimne* : *ceilfimne*; *leanfainn* : *Maoileachlainn*; *neamhthoil* : *ceathrair* ~ *bhreathnuigh* ~ *chleathghlan* ~ *seachmhaidh*; *cluinfidhe* : *sruithnighe*; *sirthe* : *crithre*;
C : B ~ C	*graifne* : *cairthe* ~ *aighthe* ~ *raithne* ~ *aithle* ~ *faithche* ~ *aithne*.

Tá rialacha nó eisceachtaí éagsúla maidir leis na cairn *rch, lch, nch, mch*. De réir an bhailiúcháin ghairid atá déanta agam, tá cuid de na cairn seo níos inchuibhis le 3C ná a chéile. Tá an carn *mch* coitianta agus cobhsaí ó thaobh an choinníll de. Níor aimsíos aon sampla comhardaidh nach bhfuil *mch* ag comhfhreagairt do charn eile dar tús consan – PLÉASCACH + GLÓRACH. Maidir le *rch*, comhfhreagraíonn carn 3A nó 3B dó go hiondúil, ach thar theorainn léicseach i gcomhfhocail, faightear samplaí le 3C, m.sh. (le *fear-*, *mear-*, *leabhar-*)

3A *fea**rch**uradh* : *breathnughadh* 3C; *mea**rch**alma* : *creachBhanbha*;
cheathrarsoin : *mhea**rch**obhsaidh*; *tealaichréidh* : *leabhai**rch**éibh*;
*mea**rCh**olla* : *eachlonga*; *mhea**rchl**oinn* : *leathchoing*;

le *fearcho(i)n* srl., m.sh.

*fea**rch**oin* : *ceathrair*; *fea**rch**on* : *deachmhadh*;
*Fea**rch**on* : *seachnadh*; *fea**rch**onta* : *cleathchorcra*;

agus *tathbhuinneadh* : *a**rch**aingeal* (iasacht).

Maidir le *nch* téann ceal ar a choinníoll meánach go minic thar theorainn comhfhocal agus míre (*n#ch*), m.sh.

finnEachluinn : *ingeanchruinn*;	*Aifreann* : *baincheann*;
bunchasda : *eachlusca*;	*frithbhuird* : *inchuilg*;
anchás : *athbhás*;	*athrughadh* : *banchumhal*;
cruithneacht : *buincheart*;	*fiochdhacha* : *mionchlocha*.

Agus fiú i léicséim amháin atá aimsithe agam: *inchinn* : *ifrinn*;[9] agus sampla amháin de chonsan TEANN *nnch* (caol freisin) i gcomhfhocal i gcomhardadh le 3C: A *luinnchreach* : *bhruithneach* C (i gcontrárthacht lena leithéidí rialta: A *millfidhir* : *bhfinnchinidh* A; A *bhionnchladh* : *Chriomhthan* B; *beannchraobhach* : *gealchraobhach*). Ag comhfhreagairt do chomhfhocail den déanamh *nn#ch*, tá A i bhfad Éireann níos líonmhaire (50+) ná B (7 solaoid aimsithe) agus aon C amháin (1) mar atá ráite agam. Is léir ó thoradh cuardaigh ghairid aonuaire a rinneas, an chontrárthacht shoiléir atá idir *nch* inléicseach agus *n#ch* teorannach, mar shampla, i dTábla 4 d'fhocail ina bhfuil -*eanch*V- / -*einch*V- (V = guta), maidir leis an gcuibheas a dhéanann siad.

Tábla 4. Contrárthacht Shamplach idir *nch* Inléicseach (*C) agus *n#ch* Teorannach (C)

	A	B	C	Iomlán
(i) -*eanch*V- inléicseach	27	25	0	52
(ii) -*ean#ch*V- / -*ein#ch*V- teorannach	3	10	10	23
	30	35	10	75

Arna léiriú i bhfoirm graif anseo (Graf 1).

Graf 1. Contrárthacht Shamplach idir *nch* Inléicseach (*C) agus *n#ch* Teorannach (C)

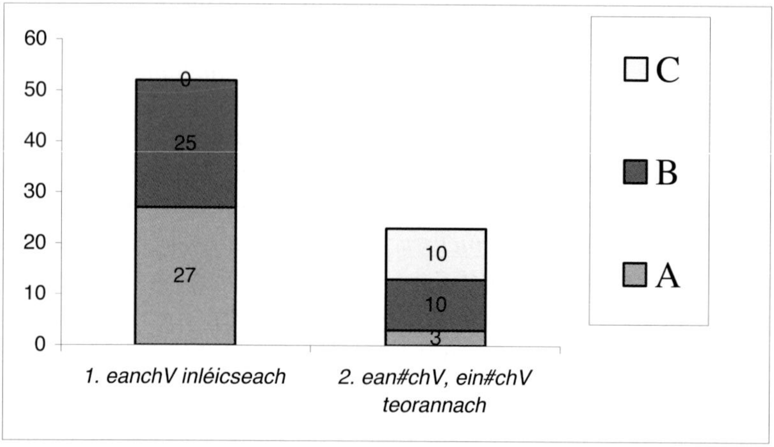

Tugtar sampla amháin (ar a laghad) as gach catagóir (atá le fáil i dTábla 4) anseo:

i.A	*sea**nch**aidh* :	*dea**rbhth**air;*	*mea**llf**as* : *dinnshea**nch**as*
i.B	*sea**nch**ais* :	*neamhthais;*	*déidhea**nch**a* : *tréindeabhtha*
ii.A	*Sea**nch**oraidh* :	*nglea**nnchl**adhaidh*	
ii.B	*sei**nch**ion* :	*cheilfiodh*	
ii.C	*sea**nch**aibhdheanaibh* :	*eathbhairrshleamhain*	
ii.C	*sei**nch**íghe* :	*leithríghe;*	*sea**nch**olg* : *leathbhord*

Cé go bhfuil an chontrárthacht seo idir carn inléicseach agus carn teorannach eisceachtúil sa bhairdne (§6.3 plé ar Thábla 3), go bunúsach, mar a léirítear anseo, tá sé i gceist le *n#ch* (go minic) ach freisin le *l#ch*. Tá a leithéid de chontrárthacht fíorchoitianta sa Ghaeilge labhartha inniu, m.sh. i *seanchas* **-nəx-** inléicseach vs. **-nx-** idirléicseach *seanchat*.

Maidir le *lch*, is iondúil go gcomhfhreagraíonn sé do 3A nó 3B (solaoidí thuas). Tá eisceachtaí comhfhocal mar *Eachluinn* :

chaisealchuirr; *Eachluinn* : *gheimhealchuirr* agus *Lochlainn* : *uasolchoing* aimsithe agam, chomh maith le fianú minic ar *rithlearg* : *ilcheard*; agus *rithlearg* : *ísilcheard* uair amháin. (Cp. meánach: *innilchealg* : *ghrinnilcheard*.) Ach chomh maith le samplaí rialta ina bhfuil *geal-* (tabhair faoi deara *l* ÉADROM) ina chéad chuid de chomhfhocal mar *deabhtha* : *gealchna*; *bheanfas* : *ghealchas*; *gheilchíoch* : *sheinchríoch*; *gealchorcra* : *fearchonta*; tá *geal#ch-* an-choitianta i gcomhardadh le 3C. M.sh.

gealchruaithe : *eachluaithe*;
geilchlí : *leithrí*;
beithreacha : *geilchleatha*;
seachrán : *gealchlár*;
ghealChuinn : *Eachluinn*;
gceathbhraonach : *ghealchaolach*;
ghealchnámha : *creachmhálla*;
chreachshluaghaibh : *ghealchuanaibh*;
SeachIuinn : *ghealChuinn*;
gealchna : *Eachra*.

Sna sé shampla de *ll#ch* atá bailithe agam, le A amháin atá an chomhfhreagairt (ceithre eiseamláir tugtha faoi 'A : A' sa mbailiúchán thuas).

Tá an chontrárthacht idir *rrth* agus *rth* fianaithe thuas go háirithe nuair a thagann teorainn mhoirféimeach (+) nó léicséimeach (#) i ndiaidh an tsondaigh (m.sh. patrún cuibhis A *bearr+thar* i gcodarsnacht le B *fear+tha*). Ach léiríonn péire fearacht C *cathrach* : *connarthach* B agus easpa péire fearacht *A *Carrthaigh* : *cathraigh* C go bhfuil an chontrárthacht *rrth* vs. *rth* ar fáil istigh i dtamhain chomh maith, .i. go hinléicseach. As 52 sampla cuibhis den *rrth* insan fhréamh *Carrthach* a d'aimsíos, is le focail i gCatagóirí A agus B atá an t-iomlán, m.sh.

		A	B
Carrthaigh	:	*barrthair* ~ *Manchaigh*	~ *agarthaibh* ~ *anfaidh*

Níl aon chuibheas ag *Carrthach* le focail i gCatagóir C. Is cosúil, de réir na fianaise atá ar fáil, dá laghad í, gur péire íosmhéide contrárthachta *tarrthaigh* 'sábháil' vs. *tarthaigh* 'torthaigh'. Cuirtear i gcomparáid le chéile: A *tarrthaigh* : *lamhthair* B ach B *tarthaigh* : *cathraigh* ~ *grafnaigh* C.

Tagann an fhianaise seo leis an gcontrárthacht atá i bhfóineolaíocht stairiúil na Gaeilge inniu sa sliocht éagsúil atá ag *rrth* vs. *rth* inléicseach, mar a mbíonn guta + FADA roimh *rrth* ach go háirithe. Tá sin in-eiseamláirithe go hachomair ag an difríocht atá idir *artha* > **arhə** (guta – FADA) agus *orrtha* > **aurhə** (IA §1.201) nó **ɔːrhə** (Wagner 1959: 72) (guta + FADA). Ar an gcuma chéanna, sa dá fhréamh a pléadh anseo ina bhfuil *rrth* inléicseach, a áirítear coitianta sa bhairdne, sa lá atá inniu ann tá fadú go **ɑː** in *Carrthach* agus *tarrtháil*. Is é an seachleagan den fhocal *artha* / *orrtha* ina bhfuil *rth* atá fianaithe i gcomhardadh in: C *athchar* : *arthan* B.

Faightear gach cineál, mar a oireann, i gcuibheas tar éis guta + FADA, m.sh.

bhláthbhuinn : *sálchruinn*;	*fhiarchlaidhigh* : *fhiafraighidh*;
féarthruim : *éanphuill*;	*maoithghleannach* : *dhaoircheannach*;
míonchaol; *ríochraobh*;	*airmdhíochra* : *lainnlíomhtha*;
suidheochthaoi : *fhuileongthaoi*;	

mar aon le péirí carn i gcuibheas nach bhfaightear (ach go heisceachtúil) i ndiaidh guta – FADA, m.sh. (go minic i gcomhfhocail)

fhiarchlaidhigh : *fhiafraighidh*;	*saoirchéibh* : *Mhaoithréidh*;
Fiachrach : *giallchath*;	*uallchu* : *Cruachna*;
dúthchas : *cúlchas*;	*míolchon* : *fhíochmhar*;
eolchaire : *beochroidhe*;	*saothrach* : *aolchloch*;
lóchrann : *órchlann*;	*daoircheannach* : *chaoimhtheallach*;
iarrtha : *cliathcha* ~ *briathra*;	*iarrthar* : *iathmhagh* ~ *chriathradh*.

6.4.3 Cairn 4

4	(a)	*cúpla* **[pl]** : **[nt]** *bhríosúnta*	– CAOL
		C_1 – GLÓR, + PLÉASC; C_2 – PLÉASC : C_1 – PLÉASC; C_2 – GLÓR, + PLÉASC	
=		– GLÓRACH, + PLÉASCACH, – PLÉASCACH sa dá charn	

4	(b)	*táiplis* **[p´l´]** :	**[l´t´]** *fáiltis*	+ CAOL
		C_1 – GLÓR, + PLÉASC; C_2 – PLÉASC :	C_1 – PLÉASC; C_2 – GLÓR, + PLÉASC	
=		– GLÓRACH, + PLÉASCACH, – PLÉASCACH sa dá charn		
4	(c)	*ringcne* **[ŋ´k´n´]** :	**[ɴ´t´]** *innte*	+ CAOL
		C_1 – GLÓR, + PLÉASC; C_2 – GLÓR, + PLÉASC; C_3 – PLÉASC :	C_1 – PLÉASC; C_2 – GLÓR, + PLÉASC	
=		– GLÓRACH, + PLÉASCACH, – PLÉASCACH sa dá charn		
4	(d)	*aicme* **[k´m´]** :	**[b´x´]** *aibche*	+ CAOL
		C_1 – GLÓR, + PLÉASC; C_2 – PLÉASC :	C_1 + PLÉASC; C_2 – GLÓR, – PLÉASC	
=		– GLÓRACH, + PLÉASCACH, – PLÉASCACH sa dá charn		
4	(e)	*cheart* **[rt]** :	**[xt]** *reacht*	– CAOL
		C_1 – PLÉASC; C_2 – GLÓR, + PLÉASC :	C_1 – GLÓR, – PLÉASC; C_2 – GLÓR, + PLÉASC	
=		– GLÓRACH, + PLÉASCACH, – PLÉASCACH sa dá charn		
4	(f)	*leantar* **[nt]** :	**[xtṽ]** *leachtmhagh*	– CAOL
		C_1 – PLÉASC; C_2 – GLÓR, + PLÉASC :	C_1 – GLÓR, – PLÉASC; C_2 – GLÓR, + PLÉASC; C_3 – PLÉASC	
=		– GLÓRACH, + PLÉASCACH, – PLÉASCACH sa dá charn		
4	(g)	*seantúir* **[nt]** :	**[ŋkθn]** *geangcthnúidh*	– CAOL
		C_1 – PLÉASC; C_2 – GLÓR, + PLÉASC :	C_1 – PLÉASC; C_2 – GLÓR, + PLÉASC; C_3 – GLÓR, – PLÉASC; C_4 – PLÉASC	
=		– GLÓRACH, + PLÉASCACH, – PLÉASCACH sa dá charn		
4	(h)	*reactha* **[kθ]** :	**[kθ]** *feactha*	– CAOL
		C_1 – GLÓR, + PLÉASC; C_2 – GLÓR, – PLÉASC :	C_1 – GLÓR, + PLÉASC; C_2 – GLÓR, – PLÉASC	
=		– GLÓRACH, + PLÉASCACH, – PLÉASCACH sa dá charn		

Tá consan de na haicmí BOG agus ÉADROM-TEANN i gCairn 4(a)–(c). Tá consan GARBH i gcarn amháin ar a laghad sa chuid eile (mar aon le BOG nó / agus CRUA nó / agus ÉADROM-TEANN): 4(d)–(h). Tá GARBH coitianta sa phéire. Gan *cht* ná leithéidí *pth* (< *bth*) a thabhairt san áireamh, is iondúil consan glórach amháin ar a laghad i gcarn amháin sa déantús seo (4); is é sin le rá go dtarlaíonn sé (gan *cht* ná leithéidí *pth* (< *bth*) a thabhairt san áireamh) go bhfuil eiseamláirí gann sa roinn seo gan aon chonsan glórach i gceachtar den phéire carn, mar atá in 4(h) *reactha* : *feactha* (fch 3(a), agus *tiocfa* thuas).

Nuair a thagann consan TEANN nó carn meánach, .i. de dhéantúis 1 agus 2, i dtosach cairn i suíomh 4, comhfhreagraíonn a mhacasamhail dó (.i. 4A) nó carn atá inchuibhis leis dar tús consan – PLÉASCACH + GLÓRACH (.i. 4B). Dá réir sin, ní dhéanann carn 4A cuibheas le carn 4C. Mar eiseamláirí cuibhis mheánaigh in 4, tá:

A : A (TEANN)	*Teampla* : *teannta*;	*mheallta* : *Teampla*;
	mealltoir : *gleanntoigh*;	*millte* : *rinnce*;
	Aingcéal : *lainntréan*;	cp. *Fraingce* : *coillte*;
	iompoibh ; *Fhionntain*;	*impe* : *aidhmhillte*;
A : A (< Carn 1)	*cheardcha* : *seargfa*;	*ceardchan* : *ndeargthar*;
	mbearntar : *ndeargthar*;	
A : A (< Carn 1, TEANN)	*ndearnta* : *theannta*;	*doimheallta* : *soidheargtha*;
	frangcarm : *ardCharn*;	*mbailgcnis* : *aingcnis*;
	mealltair : *ceardchain*;	*iompa* : *biodhgtha*;
A : A nó B	*Taillte* (*Tailte*) : *airgfe*	*banncaibh* : *shanntaigh*;
A : B	*sompla* : *molta*;	*bhFrangcach* : *iongantach*;
	gciontaibh : *biodhgthair*;	*sompluibh* : *rochtuin*;
	seabhcaibh : *mealltair*;	*seirce* : *innillte*;
	uimpe : *muince*;	*imirce* : *innillte*;
	iontnúidh : *iompúidh*;	*cionta* : *iompa* ~ *riompa*;
A : B ~ A	*reampa* : *earca* ~ *aigeanta* ~ *inleanta* ~ *saoirNeannta* ~ *coisearca*;	
	mince : *lingthi* ~ *innillte*; *roimhince* ~ *thoirinnte*; *mionca* : *cionta*; *roimhionca* : *shoinean(n)ta* (.i. le 4A agus 4B; níl aon sampla aimsithe agam de *nc* (< *m(e)ince* srl.) i gcomhardadh le 4C. Chiallódh comhardadh le 4C gur **[n !k !]** nó **[nk]** atá i gceist ann.)	
B : B	*bhfearta* : *searcdha*;	*thearcthana* : *ealtadha*;

I gcontrárthacht leo sin thuas, cuirtear iad seo síos:

B : C *heitne* : *teirce*; *seacdha* : *aigeanta*;

locthair : *fholtghloin*; *bheartchruinn* : *leatruim*;
cosanta : *bosacla*; *leabthuibh* : *beantair*;
coitcheann : *foirceann*; *noichtchleath* : *Choilceach*;
gheinte : *leigfe*; *smaichtfhréimh* : *aintréin*;
gonta : *socra*; *sgagtha* : *anta*;
bhogthrágh : *ghortchlár*; *sneachta* : *ealta*; *dalta* : *sgagtha*;
leachtmhagh : *leantar*; *tiltir* : *itghibh*; *oiltir* : *ngloitnibh*;
geiltim : *leigfinn*; *gceiltir* : *leigthir*; *leicne* : *coigeilte*;
nglórbhailtibh : *mhórmhaicnibh*; *gcrochdaoisi*: *gontaoisi*;
gleodhocra : *bheoghonta*; *ciontaibh* : *tiochttoil*;
mbliochtchraobhaigh : *hiontaobhaidh*; *iochtmhar* : *ndionganta*r;
curcais : *buntais*; *aicme* : *seanchairte*; *fult* : *lucht*;
forcoimhéad **[rk]** : **[xk]** *drochcoimhéad*; *gciorcal* : *dtiocfam*;

B : B ~ C *codulta* : *corcra* ~ *hobtha* (*hoptha*);

C : C *eitne* ~ *leigthe*; *ndocra* : *nochtfa*;
slaitshleamhain : *aicmeadhaibh*;
deachtfoidhe **[xtf]** : **[kr]** *deaghcroidhe*;

C : C ~ B *tiocfa* : *cionta* ~ *chniochta* ~ *briochtgha* ~ *aigeanta* ~ *shuaitheanta* ~ *chuideachta*.

Eisceachtaí aimsithe (go dtí seo agam); *reampa, rompa, reimpe, sompla*:

A : A ~ B agus ~ C! chomh maith le samplaí rialta (m.sh. thuas), faightear na focail *reampa, rompa(ibh), reimpe* ag comhfhreagairt do 4C go minic (*cr, cht* (agus *chtr, chtgh*), *tn*, bailithe agam):

*rea**mp**a* : *deacra* ~ *sleachta* ~ *eachtra* ~ *Eachtgha* ~ *chuideachta* srl.;

*ro**mp**a* (x30 i gcuibheas lán bailithe) : A (x7) *bro**nnt**a* ~ *ionna**rbth**a*, B (x11) *molta* ~ *gonta*, C (x12) *lochta* ~ *docra*;

*rei**mp**e* : *eitne*.

Cp. *-mh-* i bhfoirmeacha eile agus litriú comhardaidh B *mhp*: *reamhpa* : *deacra* ~ *cuideachta* (as foinse thuaisceartach, ag freagairt do chanúint an tuaiscirt).

*so**mpl**a* srl (x30) : A (x3) *gco**lpth**a*, B (x16) *molta*, C (x11) *ochta*.

Cp. *sómpla* (níos annaimhe) mar a gcealaítear + MEÁNACH.

Cp. *gea**llt**a* : *ríoghachta* (nó *rígheachta*) (Seathrún Céitinn).

Léiríonn an córas féin mar sin gur féidir a rá go minic cé acu an ± TEANN do chéadchonsan cairn inléicsigh (i gcás go mbeifí in amhras (de bharr litrithe mhalartaigh, go minic)) sna cineálacha carn atá tríroinnte (Cairn 3–5). Mar atá san anailís seo go ginearálta, nuair atá líon na solaoidí ard a ndóthain le gur féidir conclúid chúramach dhearfach a bhaint as fianaise dhiúltach, is é sin easpa samplaí comhfhreagracha in A agus C go háirithe. Is é scéimre na hanailíse:

Catagóir C = gan cuibheas le A (ach le B agus C);
Catagóir A = gan cuibheas le C (ach le A agus B);
Catagóir B = cuibheas le A agus C (agus le B).

Ós rud é, mar shampla, go gcomhfhreagraíonn *Ultach* (*Ulltach*), *Ultaigh* srl., do Chairn A, B, agus C (m.sh. *cu**mp**air*, *chosantach*, *luchtmhair* faoi seach), is féidir *Ultach* a chatagóiriú le Cairn B, .i. **[lt]**, mar a bheifí ag súil ón mbunfhoirm neamhchoimrithe *Ulaidh*.

Ar an gcuma chéanna, ag leibhéal níos leithne, is é sin i ndeireadh na bhfocal, tá an tríroinnt (thriantánach) seo le sonrú ar Chairn 4:

4 (deireadh focal, ##)

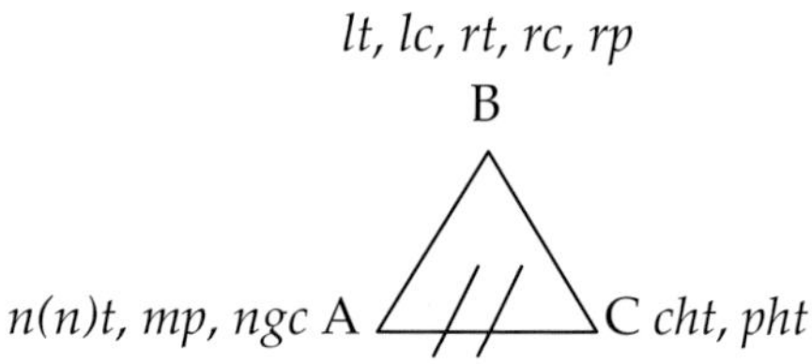

Tá neodrú contrárthachtaí i gceist sa suíomh deireadh focal coitianta i dteangacha agus sa chóras seo againne neodraíonn *nt* deiridh go dtí Catagóir A ach *lt* agus *rt* go B. Mar sin tá na patrúin seo le fáil coitianta i ndeireadh focal:

		A	B	C
n(n)t	A : A ~ B	*n(n)t* : *mp ~ ngc*	*~ lt ~ lc ~ rt ~ rc ~ rp*	
lt	B : A ~ B ~ C	*lt* : *nt*	*~ lt ~ lc ~ rt ~ rc ~ rp*	*cht ~ pht*
rt	B : A ~ B ~ C	*rt* : *nt*	*~ lt ~ rt ~ rc ~ rp*	*cht*

Mar shampla:

A	*adhai**nt*** :		*chailc ~ Cuirc ~ chuirp*	
A	*cai**n(n)t*** :	*sai**nnt** ~ substai**nt***		
B	*Cuilt* :	*adhai**nt***	*~ céadfhuilt;*	*suilt* : *tábhuicht* *ceilt* : *Éighip[h]t*
B	*Airt* :	*cosai**nt***	*~ díoghailt;*	*ort* : *anocht;* *beirte* : *Éighip[h]te*

Tagann an tuiscint seo leis an nós litrithe — faightear *nnt* deiridh coitianta ach tá *llt* deiridh agus *rrt* deiridh an-annamh. Tabhair faoi deara, i gcás *nt*, gur féidir leis an bhfocal céanna dhá chatagóir a bheith aige, ag brath ar an gcarn a bheith ag deireadh an fhocail nó gan a bheith ag deireadh an fhocail, m.sh. (easpa Catagóir C le Catagóir A)

		A	B	C
A	*cosai**nt*** :		*Airt ~ airc*	
B	*cionta* :	*io**mp**a;*	*cosanta* : *Ul(l)tach ~ dalta*	*docra ~ bhosacla*

I gcás na bhfocal *cain(n)t* agus *sain(n)t*, dhá fhocal réasúnta coitianta, ina bhfuil *n(n)t* inléicseach ina ndeireadh (*n(n)t* neamh-mhoirféimeach), níl aon eiseamláirí cuibhis faighte agam díobh, agus *n(n)t* i ndeireadh focal, ach le Catagóir A; mar atá *cai**n(n)t**, sai**n(n)t**, Frai**nc*** i gcomhardadh le chéile, chomh maith le *cai**n(n)t*** : *drai**nnt** ~ substai**nt**;* agus *substai**nt*** : *Pui**mp***. Féach nár aimsíos leithéidí **cai**n(n)t*** : *adhai**nt** ~ Airt ~ ailt ~ radhairc*. Tá dhá shampla aimsithe agam de *nt* inléicseach deireadh focail i gcuibheas le Catagóir B (mar a bheifí ag súil leis ón ngnáthriail):

tabhairt : *fiormamei**nt*** (leg *fiormamhai**nt***);
frasaimhnirt : *Assignme**nt**.*

Tá an *n(n)t* neamh-mhoirféimeach, sna samplaí atá agam de na focail *cain(n)t, sain(n)t* agus *substaint,* i gcontrárthacht mar sin le *nt* moirféimeach deireadh focail, ar deireadh infhillte atá sa *-t*, mar is léir ó na samplaí de *cosaint* agus *adhaint* thuas atá fianaithe agam i gcuibheas le Catagóir B amháin. Maidir le leaganacha infhillte agus díorthaithe de na focail *cain(n)t-* (samplaí gann: *rgf, llt*) agus *san(n)t-* (samplaí coitianta: *nc, nt*), nach bhfuil *n(n)t* i ndeireadh an fhocail, seo mar atá aimsithe agam:

	A	B	C
A : A	*ai**rgf**idh : chai**nnt**igh*		
	*cai**nnt**each : gai**llt**each*		
A : A ~ B	*sha**nnt**aigh : bhancaibh*	*~ antoil ~ iongantaigh;*	
	*sha**nnt**aigh : Francaigh*	*~ antoilibh*	

Eisceacht: *nt* léicseach deiridh i gcuibheas le Catagóir C i bhfocal iasachta:

A : A	*b(h)ioco(i)**nt*** :	*Tuirc*	*~ locht ~ hucht*

rud a thabharfadh le fios, b'fhéidir, gur B **[nt]** nó a leithéid atá i gceist. Cp. *cunta,* focail mar *corónta,* agus eisceachtaí iasachta eile *sompla* (~ *sómpla*) thuas (§6.4.3) agus fiú *fiormameint, Assignment* thuas (agus easpa an ghuta chúnta san fhocal iasachta *purgadóir* sna canúintí inniu (IA §357)). Tá an chontrárthacht /**n´t´**/ vs. /**N´t´**/ in *Gaeilge Theilinn* thar theorainn mhoirféimeach (m.sh. *fuinte* (< *fuin+te*) vs. *cainnt*) (Wagner 1959: 20–2) ach níl contrárthacht inléicseach den tsórt tugtha ann ach amháin le /**l´t´**/ vs. /**L´t´**/. Mhaífí ón mbeagán fianaise, go mb'fhéidir go bhfuil an chontrárthacht /**n´t´**/ inléicseach vs. /**N´t´**/ inléicseach ann idir *fiormameint* agus *cainnt* faoi seach.

Tá an teorannú maidir le luach ± MEÁNACH ar ceal i ndiaidh guta + FADA, m.sh.

bréagtha : déanta; *sómpla : córta;* *ghéagthláith : éntráith;*

bárc : *thrácht*; *gcoimhéadfa* : *doidhéanta*; *déarca* : *fhéadfa*;
ndiúltar : *dhiúltfadh*; *éachtchloinn* **[xtxl]** : **[kr]** *géagcroinn*;
bhféadfainn : *ghairéadchuirr*; *cúpla* : *bhríosúnta* (thuas);
sbéacláir : *céadcháir* ~ *chéadtráigh* ~ *chréachtláimh* ~ *chréachtcháir*.

Tá dhá chás de 4BC i gceist sa chomhad rainn seo:

> *mo chion glantar*[B] *an tráth tiocfa*[C]
> *sa bhráth sgagthar*[C] *cionta*[B] *cáigh.* (athraithe ón litriú *cionnta*)

De réir an chórais ar ndóigh, má tá céilí comhardaidh ag teastáil ó dhá 4C sa leathrann, caithfidh ceachtar den dá dhéantús 4C nó 4B freagairt dóibh.

6.4.4 *Cairn 5*

5	(a)	*aimsin* **[m´s´]** :	**[r´s´]** *thairsibh*	– CAOL
		C_1 – PLÉASC; C_2 – GLÓR, – PLÉASC, + SIOS :	C_1 – PLÉASC; C_2 – GLÓR, – PLÉASC, + SIOS	
=	– GLÓRACH, – PLÉASCACH, + SIOSACH sa dá charn			
5	(b)	*ghlaisghéir* **[s´ɣ´]** :	**[s´r´]** *bhaisréidh*	+ CAOL
		C_1 – GLÓR, – PLÉASC, + SIOS; C_2 – PLÉASC :	C_1 – GLÓR, – PLÉASC, + SIOS; C_2 – PLÉASC	
=	– GLÓRACH, – PLÉASCACH, + SIOSACH sa dá charn			
5	(c)	*soillse* **[ʟ´s´]** :	**[r´s´]** *attuirse*	+ CAOL
		C_1 – PLÉASC; C_2 – GLÓR, – PLÉASC, + SIOS :	C_1 – PLÉASC; C_2 – GLÓR, – PLÉASC, + SIOS	
=	– GLÓRACH, – PLÉASCACH, + SIOSACH sa dá charn			
5	(d)	*ainnséin* **[ɴ´s´]** :	**[r´m´s´]** *airmséin*	+ CAOL
		C_1 – PLÉASC; C_2 – GLÓR, – PLÉASC, + SIOS :	C_1 – PLÉASC; C_2 – PLÉASC; C_3 – GLÓR, – PLÉASC, + SIOS	
=	– GLÓRACH, – PLÉASCACH, + SIOSACH sa dá charn			
5	(e)	*éadachsoin* **[xs]** :	**[sṽ]** *éagcosmhail*	– CAOL
		C_1 – GLÓR, – PLÉASC; C_2 – GLÓR, – PLÉASC, + SIOS :	C_1 – GLÓR, – PLÉASC, + SIOS; C_2 – PLÉASC	

=	– GLÓRACH, – PLÉASCACH, + SIOSACH sa dá charn			
5	(f)	*fearsa* **[rs]** :	**[xs]** *eachsa*	– CAOL
		C_1 – PLÉASC; C_2 – GLÓR, – PLÉASC, + SIOS :	C_1 – GLÓR, – PLÉASC; C_2 – GLÓR, – PLÉASC, + SIOS	
	– GLÓRACH, – PLÉASCACH, + SIOSACH sa dá charn			
5	(g)	*gluaisfe* **[s´f´]** :	**[s´l´]** *uaisle*	+ CAOL
		C_1 – GLÓR, – PLÉASC, + SIOS; C_2 – GLÓR, – PLÉASC :	C_1 – GLÓR, – PLÉASC, + SIOS; C_2 – PLÉASC	
=	– GLÓRACH, – PLÉASCACH, + SIOSACH sa dá charn			

RÍ agus consan ÉADROM-TEANN atá i gceist is gach aon charn de na péirí i gCairn 5(a)–(d). Tá RÍ agus GARBH i gceist i leathcharn in 5(e)–(g). RÍ agus GARBH sa dá charn: *chasfas* : *lasfas*; *Chríochsa* : *gríoscha*; *gclachsoin* : *claschaibh*.

Nuair a thagann consan TEANN nó carn meánach gan consan + PLÉASCACH, .i. de dhéantús 1, roimh *s*, comhfhreagraíonn a mhacasamhail dó (.i. 5A) nó carn atá inchuibhis leis dar tús consan – PLÉASCACH + GLÓRACH (.i. 5B). Dá réir sin, ní dhéanann carn 5A cuibheas le carn 5C. Mar eiseamláirí cuibhis mheánaigh in 5, tá:

A : A (TEANN)	*ai**msi**r* : *ai**msi**n*	*a**nns**acht* : *chumha**ngsm**acht*;
	*coi**msi*** : *droi**ngsi***;	*nGa**llsm**acht* : *a**nns**acht*;
	*fea**lls**aibh* : *gea**lls**oin*;	
	*cea**nns**a* : *lea**ms**a* ~ *ea**ngs**a* ~ *Éirea**nns**a*;	
A : A (TEANN, < Carn 1)	*ai**ms**igh* : *Ro''ai**lbhs**in*; *sea**rbhs**o* : *lea**ms**a*;	*bei**nns**e* : *dei**lbhs**e* (le **[N´s´]**, nó A : B le **[n´s´]**, agus éiginnteachtaí eile mar é)
	*oi**rbhs**i* : *choi**ms**e*;	*a**lms**a* : *ra**nns**a* ~ *ora**ms**a*
	*si**nns**ior* : *athdei**lbhs**in*;	*co**rns**a* : *chumo**nns**a*;
	*a**nns**a* : *Sha**dhbhs**a*;	*ai**dhbhs**igh* : *eachtrai**nns**in*;
	*ai**lls**each* : *tai**dhbhs**each*;	*fhea**lls**amh* : *céidlea**nbhs**ain*;

A : A — *aimsir(e)* : *aidhbhsigh* ~ *ainnsile* ~ *chlainnsin* ~ *aimsigh* ~ *Saidhbhsin* ~ *airmsin* ~ *gCulainnsin* ~ *Domhnaillsin*;

A : B — *ceannsa* : *Sheaghsa* ~ *éigeansa* ~ *dídeansa*;
aimsir : *Albainsin* ~ *héanaibhsin* ~ *Ultaighsin*;

A : A ~ B — *taidhbhse* : *ainmse* ~ *tairse* ~ *anfainnse*;
ionnsma : *fhionnsa* ~ *ciomhsa* ~ *liomsa* ~ *chionnsa*;

A : B — *orsain* : *Ro''albhsain*; *oirbhsi* : *eagoilsi* ~ *thoirse*;
Gairbhsin : *thairsigh*; *bainse* : *toghairmse*;
ainmsin : *thairsigh*; *neamhsmacht* : *ceannsacht*;
loingsi : *mbaoghuilsi* ~ *abraimse*; *fhoirmsi* : *toirsi*;
dhamhsa : *fallsa* ~ *marbhsa* ~ *chlannsa* ~ *crannsa* ~ *amsa*

B : B — *dhamhsa* : *tarsa*
cp. *dhamhsa* : *ansa* (nó A más *annsa*)

Leo sin, cuirtear iad seo síos i gcontrárthacht:

B : C — *braismhear* : *airsean*; *Uisneach* : *thuirseach*; *thighse* : *innisne*;
meisneach : *meirseach*; *luisne* : *Chobhthaighse*; *glaisne* : *bainse*;
ghealsoin : *easbhaidh*; *leitheasra* : *mheithealsa*; *tuirsi* : *cuisle*;
maghsain : *ghasraidh*; *éagcosmhail* : *séadarsaidh*;
basbhog : *ghabhsod*; *Phearsabháil* : *threasghabháil*;
caisChinn : *fhairsing*; *Pearsana* : *easnamha*; *arsaidh* : *asnaibh*;
masla : *dhamhsa*; *anaslaigh* : *talamhsoin*;
amhsaibh : *casnaidh*; *imreasna* : *ingheansa*;
casnaidh **[sn]** : **[ɣs]** *Saxaibh*; *fíormhasla* : *míonmhaghsa*;
deimhseadh : *cneisgheal*; *glaisne* : *bainsi* (.i. *sn* : *ns*);
luchtmhairse : *tarcuisne* (sic, ach ní cás linn **u* : *a* sa chás seo);

C : C — *tuisleadh* : *tuismeadh*; *tarcuisne* : *macnaisne*;
mheasfadh : *easghlan*; *neimheasbhaidh* : *eineachsain*;
casbhairn : *glasnaidhm*; *chneasghoin* : *measfaidh*;
masla : *éachtachsa*; *snasbhláithe* : *glasláithe*;
easnaigh: *theasbhaigh*. *greaschath* ~ *treaschath* : *imreasnach*;
osna : *Charrthachsa*.

Eisceachtaí aimsithe (go dtí seo agam; dó nó trí de phéirí caola):

A : C *Uisnigh* : *chumhoi**ngs**in*;
*ai**nns**éin* : *caischéim* (nó **[n´s´]** a léamh ann; solaoid amháin eile i gcomhardadh déshiollach *ai**nns**éin* : *thai**rms**éin* le 5A);
tuisle : *cui**ms**i* (léitear *toirse* : *coi**ms**e* (?) = A : B).

Óna bhfuil bailithe agam de Chairn 5 inléicseacha *(l)ls* agus *(r)rs* sna foirmeacha *soi(l)lse* (< *solas*), *foi(l)lsigh* ~ *faillsigh*, *mi(l)lse* (< *milis*), *tri(l)lse* (< *trilis*), *fallsa*, *toi(r)rse* ~ *tui(r)rse*, *doi(r)rse* (< *doras*), agus a n-infhillte agus a ndíorthuithe éagsúla, is féidir a mhaíomh: ós rud é go dtéann *(l)ls* inléicseach le 5A agus 5B amháin agus go dtéann *(r)rs* le 5A, 5B agus 5C, go bhfuil *(l)ls* inléicseach inrangaithe in A (+ MEÁNACH) agus *(r)rs* inléicseach le B (+ / – MEÁNACH). Tá samplaí soiléire eile ann ina bhfuil *(r)rs* inléicseach i gCatagóir B agus i gcomhardadh le Carn C, m.sh.

bhfairrsing : *glaisrinn*; *masla* : *tarsa*.

Is féidir an fhianaise a choimriú i scéimre an ghnáth-thriantáin bhearnaigh:

toi(r)rse (*tui(r)rse, tui(r)rseach, tui(r)rsighthe*)

B

5 (*lls, rs* inléicseach)

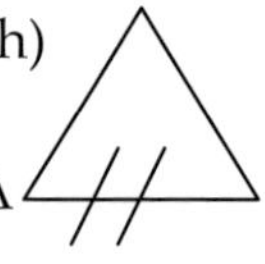

soil(l)se A C *mboisne* (*cuisle, Uisneach, thuismighthe*)

(Tá an tátal seo bunaithe ar an líon seo eiseamláirí cuibhis láin: *soil(l)s-* x85, *foil(l)s-* x18 ~ *faills-* x15,[10] *mil(l)s-* x36, *tri(l)ls-* x13, *fallsa* x11, *toir(r)s-* ~ *tuir(r)s-* x282, *doir(r)s-* x26; iomlán: *(l)ls* x178 agus *(r)rs* x308) Tagann conclúid mar seo lena bhfuil sna canúintí inniu marar coitianta i bhfad fadú cúitimh roimh *l(l)s* ná roimh *r(r)s* agus mar a bhfuil **û** níos coitianta ná **R** sna cairn seo.[11] I gcás na bhfréamhacha *solas* > *soills-* agus *trilis* > *tri(l)ls-* mar sin, is féidir a mhaíomh go bhfuil malartú fóinéime i gceist (**l** > **L**, **l´** > **L´**) roimh *s*; i gcodarsna le *Ulaidh* > *Ul(l)t-* (**l** > **l**) roimh *t*, nach bhfuil malartú fóinéime i gceist. (Cp. *doirrse* anseo síos.) Tá fianaise ar leithrigh ann gur cosúil go bhfuil an difríocht inléicseach **LS** ~ **ls** fós ar fáil, is é sin nach dtagann **LS** gach *ls* inléicseach. Tá fianú ar **ls** inléicseach i suíomh neamhaiceanta (toradh ar bhreisiú siollach sa phróiseas moirféimeach), i gcontrárthacht le **ûs** i suíomh aiceanta (léicseach, nó toradh ar mheánchoimriú). De réir litrithe agus cuibhis an tamhain *eagailse* ~ *eagalsa* (< *eaglais*, infhillte agus díorthaithe) is **l´s´** ~ **ls** atá i gceist sa charn ann. Níor aimsíos aon litriú le *ll* sa bhairdne (**eagaillse* ná **eagallsa*) agus tá sampla amháin, as iomlán 12 ábharach (cóimheas réasúnta), de chuibheas le Catagóir 5C, agus ceann amháin de 5A, rud a chuirfeadh an carn *ls* san fhocal seo i gCatagóir 5B. Is féidir a rá de thátal air sin go bhfuil, i gcodarnsa le *lls* inléicseach thuas, scéimre ar leith ag *ls* inléicseach:

5 (*ls* inléicseach)

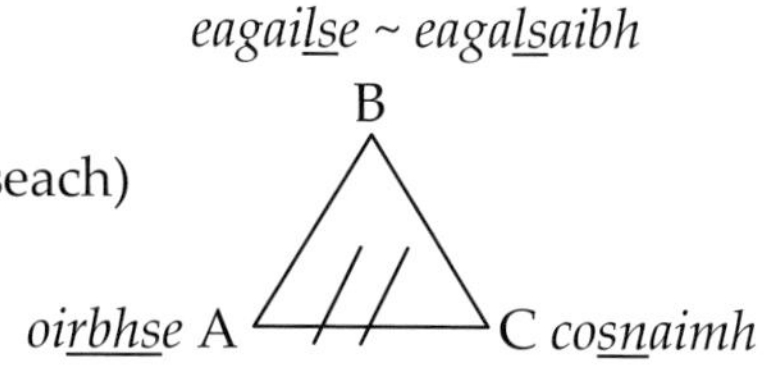

Ar bhonn na bhfocal féin, taobh istigh d'fho-aicme *-(r)rs-*, tá cóimheas 5C i gcuibheas leis an bhfréamh *toi(r)rs-* ~ *tui(r)rs-* beagán níos líonmhaire ná atá cóimheas 5C leis an bhfréamh *doi(r)rs-*. I gcuibheas lán le 5C níl agam den tamhan *doi(r)rs-* ach trí shampla:

> *doirse* : *croichse*; *dhoirseadh* : *doruisgheal*; *doirseóir* : *dhoroisbheóil*; (cp. *chaisléanaibh* : *doirseóraigh*).

Is é sin go mb'fhéidir go bhfuil claonadh ar an tamhan *doi(r)rs-* chun 'ballraíochta' i gCatagóir A, i gcodarsnacht le *toi(r)rs-* ~ *tui(r)rs-*. Ar aon chuma, cé go bhfuil líon na solaoidí íseal, ar an drochuair, leis an tamhan *doi(r)rs-*, is seo iad líon agus cóimheas a bhfuil bailithe agam:

	A, B	C	=	% A, B	% C	A, B / C
doi(r)rs-	23	3		87%	13%	9 / 1
toi(r)rs- ~ *tui(r)rs-*	232	50		79%	21%	4 / 1

Is é an fáth a bhfuilim faoi seo, go bhfuil fianaise chanúineolaíochta na Gaeilge, fadú cúitimh a bheith le *doi(r)rs-* seachas le *toi(r)rs- ~ tui(r)rs-*, go bhfuil sin ag teacht leis an gclaonadh seo, más claonadh dháiríre é sa bhairdne.

I gcás *(n)ns* inléicseach, téann a bhformhór mór i gcuibheas le Cairn A, B amháin, .i. mar a bheadh Cairn 5A ann (fearacht *(l)ls* inléicseach), ach tá dhá fhrithshampla aimsithe agam de chuibheas le Carn C, rud a chuirfeadh i gCatagóir B (le *(r)rs* inléicseach) é. An 62 comhartha den tamhan *i(n)ns-* (< *inis*) a d'aimsíos i gcuibheas lán, tá siad ar fad i gcuibheas le Cairn A, B. Ar an gcuma chéanna, tá an 22 comhartha den fhréamh *si(n)nsear* i gcuibheas lán, téann siad le Cairn A, B. Tá an briathar *io(n)nsaigh* ar fáil réasúnta minic i nduanta na bairdne ach nuair a bhíonn sé i gcuibheas is iondúla in airdrinn deibhí é, in áit nach bhfeidhmíonn an carn sa chuibheas. Na hocht gcomhartha (as os cionn 100 a d'fhéachas) atá i gcomhardadh slán cairn, is le Cairn A a théann siad, gan aon sampla de leithéid **ionsaigh : eineachsain ~ uireasbhaidh*. Focal ar chomhshiolla aiceanta le *io(n)nsaigh*, an focal *prio(n)nsa*, tá an 12 comhartha cuibhis (as 29 san iomlán) a d'aimsíos, tá sin i gcuibheas le Cairn A, B amháin, m.sh.

> *prionnsa : riomsa ~ Ghaoidhiolsa; chiomhsa : thréinphrionsa.*

Is é an dá eisceacht a chuirfeadh *(n)ns* i gCatagóir B, .i. comhardadh le Cairn C:

> *bainse : glaisne; ansa : masla.*

Ocht gcomhartha eile de *bains-* (< *banais*) atá aimsithe agam i gcuibheas agus iad ar fad ag dul le Cairn A, B. Tá 103 comhartha den fhocal *annsa* aimsithe i gcuibheas agam, 102 acu sin le Cairn A, B. Dá mbeadh focail eile fianaithe chomh minic sin i gcuibheas lán, b'fhéidir go nochtfaí níos mó 'eisceachtaí' den tsórt, go háirithe i gcomhthéacs na gcarn inléicseach seo Chatagóir 5. Mar sin, cé go bhfuil *(r)rs* inléicseach go rialta ar fáil i gCatagóir B, agus *(n)ns* inléicseach go rialta ar fáil i gCatagóir A, níl a ngreim docht ar fad. (Cp. eisceacht *tuisle* : *cuimse* thuas.) Ba spéisiúil an ní é feidhm chuibhis na gcarn éagsúil agus a litriú i lámhscríbhinní a thaighde, féachaint, m.sh. ar minice *lls* scríofa i gcuibheas le Carn A nó le Carn B seachas le Carn C, féachaint an leanann an litriú triantán an chórais ná a leithéid.

Tá an teorannú maidir le luach ± MEÁNACH ar ceal i ndiaidh guta + FADA, m.sh.

uaimse : *uaisle* (a luadh thuas §6.3); agus: *dínsighthe* : *íslighthe;*
uaisle : *anbhuainse; bhfásfa* : *dálsa; gríosfa* : *íobhsa; chualsain* : *uasnaidh;*
roshluaighsi : *comhuaisle* (*shl* : *mh* §5.1);
ngríosghruaidheadh : *síorsmuaineadh.*

Tá cealú choinníoll an tsínidh mheánaigh i ndiaidh guta + FADA eiseamláirithe go breá sa rann seo síos mar a bhfuil ord na n-*s*-anna iompaithe sa dá phéire comhardaidh:

> *An uall dom char san chéimse*
> *truagh agus nar an mh'uaillse*
> *do thoil Dé bhí nach bímse*
> *an tí as ísle is é as uaisle.* (*Gach oige mar a hadhbhar;* Mac Cionnaith (1931) Dán 12 §16)

Eiseamláiríonn na rannta eile seo coinníoll ord na n-*s*-anna i bhfeidhm de bharr an chomhthéacs + MEÁNACH nach gceadaíonn leithéid an chairn *sl*:

> *Codhnach Tuama an té ros-carui**msi**[A];*
> *uadha ní anui**msi**[A], as é 'ga bhfuili**msi**[A];*
> *mithidh triall da dhúin gan doghuilsi[B],*
> *an fial thoghui**msi**[A] mo rún roighi**llsi**[A].* (fch go n-oirfeadh *roighilsi*[B] freisin)
>
> ...
>
> *Ionmhuin teagh go dtaitniomh da dtrialllui**msi**[A],*
> *geal a niamhshoilsi[B] an aitreabh aoilshli**msi**[A];*

fado ó do bhádhas san bhaile luaidhimsi[A]*;*
*caidhe a thuairi**msi***[A] *an t-áras aoibhi**nnsi***[A]*?*
(*Dealbhfad do Chormac mo chéidghrés droighnighe;* Ó Donnchadha (1931) Dán 19 §§16, 18)

6.4.5 *Cairn 6*

6 (a)	*leisgi* **[s´g´]** :	**[s´d´]** *dleisdi*	+ CAOL
	C_1 – GLÓR, – PLÉASC, + SIOS; C_2 + PLÉASC :	C_1 – GLÓR, – PLÉASC, + SIOS; C_2 + PLÉASC	
=	– GLÓRACH, + PLÉASCACH, – PLÉASCACH, + SIOSACH sa dá charn		
6 (b)	*tuigse* **[k´s´]** :	**[s´g´]** *uisge*	+ CAOL
	C_1 – GLÓR, + PLÉASC; C_2 – GLÓR, – PLÉASC, + SIOS :	C_1 – GLÓR, – PLÉASC, + SIOS; C_2 + PLÉASC	
=	– GLÓRACH, + PLÉASCACH, – PLÉASCACH, + SIOSACH sa dá charn		
6 (c)	*hógsgolaibh* **[ksg]** :	**[tsg]** *bhfódsgoraibh*	– CAOL
	C_1 – GLÓR, + PLÉASC; C_2 – GLÓR, – PLÉASC, + SIOS; C_3 + PLÉASC :	C_1 – GLÓR, + PLÉASC; C_2 – GLÓR, – PLÉASC, + SIOS; C_3 + PLÉASC	
=	– GLÓRACH, + PLÉASCACH, – PLÉASCACH, + SIOSACH sa dá charn		
6 (d)	*tromolcsoin* **[lks]** :	**[xts]** *Connachtsoin*	– CAOL
	C_1 – PLÉASC; C_2 – GLÓR, + PLÉASC; C_3 – GLÓR, – PLÉASC, + SIOS :	C_1 – GLÓR, – PLÉASC; C_2 – GLÓR, + PLÉASC; C_3 – GLÓR, – PLÉASC, + SIOS	
=	– GLÓRACH, + PLÉASCACH, – PLÉASCACH, + SIOSACH sa dá charn		
6 (e)	*lúibsean* **[p´s´]** :	**[x´t´s´g´r´]** *drúichtsgreamh*	+ CAOL
	C_1 – GLÓR, + PLÉASC; C_2 – GLÓR, – PLÉASC, + SIOS :	C_1 – GLÓR, – PLÉASC; C_2 – GLÓR, + PLÉASC; C_3 – GLÓR, – PLÉASC, + SIOS; C_4 + PLÉASC; C_5 – PLÉASC	
=	– GLÓRACH, + PLÉASCACH, – PLÉASCACH, + SIOSACH sa dá charn		

Tá RÍ agus BOG nó / agus CRUA in 6(a)–(c); solaoidí eile:

chladhfhaicsin **[k´s´]** : **[t´s´]** *aghaidhsin;* *uisge* : *chuidse;*
Uisge : *comhruigsi.*

Tá cosc, ceist nó éideimhne maidir le leithéid *méidsi* : *éisdsi* mar a bhfuil dhá RÍ i gcarn amháin. Tá GARBH nó / agus ÉADROM-TEANN i gceist i gcarn amháin ar a laghad in 6(d)–(e), mar a bhfuil siad iomarcach don chomhardadh nó 'de bharr'; samplaí eile le hÉADROM-TEANN:

aonsduaim : *chaolsduaidh*; *roisgfhliucha* : *loisgniucha*;
le GARBH:
foistine : *coiscfidhe*; *aisgidh* : *laisgthir*; *fháisgthir* : *fáisgfidh*;
GARBH agus ÉADROM-TEANN sa charn amháin:
mhúidsein : *drúichdsgreimh*;
gcathsdair **[tsd]** : **[ks]** *mhacsoin*;
ghéagsdaraigh : *éagsamhail*;
(tabhair faoi deara an dá chonsan phléascacha in *chdsgr*, *thsd* agus in *gsd*)

ÉADROM-TEANN i leathcharn agus GARBH sa charn eile:
báineasgraigh : *ráimheasgthair*.

Nuair a thagann carn meánach de dhéantús 2A roimh *s*, comhfhreagraíonn a mhacasamhail dó (.i. 6A). Dá réir sin, ní dhéanann carn 6A cuibheas ach lena mhacasamhail féin, mar is léir ó Thábla 3 thuas. Mar eiseamláirí cuibhis mheánaigh in 6, tá:

A : A (< carn 2A) *Ta**dhgs**ain* : *a**rdsg**oil*; *tai**rgs**in* : *Tai**dhgs**in* ~ *ai**rds**in*.
*fhea**rgs**a* : *dea**rgs**a*.

Tá a leithéidí gann, i gcontrárthacht le leithéidí 5A thuas. Níor aimsíos aon eiseamláirí de chuibheas lán le *ngcs*, *nbs* (ná *mps*); ná de leithéidí *llts*, *nnts* (< 4A). Meabhraítear mar sin nach bhfaighteár leithéidí *A *dea**rgs**a* : *dearcsa* B ná *A *dea**rgs**a* : *leatsa* C, ach go bhfaightear B *Artsa* : *macsa* C. Roinnt samplaí eile arna gcatagóiriú:

B : B *olcsa* : *ortsa*; *mhalairtse* : *amhaircse*;
B : C *faigse* : *chairtse*; *chuirpsi* : *tuigsi*;
puirtse : *dhuitse*; *Uisge* : *puirtsi*;
fhaicsin : *amhaircsin*; *latsa* : *ndubhartsa*;
ortsa : *Choradhsa*; *tromolcsin* : *Connachtsin*;
altsa : *tromdhachtsa*; *faigsin* : *Ghearailtsin*;

	deaghsdair : *meastair*;	*gortsa* : *do-chonnarcsa*;
C : C	*snasdonn* : *Alusdrann*;	*snaisghreanta* : *caismearta*.

6.5 Ilcharnchumas

Is féidir sainchumas ilcharnach a léiriú i gcomhardadh ilsiollach. Solaoidí d'fhocail ina bhfuil dhá charn anseo ('dá mbeadh meánach' idir lúibíní i ndiaidh guta + FADA):

1	*airmniamhtha* **[r´m´n´]** :	**[n´v´r´]** *glainbhriathra*	+ CAOL
3(BC)	**[ṽθ]** :	**[θr]**	– CAOL
	C_1 – PLÉASC; C_2 – PLÉASC; C_3 – PLÉASC :	C_1 – PLÉASC; C_2 – PLÉASC; C_3 – PLÉASC	
	C_1 – PLÉASC; C_2 – GLÓR, – PLÉASC :	C_1 – GLÓR, – PLÉASC; C_2 – PLÉASC	
=	– PLÉASCACH sa chéad phéire carn		
=	– GLÓRACH, – PLÉASCACH sa dara péire carn		
1	*órnocht* **[rn]** :	**[rð]** *mórdhacht*	– CAOL
4CC	**[xt]** :	**[xt]**	– CAOL
	C_1 – PLÉASC; C_2 – PLÉASC :	C_1 – PLÉASC; C_2 – PLÉASC	
	C_1 – GLÓR, – PLÉASC; C_2 – GLÓR, + PLÉASC :	C_1 – GLÓR, – PLÉASC; C_2 – GLÓR, + PLÉASC	
=	– PLÉASCACH sa chéad phéire carn		
=	– GLÓRACH, + PLÉASCACH sa dara péire carn		
3CB	*srothmhaordha* **[θṽ]** :	**[ṽx]** *comhchaomhna*	– CAOL
1	**[rð]** :	**[ṽn]**	– CAOL
	C_1 – PLÉASC, – GLÓR; C_2 – PLÉASC :	C_1 – PLÉASC; C_2 – PLÉASC, – GLÓR	
	C_1 – PLÉASC; C_2 – PLÉASC :	C_1 – PLÉASC; C_2 – PLÉASC	
=	– GLÓRACH, – PLÉASCACH sa chéad phéire carn		
=	– PLÉASCACH sa dara péire carn		

3AA	*ChonnChuirc* **[ɴx]** : **[ŋf]** *longphuirt*	– CAOL
4BB	**[r´k´]** : **[r´t´]**	+ CAOL
	C$_1$ – PLÉASC, C$_2$ – GLÓR, – PLÉASC : C$_1$ – PLÉASC; C$_2$ – GLÓR, – PLÉASC	
	C$_1$ – PLÉASC; C$_2$ – GLÓR, + PLÉASC : C$_1$ – PLÉASC; C$_2$ – GLÓR, + PLÉASC	
=	– PLÉASCACH, – GLÓRACH sa chéad phéire carn	
=	– GLÓRACH, – PLÉASCACH sa dara péire charn	

Solaoidí ilcharnacha eile:

1, 1	*aoinbhliadhna* **[n´v´l´]**$_1$ **[ðn]**$_2$: **[v´n´]**$_1$ **[ṽð]**$_2$ *taoibhniamhdha*
1, 2AA	*saoirdhealg* **[r´ð´]**$_1$ **[lg]**$_2$: **[n´l´]**$_1$ **[rg]**$_2$ *faoinlearg*
1, 2AA	*maighlearga* **[ɣ´l´]**$_1$ **[rg]**$_2$: **[r´m´ð´]**$_1$ **[rg]**$_2$ *airmdhearga*
1, 4(BC)	*gliadhBhúrcach* **[ðv]**$_1$ **[rk]**$_2$: **[nr]**$_1$ **[xt]**$_2$ *griandrúchtach*
1, 4BC	*oirdhearcmhnaoi* **[r´ð´]**$_1$ **[rkṽn]**$_2$: **[n´v´l´]**$_1$ **[xtxr]**$_2$ *coinbhleachtchraoi*
1, 4AA	*imdheargtha* **[m´ð´]**$_1$ **[rgT]**$_2$: **[n´v´]**$_1$ **[ðgθ]**$_2$ *inbheadhgtha*
1, 4BB	cp. *frasaimhnirt* **[ṽ´n´]**$_1$ **[r´t´]**$_2$: **[n´m´]**$_1$ **[n´t´]**$_2$ *Assignment* (is dócha)
1, 5CC	*Laighneichsin* **[ɣ´n´]**$_1$ **[x´s´]**$_2$: **[n´ṽ´]**$_1$ **[s´n´]**$_2$ *ainmheisnigh*
1, 6CC	*óirfhleasglan* **[r´l´]**$_1$ **[sgl]**$_2$: **[ṽ´r´]**$_1$ **[sd]**$_2$ *coimhfhreasdal*
1, 6CC	*tadhbhaistear* **[ðv]**$_1$ **[s´d´]**$_2$: **[rmɣ]**$_1$ **[s´g´]**$_2$ *armghaisceadh*
2(CC), 1	*céadlabhra* **[dl]**$_1$ **[vr]**$_2$: **[gv]**$_1$ **[nv]**$_2$ *ngéagBhanbha*
2(CC), 2AA	*céidbheadhg* **[d´v´]**$_1$ **[ðg]**$_2$: **[g´l´]**$_1$ **[rg]**$_2$ *ngéiglearg*
2CC, 5(CC)	*droidmísni* **[d´m´]**$_1$ **[s´n´]**$_2$: **[g´r´]**$_1$ **[x´s´]**$_2$ *choigríchsi*
3CC, 2AA	*raithreaghdadh* **[θ´r´]**$_1$ **[ɣd]**$_2$: **[θ´v´]**$_1$ **[ðg]**$_2$ *aithbheadhgadh*
3(CC), 3CB	*fáthGhofraigh* **[θɣ]**$_1$ **[fr]**$_2$: **[θɣl]**$_1$ **[nf]**$_2$ *snáthghlanfaidh*
3AA, 3BB	*turchoirthe* **[rx]**$_1$ **[r´T´]**$_2$: **[rx]**$_1$ **[r´θ´]**$_2$ *murchoirthe*
3#AC, 4CC	*ainchleachtaidh* **[n´x´l´]**$_1$ **[xt]**$_2$: **[θ´x´l´]**$_1$ **[xtf]**$_2$ *aithchleachtfuidh*
3(CC), 4BB	*DuachRuairc* **[xr]**$_1$ **[r´k´]**$_2$: **[θx]**$_1$ **[r´t´]**$_2$ *luathchuairt*
3AA/B, 5CB	*gcolbhthaisgheal* **[lvθ]**$_1$ **[s´ɣ´]**$_2$: **[ʀ/rθ]**$_1$ **[v´s´]**$_2$ *orrthaibhsean*
4AA, 1	*Frangcarm* **[ŋk]**$_1$ **[rm]**$_2$: **[rdx]**$_1$ **[rn]**$_2$ *ardCharn*
4CC, 3BB	*bleachttoirthe* **[xt]**$_1$ **[r´θ´]**$_2$: **[xtɣ]**$_1$ **[r´θ´]**$_2$ *bhreachtghoirthe*
4(CB), 4BB	*séadphort* **[df]**$_1$ **[rt]**$_2$: **[xtx]**$_1$ **[rp]**$_2$ *héachtchorp*

4(BC), 5BC	*réaltachobhsaidh* **[lt]**$_1$ **[vs]**$_2$: **[dx]**$_1$ **[xs]**$_2$ *gCéadchathachsain*
4AB, 6BC	*ardphuirtse* **[rdf]**$_1$ **[r´t´s´]**$_2$: **[nt]**$_1$ **[k´s´]**$_2$ *antuigse*
5(CC), 3BB	*díslighthear* **[s´l´]**$_1$ **[ɣ´θ´]**$_2$: **[s´l´]**$_1$ **[ɣ´θ´]**$_2$ *íslighthear*
5(BB), 4CB	*cónsapla* **[ns]**$_1$ **[pl]**$_2$: **[rsm]**$_1$ **[xt]**$_2$ *mhórsmachta*
6CB, 1	*rosggruamdha* **[sgr]**$_1$ **[mð]**$_2$: **[ṽsd]**$_1$ **[m ð]**$_2$ *chomhsduamdha*

Is léir go bhfuil teaglamaí éagsúla + MEÁNACH i gceist. Féach a leithéidí seo eile:

3BC, 5AA	*neamhchuimseach* **[ṽx]**$_1$ **[m´s´]**$_2$: **[xl]** $_1$ **[ŋ´s´]**$_2$ *eachLuingseach*
3AB, 4CB	*dorchochta* **[rx]**$_1$ **[xt]**$_2$: **[ṽx]** $_1$ **[rkr]**$_2$ *comhchorcrsa*
4AB, 6BC	*ardphuirtse* **[rdf]**$_1$ **[r´t´s´]**$_2$: **[nt]** $_1$ **[k´s´]**$_2$ *antuigse*

mar a bhfuil i gcomhardadh, sa chéad phéire focal, Carn 3B (+ MEÁNACH roghnach) le 3C, agus dhá Charn 5A (TEANN).

Tá samplaí gann ina bhfuil níos mó ná dhá charn comhardaidh i bhfocail. Sampla d'fhocail ina bhfuil trí charn chomhardacha is ea:

4, 3, 3 A A C : A A B

gconntarchaithmhe **[ɴt]**$_1$ **[rx]**$_2$ **[θ´ṽ´]**$_3$: **[mp]**$_1$ **[rx]**$_2$ **[r´θ´]**$_3$ *gcomparchairthe*.

Dá mbeadh carn i ndeireadh a leithéidí sin d'fhocail cheithre-shiollacha, bheadh ceithre charn i gceist sa chomhardadh.

6.6 Claochluithe; Neodrú ± GLÓRACH

Tabhair faoi deara gurb é réaladh dromchlach an chonsain a fheidhmíonn i gcuibheas, tar éis feidhmiú riail chlaochlaithe nó riail sandhi inmheánaigh (agus ní luach na bunfhóinéime a chonacthas thuas san uaim). Tá seo amhlaidh le consan aonair nó i gcarn. M.sh. i gcarn:

3	*mhúchfas* **[xf]** : **[lx]** *cúlchas*	– CAOL

	C1 – GLÓR, – PLÉASC; C2 – GLÓR, – PLÉASC : C1 – PLÉASC; C2 – GLÓR, – PLÉASC		
=	– GLÓRACH, – PLÉASCACH sa dá charn		
1	*sgiaimhdhéanmha* **[ṽð]** : **[r´m´]** *iairmbéarla*		+ CAOL
	C1 – PLÉASC; C2 – PLÉASC : C1 – PLÉASC; C2 – PLÉASC		
=	– PLÉASCACH sa dá charn		

Dá ndéanfaí anailís ar bhunfhóinéimí an chairn i *gcúlchas*, .i. *cúl#cas* (+ PLÉASCACH *c*- > – PLÉASCACH *ch*-), bheadh luach breise + PLÉASCACH sa charn agus ní bheadh an comhardadh slán le *mhúchfas*. Ar aon dul leis seo níl aon + PLÉASCACH sa charn san fhocal *iairmbéarla* ina réaladh dromchlach tar éis an uraithe lárnaigh. Sampla eile, i gcomhthéacs comhshamhlaithe, m.sh. *mh#b* > *m*: *combáidh* **[m]** : **[L]** *folláin*; nó -*sh*- Ø a luadh in §5.1 thuas.

I gcarn, díghlóraíonn *s* neamhshéimhithe consain CHRUA (*d* ó *dh* díshéimhithe san áireamh) roimpi agus glóraíonn consan ina diaidh. Ach níl aon toradh ag an díghlórú ná ag an nglórú ar anailís shuimithe shaintréithe an chairn ó tharla go bhfuil – GLÓRACH san *s* féin ar aon chaoi (agus nach bhfuil feidhm le + GLÓRACH i gcairn). I dtéarmaíocht na fóineolaíochta is suíomh neodraithe na saintréithe ± GLÓRACH do chonsan + PLÉASCACH i gcomhardadh a bheith le taobh *s* ($C^{+PLÉASC,\pm GLÓR}$ > $C^{+PLÉASC}$ /s). M.sh. 6 *éasgaidh* **[sg]** : **[ks]** *fhéagsain*. D'fhéadfaí a mhaíomh go bhfuil an neodrú céanna i gceist i ngach carn ina bhfuil consan – GLÓRACH, slí eile a bheadh ann le marcáilteacht nó ceannas – GLÓRACH a thuiscint.

*6.7 Dífheidhm * + PLÉASCACH x 2*

Córas na gceithre shaintréith (– GLÓRACH, + PLÉASCACH, – PLÉASCACH, + SIOSACH) táirgeann sé féidireacht charnach nach bhfónann. An tsaintréith + MEÁNACH (a eascraíonn as teaglaim áirithe consan ina bhfuil – PLÉASCACH ina tús), teorannaíonn sí rogha na gcarn comhfhreagracha (fch §6.3). Tá teaglaim eile saintréithe nach bhfaightear i gcuibheas, ach a mbeadh súil leo ó thaobh loighic an chórais saintréithe de: cairn gan + SIOSACH ina mbeadh níos mó ná consan + PLÉASCACH amháin. (Fágann easpa + SIOSACH an dá + PLÉASCACH le taobh a chéile.) Is é sin le rá (* = 'gan feidhmiú'):

suimiú dífheidhmeach:
*+ PLÉASCACH x 2 (± GLÓRACH nó / agus – PLÉASCACH).
(Nó i modh eile: *+ PLÉASCACH, + PLÉASCACH, – SIOSACH (§6.3).)

Is iad (a), (b) agus (c) na cásanna a d'fhéadfadh a bheith i gceist faoi mhinicíocht mheasartha:

(a) *+ PLÉASCACH x 2 (.i. carn consan + PLÉASCACH, + GLÓRACH), m.sh. *bd* nó *gd;*
(b) *+ PLÉASCACH x 2, – GLÓRACH, m.sh. *pt* nó *ct;*
(c) *+ PLÉASCACH x 2, + GLÓRACH, – GLÓRACH (fochatagóir de (b), is féidir a mhaíomh), m.sh. *pd* nó *cd;*
(d) *+ PLÉASCACH x 2, – PLÉASCACH, + GLÓRACH (gaolmhar le (a)), m.sh. *dhgd, rgd* nó *lgd;*
(e) *+ PLÉASCACH x 2, – PLÉASCACH, + GLÓRACH, – GLÓRACH (gaolmhar le (c) (agus (b))), m.sh. *rcd* nó *lcd.*

I gcás (a) is cosúil nach bhfaightear péire carn i gcomhardadh fearacht **tréigdís* : *léigdís* (i gcontrárthacht, mar shampla, le 4 *thréigfinn* : *léigfinn*). I gcás (b) is cosúil nach bhfaightear, mar shampla, *ct* i gcomhardadh le *pt* agus caitear **[xt]** agus **[ft]**, fearacht 4, a thuiscint do *ct* agus *pt* faoi seach (cairn inar coitianta *cht* agus *pht* de mhalairt) i bpéirí comhardaidh mar seo:

ct *Eactoir* : *neartmhoir; deacraibh* : *Heactoir;* cp. *Eachtair* : *leantair; pioctúr* : *iochtrún; iomthnúidh* : *pioctúir;*
pt *scrioptúir* : *iontnúidh; beirte* : *Éighipte; ceilt* : *Éighipt; oireacht* : *proigheapt.*

Ar an gcuma chéanna, is cosúil nach bhfaightear péire carn i gcomhardadh fearacht chás (c), m.sh. **ceapdaois* : *reacdaois*. (Is fochatagóir cás (c) de chás (b) mar go bhfuil + GLÓRACH iomarcach i gcairn.) I (d) agus (e) bheadh focail mar *biodhgdaois* agus *foilcdís* i gceist faoi seach, leaganacha a thiocfadh ann mós annamh. Féach, mar shampla, go bhfuil comhardadh in 4 *airgfe* : *Tailte* ach nach bhfuil sampla de chineál (d) **airgdís* : *tairgdís* aimsithe agam.

Is cosúil mar sin go bhfuil cosc ar dhá chonsan + PLÉASCACH a bheith i gcairn chomhardaidh ach amháin + SIOSACH a bheith in éindí leo. Faightear dhá chonsan phléascacha i gcarn le taobh *s* (*gsg*, *dsg*, *gsd*, *thsd* agus *chtsgr* i gCairn 6 thuas, mar a bhfuil pléascach – GLÓRACH roimh *s* agus pléascach + GLÓRACH ina diaidh (difríocht, + GLÓRACH, atá iomarcach i gcairn) agus is féidir an t-ionad amháin pléasctha a bheith i gceist le pléascaigh an chairn: *gsg*, *thsd*). Sa chomhthéacs seo, cé go bhfuil amhras faoi dhá *s* a bheith ceadaithe sa charn céanna i gcuibheas, le consain eile (taobh amuigh de chás *s*), tá cead dhá chomhartha den chonsan céanna a bheith i gcuibheas, ach ina leithéidí beidh comhartha amháin ar a laghad 'de bhreis' (m.sh. don chomhardadh ní theastaíonn *r* amháin i *saoirGhréagach* (ba leor *r+gh*), ná dhá *r* i *leargbhruachaibh* (ba leor *r+g*)), agus ní gá + SIOSACH a bheith sa charn, m.sh.

r...r	1	*saoirGhréagach* : *gclaoinghéagach*;
		dhearbhráthair : *ghealmháthair*
	2	*gargrobhadh* : *ardoghadh*; *cheardghrádha* : *dheargnámha*
r...r : *r...r*		*dergruathair* : *leargbhruachaibh*; *airdrígh* : *fhairbrígh*
	3	*fhírchreach* : *ríchreach*
	4	*martra* : *dalta* ~ *bactha*; *corcra* : *gonta*;
		cheartroinn **[rtr]** : **[kl]** *deaghcloinn*
l(l)...l	1	*mhallghlas* : *Maghnas*; *ríghiolbhládh* : *síriomrádh*;
		anbhfine : *pailmlile*
	3	*gclaochládh* : *aolchlár*; *cillchliar* : *imchian*;
	4	*maicleanabh* : *bhfailtleabhar*
n...n	1	*aonmhná* : *caomhlá*; *hainmniughadh* : *bhairrliubhar*
	3	*ngrianchnoc* : *chiachbhrot*
	4	*iontnúidh* : *iompúidh*
dh...dh	1	*fheidhmdheacra* : *deighshleachta*
ch...ch	4	*éachtchloinn* **[xtxl]** : **[kr]** *géagcroinn*;
		créachtChú : *éachtchrú*; *éachtchoin* : *réaltain*

r...r : *l...l* 4 *coirpreamhar* : *fhoiltleabhar*

D'fhéadfadh, de réir an chórais, i gCairn 5, *m...m* a bheith i gceist i bhfocal ar nós *camsmacht* ach níor aimsíos a leithéid de shampla (i gcomhardadh ná gan comhardadh féin; agus féach *chumhangsmacht, mhórsmachta, ionnsma* srl., i gCairn 5 thuas). Tá ÉADROM-TEANN san aicme bhreise nó iomarcach i gCairn 6 agus is féidir leis an gconsan céanna a bheith amhlaidh, m.sh. dhá *r* de bhreis:

r...r: 6 *éisdeas* : *léirsgrios*

7 Tátal agus Anailís Shamplach

Is é bunús na n-aicmí consan aonraic agus bunús na gCarn 1–6, macalla nó samhlachas fuaime, nó i dtéarmaí ní ba mhionsonraithe, samhlachas saintréitheach foghraíochta, fóineolaíochta agus fiú moirf-eolaíochta. Go bunúsach, don chuibheas lán, tá Cairn A cosúil a ndóthain le Cairn B, tá Cairn B cosúil a ndóthain le Cairn C, ach níl Cairn C a ndíol cosúil le Cairn A. Ní slán an tsamhail A do C — tá siad ró-fhada ó chéile. Dá mba achar (i spás na gcluas) a bheadh sa ghaol seo, b'fhéidir le fad shleasa an triantáin samhail an achair a thabhairt, do ghaol an oird ach go háirithe, sna saintréithe fóin-eolaíochta, mar seo:

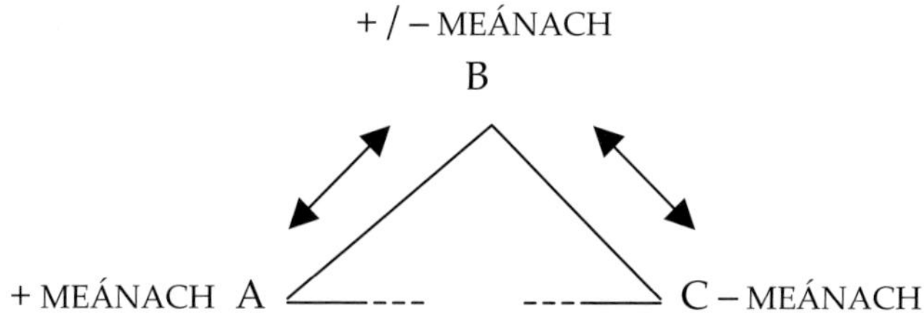

Tugtar sé rann anseo thíos, mar achoimre shamplach ar an anailís, ina gcomharthaítear an comhfhreagras meadarachta mar seo: uaim folínithe; guta + MEÁNACH éigeantach (.i. Catagóir A amháin) i **gcló**

trom; guta cuibheasach i *gcló iodálach*; aicmí na gconsan aonair I–VI (III/V = ÉADROM-TEANN i ndiaidh guta + FADA); na Cairn 1–6 agus a luach ± MEÁNACH A, B, C (mar a bheadh i ndiaidh guta – FADA idir lúibíní (A), (B), (C)) agus foinse Cairn A, nuair is gá, idir lúibíní (<). Is léir ar chomharthú mar seo cén fáth sa tuiscint thraidisiúnta a n-iompraíonn an guta (i) an luach meánach agus (ii) cáilíocht na gconsan. Aistí: §1 Deibhí; agus solaoidí carnacha in §§2–6 Draighneach.[12]

V
1. Dá mbáití seanchas chlann gC***ui***nn,
V
agus bhar nduana, a Dhomhn***ai***ll,
V 1 III/V V III/V
cl***a***nn bhar gc***o***nmh*ao*r 's bhar gcl***a***nn sh*ao*r
V 1 III/V III/V
ann do ba c***o***mhdh*ao*r c***o***mhsh*ao*r.

IV III/V III 5(C) I III
2. F*á*th ár nd*á*n*a* do dh*o*l*a* i nd*í*sbh*ea*g*a*dh,
5(C) I III III III/V IV 5(C) I III
sg*í*sl*ea*g*a*dh ó Mhogh*a* 's a gc*á*n*a* ag c*á*ch dá gcr*ao*ssl*o*g*a*dh;
III/V III III/V 5(C) I III
do sh*á*dh ar gc*eo*l, ar nd*á*n*a* 's ar nd*uai*sL*ai*d*ea*n
III/V 5(C) I III III/V III/V 5(B) I III
le cr*á*dh ar ng*uai*sl*ai*gfh*ea*r c*á*n*a* ar an *eo*l do fh*ao*mhs*a*d*a*r.

3(C) V III/V III VI 1 4B##
3. A-táid fr*ao*chG***oi***ll go f*aoi*l*i*dh dá gc*ei*s***i***lmh*ei*lt
VI 1 4B## 3(A#) V III/V III VI 1 4B##
ag tr*ei*s***i***ngh*ei*lt ar sh*ao*rchl***oi***nn an Gh*ao*idh*i*l gh*ea*s***oi***rbh*i*rt;
III/V 2(C) VI 1 4B##
is rogha gl*ia*dh nó is f*ó*gr*a* fr*a*s***ai***mhn*i*rt
VI 1 4A nó B## III/V 2(C) VI 1 4B##
*A*ss***i***gnm*e*nt ar gach f*ia*dh d'Fh*ó*dla *ea*s***oi***rrdh*i*rc.

4(B##) 4B## 1 4A(< 2) III III
4. Teabóid a Búrc na mbeart gcunnla gceardchubhaidh
4B## 4B III III 1 4(C##) 4A(< V) III III
dearc sheabhcumhail nach gurma drúcht ar dhionntolaigh
III/V III/V III 1 4C## 4A(< 2) III III
do thuair ar a thréidhibh oighreacht a airdchinidh
III/V III III 4A(< V) III III 1 4B## 3A III III
do dhéinimh guail do ghailltighibh ar oirbheart n-iomchubhaidh.

Chaithfí an carn láir in §3a *fraochGoill* a fhoghrú mar 3(C) *chgh* (in aghaidh na dtráchtaisí, cp. Ní Dhomhnaill 1975: 20 §36). Féach an locht §4bd *4A *dhionntolaigh* : *iomchubhaidh* 3A. Lena leasú d'fhéadfaí §4b *thiormthulaigh* a léamh (nó don chluais shamhlófaí go bhféadfaí *mp(ch)* a fhoghrú (cp. *iomchur* > *iompar*)) ach bheadh siolla sa bhreis fós i líne §4d.

1 II III/V 2A III
5. Foghnam do ríoghmhac mhíolla na maighdine
2A III III/V 1 2A III
ar n-airdbhile díona an fhíorshlat oirdnidhe,
I V V III/V 2A III
ná tréigeam ceann saor ar sealgaine
I V 2A III V III/V 2A III
léigeam don chealgaire do mheall gach aon dár n-oirdfhine.

III/V 1 III/V III/V 3A(< 1)# III/V III
6. Rí na slógh gcomhlán, an fáidh foirmchiallaidh,
III/V 3A(< V)# III/V III 1 III/V III/V
gan bhrón gan troimchiamhair, lomlán do bháidh 's do
3A(< V)# III/V III
bhinncheólaibh,

2A 1 III III/V 3B III/V III

m***ai***rg nar dh***ai***ngn*i*gh a dh*ó*igh as a dh*ea*ghth*ao*m*ai*bh,

2A 3B III/V III III/V 1 III 3A# III/V III

m***ai***rg do n*ea*mhth*ao*bh*ai*gh an ngl*ói*r n-***ai***ngl*i*gh n-*i*lch*eó*l*ai*gh.

Chabhródh anailís ar mhúnla mar seo bonn a chur faoi aon mheadareolaíocht mhionsonrach a dhéanfaí ar shaothar file, scoile nó ceantair ar leith agus faoi mheadareolaíocht chomparáideach ina dhiaidh sin.

8 Uasal le hÍseal

Ina chur síos ar 'ealaín an dána Gaeilge' tá an cur chuige marcáilteachta nó ceannasachta ó thaobh gaol consan i gcarn de ag an mBráthair Bonaventura (Giolla Bríde) Ó hEodhasa (de Napier 2001: 103, 107; 111; freisin Mac Aogáin 1968: 82, 87, 91–2). Is achomair néata a bhfuil ann, faoin gceannteideal 'Ceannas na gConsan ar a Chéile':

> '*S* sa chéad áit, Rí na gconsan;
> consain BHOGA ina dhiaidh sin;
> consain CHRUA ina dhiaidh sin;
> consain GHARBHA ina dhiaidh sin;
> consain ÉADROMA agus THEANNA ina dhiaidh sin. ... ...
> Gach consan is lú ceannas ná a chéile is é is cóir de bharr. ...
> Ní cóir *s* ná consan BOG de bharr.'

B'oiriúnach an mhaise don bhairdne an cur chuige ceannasachta consan i gcarn, agus cumhacht na healaíne urlabhartha inti ag fónamh don chumhacht pholaitiúil agus ag fógairt an dá chumhacht in éindí, agus ag fógairt caighdeán urlabhra gona bhuaine ar dhíomuaine na gnáthurlabhra agus na gnáthaimsire. Murach ceannas na gconsan ar a chéile i gcarn bháifí comhardadh an dáin, gairm an fhile chomh maith le moladh an phátrúin agus dúshlán tréadach siombalach aicmeach cinsealach ... carnach na díse sin ar an díomuaine agus ar an dearmad:

Gé madh bréag do bhiadh san duain,
is bréag bhuan ar bhréig ndiombuain; ...

Dá mbáití an dán, a dhaoine,
gan seanchas, gan seanlaoidhe, ...

... folach a sgéal ní sgrios beag —
gan fhios na bhfréamh ó bhfuilead. ...

Ríoghruidh Chruachna is Chaisil Chuirc,
na filidh fréamha a lubhghuirt, ...

Dá mbáití seanchas chlann gCuinn,
agus bhar nduana, a Dhomhnaill,
clann bhar gconmhaor 's bhar gclann shaor
ann do ba comhdhaor comhshaor. ...

('A theachtaire tig ón Róimh', Williams 1980: 208–12 §§19, 21, 23, 29, 32; freisin Knott 1957: 78–80)

9 Breis Eolais

Ag sin scrúdú ar bhunús foghraíochta agus fóineolaíochta phríomhghnéithe an Dáin Dhírigh; iarracht atá ann an bhunanailís a chórasú, go háirithe ó thaobh na gcarn de agus go háirithe faoi chomaoin ag rianadh Uí Chuív (1966) ach a phrosóidí siúd a thagairt do shaintréithe an ailt seo (fch fonóta 3) agus an córas sínte agus ceannasaíochta traidisiúnta a chomhthagairt dó sin. Argóint bhoinn don anailís is ea gur doirse feasa, oideachais agus oidhreachta ar a chéile an fhóineolaíocht agus rianadh an chomhardaidh, spíonadh na bairdne agus na meadarachta go ginearálta agus gurbh ea riamh ar ndóigh. Aidhm ghaolmhar eile atá ag an ransú anseo bonn níb fhearr a chur faoi fhóineolaíocht stairiúil na Nua-Ghaeilge. Achoimre é ar ábhar casta leathan agus níl baol air teacht thar gach a bhfuil i gcúrsaí fóineolaíochta an ábhair san alt seo. Níl ach tagairt imeallach san alt seo, mar shampla, do chúrsaí bá agus comhshamhlú consan. Tá breis eolais mhionsonraithe ar fáil ag na húdair seo: McManus (1994a: 341–51 go háirithe; 1994b, 1996, 2005), Ní Dhomhnaill (1975), Ó Cuív (1966, 1987), Knott (1957: 1–11 go háirithe), Greene (1952), Ó Riain (2008a, 2008b: 41), Mac Cárthaigh (2007; le teacht), Armstrong (1981), Mac Aogáin (1968: 82–106 go háirithe (freisin de Napier 2001: 103–15 go háirithe)), Ó Buachalla (2011) agus tagairtí éagsúla sna saothair sin. I dtaobh na fóineolaíochta agus ealaín na filíochta, féach, m.sh., Jakobson (1960), Firth (1957), Chevalier *et al.* (1964: 444–7), Foley (1997: 366–70), Scott (1994), Goyvaerts (1994), Ladefoged (1982: 38–41), Hammond (2012), Griffen (1982).

As leagan d'ábhar na bairdne san alt seo a léamh dhom agus as a gcuid moltaí fiúntacha, tá mé fíorbhuíoch den Dochtúir Eoin Mac Cárthaigh (fch fonóta 4) agus den Ollamh Roibeard Ó Maolalaigh; agus de Dhónall Ó Braonáin, a léigh leagan den alt iomlán. Tá mé go mór faoi chomaoin ag Roinn na Gaeilge, Coláiste na Tríonóide, Baile Átha Cliath, as cead a thabhairt dom úsáid a bhaint as a mbunachar fíorluachmhar de dhuanta, rannta agus leathrannta na bairdne.

Fada, meánach, gearr sa dán,
Tábla a trí, cé fearr lomlán?

NOID

*	cosc nó bac ar fhoirm, m.sh. **mbacach* : *máthair* 'gan uaim'
+	móide; freisin (idir moirféimí), teorainn mhoirféimeach, m.sh *bearrtha* = *bearr+tha* (fréamh+deireadh)
Ø	neamhní
#	teorainn idir dhá léicséim i gcomhfhocal, m.sh. *buin#cheart, an#chás*
A#	cuibheas (le C) de bharr teorainn leicséime i bhfocal
##	deireadh focail, m.sh. *buincheart##*
A, B, C	meánach éigeantach, meánach roghnach, gearr .i. gan a bheith meánach
C, C-	consan, consan tosaigh

fch féach
IA *The Irish of Iorras Aithneach*, Ó Curnáin (2007)
Iml iomlán
SID *Linguistic Atlas and Survey of Irish dialects*, Wagner, H. (1958–66)

NÓTAÍ

1 Anailís na béime anseo faoi chomaoin ag Armstrong (1981) (i gcodarsna le Ó Buachalla (2011)). Ceann de mhórphointí Armstrong (1981: 690, 701) go gcomhfhreagraíonn ˈV : ˌV chomh maith le ˌV : ˌV; nó, le deis Ghaeilge a chur ar a sholaoidísean: faightear, go rí-choitianta, cuibhis fearacht leithéidí

ˈbai̲l̲ ~ *ˈleascˌbhai̲l̲* : *ˈdeaghˌstai̲r̲*, .i. *ˈai* : *ˌai* agus *ˌai* : *ˌai*;

ach ní fhaightear ach go rí-eisceachtúil leithéidí

**ˈboi̲l̲* ~ *ˈleascˌbhoi̲l̲* : *ˈdeaghˌstai̲r̲*, .i. **ˈoi* : *ˌai* ná **ˌoi* : *ˌai*.

Tá sé tábhachtach an chontrárthacht seo a aithint is duine ag rianadh alt Uí Bhuachalla (2011: 157–9; alt a foilsíodh tar éis a bháis). De bharr thuiscint seo Armstrong is féidir linn a rá go léiríonn cuibheas eiseamláirithe fearacht:

tathbhuinneadh : *archaingeal*; *fuinneamh* : *archaingeal*;
tuilleadh : *archaingeal*;

nach bhfuil fobhéim (choitianta comhfhocal) le tuiscint san fhocal *archaingeal*, ach príomhbhéim ar an gcéad siolla, agus gur féidir a mhaíomh gur /ə/ atá le lua leis an dá shiolla neamhaiceanta deiridh ann. Cp. *aingeal* : *archaingeal*; fiú *archaingil* : *brathmhainnir* (comhardadh slán (nó briste) in ae freislí); inar féidir, de bharr na samplaí eile thuas, ˈV : ə a thuiscint ann mar is gnáth, sa deibhí go háirithe.

2 Cé nach bhfuil contrárthacht fhóinéimeach ghutach i gceist sa suíomh neamhaiceanta meánach. An 'meánú' is féidir a dhéanamh ar gach guta mar is gá, m.sh. *i* neamhaiceanta go *ei* (m.sh. *éine̲i̲ng* ~ *e̲i̲ng* ~ *be̲i̲nn* ~ *gre̲i̲m* ~ *dre̲i̲m* : *Éire̲i̲nn*), is sin é a léiríonn an easpa contrárthachta fóinéimí; fch Mac Cárthaigh (le teacht).

3 Féach §9 mar a luaitear comaoin mhór Uí Chuív (1966) ar an anailís seo. Freagraíonn na saintréithe carnacha – GLÓRACH, ± PLÉASCACH, + SIOSACH anseo do phrosóidí 'h' (neamhghlórach), 'P' (pléascach, .i. + PLÉASCACH) / 'C' (leanúnach, .i. – PLÉASCACH), 'S' (*s*) Uí Chuív (1966: 97–103) faoi seach.

4 Is é an Dochtúir Eoin Mac Cárthaigh a mheabhraigh tábhacht an tsínidh mheánaigh dhom mar go raibh faillí déanta agam ann a chéaduair (de thoradh Uí Chuív 1966) agus a thug cóip go fial dom dá shaothar ar an ábhar sna tráchtaisí, traidisiúnta agus eile, ach go háirithe (Mac Cárthaigh (le teacht)). Ós toradh é an tréith ± MEÁNACH ar ghníomhaíocht gutaí agus consan ar a chéile, is féidir a shainiú san anailís ar thrí mhodh:

(1) ina thréith ghutach (de réir an traidisiúin, chomh maith le formhór an ailt seo),

(2) ina thréith chonsanta (.i. carnach), nó

(3) ina thréith shiollach (a luíonn leis an gcur chuige nua-aoiseach).

Ach ar mhaithe le comaireacht amháin (don léitheoir) a phléitear ar an mórgóir leis ina thréith ghutach san alt seo, chun téarmaíocht bhreise na siollaíochta a sheachaint, cé, mar a deirim, gur tréith shiollach an síneadh meánach inár dtuiscint nua-aoiseach-ne (go háirithe i leith an réaladh foghraíochta), tréith shiollach atá bunaithe ar charn + SOND go príomha ach ar + GLÓR – PLÉASC chomh maith. Is ceart a lua tábhacht eile an tsínidh mheánaigh, go sainmhínítear comhardadh briste ar an tsaintréith ± MEÁNACH (Greene 1952). Nuair atá cuibheas + MEÁNACH (§6.3) sa chomhardadh briste faightear A : A, agus A : B (de réir na gnáthrialach) i gcóimheas c. A x 5 : B x 1, .i. faightear tuairim is aon Charn B amháin, nó níos lú, in aghaidh gach cúig Charn A.

5 Is féidir mar sin, ar mhaithe le leanúnachas i dtuiscint na saintréithe, dul ar aghaidh go dtí §6.4 nó §6.3, agus gan an roinn seo a scrúdú ar an gcéad dul síos.

6 *(n)nd* **[ɴd]** nó **[nd]** eisceachtúil.

7 *(l)ld* **[ʟd]** nó **[ld]** eisceachtúil.

8 An té ar spéis leis eiseamláirí de na cairn éagsúla a scrúdú i dtosach, agus iad rangaithe de réir na gCarn 1–6, moltar dó féachaint ar §6.4.

9 Féach IA §1.354 maidir leis an nguta cúnta i gcairn go ginearálta agus maidir lena easpa in *nch, lch, rch* nuair is caol dóibh.

10 As iomlán 22 comhartha de *faills-* a d'aimsíos (féach nach bhfuaireas aon *fails-*), tá cóimheas ard acu i gcuibheas lán: 15, .i. le A x14, le B x1; tá an chosúlacht air gur díolmhaine atá sa seachfhoirm *faillsigh* d'fhonn comhardadh a dhéanamh le *ai* roimh Charn 5A (.i. *aimsir* x7, *aimsin* x2, *crainnsin* x2); fch le 5B: *thairsibh* x1.

11 M.sh. *soillsiú* SID I 230 (**ʟ´:** x7, **ʟ´** x12) vs. *tuirseach* SIDI 255 (**ʀ** x0, **r.** x1). Tá **ʀ** ~ **Ř** ~ **ř** tugtha ag Wagner san fhocal *gior(r)sach* (Wagner 1959: 29, 154, 166; SIDI 200) do Theileann ach gan aon **ʀ** ná **Ř** roimh *s* in aon fhocal eile do

Theileann (riail alafónach nó / agus rian de chontrárthacht stairiúil /**rs´**/ vs. /**RS´**/ b'fhéidir). Tá **RS´** coitianta ar Achréidh na Gaillimhe agus i gCondae an Chláir.

12 §1 (féach roinn §8 san alt seo); §2 Ní Dhomhnaill (1975) Duan 20 §3; §3 Mac Cionnaith (1939/40) Dán 35 §6; §4 *Geall ré heighreacht eangnamh ríoghdhamna* Mathghamhuin Ó hUiginn, Dán 1052 i mbunachar na bairdne Choláiste na Tríonóide, rann §3; §§5, 6 Mac Cionnaith (1939/40) Dán 76 §§9, 14.

Leabharliosta

Armstrong, J. 1981. 'Vowel Equivalences in Classical Modern Irish Rime: Modern and Medieval Analyses Compared', i Watkins, C. (ed.) *Indo-European Studies* 4. Department of Linguistics, Harvard University: Cambridge, Mass. 613–724.

Firth, J. 1957. *Papers in linguistics 1934–1951*. London.

Foley, W. A. 1997. *Anthropological Linguistics: an Introduction*. Cambridge, MA.

Goyvaerts, D. L. 1994. 'Representations in Phonology', in Asher, R. E. and Simpson, J. M. Y. (eds) *The Encyclopedia of Language and Linguistics*. Volume 7. Oxford. 3558–62.

Greene, D. 1952. 'Middle Quantity in Irish' *Ériu* 16: 212–8.

Griffen, T. D. 1982. 'Prosodic Alliteration in Cynghanedd Poetry' *Bwletin y Bwrdd Gwybodau Celtaidd* 29: 497–503.

Hammond, M. 2012. 'The phonology of Welsh cynghanedd' *Lingua* 122: 386–408.

Jakobson, R. 1960. 'Language and Poetics', in Sebeok, T. (ed.) *Style in Language*. M.I.T. 350–73.

Knott, E. 1957 [2ú heagrán]. *Irish Syllabic Poetry; 1200–1600*. Dublin.

Ladefoged, P. 1982 [2ú heagrán]. *A Course in Phonetics*. London.

Mac Cárthaigh, E. 2007. 'Cathain a dhéanfaidh consan teann comhardadh slán le consan éadrom?' *Ériu* 57: 61–6.

– (le teacht) Eagrán nua de *Irish Grammatical Tracts I*.

Mac Cionnaith, L. 1931. *Philip Bocht Ó hUiginn*. Baile Átha Cliath.

– 1939, 1940. *Aithdioghluim Dána* (Cumann na Scríbheann nGaedhilge, 37, 40). Baile Átha Cliath.

McCone, K., McManus, D., Ó Háinle, C., Williams, N. agus Breatnach, L. (eagí) 1994. *Stair na Gaeilge*. Maigh Nuad.

McManus, D. 1994a. 'An Nua-Ghaeilge Chlasaiceach', in McCone, K. *et al.* (eagí), 335–445.

– 1994b. 'Teanga an Dána agus Teanga an Phróis', in Ó Fiannachta, P. (eag.) *An Dán Díreach; Léachtaí Cholm Cille* 24. Maigh Nuad. 114–35.

– 1996. 'Classical Modern Irish' in McCone, K. and Simms, K. (eds) *Progress in Medieval Irish Studies*. Department of Old Irish, St. Patrick's College, Maynooth. 165–87.

– 2005. 'Miscellanea on Bardic poetry: metre, language and style' *Ériu* 55: 147–66.

Ní Dhomhnaill, C. 1975. *Duanaireacht; Rialacha meadarachta fhilíocht na mbard*. Baile Átha Cliath.

Ó Buachalla, B. 2011. 'The phonology of *Rinn* and *Airdrinn*' *Zeitschrift für celtische Philologie* 58: 129–64.

Ó Cuív, B. 1966. 'The Phonetic Basis of Classical Modern Irish Rhyme' *Ériu* 20: 94–103.

– 1987. 'The Observations of Medieval Irish Scholars on Sandhi Phenomena in Irish', in Aarsleff, H., Kelly, L. G. and Niederehe, H.-J. (eds) *Papers in the History of Linguistics*. Amsterdam, Philadelphia. 107–15.

Ó Curnáin, B. 2007. *The Irish of Iorras Aithneach, County Galway*. Vol. I–IV. Dublin.

Ó Donnchadha, T. 1931. *Leabhar Cloinne Aodha Buidhe*. Baile Átha Cliath.

Ó Riain, G. 2008a. 'Early Modern technical verse from NLI G 3' *Éigse* 36: 35–42.

– 2008b. 'The consonant cluster *-rdh-*' *Éigse* 36: 82–6.

Scott, C. 1994. 'Rhyme' in Asher, R. E. and Simpson, J. M. Y. (eds) *The Encyclopedia of Language and Linguistics*. Volume 7. Oxford. 3573–5.

Wagner, H. 1959. *Gaeilge Theilinn*. Baile Átha Cliath.

– 1958–66. *Linguistic Atlas and Survey of Irish dialects, Vol.* I *Maps* (1958), *Vol.* II *Munster* (1964), *Vol.* III *Connaught* (1966), *Vol.* IV *Ulster* (Wagner, H. and Ó Baoill, C.) (1969). Dublin.

Williams, N. J. A. (eag.) 1980. *The poems of Giolla Brighde Mac Con Midhe*. (Cumann na Scríbheann nGaedhilge, 51). Dublin.

Albert Bock

NUCLEUS LICENSING, GOVERNMENT, AND LIQUID METATHESIS IN CORNISH

One of the distinctive features of the Cornish language in its later stages is its propensity towards liquid metathesis, although that term has become somewhat contentious among phonologists. Adherents of Government Phonology will agree that in all or at least almost all such cases it is in fact not the liquid that changes its position. Instead we are dealing with a combination of epenthesis followed by the levelling of markedness of vowel positions and lastly by syncopation of the original full vowel. To sum it up, it is the licensing of melodically empty vowel positions, not the liquid, that migrates. This interpretation has so far not been tested sufficiently against evidence from Insular Celtic. Cyran (2010: 215 -217) gives some examples from Munster Irish which he says are based Ó Sé (2000) and others.
Cyran's examples include:

praiseach 'porridge'	[pərˈʃax]	(< [ˈpraʃəx])
bradach 'thieving'	[bərˈdax]	(< [ˈbradəx])
graibhéal 'gravel'	[ˌɡɑrəˈvʹeːl]	(< [ˈɡravʹeːl])

It is remarkable that the realization [bərˈdax] as cited by Cyran does not appear in Wagner (1958). One would expect to find it on LASID Map 9, yet the most common realization on the map contains syllabic r whereas [bərˈdax] does not feature at all. Cyran's interpretation is based on the observation that the initial C-cluster first loses its internal licensing, followed by four steps producing the actual realization: initial form (1) > epenthesis (2) > stress shift (3) > pretonic elision (4).[1]

In this article I am going to examine how the interpretation of the phenomenon as a combination of epenthesis and syncopation applies to the case of the Cornish language where the 'migration' of liquids and particularly /r/ is quite common. In this context I will also look for evidence for more general developments in Cornish phonology, a topic that has been under heated debate for many years. In *Cornish Today*, Nicholas Williams (1995: 17) postulated that most sound changes apparent from the traditional corpus of texts are related to what he refers to as the 'Prosodic Shift', i.e. a change in the nature of the Cornish stress accent with far-reaching knock-on effects.[2] There is wide agreement on the nature of the accent in Old and Early Middle Cornish. Its features were weak stress and a salient increase in syllable length. The position of pitch accent in Middle Cornish is still somewhat unclear; it may have coincided with stress as in Breton or remained on the ultima after the stress shift to the penultima that separates Old from Middle Cornish (see below). As a rule, in stressed syllables, either the stressed vowel or the consonant following it were long, with consonant quantity being phonologically distinctive. According to Williams, this changed early on: stress was strengthened, but there was no longer an increase in duration outside of word-final syllables, and phonemic distinction shifted towards the quantity of vowels. One central tenet of his hypothesis is that long or half-long vowels were shortened by one mora ca. 1200 or at least before the earliest extant Cornish texts were composed. I will try to identify tell-tale signs of such a change where this is possible from a perspective centred on 'liquid migration' and thus examine the proposed dating of the 'Prosodic Shift'.

There is an important difference between what happened in Cornish and what, according to Cyran, is going on in Munster Irish: in Cornish, 'liquid migration' is not linked to a stress shift, although such a shift did occur in the history of the language, most likely in the 12th century AD: primary stress moved from word-final to penultimate syllables. Its effects can be seen in the vocalism of Middle Cornish where /œ/ (< /aː/) became unrounded due to the stress shift.

Where its reflex is unstressed, it is normally realized as [ə] or [ɐ]. Where it is stressed due to the addition of a derivational or inflectional suffix to the word, it is most often realized as [ɔ(ˑ)] or [ɛ(ˑ)]. Where it was always stressed, it was still /œ/ in Middle Cornish but became unrounded and fell together with /e/ in the 16th century.

> OC [marˈxœːg] 'rider' > 15th cent. MC [ˈmarˑɐk], pl. [məˈrɔgjɐn][3]
> *Ex. 1: effects of the Old Cornish stress shift as seen in OC* /marxœg/ > *MC* /maʀɛk/

However this early accent shift apparently had no effect on the later phenomenon that we are going to examine here. That the metathesis in Cornish words like *prena* > *perna* 'buy' and *debron* > *debarn* 'itch' follows a language-specific set of rules is confirmed by comparison with outwardly similar phenomena not only in Irish but also in Late Common Slavic. Even though on the surface the phenomenon look contradictory in the two languages, Cyran (2010: 216 and 221) remarks that on the surface it looks as if the 'migrating' liquid is always drawn towards the left of the stressed vowel, resulting in the following two patterns:

> Late Common Slavic: TARTə -> TRATə[4] (= [ˈCVrCə] > [ˈCrVCə])
> Munster Irish: TRəTA -> TəRTA (= [CrəˈCV] > [CərˈCV])

In Cornish 'liquid metathesis' however, the liquid 'moves' to the right of the stressed vowel, which often loses its melody and becomes schwa, c.f. the spelling *purnas* 'redeemed' (BK 804). Using the same notation as above, this would give:

> Cornish: TRATə -> TəRTə (=/CrVCə/ > /CərCə/)

What is going on here is quite different from what Cyran describes for Common Slavic and Irish. It appears to be linked to a change in the rules that link vowel quality and stress, or to a change in Cornish phonotactics as a whole, since in Early Middle Cornish, stressed vowels could not be reduced to schwa. What seems to have motivated the 'migration' in the case of Cornish is that consonant clusters of the type obstruent + /r/[5] lost their internal governing relationship and thus their status as clusters in the proper sense. Cyran (2010: 119) refers to such cases as 'false clusters'. As a result the vowel position between the consonants involved became subject to a different set of licensing principles. After the change, a typologically fairly standard rule applied: no two sequential vowel positions must be left unrealized phonetically. The striking innovation in comparison with previous stages of the language was that, before /rC/, /ə/ now counted as equal to a fully realized vowel in terms of licensing.

From Late Middle Cornish onward the initial consonant clusters /pr/, /tr/, and /kr/ are notably susceptible to this development. Consider the following cases:

Early MC *prene* [ˈprɛˑnɛ] > Late MC, LC *perna* [ˈpərnɐ][6] 'buy'
Early MC *crene* [ˈkrɛˑnɛ] > Late MC, LC *kerna* [ˈkərnɐ] 'shake'

Consonant clusters of the TR type were equally affected where they preceded an unstressed vowel:

Early MC *ebron* [ˈɛbrɔn] > LC *ybbern* [ˈɛbɐrn] 'sky'
Early MC *ladron* [ˈladrɔn] > LC *leddarn* [ˈlɛdɐrn] 'thieves'
Early MC *debron* [ˈdɛbrɔn] > LC *debarn* [ˈdɛbɐrn] 'itch'
Early MC *trewythyow* [trɛˈwɛɪθjɔʊ] > LC *terwitheyaw* [tərˈwɛɪθjɔ] 'sometimes'

Modifying Cyran's description of Munster Irish and Common Slavic somewhat we can posit the following development for Cornish (with <ə> representing [ə] in stressed or pre-tonal and [ɐ] in post-tonal syllables):

/CrV/ > /CØrV/ (1) > /CØrə/ (2) > /Cərə/ (3) > /CərØ/ (4)

Step (1) shows the initial cluster having lost its earlier C-licensing. It is no longer treated as a cluster *sui generis* but as two consonants in apposition, i.e. as /CØr/ instead of /Cr/. Unlicensed nuclei are expected to be filled with the most unmarked vowel available which is usually a language specific version of schwa: [ə] in Australian English, [ɨ] in Moroccan Arabic, [ɯ] in Japanese, [ɐ] in Austrian German etc.; see Kaye (1990: 140). In Government phonology, [ə] is commonly considered entirely devoid of melody and can be transcribed (). 'Coloured' variants of schwa consist of an empty head plus a weak vocalic element as operator : [ɨ] is unheaded (I); [ɐ] is unheaded (A); and [ɯ] is unheaded (U).[7]

In Late Middle and Late Cornish, the phonetic realization of schwa was apparently related to its position vis-à-vis stress. If Lhuyd is to be believed, the empty nucleus was realised as [ə] () pre-tonally and as [ɐ] (A) post-tonally if licensing conditions necessitated it. Post-tonal syllables seem to have been slightly more marked than pre-tonal ones. The phonetic difference may have been due to a residue of pitch accent on the last syllable. This, if correct, would constitute a common feature of Cornish and Welsh: main stress accent on the penult, pitch accent on the ultima.

Clear evidence that we are dealing with the licensing of empty nuclei can be seen in kerensa, the Cornish for 'love' and its derivative, kerensedhek 'loving'.

kerensa (< /kɛˈrɛns/ + /-ɛð/)	Likely realization:
kerense (PA, OM, BM)	[kɛˈrɛnzɛ]
kerenge (PC, RD)	[kɛˈrɛnʤɛ]
kerensa (BM, BK, TH)	[kəˈrɛnzɐ]
carenga (TH)	[kəˈrɛnʤɐ]
crenga (NB)	[ˈkrɛnʤɐ]

kerensedhek (< /kɛrɛns/ + /-ɛð/ - /ɛk/)

kerengeak, kerengyak, kerengyek (TH) [ˌkɛrənˈʤeːɐk]
kerngeek, kyrngeak (TH) [kərnˈʤeːɐk]
kernsyak (TH) [kərnˈzeːɐk]
Ex. 2: attestations of early *MC* /kɛrɛnsɛ/ *and* /kɛrɛnsɛðɛk/

The written representations of at least three phonetic realizations of the adjective *kerensedhek* appear in the same text, the Tregear Homilies, translated into Cornish c. 1556. It is not wholly clear whether this degree of variation is diatopic or diastratic in nature, or if it is due to a combination of factors. In any case it is synchronic. The comparison of the noun and its derivative shows the way syncopation worked during the later stages of spoken Cornish.

It is apparent from these examples that the re-interpretation of initial clusters of the TR type must have happened after the Ordinalia were originally written but before TH was produced. This change in Cornish phonotactics can therefore be said to have taken place between 1400 and 1550. It is most likely part of a cascade of changes, some of which must have preceded it, see below.

Step (2) shows weakening of the original full vowel as an intermediary step towards its deletion: part of its melody is lost, making it indistinguishable from an unlicensed empty nucleus. For this to happen, the affected vowel, if stressed, would have had to be shortened beforehand. If unstressed, it would already have been realized as [ə] and [ɐ], so step (2) only applies to stressed syllables. A long or half-long vowel would have resisted weakening and deletion; c.f. the case of /gʷØˈlaːz/ [gʷᵊˈlæːz] 'country' below. Had long vowels been affected, too, we would expect to find a Late Cornish form **[ˈgwælɐz]. The appearance in writing of forms like *perna* and *kerna* can therefore reliably serve as *terminus ante quem* for the shortening of most stressed vowels in non-final syllables. The spelling *kerna* first shows up in BM (1504, copied and partly modernized ca. 1575) and *perna* in PA (ca. 1400, copied ca. 1450). Even if we consider these spellings late changes applied by the copyists, we are forced to date this change in the prosody of at least some varieties of Cornish to a point before 1450. Yet it did not affect all vowels at the same time, a fact that may be attributed to the ever growing influence of English phonology. It is significant that /i/ (which is perceived as intrinsically long by L1 speakers of English) was often marked as long in stressed penultimate syllables in Late Cornish texts composed up to 300 years after /ɛ/ in the same position had been shortened.

Stages (3) and (4) show first a levelling of markedness and then the shift of primary stress to the position of the epenthetic vowel as expected in cases of 'liquid metathesis'.

One question remains, however: how could the original full vowel become reduced to schwa when, being stressed, it should by all accounts still have dominated the new epenthetic vowel even after losing its length? In other words, why did stages (3) and (4) happen at all?

The answer, I believe, may tie in with a sound-change that has proven difficult to pinpoint so far, although George (in private correspondence) suspects that it was already a reality by the time Hand 1 of BM was written, i.e. in 1504: the merger of fortis /ʀ/ and lenis /r/. The original phonemic opposition was most likely replaced with an allophonic distribution of [ɾ] in intervocalic position and [ɹ] in all other positions. Gendall (1992: XVII) describes this allophony for the Anglo-Cornish dialect of St. Ives and postulates a similar state of affairs in Late Cornish. Circumstantial evidence for an intervocalic alveolar flap (based on observations in articulatory phonetics) can be found in rhotacized Late Cornish forms like *gara* [ˈɡæɾɐ] < early MC *gasa* [ˈɡaza] 'leave'. This type of conversion of a sibilant rhotic consonant in ˈV_V position is a common phenomenon that can be observed in a number of languages; c.f. Classical Latin flôrem [ˈflɔːrɛ̃m] < Old Latin flôsem [ˈflɔːzɛm] 'flower; acc.'. For articulatory reasons the appearing rhotic consonant can usually be expected to be an apical flap or tap.

If /r/ was already pronounced [ɹ] when adjacent to other consonants, it would provide us with a plausible explanation of why focus shifted from the original full vowel to the epenthetic one in /Crɛ/ > /Cər/. In connected speech /ɛr/ [əɹ] would easily have merged to [ɚ] which would have been liable to re-analyzation as phonemic /ər/. Thus, stressed /ə/ entered Late Cornish phonology in the affected set of words, from which it spread to other penultimate syllables. One must not forget the pronounced tendency towards vowel reduction in Late Cornish as a whole which, although it mainly affected unstressed syllables, must also have facilitated the melodical reduction of some vowels before consonant clusters. This has been commented upon by Wmffre (1998: 14) among others. Examples (taken from Wmffre) include LC [ˈkəljɐk] 'cock' and the saint's name [ˈbəɹjɐn] (c.f. the place-name spelling St. Buryan). The primary domain of the phenomenon seems to have been /ɛr/ though. Consider the following spellings of the toponym *Kernow* 'Cornwall' from the Middle and Late Cornish periods:

> *kernov* (BM, BK)
> *kernow* (PA, BM, BK, NB)
> *kernoṷ* (EL)
> *cornow* (BK)
> *curnow* (NB)
> *Ex. 3: attestations of* Kernow *'Cornwall'*

The spellings strongly indicate that what they represent was [ˈkɛrnɔʊ] in Early Middle Cornish but [ˈkəɹnɔ][8] or even [kɚnɔ] by the time that BK was copied. No metathesis happened here, yet stressed short [ɛ] was reduced to schwa before /r/. This shows that the realization of earlier /ɛr/ [əɹ] or [ɚ] was the result of a general development by which words like *kerna* and *perna* were affected after they had undergone 'liquid metathesis'.

> *prene* [ˈprɛˑnɛ] > [ˈprɛnɛ] > [pəˈrɛnɛ] > *perna* [ˈpɛrəne] > [ˈpɛrnɐ] > [ˈpərnɐ]
>
> *Ex. 4: the suggested development of early MC* /prɛnɛ/ > *Late MC* /pɛrna/ > *LC* /pərna/

Epenthesis also appears in the formerly licensed cluster /#Cl/ > /#CØl/:

MC *gulas* [ˈgwla:z] > LC *guelaze* [gʷəˈlɒ:z], lenited form *wollaz* [wəˈlɒ:z]

> *Ex. 5: the attested development of early MC* /gʷlaz/ *'country'*

The development outlined in the examples above makes it seem very likely that in Late Cornish, these words had become lexicalised as /pərØna/, /kərØna/, /tØr+wɛɪθ+jɔʊ/, and /gʷØˈla:z/, with nuclei being filled phonetically with schwa in unlicensed position. Vowel neutralization in Late Cornish was obviously not limited to the level of phonetic realization alone.

Considering the developments outlined above, it follows that cases in which the liquid actually changes position in the word are very limited in number in Cornish, supporting the view that most cases of 'liquid metathesis' are in fact not what they appear to be. One anomalous development that merits being cited here is what happened to the 3sg present of the loan-word *delivra* /dɛlɪvØr+a/. In Brythonic, the 3sg present indicative consists of the verbal stem without any affixes.[10] The resulting underlying form /dɛlɪvØr/ contains an unlicensed vowel position in the penultimate mora:

```
 x̄       x̄       x̄       x̄
 /\      /\      /\      /\
x  x    x  x    x  x    x  x

|  |    |  |    |  |    |  ↖FEN

d  ɛ    l  ɪ    v  Ø    r
          * unlicensed
```

Ex.6: phonological representation of /dɛlɪvØr/

Stems ending in /-Cr/ are not uncommon in Cornish, yet the resolution of the licensing problem they pose is unusual in this case. From Old Cornish onward, a considerable number of borrowed stems ending in C-clusters of this type had been integrated into Cornish phonology by applying epenthesis: /lɪvØr/ (< libr-) [ˈlɪvər] > [ˈlɪvɐr] 'book', /ladØr/ (< latro-) [ˈladər] > [ˈlædɐr] 'thief', /gavØr/ (< gabr-) [ˈgavər] > [ˈgævɐr] 'goat' etc. That the epenthetic vowels in these words were never fully lexicalised is apparent from plural formation: /ladØr+ɔn/ 'thieves' EMC [ˈladrɔn], LC [ˈlædɐrn]. The comparison between Middle and Late Cornish realizations again clearly shows that we are dealing with changes in licensing conditions. The expected form in early Middle Cornish in the case of /dɛlɪvØr/ would therefore be [dɛˈlɪvər], and this is indeed attested once at PA 1262a as *dylyver*. However another form is more common by far: [dəˈlɪrv], attested as *delyrf* (PA 1274b), *dylyrf* (PC 184 & 2962), *dyllyrf* (PC 3072 & 2484), and *dylerff* (BM 3675). In this case we are dealing with actual liquid metathesis since neither epenthesis nor syncopation are involved. This is an extremely rare development, however. It is the only genuine case of liquid metathesis that I could find in Cornish.

Conclusion

Most cases of 'liquid metathesis' in Cornish seem to confirm the view prevalent in Government Phonology, namely that we are normally dealing with a shift in the licensing conditions of vowel positions resulting in a combination of epenthesis and syncopation, even though Cornish do not support some of Cyran's observations on Irish and Common Slavic. Some interesting evidence for the dating of sound changes in Cornish can be gleaned from the attestations of words displaying 'liquid metathesis': the de-licensing of some initial consonant clusters containing a liquid followed by epenthesis appears to have taken place between c. 1400 and 1550. The shortening of half-long [ɛˑ] must have preceded this development. Texts from this period show a number of other phonological changes taking root as well, thus enabling us to postulate that the shift from spoken Middle to spoken Late Cornish took place during said period. Likewise, the phonetic realizations of some of the resulting forms are most easily explained if one takes the view that the original opposition between /r/ [ɾ] and /ʀ/ [rː] had already been lost by that time, leaving a fortis-lenis contrast only in the pairs /l/ vs. /ʟ/, /n/ vs. /ɴ/, and /m/ (in loan-words such as /daːmə/ 'lady; mother') vs. /M/. Finally, the appearance of lexicalised /ə/ in some stressed syllables in Late Cornish may at least partially be due to the development of [Crɛ] > [Cɚ] in words like *crene* > *kerna* and *prene* > *perna*.

List of abbreviations used for Cornish sources

OM	Origo Mundi
PC	Passio Christi
RD	Resurrexio Domini Nostri Iesu Christi
PA	Passyon agan Arludh
BM	Bewnans Meryasek
BK	Bewnans Ke

TH Tregear Homilies
EL Edward Lhuyd
NB Nicholas Boson

NOTES

1 Cyran (2010: 221).

2 For a summary see Williams (1995: 94).

3 Pace Schrijver (1995: 199–209) who suggests that <e> in MC spellings like *marregyon* may represent [œ] rather than [ɛ].

4 In Cyran's notation, A̲ represents a stressed vowel, T a plosive, and R a liquid.

5 There are no examples of C + fortis /R/ since such a cluster is phonotactically impossible in Cornish.

6 In post-tonal syllables, unstressed /ɛ/, /a/, and /ɔ/ were apparently reduced to [ɐ] rather than [ə] in Late Middle and Late Cornish. Their unstressed realization in this position was almost always spelt <a> by all native scribes. According to Bruch (2005), Cornish phonology distinguished only three vowel qualities in post-tonal syllables by the time *Creacon of the Worlde* was written in 1611.

7 There is some variation in conventions of transcription between different schools of Government phonology, however. For a model with minimized elemental complexity, see Rennison & Neubarth (2003).

8 Lhuyd's transcriptions clearly show that word-final unstressed /ɔw/ had been monophthongized to [ɔ] or possibly [ɒ] in Late Cornish.

9 Attestations like *guelaze* show that /gʷ/ clearly had not lost its C-licensing, most likely due to it being a contour segment, i.e. one single segment rather than bisegmental /gw/. /gʷl/ and /gʷr/ had become /gʷØl/ and /gʷØr/ respectively. Were we dealing with the reflex of /gw/, it would most likely have been re-analyzed as /gØwØl/ with epenthetic schwa appearing between /g/ and /w/ in cases where the sequence is followed by a vowel.

10 The Breton dialect of Bro-Wened (Vannetais) is an obvious exception: here the 3sg present is formed by suffixing /a/ to the stem.

BIBLIOGRAPHY

Bruch, B. 2005. *Du gveras a.b.c./An pen can henna yv d: Cornish Verse Forms and the Evolution of Cornish Prosody, c. 1350–1611*. Dissertation. Cambridge: Harvard University.

Calvete, J. 2005. *Vocabularium Cornicum: Gerva Kernewek Koth*. Cornish Language Board.

Cyran, E. 2010. *Complexity Scales and Licensing in Phonology*, Studies in Generative Grammar 105, Berlin/New York: Mouton de Gruyter.

Edwards, R. (ed.) 1996. *Bywnans Meryasek: The Life of Meriasek*. Cornish Language Board.

– (ed.) 2008. *Pascon Agan Arluth - Passhyon Agan Arloedh: Kan An Passhyon - the Passion Poem - Mount Calvary*. Cornish Language Board.

Edwards, R. & Syed, K. 2000. *Gwreans an Bys: The Creation of the World*. Cornish Language Board.

– 2004. *The Tregear Homilies with the Sacrament of the Altar*. Cornish Language Board.

Gendall, R .1992. *A Student's Dictionary of Modern Cornish, Part 1, English-Cornish*, Liskeard: Teere ha Tavaz.

George, K. 2010. 'Cornish', in Ball, M. and Müller N. (eds) *The Celtic Languages*. 2nd edition. London/New York: Routledge. 488–535.

Kaye, J. 1990. 'Government in Phonology: the case of Moroccan Arabic', in *The Linguistic Review 6*. Mouton de Gruyter. 131–59.

Lhuyd, E. 1707. *Archaeologia Britannica. Giving Some Account Additional to what Has Been Hitherto Publish'd, of the Languages, Histories and Customs of the Original Inhabitants of Great Britain*. Oxford.

Ó Sé, D. 2000. *Gaeilge Chorca Dhuibhne*. Baile Átha Cliath: Institiúid Teangeolaíochta Éireann

Padel, O. (ed.) 1975. *The Cornish Writings of the Boson Family*. Redruth: Institute of Cornish Studies.

Rennison J. & Neubarth F. 2003 'An x-bar theory of Government Phonology', in Ploch, S. (ed.) *Living on the edge: 28 papers in honour of Jonathan Kaye*. Berlin/New York: Mouton de Gruyter. 95–130.

Schrijver, P. 1995. *Studies in British Celtic Historical Phonology*, Leiden Studies in Indo-European 5. Rodopi: Amsterdam / Atlanta.

Thomas, G. & Williams, N. J. A. 2003 *Bewnans Ke: The Life of St. Ke*. Exeter: University of Exeter Press.

Wagner, H. 1958. *Linguistic Atlas and Survey of Irish Dialects*, vol. I. Dublin: Dublin Institute for Advanced Studies.

Williams, N. J. A. 1995. *Cornish Today, An examination of the revived language*. Sutton Coldfield: Kernewek dre Lyther.

– 2011. 'Middle and Late Cornish', in Ternes, E. (ed.) *Brythonic Celtic – Britannisches Keltisch*. Munich Studies in Historical Linguistics Vol. 11. Bremen: Hempen Verlag. 237–357.

Dónall P. Ó Baoill

TÁBHACHT AN ATHRAITHE –*AI*- GO –*OI*- SA TSEAN-GHAEILGE MAR LÉIRIÚ AR FHORÁS CANÚNA

1. *Réamhrá*

Tá an t-athrú litrithe *ai* go *oi* le linn ré na SeanGhaeilge ar cheann de na hathruithe a léiríonn athrú fuaime agus dáiliú canúna. Tá cuid mhaith scríofa faoi cheana féin ag mórán daoine, ina measc O'Rahilly (1932: 196–9; 1946: 151–3), Thurneysen (1946: 50–3, 497–9), Greene (1976: 41), Ó Cuív (1966: 94–103, 1979: 108–23), L. Breatnach (1994: 231–2) agus McManus (1994: 345–7) gan ach cuid acu a lua. Tá roinnt easaontais ann faoi cad é go díreach is brí le cuid den litriú. Is cinnte, ó tháinig ann do na foilseacháin go léir ar chanúintí éagsúla na Gaeilge ó thús na fichiú haoise agus obair Wagner (1958–69) ina Atlas agus sna trí himleabhair mhóra ar na trí príomhchanúintí i lár an haoise seo caite, go bhfuil eolas nach beag againn ar phríomhghnéithe na gcanúintí ó cheann ceann na tíre. Tugann an dáileadh eolais seo go leor leidí dúinn ar an méid a d'fhéadfadh bheith i gceist leis an athrú *ai* go *oi* agus ar na hiarrachtaí éagsúla a rinneadh leis na hathruithe sin a léiriú trí bhithin litriú na Gaeilge ag tréimhsí éagsúla dá forbairt agus dá fás. Tá mórán Éireann eolais fosta le baint as na malairtí éagsúla a ceadaíodh sa Ghaeilge Chlasaiceach agus i bhfoilseacháin stairiúla eile. San alt seo, is é is mian liom a dhéanamh díriú tuilleadh ar fhuaimniú chanúintí na Nua-Ghaeilge mar thaca agus mar léiriú ar bhrí na héagsúlachta litrithe atá faoi chaibidil agam. As an méid sin ar fad, tá súil agam go bhfaighidh muid tuiscint níos iomláine ar a raibh i gceist agus ar na cúiseanna gur fhóir litriú amháin seachas litriú eile i gcásanna ar leith.

2. *Ceisteanna atá le freagairt faoin ábhar*

Tá roinnt mhaith ceisteanna a thig a chur faoin ábhar seo agus ar mhaith linn freagraí de chineálacha éagsúla bheith againn orthu. Tá tábhacht ar leith ag baint le staidéar níos géire a dhéanamh ar fhoghraíocht na n-athruithe seo agus ar an tionchar a d'imir na hathruithe sin ar fhorbairt na teanga féin ón chéad nod a tugadh faoin athrú go dtí ár linn féin. Seo a leanas cuid de na cásanna a bhaineann go mór le hábhar agus atá le plé againn le súil go mbeidh ord éigin cuiditheach ar ár dtuairisc de thairbhe mínithe agus tuisceana de.

(a) An comhthéacs inar tharla an t-athrú ó ai *go* oi.

Tá an chuma ar an scéal go bhfuil éagsúlacht timpeallachta san áit a ndeántar an t-athrú, mar sin féin tá cosúlachtai láidre idir tréithe teangeolaíochta agus gramadaí na dtimpeallachtaí ina bhfaighimid an chéad fhianaise ar an athrú seo. Is idir consain liopacha agus consain chaola san iolra *marbh* > *mairbh* / *moirbh, ball* > *baill* / *boill* srl., a fheictear i dtús báire é. Is í an cheist anseo an athrú foghraíochta go hiomlán é faoi thionchar an chonsain chaoil a leanann an bunghuta nó an bhfuil tionchar ag an infhilleadh gramadaí ar an scéal chomh maith. Tá an chosúlacht ar an scéal mar sin féin gur treise an comhthéacs foghraíochta áit a gcríochnaíonn an siolla ar chonsan caol — consain a fhuaimnítear agus an teanga go hard agus chun tosaigh sa bhéal. Bheadh duine ag súil sa chomhthéacs sin go mbeadh tionchar ag airde na teanga i ndéanamh an chonsain chaoil ar cháilíocht an ghuta atá díreach roimhe. Lena chois sin, is gnách gur ardú an ghuta a bhíonn mar thoradh air sin. Ó tharla an guta /a/[1] sna bunfhocail *marbh, ball* íseal sa bhéal, ardaítear an bunghuta go hairde na meánghutaí /ɛ ~ e/ agus /ɔ ~ o/. Is minic, mar a bheifeá ag súil, a dhéantar lárnú ar an ghuta ardaithe mar go mbíonn tarraingt láidir idir cailíocht chúil an chonsain tosaigh agus cáilíocht thosaigh ard an chonsain a leanann na gutaí.

(b) Fuaimniú 'oi'

Is í an cheist atá le plé anois fuaimniú *'oi'* féin. Caithfimid glacadh leis mar thús gur bhraith cainteoirí nárbh ionann fuaim don *ai* agus do *oi* i dtús báire agus go mb'fhéidir gur dá thairbhe sin a cuireadh an litriú *oi* san áit a mbíodh *ai* roimhe sin le fuaimniú eile seachas /a/ a chur in iúl. Le theacht ar chomhaontú éigin faoi fhuaimniú *oi*, amharcaimis anois ar an réaladh atá ar an ghuta a chuirimid in iúl leis an litriú seo i nGaeilge an lae inniu. Tá trí nó ceithre fhuaimniú éagsúla le tabhairt faoi deara. Caithfear comhthéacsanna éagsúla a chur san áireamh le cur síos iomlán a dhéanamh ar an éagsúlacht fuaimnithe ó chanúint go canúint. Tá tábhacht le suíomh an ghuta, cé acu idir dhá chonsan é nó ag tús focail, cé acu atá consain dhúbailte (sondaigh) ar nós *ll, nn* srl., nó consain shingilte ina dhiaidh agus cé acu ar fadaíodh an guta trí nascadh le cuimiltigh chaola mar /ʝ/ i bhfocail mar *aidhche* / *oidhche* is araile.

Sna hathruithe seo go léir, tá cuma ar an scéal go raibh an litriú ag iarraidh freastal ar mhalairtí canúna agus nárbh ionann go díreach mar a tharla na hathruithe ó chanúint go chéile. Sin an chúis gur den riachtanas é amharc ar fhuaimniú chanúintí ár linne le treoir a chur orainn maidir lenar tharla go stairiúil. Amharcaimis anois ar an fhuaimniú a fhreagraíonn don litriú *oi*. Tá an t-eolas leagtha amach thíos i bhfoirm léaráide (Tábla 1) le léiriú níos leithne a thabhairt ar an éagsúlacht ata i gceist.

Tábla 1. Fuaimniú *oi* sna canúintí

	Mumhain	Connachta	Ulaidh
coirce, scoil, toil	/o ~ e/	/o ~ e/[2], /til´/ uaireanta i gConnacht fosta	/ɔ ~ ö/[3]
coill, moill, poill	/ai/ ~ /iː/	/ai/ ~ /o ~ e/	/ï ~ ö/[5]
broinn, cruinn	/iː/ ~ /i/[4]	/iː/ ~ /ai/	/ï ~ ö/

	Mumhain	Connachta	Ulaidh
goid, thoir, troid, coille, oibre [e ~ ai] i nDeisceart Chonnacht *coinneall, coir, gloine*	/e/ /i/	/e/ ~ /i/ /i/	/ï ~ ö/ /ï ~ ö/
oileán *oiread*	/i/ /e/	/i/ /e/	/ï/ /ï/ ~ /e/[6]
croí, oíche (< *croidhe, aidhche*)	/i:/ /i:/	/i:/ /i:/	/i:/ agus /iʝə/[7] /i:/ agus /ɯ:/

Is iomaí rud atá le foghlaim as Tábla 1 thuas fá dtaobh dar tharla go stairiúil. Is léir i dtús báire gur guta leathardaithe a bhí á chur in iúl leis an litriú *oi* i mbunfhocail ar nós *coirce, scoil* agus *toil.* Choinnigh Gaeilge Uladh an bunghuta cúil agus ba é /ɔ/ an fhuaim a cuireadh air. Sna canúintí eile i gcoitinne, rinneadh lárnú ar an fhuaim agus faighimid /o/ agus /e/ ag malartú ar a chéile agus an chuma ar an scéal ón fhianaise gur leis an réaladh /e/ a bhí an bhuaidh.[8]

Tá sraith eile focal ann arbh é *ai* an bunlitriú a bhí ar an fhuaim iontu sa tSean-Ghaeilge agus a bhfuil *oi* go coitianta mar litriú anois iontu, mar atá *coill, coinneall, goid* srl. Is bunfhocail nó iasachtaí iad seo. Arís eile, tá sé le feiceáil gur guta lárnaithe a bhí mar fhuaimniú orthu ag fud na tíre, fiú i gCúige Uladh. Tá dhá réaladh anois ar na gutaí sin roimh na sondaigh fhada *ll, nn* srl. Nuair is guta lárnaithe /e/ a bhí mar réaladh ar *oi* iontu, rinneadh défhoghar astu: /ai/ nó /əi/ nó a macasamhail eile i gcanúintí éagsúla sa Mhumhain agus in Iarthar na Gaillimhe. Is léir fosta i gcodanna eile den limistéir chéanna gur guta réasúnta ard an réaladh a bhí ar *oi* mar atá in Ulaidh go fóill féin. Léiríodh an méid sin thuas leis an fhuaim /ï/ agus fiú amháin réaladh mar /i/. Is as sin a tháinig an guta fada san fhocal *coill* agus dá réir sin i leaganacha mar *moill, poill* srl. in iarthar

Mumhan agus in Iarthar na Gaillimhe i gcás *broinn*. Mar a chonaic muid thuas, ardaíodh an guta i bhfocail mar *coinneall, gloine, roimh* srl. mar go raibh consan srónach ag teacht i ndiaidh *oi*. D'fhág sin gur minic guta fada /i:/ i bhfocail mar *foinn, roinn, toinn* srl., sna ceantair chéanna ina bhfaightear é in *coill, poill* srl.

Cibé ar bith, thig a rá go cinnte gur i ndiaidh do *oi* ardú go 'i' a cuireadh fad leis an ghuta sin sna cineálacha focal atá luaite thuas againn *coill, moill, poill, foinn, roinn, toinn* srl. Is ceist anois gan amhras cá huair a tharla an fadú roimh na sondaigh fhada. Tá leide le fáil sa litriú atá ar fáil i Wurzburg i gcás roinnt focal go raibh seo tosaithe cheana i ré na Sean-Ghaeilge. Seo a leanas trí shampla ina dtaispeántar an síneadh fada (´) ar an tsiolla faoi bhéim:

báll Wb 12ᵃ18, *bóill* Wb 11ᵈ11;
mílsi Wb 6ᶜ7 (< *milis*).

Más guta fada nó leathfhada féin atá an comhartha faide a léiriú, is scéal cinnte é gur /i:/ a bhí le tuiscint san fhocal *bóill* (< *ball*) sna canúintí sin ina bhfuil sé le fáil sna focail *baill, coill, poill* srl. iontu go dtí an lá inniu. I dtaca le *mílse* de, sílim go dtig ceart éigin a bhaint as trína rá gurb ionann an 'l' i *mílse* agus an 'll' atá in *coill, poill* srl. ó thaobh cainníochta de.[9] Taifeadadh a leithéid i mionchanúinti éagsúla i nDún na nGall ó thús na haoise seo caite. Is ionann fuaim mar sin an 'l' in *milse* na Nua-Ghaeilge agus fuaim 'll' san fhocal *mill*. Ós consan déadailbheolach carballach é 's', rinneadh comhshamhlú ar 'l' singil roimhe agus athraíodh é ó chonsan ailbheolach go consan déad-ailbheolach carballach. Ina dhiaidh sin, má bhí guta fada /i:/ ag teacht chun cinn in *cill, mill* agus a leithéidí, lean *milse* (a bhí á rá anois mar *millse*) an chonair chéanna. Is ceart a rá mar sin gurb é an gnáthréaladh céanna a bhíonn ar *ll* i bhfocail mar *coill, poil, sailll* srl agus ar *l(l)* i sandhi i bhfoirmeacha mar *ailse, milse, meilte* srl.

(c) Fuaimniú oi *i dtús focail*

Bíonn éagsúlacht mhór litrithe i dtús focail uaireanta áit ar bith inar ardaíodh an guta a bhí á chur in iúl ag *ai* sa litriú. Tá cuid de na malairtí seo a leanas le fáil: *ai-*, *au-*, *e-*, *i-* agus *u-* i bhfoirmeacha den fhocal chéanna nó de fhocail ghaolmhara leis i dtéacsanna éagsúla agus in amanna taobh istigh den téacs chéanna. Tá eiseamláirí ar fhocail a bhfuil na malairtí litrithe seo iontu le fáil in DIL agus tá an foclóir féin ar fáil go leictreonach anois fosta, *eDIL*, le cuartú tapaidh a dhéanamh air.[10] Níl aontú iomlán idir na scoláirí a rinne an cheist a scrúdú faoina bhfuil á chur in iúl ag an réimse litrithe seo. Mheas Thurneysen (1946: 52) gur iarracht a bhí sna litrithe éagsúla ar ghuta láir den tsaghas /ö/ a léiriú. D'áitigh Greene (1976: 41) nach mar sin a bhí ach gur athruithe foghraíochta a bhíothas a chur in iúl leis an litriú. Sílim gur gaire Greene don cheart agus ón eolas uilig a bhfuil teacht againn air anois agus a léiríodh thuas, thig linn beachtú breise a dhéanamh ar fhuamniú na siollaí tosaigh i samplaí mar iad seo a leanas: *airdairc, aurdairc, erdairc, urdairc* 'conspicuous' > *oirirc*. I gcomhthéacs eile is minic *a* bunaidh roimh chonsan leathan á léiriu leis an litriú *au*, *e* nó *i*.[11]

Is cosúil gurb iad na hathruithe céanna fuaime atá pléite cheana féin againn a cuireadh agus a chuirtear i bhfeidhm ar *oi* i bhfocail mar *oibrigh*,[12] *oíche* (< *oidhche*), *oide, oifig, oil, oileán, oilte, Oilill*,[13] *oiliúint, oir, oiread, oirthear, oitir, Oisín* srl., cé acu as *ai* a díorthaíodh iad ó thús nó nach hea. Baineann an t-athrú céanna le díochlaonadh gramadaí i bhfocail mar *olc* sa tuiseal ginideach *oilc*.

I gcás na bhfocal *oide* (< *aite*), *oileán* (< *ailéan*) agus *oiread* (< *airet, eret, erat*),[14] *oilc* (< *olc*) léiríonn Tábla 2 mar atá siad sna canúintí éagsúla.

Tábla 2. Fuaimniú *oi* sna canúintí (ar lean)

Focail	Mumhain	Connachta	Ulaidh
oide	/i/	/i/ ~ /e/	/ï ~ ö/
oileán	/i/	/i/	/ï/
oiread	/e/	/e/	/ï ~ e/[15]
oilc	/e/	/i/	/ï/

Sula dtéimid ar aghaidh ag plé leis an litriú *ai* agus leis na bealaí éagsúla atá sna canúintí lena fhuaimniú, caithfimid aird a tharraingt ar chúpla ní a bhaineann le hábhar. Ceann acu sin fuaimniú an bhriathair *luigh* agus leaganacha ar leith de. Deir O'Rahilly (1932: 198) an méid seo: "So instead of the usual *luighe* 'lying,' pronounced *luí*, one hears *loighe*, pronounced *ləi*, in Clare and most of Connacht." Is fíor go hiomlán a bhfuil ráite ag an Rathailleach ach gan tagairt ar bith a dhéanamh do Ghaeilge Chúige Uladh. Is dóiche gur shíl an Rathailleach nach raibh aon lorg den *oi* le fáil sa chanúint sin. Tá na foirmeacha seo a leanas le fáil mar fhuaimniú ar *luí, luighe / loighe* i mionchanúintí i nDún na nGall atá 50 míle agus corradh óna chéile: Teileann /i:ə/ agus /əij̞ə/;[16] Gaoth Dobhair Theas /ij̞ə/; Gaoth Dobhair Thuaidh /əij̞(ə)/. Fágann sin go dtig Gaeilge Dhún na nGall a chur isteach le Gaeilge Chonnacht agus Chontae an Chláir.

Focal eile a bhfuil roinnt malartaithe fuaime ag baint leis an focal *droichead*. I gcanúinti Chúige Uladh tig dhá fhuaimniú éagsúla chun cinn, mar atá /drəiçəd/ ~ /drəihəd/ agus /dre:d/. I mbun-fhocail nó i leaganacha díorthaithe ar chríochnaigh an chéad siolla iontu ar 'th' agus 'ch' caol go stairiúil, mar atá *croich, croiche* (< *croch*), *croith, doicheall, scoith, sroich* srl., is défhoghar den tsaghas /əi/ is mó a fhaightear iontu i gcoitinne in Iarthar Chúige Uladh.[17]

3. *Fuaimniú 'ai'*

Tá cur síos déanta againn anois ar an fhuaimniú a chuirtear le *oi* an litrithe sna canúintí éagsúla. Caithfear aird ar leith a thabhairt ar fhuaimniú *oi* i mbunfhocail nach bhfuil an *oi* iontu díorthaithe ó *ai* stairiúil. Má thig linn a thaispeáint gurb ionann fuaim do *ai* stairiúil i mbunfhocail áirithe agus do *oi* stairiúil nár díorthaíodh ó *ai*, beidh leide láidir agus cruthú againn cad chuige a ndearnadh an t-athrú sa chéad áit sa litriú.

Leis an iomlán a chur i gcomhthéacs, seo a leanas éagsúlacht na dtimpeallachtaí inar tharla an t-athrú:

(i) San iolra agus sa ghinideach uatha): *mairbh / moirbh, crainn / croinn* srl.
(ii) I gcéimeanna comparáide na haidiachta *níos glaine / gloine* srl.
(iii) Ag tús focail: *aire ~ oire, air ~ eir, aici ~ eici, airde ~ oirde* srl.
(iv) I mbunfhocail: *bain, sail(eog), saibhir, raibh, snaidhm, laghad, maighistir* srl.
(v) An difríocht idir réaladh *ai* roimh chonsain dhúbailte *ll, nn* srl. agus roimh chonsain shingilte i gcanúintí áirithe *crainn / bain, baill / bail* srl.

(a) *'ai'* i bhfocail mar *aimsir, ainm, baile, bainne, caill, dair, maidin* srl.
Ba cheart go dtabharfadh fuaimniú *ai* sna focail sin thuas leide dúinn faoin fhuaimniú stairiúil mar nach bhfuil aon díorthú gramadaí nó eile déanta orthu. Is [a ~ æ] nó [ɑ] an fuaimniú is coitianta orthu sna canúintí in Éirinn trí chéile. Cé go bhfuil an ráiteas a dhéanann O'Rahilly (1932: 198) faoi fhuaimniu *ai* i nGaeilge Uladh ag teacht cuid mhaith leis an éagsúlacht fuaime sa chúige sin, chan fhuil sé cruinn ar fad maidir le canúintí Dhún na nGall mar a admhaíonn sé féin i bhfonóta. Seo mar a deir an Rathailleach:

'Whereas, as we have just seen, O. Ir. *ai* in certain words became later *oi* and *ui*,[2] in many other words O. Ir. *ai* has been preserved intact in the written language, and also in the spoken language outside of Ulster, e.g. *baile* ('town'), *aire* ('heed'), *aimsir* , *ainm, dair, gaisge*. In Ulster,[3] however, the tendency is to pronounce *ai* in these words as *e* or *i*, e.g. *aimsir* is *emsir* or *imsir, faire* is *fuere* or *fuire*. Quite possibly we have here another example of Scottish influence on Ulster Irish.'

Tá fuaimniú [ɑ] ~ [a] ~ [æ] go fada fairsing sna focail sin a luann an Rathailleach ón cheann Thiar Thuaidh de Dhún na nGall síos go Teileann. Tá claonadh eile sa Ghaeilge a labhartar ón cheann Thiar Thuaidh de Dhún na nGall soir go hInis Eoghain. Is [ɛ] agus [ï] an réaladh is coitianta sna mionchanúintí sin ach tá eisceachtaí fiú amháin sa chuid sin.[18] Tá tuilleadh ráite faoi na focail seo san fhonóta atá le (b) thíos. Is ceart tagairt anseo fosta dona bhfuil le rá ag Ó Dochartaigh (1987: 80, 82 agus 278) nuair a phléann sé leis an athrú a > E, e mar go mbaineann se le hábhar.

(b) 'ai' i bhfocail mar aibhleog, aire, cnaipe, saileog *srl.*

Tá cuid mhaith focal den chineál seo thuas ann agus is [ï] a bhíonn iontu i gCúige Uladh i gcoitinne. Mar sin, ba chuma cé acu *ai* nó *oi* a bheadh mar litriú orthu, ba é an fuaimniú céanna a chuirfí leo mar atá sna péirí seo a leanas: ***aibh**leog* / *c**oimh**lint*, ***ai**re* / *D**oi**re*, *s**ai**leog* / ***oi**leán*[19] srl.

(c) 'ai' i bhfocail eile

Is fiú aird a tharraingt ar fhuaimniú *ai* sna grúpaí seo a leanas mar go dtugann siad léargas ar na hathruithe stairiúla a tháinig chun cinn, cuid acu i bhfad ó shin is léir:

(i) Sna focail seo *air, aici, aige, raibh, saibhir* srl.

I dtaca leis na samplai in (i) is é an guta /e/ an réaladh atá iontu i ngach uile chanúint ina bhfuil an focal nó an leagan le fáil.[20]

(ii) I mbunfhocail snaidhm, laghad / laighead, maighistir, saighead *srl.*

Luaim na focail mar go léiríonn siad athrú ar an bhunghuta a bhí faoi bhéim sna focail sin sular fadaíodh é — tá /i:/ le fáil iontu i gcanúintí éagsúla. Is cosúil gurb é an guta /i/ a bhí mar réaladh ar *ai* iontu seal tamaill sular fadaiodh é. Tá /i:/ le fáil go fada fairsing san fhocal *snaidhm* ach amháin sa Rinn.[21] Bíonn sé sa Mhumhain in *laghad / laighead* agus san fhocal *maighistir* i nGaeilge Thír Eoghain agus i nGaeilge Oirthear Uladh i gcoitinne.[22]

(iii) *An difríocht idir réaladh* ai *roim chonsain dhúbailte* ll, nn *srl. agus* airde / oirde

Arís eile, tá leidí le fáil faoi fhuaimniú *ai* i bhfocal ina raibh nó ina bhfuil consain dhúbailte mar *ll, nn, rr* is araile. Is i bhfoirm an ghinidigh nó an iolra a fhaightear an réaladh a bhfuil suim againn ann – *baill, crainn, daill* srl.[23] Cé gur défhoghar nó guta fada an réaladh is minice ar na bunfhocail *ball, crann, dall* srl. i gcanúintí na Mumhan agus in nGaeilge Chonamara, is minic athrú sa ghuta bunaidh sa ghinideach uatha nó san iolra sna canúintí céanna. In Iarthar Mumhan agus i gConamra faightear /i:/ in *crainn*. Ar ndóigh, luaitear an fhoirm *cruinn* leis an tSean-Ghaeilge féin. Is minic an fhuaim /i/ mar réaladh ar an litriú *ui* i stair na teanga ó ré na Sean-Ghaeilge anuas. Tugann Ó Sé (2000: §33) na foirmeacha /ki:m´/ (ginideach uatha *cam*) agus /di:l´/ (ginideach uatha *dall*) i nGaeilge Chorca Dhuibhne. Bheir na leaganacha sin le fios dúinnn gur ardaíodh an bunghuta /a/ sna focail *crainn, caim* agus *daill* go /i/ agus go raibh sin tarlaithe sular cuireadh fad leis an ghuta.[24] Is fiú an fhoirm /i:rd´ɪ/ ~ /ən i:rd´ɪ/ ~ /i:r´d´ə/ a thugtar mar réaladh ar an chéad ghuta in *in airde* i gcanúintí éagsúla sa Mhumhain, is fiú dúinn sin a mheabhrú.[25] Arís eile, is léir gur /i/ a bhí mar réaladh ar an ghuta sular fadaíodh é. Luann Holmer (1962: 104) an fuaimniú [e:rd´ə] agus is léir gur sin a forás i nGaeilge Chontae an Chláir, rud a bhéarfadh le tuigbheáil dúinn gur [e] gairid a bhí sa chéad siolla sular fadaíodh an guta. Tá seo ag teacht le fuaimniú *oi* i bhfocail eile i nGaeilge an Chláir ina bhfaightear [e:], mar atá: /ɾe:m´p´ə/ Holmer (261(d)) ar *roimpi* agus ar fhianaise na meadarachta i *soilse* i gCúirt an Mheán Oíche. Is díol suime gur /a:/ is coitianta in *airde* sa fhrása *in airde,* rud a léiríonn go raibh difríocht fuaime leis an dá chiall de *airde* sular fadaíodh an guta sa chéad siolla. Is ceart a rá mar chríoch go bhfuil dhá réaladh fuaimnithe mar sin ar *airde* i ngach uile chanúint fiú iontu sin nach mbíonn fadú nó défhoghrú iontu, áit a bhfaightear malartú idir /e/ agus /i/.

(iv) Díochlaonadh ainmfhocal agus aidiachtaí

(a) Tá réimsí eile den teanga inar léir an t-athrú /a/ go /i/. Is iad an dá cheann is tábhachtaí acu sin an ginideach uatha d'ainmfhocail agus an bhreischéim nó an tsárchéim d'aidiachtaí aonsiollacha. Bíonn an t-athrú sna leaganacha seo, *níos caime / daille / gainne / gaire / glaine / glaise / laige* srl., sna canúintí trí chéile seachas i gConnachta.[26] I nGaeilge Chois Fhairrge (de Bhaldraithe 1953: §254) ní bhíonn /i/ ach roimh chonsain shrónacha msh. *níos gainne / glaine* srl.[27]

Faightear an t-athrú céanna ó /a/ go /i/ ~ /e/ in ainmfhocail aonsiollacha as an chéad agus as an dara díochlaonadh. Is sa ghinideach uatha agus san iolra a fhaightear an t-athrú in anmfhocail an chéad díochlaonadh agus sa ghinideach agus sa tabharthach uatha i gcás na n-ainmfhocal as an dara díochlaonadh. Luaigh muid ginideach na bhfocal *crann, cam* agus *dall* cheana féin in alt §3(iii) thuas, áit a mbíonn an réaladh /i:/ ar an ghuta iontu. Tugann de Bhaldraithe (1953: §254) na samplaí seo d'ainmfhocail iolra ina bfhuil /e/: *glais / glois, saic / soic, tairbh* srl. Lena chois sin tugann sé na foirmeacha seo a leanas de na hainmfhocail *slat* agus *glac*: /sʟet´/, *slait / sloit*, /gʟek´ə/, *glaice / gloice* in §59. Arís eile, ní bhíonn /i/ sa chanúint seo ach roimh chonsain shrónacha – *clainne* /kʟiɴ´ə/ (< *clann*). I nGaeilge Uladh is [ï] an réaladh is coitianta ar *ai* an litrithe i bhfoirmeacha ar ginideach iad d'ainmfhocail bhaininscneacha – *barr na slaite, ag tógáil clainne* srl.[28] I gcanúintí Thuaisceart Chonnacht coinnítear an /a/ sna focail sin slán [sʟat´ə], [klaɴ´ə] srl., Mhac an Fhailigh (1968: §504) agus sa Mhumhain is /a/ an réaladh is coitianta ach amháin sa ghinideach [klin´ə] *clainne* áit ar [i] an réaladh O'Rahilly (1932: 197), Ó Sé (2000: §199).

(v) Na gnáthiolraí airm, cait, glais, mairbh, saic, tairbh *srl.*

Is cinnte go dtig linn glacadh leis gur /a/ a bhí mar fhuaimniú ar an ghuta sna focail sin thuas go stairiúil sular ardaíodh an guta i gcanúintí eagsúla i mórán focal díreach mar atá san uatha *arm, cat, glas, marbh, sac, tarbh.*[29] Tá a chruthú sin againn ó na canúintí féin áit a bhfaightear dhá réaladh choitianta ar na foirmeacha san iolra: (i) [a] agus (ii) [ï] ~ [e]. Tá dáileadh na réaltaí sin casta go leor. I nGaeilge Mhaigh Eo is [a] an réaladh is coitianta go mór fairsing ach tugann de Búrca (1958: §423) an fhoirm /ter´iv´/ *tairbh.* I nGaeilge Chois Fhairrge, óna ndeir de Bhaldraithe (1953: §41), is léir gurb é [e] an réaladh is coitianta sna focail thuas.[30] I dtaca le fuaimniú na foirme *cait* agus *tairbh/toirbh,* is fiú tagairt dena bhfuil le rá ag Ó Curnáin (2007; 97–9, 362) faoi na focail sin. I gcanúinti Chúige Uladh is [ï] an réaladh is coitianta ach [e] go heisceachtúil in *airm* (Wagner 1959: §445(c)). I dtaca le Cúige Mumhan is é /ɑ ~ a/ an réaladh is coitianta agus is fairsinge go mór ar fud an chúige sin: Ó Cuív (1944: §296), R. B. Breatnach (1947: §439), Ó Sé (2000: §§182, 186). Tá roinnt eisceachtaí ar an réaladh seo agus luadh iad sin in 3(c) thuas. Tá tuilleadh eolais le fáil i LASID 1, Léarscáil 3, faoin fhoirm *tairbh.*

4. Conclúidí

Déanfaimid iarracht anois an t-eolas atá léirtihe thuas againn a tharraingt le chéile le súil tuairim éigin a fháil faoinar tharla go stairiúil. Sna focail inar féidir a bheith ionann is cinnte gur /o/ nó /ɔ/ a bhí iontu go stairiúil agus a bhí á léiriú leis an litriú *oi* idir consan leathan agus consan caol (*coirce, loit, scoil* srl.), is /ɔ/ a bhíonn i gCúige Uladh i gcoitinne seachas i roinnt bheag focal. Tá claonadh láidir i nGaeilge Chonnacht ar /e/ a chur in áit /o/ ar fud an chúige. Sa Mhumhain is /o/ is coitianta cé go bhfuil an claonadh i dtreo /e/ le feiceáil i gcuid mhaith focal ó Dhún Chaoin go dtí An Rinn, (Ó Sé 2000: 38–9, Ó Cuív 1944: 103 agus R. B. Breatnach 1947: 10, 122).[31] Más fíor an méid sin, is amhlaidh a tuigeadh go bhféadfadh an litriú *oi* na fuaimeanna [o] ~ [ɔ] ~ [e] a chur in iúl sna focail atá i gceist againn. Ach a luaithe is a tosaíodh ag scríobh *oi* i bhfocail a raibh *ai* iontu sa tSean-Ghaeilge, bhí ceist eile ar fad le réiteach faoina raibh i gceist leis an litriú úr seo. Mar a taispeánadh thuas, bíonn /a/ go fóill i mórán focal ó cheann ceann na tíre sna focail ina scríobhtar *ai*: *aifreann, cailc, (a) Airt, (na) mairbh* srl. Mar sin féin, ó fhianaise na gcanúintí, is leir ó bhreischém nó shárchéim aidiachtaí (*níos / is caime / gainne / glaine / glaise / laige* srl.) gurbh fhearr a chuirfeadh litriú mar *oi* an fuaimniú atá leo inniu sna canúintí ar fad in iúl ([ï/ɪ] ~ [ö] ~ [e]).[32] Mar a luadh cheana, is eisceacht Gaeilge Mhaigh Eo agus Thuaisceart Chonnacht áit a gcoinnítear an /a/ síos tríd. Is soiléir fosta ón /iː/ a fhaightear mar réaladh foghraíoch sna focail *airde, baill, crainn, coill, daill, poill* srl. i gcanúintí éagsúla gur /i/ a bhí iontu sular fadaíodh an guta. Tá Gaeilge Uladh an-tugtha don fhuaimniú [ï] ~ [ö] i bfhocail ina bhfuil *ai* sa litriú *Aibreán, aire, cnaipe, mairbh, saileog, tairbh* srl.[33]

Is soiléir as seo go léir go raibh claonadh ann ó ré na Sean-Ghaeilge an guta /a/ a ardú nuair a bhí consan caol, díreach ina dhiaidh. Is cosúil fosta gur mó a cuireadh an t-athrú sin i bhfeidhm nuair a bhí cúrsaí gramadaí i gceist (msh. iolra ainmfhocal) agus go minic sa chomhthéacs idir consan leathan liopach agus consan caol (*baill* > *boill, mairbh* > *moirbh* srl.). Fágann sin gur dócha gur ag an am chéanna a tosaíodh ar [iː] a rá sna focail *baill, coill, daill, poill* srl., i nGaeilge Iarthar Mumhan nuair ab ionann an guta gairid iontu.[34] Is ardú go guta láir nó láir tosaigh a bhi i gceist i dtús báire. Ardaíodh an guta sin tuilleadh go [ï / ɪ] go luath ina dhiaidh sin i gcuid mhaith focal. Is beag an difríocht fuaime atá idir [e] agus [ï].[35] Dá bhrí sin ó fhianaise na gcanúintí is maith a d'fhóirfeadh an litriú *oi* don fhuaimniú nua.

Maidir leis an éagsúlacht litrithe ag tús focail i roinnt cásanna, mar atá *ai, au, e, i* agus *u* (*airdairc, aurdairc, erdairc, urdairc* 'conspicuous' > *oirirc* agus *audbirt, edbart, idbart* 'oblation, sacrifice' > *íobairt*[36]), is dóigh liom gur léir gur litriú foghraíochta a bhí i gceist: [e / ɛ], le *e*, [i / ï] le *i* agus [ʊ] le *u*.[37] Níl sa litriú *ai* ach an bunlitriú le freastal ar an bhunfhuaimniú /a/. Is ceist mhaith í cad é go díreach a bhíothas a chur in iúl leis an litriú *au*. Sílim gur cinnte nach défhoghar /au/ a bhí i gceist. Tá an litriú céanna le fáil in *baullu/bullu* tuiseal cuspóireach < *ball, laugu / lugu / laigiu* 'níos lú' srl. Seans gur u-cháilíocht an chonsain atá á léiriú le *au* ach arís eile tugtar *u* mar mhalairt litrithe air, rud a thabharfadh le fios gur guta [ʊ / u] a bhí ag forbairt. D'fhéadfadh sé gur [ɑ] lárnaithe agus ardaithe suas i dtreo [ọ̈ / ʊ] atá i gceist leis an litriú *au* chomh maith céanna.[38] Tá cur síos agus anailís thraschanúnach déanta ag Ó Maolalaigh (2003: 163–9) ar an mhalartú idir na gutaí air-, aur- agus léiríonn sé go bhfuil go leor leor réaltaí ar ar litriú seo má chuirimid canuintí uile na Gaeilge in Éirinn, in Albain agus i Manainn san áireamh. Is fiú go mór tagairt don eolas a thugann sé san alt sin.

NÓTAÍ

1 D'fhéadfadh an guta seo bheith ina ghuta tosaigh, [a] nó cúil, [ɑ]. Is é is dóiche gur cáilíocht chúil a bhí aige den chuid is mó má thig brath ar fhianaise na Nua-Ghaeilge i gcoitinne. Bheadh tionchar mór ag cáilíocht chúil na gconsan ar an ghuta mar atá san fhocal *mac* i nGaeilge an lae inniu.

2 Is minic a chluintear an dá fhuaim leis na focail seo, de Bhaldraithe (1945; 14, 1953: 19, 24–25, 127), Mhac an Fhailigh (1968: 12–3, 16). Is cosúil de réir na gcuntas gur fuaim atá tarraingthe siar ón suíomh tosaigh an fhuaim a chluintear leis an /e/ seo. Bíonn sí leath bealaigh idir 'e' oscailte [ɛ] agus 'e' dúnta [e].

3 Is leitheadaí go mór an fhuaim [ɔ] sna bunfhocail seo. Mar sin féin, tá cuma air i gcorráit go raibh an claonadh ann [ɔ] a lárnú agus b'fhéidir a ardú beagán go [ö]. Chan fhuil an fhuaim dheiridh seo rófhada ó thaobh fuaimnithe de ó /e/ na gcanúintí eile.

4 Ardaíodh an guta go suíomh 'í' roimh chonsain shrónacha rud a léiríonn an guta fada /i:/. Ní défhoghar a rinneadh as i nGaeilge Dheisceart Chonnacht mar a rinneadh le *coill, moill* srl.

5 Bíonn an dá fhuaim seo ag malartú ar a chéile go minic san aon fhocal amháin agus i bhfuaimniú cainteoirí aonair fiú amháin. Is cosúil gur allafóin den aon fhóinéim amháin iad agus d'fhéadfaí ceachtar den dá shiombail a úsáid leis an fhóinéim a léiriú. Tá /ö/ suite idir an guta neodrach /ə/ agus /ï/.

6 Is ceart a mheabhrú gur 'r' leathan atá san fhocal seo i gcanúintí Dhún na nGall.

7 Léiríonn an fuaimniú déshiollach seo gur /i/ gairid a bhí mar fhuaimniú ar an ghuta faoi bhéim san fhocal *croí* (< *croidhe*) sular cailleadh an cuimilteach /j̥/ sna fochanúintí a bhfuil /i:/ fada anois mar fhuaimniú iontu.

8 Cé nach bhfuil siad i dTábla 1, is ceart a rá go gcoinníonn focail agus leaganacha ar nós *goirt, toirt, níos boichte* srl., an 'fuaimniú stairiúil' /o/ nó /ɔ/ slán. Ach fiú amáin sa chás seo, tugann R. B. Breatnach (1947: §40) an leagan /ter´t´/. Tá baint mhór ag leathnú 'r' roimh 't' caol leis an scéal sa chéad dá shampla agus ó tharla nach gcaolaítear an fhuaim /x/ roimh 't' caol ach oiread, coinníodh an guta cúíl slán fosta sna canúintí go dtí ár linn féin.

9 Ar ndóigh tá fianaise againn ar a leithéid i ré na Meán-Ghaeilge áit a bhfuil samplaí réasúnta flúirseach (L. Breatnach 1994: 234). Tugann sé na samplaí seo i §3.17 *millse* 'milse' LL 24033 (*Fland*), *millsi* LL 5247 (*Cellach*).

10 Is é an teideal iomlán: *Dictionary of the Irish language based mainly on Old and Middle Irish materials* (1913–75); *compact edition*, eag. E. G. Quin, (1983).

11 Tá cuid de na hathruithe céanna a pléadh thuas le feiceáil i réaladh an réamhfhocail *ad* roimh an réamhfhocal *uss* (*oss*) i bhfocail áirithe (Thurneysen 1946: 51). Tugann sé *audbirt, edbart, idbart* 'oblation, sacrifice' > *íobairt* mar shamplaí den mhalartú (bunaithe ar *ad-uss-ber-*). Seo mar a deir sé: 'In certain other words original a and e before u-quality consonants are represented by *au, e, i,* more rarely by *u* (which first becomes common in Middle Irish), and quite exceptionally by *ai*'.

12 Maidir leis na focail *oibre* agus *oibrigh* bíonn défhoghar /ai/ iontu i nGaeilge Iarthar na Gaillimhe, díreach mar a bhíonn in *moill, poill* srl. /e/ a bhíonn i dTuaisceart Chonnacht agus sa Mhumhain. /i/ a bhíonn in Ulaidh de ghnáth cé gur [o̤] agus [u] an réalú is minice ar an 'o' san fhocal *obair*.

13 Is léir gur tharla an t-athrú anseo réasúnta luath sa teanga, chomh fada siar le ré na Meán-Ghaeilge nó fiú roimhe is cosúil. Tugann L. Breatnach (1994: 232) eiseamláir de chomhardadh idir *Ailill : sobhind, R3* §4cd, áit ar léir, ainneoin an litrithe thraidisiúnta, gur *Oilill* atá le léamh don chomhardadh.

14 De réir fhianaise DIL, tá na litrithe éagsúla seo tugtha sna téacsanna eiseamláireacha. Tá cuma air go dtugtar tús áite don leagan *airet* agus más ea is léiriú eile arís é ar an athrú ó *ai* > *e* bheith ag tarlú go han-luath.

15 Is ceart a mheabhrú gur 'r' leathan atá san fhocal seo i gcanúintí Dhún na nGall.

16 Luann Wagner (1959: 80 §222) go mbíonn an /i:/ fada i gceart sa chás seo. Lena chois sin, thig a rá gur iarracht an litriú *loighe* sa Nua-Ghaeilge Mhoch ar an défhoghar /əi/ a léiriú, rud b'fhéidir nach mbeadh soiléir ó *luighe*.

17 Tá barúil agam gur iarracht an défhoghar seo ar cháilíocht chaol na gconsan 'th' agus 'ch' a chaomhnú trína chur isteach leis an bhunghuta a bhí sna focail. Athraíonn cáilíocht an chéad ghuta sa défhoghar ó mhionchanúint go mionchanúint agus bíonn fuaimniú [e] leis agus in amanna eile bíonn an guta lárnaithe agus ardaithe go [ö]. Is léir sna canúintí sin ina bhfaightear /eː/ san fhocal seo, /dɾeːd/, gur /e/ a bhí sa bhunghuta agus gur fadaíodh é roimh chailleadh an /h/ a tháinig as 'ch' stairiúil. Is minic [h] a dhéanamh de [ç] idir dhá ghuta i gcanúintí ó cheann ceann na tíre. Tugann Mhac an Flailigh (1968: 139) an fhoirm /drehəd/ mar fhuaimniú ar an fhocal i dTuaisceart Mhaigh Eo. De réir LASID I 280, tá iarsmaí den fhuaimniú dhéfhoghrach seo le fáil in Oirthuaisceart Chonnacht (pointí 61, 63 agus 87) agus ag Pointe 53 in iarthar Mhaigh Eo. Maidir le Oirthear Uladh, is ceart tagairt do Ghaeilge Thír Eoghain in Stockman agus Wagner (1965).

18 Is /ɛ/ a bhíonn sna focail *baile, ainm* agus *gaisge* i dTuaisceart Dhún na nGall i gcoitinne; /a/ a bhíonn in *aimsir, caill* agus *dair* sa cheantar chéanna. Is é an guta [ï] a chluintear san fhocal *aire* 'care'. San fhocal gaolmhar *faire* 'a wake' is [a] nó [ɛ] a chluintear. Is [a] chomh maith a bhíonn san fhocal *Aire* 'Minister of Government' fosta i gcaint an lae inniu. Focal spéisiúil eile *maidin*: an guta *a* sa chuid eile d'Éirinn sa chéad siolla ach in Oirthear Pharóiste Ghaoth Dobhair agus i bParóiste Ghort an Choirce is [m^{w}ïd^{j}i·n^{j}] a deirtear ach i nDeisceart Pharóiste Ghaoth Dobhair agus sna Rosa is [mɑd^{j}i·n^{j}]. Bíonn an fuaimniú seo mar chomhartha aitheantais ag daoine ar a chéile sna háiteacha atá luaite agam.

19 Is cuidiú dúinn na logainmneacha go minic le fuaimniú *ai* a chinntiú. Tá an focal *saileach* / *saileog* an choitianta i logainmneacha ar fud na tíre. Ach beagán cuardaigh a dhéanamh in logainm.ie , tháinig mé ar na leaganacha seo a leanas agus is léir orthu gur leitheadaí go mór /i/ iontu seachas /a/ (sampla amháin, *Ardsaileach* Cho. Chorcaí). Is é an focal *saileach* nó leagan éigin de atá i gceist sna leaganacha — is ag brath cuid mhaith ar an litriú Béarla atá muid sa chás seo:

Co. Chorcaí: *Ardsaileach* – ***Ardsallagh***; *Cillsaileach* – ***Kilsillagh***; **Co. Phort Láirge**: *Sailchín* – ***Sillaheens***; **Co. Thiobraid Árann**: *Garrán Saileach* – ***Garransilly***; *Currach Saileach Íochtarach* – ***Currasilla Lower***; **Co. Loch Garman**: *Baile Saileach* – ***Ballysilla***. **Co. Chill Dara**: *Saileach* – ***Sillagh***; **Co. Bhaile Átha Cliath**: *Cluain Saileach* – ***Clonsilla***; *Saileog* – ***Silloge***; **Co. Shligigh**: *Cill Saileach* – ***Kilsellagh***. Tá ***Silloge*** < *Saileog* le fáil fosta i **gCo. na Mí** agus i **gCo. Lú**. Insíonn na leaganacha sin a scéal féin.

20 Bíonn éagsúlacht áirithe ag baint le réaladh an /e/ — [e] agus [ɛ] ó chanúint go chéile. Lena chois sin is minic [ɪ] nó [ï] mar réaladh ar an *ai* in *aige*.

21 Bíonn /i/ agus /a/ le fáil sa ghinideach sna canúintí. Is léir gurb as an /i/ seo a tháinig an /i:/.

22 Tugann Ó Searcaigh (1925: §113) an leagan [mwɪ:ʃt´ïr´] 'maighistir' agus deir sé go mbíonn an réaladh céanna san fhocal *maighstreas* (*máistreas* i litriú an lae inniu). Défhoghar de shaghas /ai/ is mó a bhíonn sna focail seo i nGaeilge Dhún na nGall.

23 Is eol dúinn go maith ó chanúíntí Ultacha gur minic [ï] mar fhuaimniú ar an ghuta in *crainn, daill, Gaill* srl., cé go bhfuil eisceachtaí ar an riail mar a thugann focail mar *caill, faill, saill* srl., le fios, áit a gcoinnítear /a/ slán. Is suimiúil an ní é gur bunghutaí iad seo agus nach guta díorthaithe mar atá in *crainn, daill* srl.

24 Más léiriú an litriú *cruinn* na Sean-Ghaeilge ar an athrú seo, is cinnte go bhfuil aois mhór ag an athrú fuaime.

25 Tógadh na trí réaladh as *The Irish of West Muskerry, Co. Cork* (Ó Cuív 1944: §406), *Gaeilge Chorca Dhuibhne* (Ó Sé 2000: §359) agus *The Irish of Ring, Co. Waterford* (R. B. Breatnach 1947: §21), faoi seach. Tá éagsúlachtaí beaga sa tras-scríobh foghraíochta ach is /i:/ an réaladh ar an litriú *ai*.

26 Tugann Mhac an Fhailigh (1969: §545) na breischéimeanna seo a leanas: *níos caime* /kam´ə/, *níos glaine* /glan´ə/.

27 Is /e/ is minice mar réaladh ar an litriú *ai* sna leaganacha *níos daille / gaire / glaise / laige* srl., i nGaeilge Chois Fhairrge (de Bhaldraithe 1953: §254). Is eisceacht *níos caime* sa chanúint áit a gcoinnítear an /ɑ:/ atá sa bhunfhocal *cam* nó thig é a fhuaimniú mar 'a' tosaigh /a:/.

28 Is eisceachtaí focail ina bhfuil *ai* sa bhunlitriú iontu *cailc, glaic, splaid* srl. Ina gcás sin coinnítear an bunghuta atá iontu gan athrú agus agus is [a ~ ɛ] an réaladh is minice air.

29 Is eisceacht an focal *cat* i nGaeilge Chois Fhairrge áit ar /kut/ is minice mar fhuaimniú air.

30 Luann sé mar sin féin gur [æ:] a bhíonn in *airm* agus go gcoinníonn *bainbh* an /a:/, /ba:n´iv´/. Tá cuma air gurb é /a:/ an bhunfhoirm sna focail seo anois.

31 Fiú san áit inar /o/ a thugtar sna foilseacháin, is léir ón chur síos ó na trí húdair gur guta lárnaithe a bhíonn sa réaladh go minic roimh chonsan caol.

32 Mar a luadh cheana, bhí claonadh laidir ann /i/ a fhuaimniú sna focail a raibh consan srónach ina ndeireadh *níos gainne / glaine* srl., agus i bhfoirmeacha mar *na clainne* (ginideach < *clann*), *bain(eann), soineanta* srl.

33 D'fhóirfeadh an litriú *oi* go breá do na focail seo ach is léir gur cinneadh an bunlitriú a choinneáil ar mhaithe le uilghabhálacht na gcanúinti a chaomhnú agus a chosaint.

34 Tharla an t-athrú seo fosta san fhocal *crainn,* SeanGhaeilge *cruinn,* in Iarthar Mumhan agus i nGaeilge Chonamara. Arís eile baineadh úsáid go hanluath as an litriú *ui* leis an fhuaim [ï/ʊ] a chur in iúl. Baineadh úsáid as an litriú céanna go fada fairsing ina dhiaidh sin i ré na Gaeilge Clasaicí agus sa Nua-Ghaeilge. Is minic mar sin féin nach ionann fuaim don fhuaim a léirítear le *oi* agus *ui*. Amharc ar na péirí seo as cuid de chanúintí Ghaeilge Uladh áit ar [ʊ] atá sa chéad fhocal agus [ʊ] ~ [u] sa dara ceann de gach péire *coir* / *cuir, goideadh* / *cuideadh* srl.

35 D'fhéadfaí a mhaíomh gur [e] lárnaithe é an [ï] agus is beag idir sin agus [ɪ].

36 Is sampla maith an litriú *idbart* ar fhuaimniú na Nua-Ghaeilge /i:bərt´/.

37 Bheadh an fhuaim chéanna i gceist le *u* agus a bheadh i bhfocail mar *bun, thug* srl. de reir na canúna. Is dóigh liom mar sin go raibh an ceart ag Greene (1976: 28–9, 41) a d'áitigh gur athruithe foghraíochta a bhíothas a chur in iúl leis an litriú.

38 Más fuaim mar seo a bhí i gceist, is cinnte gur dhoiligh í a léiriú sa litriú le cinnteacht ach, ar an taobh eile, mheasfadh duine go bhféadfaí o nó u a úsáid leis an méid sin a dhéanamh. Tá tuilleadh taighde de dhíth sula mbí freagraí cinnte againn ar an cheist seo.

Leabharliosta

Breatnach, L. 1994. 'An Mheán-Ghaeilge', in McCone, K.; McManus, D.; Ó Háinle, C.; Williams, N. agus Breatnach, L. (eagí) *Stair na Gaeilge*. Maigh Nuad. 221–333.

Breatnach, R. B. 1947. *The Irish of Ring, Co. Waterford*. Dublin Institute for Advanced Studies.

de Bhaldraithe, T. 1944. *The Irish of Cois Fhairrge, Co. Galway*. Dublin Institute for Advanced Studies.

– 1953. *Gaeilge Chois Fhairrge – An Deilbhíocht*. Institiúid Ard-Léinn Bhaile Átha Cliath.

de Búrca, S. 1958. *The Irish of Tourmakeady, Co. Mayo*. Dublin Institute for Advanced Studies.

eDIL eagrán digiteach d'ábhar iomlán Fhoclóir Acadamh Ríoga na hÉireann: *(Contributions to a) Dictiononary of the Irish Language: Based mainly on Old and Middle Irish materials*. (1913–76)

Greene, D. 1976. 'The diphthongs of Old Irish' *Ériu* 27: 26–45.

Holmer, N. M. 1962. *The Dialects of County Clare, Part 1*. Royal Irish Academy Todd Lecture Series, Volume 19.

LASID 1958–1969. *Linguistic Atlas and Survey of Irish Dialects*, Wagner, H. Vols. 1–4. Dublin Institute for Advanced Studies.

Logainm.ie Bunachar. Logainmneacha na hÉireann/Placenames Database of Ireland, arna fhorbairt ag Fiontar (DCU) i bpáirt leis an mBrainse Logainmneacha (An Roinn Ealaíon, Oidhreachta agus Gaeltachta).

McManus, D. 1994. 'An Nua-Ghaeilge Chlasaiceach', in McCone, K.; McManus, D.; Ó Háinle, C.; Williams, N. agus Breatnach, L. (eagí) *Stair na Gaeilge*. Maigh Nuad. 335–445.

Mhac an Fhailigh, E. 1968. *The Irish of Iorras, Co. Mayo*. Dublin Institute for Advanced Studies.

Ó Baoill, D. P. (eag.) 1979. *Occasional Papers in linguistics and language learning 6*. New University of Ulster.

– 1996. *An Teanga Bheo. Gaeilge Uladh*. Institiúid Teangeolaíochta Éireann.

– 1999. 'Córas na ngutaí i nGaeilge Uladh', in Carey, J. Koch, J. T., and Lambert, P.-Y. (eds) *Ildána, Ildíreach; A Festrscrift in Honour of Proinsias Mac Cana*. Andover & Aberystwyth. 131–56.

Ó Cuív. B. 1944. *The Irish of West Muskerry, Co. Cork*. Dublin Institute for Advanced Studies.

– 1966. 'The phonetic basis of Classical Modern Irish' *Ériu* 20: 94–103.

– 1979. 'Metrics and Irish phonology', in Ó Baoill, D. P. (eag.) *Occasional Papers in linguistics and language learning* 6. New University of Ulster 108–23.

Ó Curnáin, B. 2007. *The Irish of Iorras Aithneach, County Galway*, vols I-IV. Dublin Institute for Advanced Studies.

Ó Dochartaigh, C. 1987. *Dialects of Ulster Irish*. Institute of Irish Studies, Queen's University Belfast.

Ó Maolalaigh, R. 2003. 'Vocalic variation in air-, aur-' *Ériu* 53: 163–9.

O'Rahilly, T. F. 1932. 1972. *Irish Dialects Past and Present*. Dublin.

1946. *Early Irish history and mythology*. BÁC.

Ó Sé, D. 1994. *An Teanga Bheo – Gaeilge Chorca Dhuibhne*. Institiúid Teangeolaíochta Éireann.

– 2000. *Gaeilge Chorca Dhuibhne*. Institiúid Teangeolaíochta Éireann.

Ó Searcaigh, S. 1925. *Foghraidheacht Ghaedhilge an Tuaiscirt*. Béal Feirste, Baile Átha Cliath, Corcaigh agus Port Láirge.

Stockman, G. agus Wagner, H. 1965. 'Contributions to a study of Tyrone Irish' *Lochlann* 3: 43–236.

Quin, E. G. (eag.) 1983 *Dictionary of the Irish language based mainly on Old and Middle Irish materials* (1913–76); *compact edition*. Dublin.

Thurneysen, R. 1946. *A Grammar of Old Irish.* Dublin Institute for Advanced Studies.

Wagner, H. 1959. *Gaeilge Theilinn*. Institiúid Ard-Léinn Bhaile Átha Cliath.

– 1958–69. 1958–66. *Linguistic atlas and survey of Irish dialects, Vol.* I *Maps* (1958), *Vol.* II *Munster* (1964), *Vol.* III *Connaught* (1966), *Vol.* IV *Ulster* (Heinrich Wagner and Colm Ó Baoill) (1969). Dublin Institute for Advanced Studies.

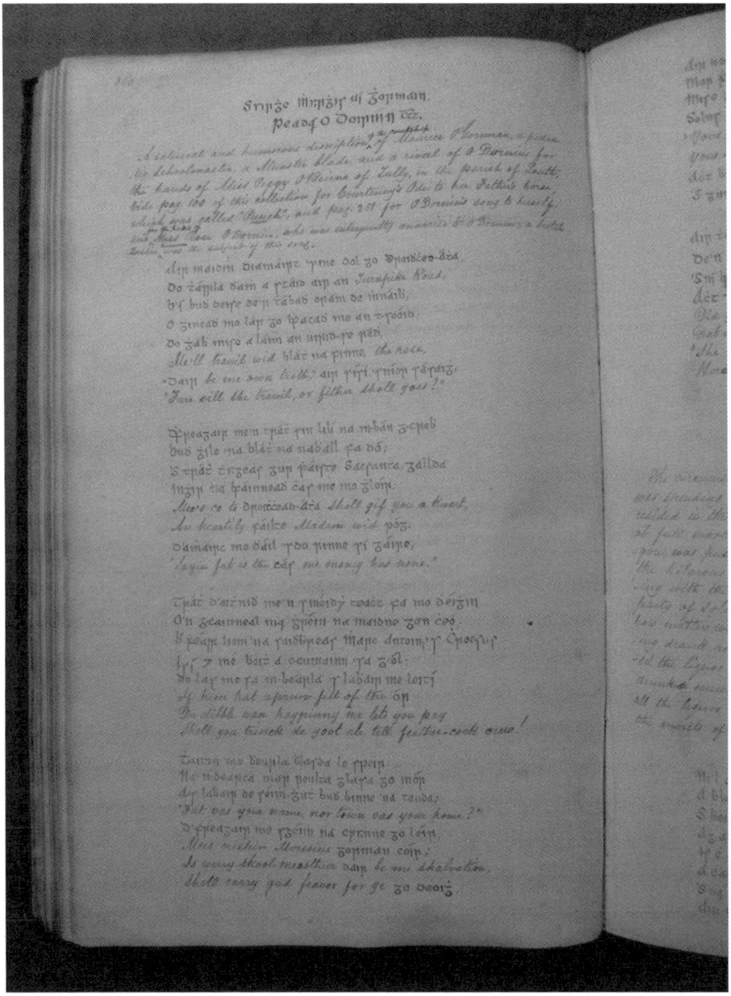

'Air maidin Dia Máirt'; Peadar Ó Doirnín
(LS Acadamh Ríoga Éireann 23 E 12, f.360 © ARÉ)
(buíochas le Seosamh Watson)

Seosamh Watson

‘BEIR UAIM DO PHLÉID!’: Ó DOIRNÍN AGUS *DRAMATIS PERSONAE* A CHUID DÁNTA

Níl moill a aithint ar fhilíocht Pheadair Uí Dhoirnín gurb é an file is neamhspleáiche dearcadh de mhórfhilí Uladh.[1] Féadtar a áitiú gurb é an nuálaí is mó é orthu fosta maidir le stíl agus le cur i lathair de. Ba é an meon neamhspleách seo a bhí aige a cheadaigh dó, gan amhras, cúl a thabhairt leis an dóchas ba dhual as na Stíobhartaigh. Lena chois sin, cionn is gur ghoill sé air beag is fiú a bheith á dhéanamh de féin mar fhile agus mar fhear léinn ag cléir a bhí ina n-oidhrí ar sheanuaisle Uladh, dar leis, níor leasc leis ach oiread aghaidh a thabhairt ar an méid acu sin a mheas sé a bhí tugtha don bhéalchráifeacht nó, rud ba mheasa, a bhí ag tromaíocht, mar a thugann sé le fios (de Rís 1968: 136–7), ar an dream a bhí dearóil, bocht. Má bhí a chomhghleacaí sinsearach Ultach, Séamas Dall Mac Cuarta, tugtha do théamaí creidimh mar ábhar filíochta (Ó Gallchóir 1972: 202–7), réimse inar éirigh leis éifeachtaí úra a bhaint amach ó thaobh dheilbh na meadarachta (Ó Gallchóir 1971: 89–90), b’ar théamaí grá agus suirí a dhírigh an Doirníneach a spéis agus a chumas samhlaíochta cuid mhór. Ar an chur i láthair agus an smaointeachas ba mhó a chaith an file seo a dhúthracht, rud a fhágann lorg inaitheanta dá chuid ar mhórán den fhilíocht a chum sé, sa chruth is go bhfeicfí do dhuine in amanna gur le saothar próis seachas le véarsaíocht atáthar ag plé. Ní hiontas ar bith a leithéid a bheith amhlaidh i gcás *An Cléireach Bán* crosántacht a chum sé, ós rud é gur gné liteartha í sin nach mbeadh éifeacht den chineál sin as áit inti, ach is scéal eile é an stíl chéanna a bheith á cur i bhfeidhm ina amhráin ghrá chomh maith. Cuirim i gcás a chosúla le tosach seanscéil thraidisiúnta agus atá cur i láthair an amhráin ghrá leis, *Máire Ní Cheallaigh*:

Lá de na laetha dhomh i gcathair Dhroichead Áth' na seod
ar chlár i dtigh leanna is mo channasa lán den mbeoir,
tráth b'áil liom na hannaí a chur tharam le scáird a dh'ól
siúd Máire Ní Cheallaigh dár bhfarradh i measc cháich fón mbord
(ll. 1–4).[2]

Amharc fosta tosach an amhráin ghrá seo eile *M'Uilleagán Dubh ó*:

Is i ndún a chois coilleadh ag imeall na trá
tá snua an aoil úir mar an rós
i ngnúis an linbh nár milleadh, is is áille
cúl na lúb mar an ór.

Ar chinniúin Leander ní thairngí scríobh
nó ar Helen an ucht bhláthghil ler sárscriosadh an Traí
dá mbeadh fhios ag cách go mbeadh mo ghrá-sa sa tír se
ina huilleagán gan bhrón (ll. 1–8)

nó céad línte a aislinge, *Searcrún na dTréan*:

Ar ndul domh amach fon sliabh gan choin, gan each is an ghrian
ina gaetha glana aniar go glórmhar
fo thulcha glasa, an fiadh ag dul chun reatha siar
is guth na mbeach ag triall sa nuachoill (ll. 1–4)

Agus níor dhoiligh cur go mór leis na samplaí sin.

Mar fhile an ghrá is mó a tugadh aitheantas don Doirníneach i gcoitinne, agus a bhuíochas sin, cuid mhór, ar an amhrán leis is mó atá i mbéal an phobail .i. *Úrchnoc Chéin Mhic Cáinte*, agus sa saothar sin tá sainchomharthaí stíle dá chuid le haithint ar an diúltú a thugann an ainnir dó agus ar ghraostacht na cainte a chuirtear ina béal siúd. Is fada ó chuir mé sonrú sa ghné sin d'fhilíocht Uí Dhoirnín a fhágann gur le gnóthaí suirí a phléann mórán dá amhráin ghrá, seachas iad a bheith ina laoithe molta ar áilleacht na mná, nó ina ndearbhuithe ar a chaoindúthracht do phearsa na hainnire (Watson 1983, agus le teacht sa phreas thíos *a*). Baineann tréithe dá leithéid, ar ndóigh, leis an íomhá de féin mar 'fhear gan ghníomh' a chuireadh an Doirníneach chun tosaigh go minic ina shaothar, tréithe a thug deis dó fosta íomhá ar leith de mhná na n-amhrán a chothú mar threibh a bhí ní ba dholba ná an ceann fireann. Tuigfidh an té a bhfuil mionléamh déanta aige ar shaothair sin an fhile go bhfuil go leor den ghreann i gceist leo agus, ní nach annamh, den aoir chomh maith, pointí a bhfuil aird tarraingthe agam orthu cheana.[3] San alt seo, cibé sin de, is é is mian liom súil a chaitheamh go hathchomair ar mheán dá ndearna Ó Doirnín feidhm mhinic agus é ag iarraidh cineál an chlú a thugann sé dá chéile spairne a léiriú ar ardán a shaothair fhileata .i. an t-agallamh drámatúil ficseanach a chruthaíodh sé idir é féin agus an té a bhfuil sé ag comhrá leis. Ní gá a rá nach le cúrsaí grá agus suirí a bhíonn comhráite den chineál seo teoranta ina chuid filíochta, mar a léireofar thíos, nó tagann an chléir i gceist i gcás amháin agus déantar úsáid den chur agus cúiteamh céanna ar mhaithe le haidhmeanna eile a bhaint amach chomh maith. Ach ó lasadh coinneall amhráin ghrá an Doirnínigh i dtosach sa chur síos seo cá fearr a dhéanfar ná í sin a loisceadh roimh aghaidh a thabhairt taobh ar bith eile.

An Grá

Murab ionann is *Úrchnoc Chéin Mhic Cáinte* áit nach bhfaightear ach véarsa amháin ón bhean arb í cuspóir a ghrá í, más véarsa é atá lán binbe agus masla, tá caint — nach comhrá í — níos cuimsithí ag an fhile lena leannán i bpastourelle eile .i. *Mala Shliabh Mór Fhéilim*. San amhrán seo, cibé ar bith, ní thapaíonn Ó Doirnín an deis an focal borb a chur ina béal siúd, beag ná mór: níl ann ach tagairtí doiléire aige féin, mar 'dá n-éireodh an ceo ní bheadh orainn brón' (l. 7) agus 'seasfaidh mé mar sciath dod chosaint ar an gcliar' (l. 21), sa dóigh nach féidir an dara hamhrán a rangú leis na cinn atá faoi scrúdú anseo ach oiread, arb iad an aoir nó an greann is cúis le hagallamh drámatúil a chuireas an file ar bun iontu. Magadh agus aoir ar an traidisiún liteartha a raibh an file ina oidhre air atá i gceist aige in amhrán eile leis a luadh cheana, mar atá, más aisteach le rá é, an t-aon aisling a mhaireann dár chum sé, *Searc-*

Rún na dTréan thíos. Is é an gnáthfhreagra a thugann an ainnir ar an fhile san aisling seo, agus é i ndiaidh a fhiafraí di an í 'Pallas [Athene] nó an ríon chréachta [Iúnó]' (l. 14), mar atá: 'Tabhair th'úidh fein ní mise aon ghéag/ dár aistrigh go taobh Ída' (ll. 19–20), ach ní ar an ábhar gur bean dhiaga de chuid na nGael atá inti, mar a tharlaíonn in aislingí eile Chúige Uladh na linne, ach de bhrí go bhfuil bean dhaonna curtha in áit an bhandé ag an Doirníneach anseo. Tagraíonn sí féin don mhéid sin sna focail: 'Is ná meastar ar aon mhodh go maireann sin spré/ ionamsa den scéimh chéanna', agus dearbhaíonn an file an cás a bheith amhlaidh i ndeireadh na haislinge, agus an ainnir i ndiaidh a mhíthapadh a bhaint as lena tromdhiúltú, nuair a bhagraíonn sé díol an ghnáthleannáin dhaonna a imirt uirthi. Mar mhacalla magúil ar an chaint bhláfar ag cur síos ar imeachtaí na Traí agus maoin ollmhór na hIndia sa dán céanna a shamhlaíonn sé féin comhriachtain na lánúna le comhrac ón Táin fadó (sainchomhartha eile leis):

> Glacfaidh mé taom buile mar níodh
> curaíbh na maidhm-éachta
> is ní scoirfead de m'fhíoch ach ag traochadh mo bhíobha
> mar Chonall ag cloí Mhéabha (ll. 43–6).

Sin cás nár fhág sé an focal deiridh ná an chuid ba bhoirbe den chaint ag bean an amhráin, mar is léir go loitfeadh sin an aidhm a bhí aige béim síos a thabhairt don aisling thraidisiúnta agus dá spéirbhean mar, sa bhunoscionn atá curtha aige anseo ar an aisling thraidisiúnta in Ultaibh, tá scigmhagadh iomlán déanta aige ar an ghné liteartha chéanna.

I gcatagóir seo na n-amhrán grá is iad na hagallaimh nádúrtha, dhaonna atá ag an fhile in dhá amhrán eile anseo síos is mó is ábhar spéise. Tosaímis le ceann ar cuireadh a chéad radharc i láthair cheana .i. *Máire Ní Cheallaigh*. Scéal cinnte go dtugann an file suntas do scéimh na mná: 'Bhí báine ina leaca is goradh de dhealramh an róis,/ a gáire is a hamharc a tharraing me i ngrá go mór'/ (ll. 10–11) ach, san am chéanna, faightear gaoth an fhocail nach bhfuil sí chomh soineanta lena cuma:

'ach, a ghrá, dob í an sionnach i bhfolach faoi chárda i gcló' (l. 8). Mar seo a chuireann an file gnóthaí suirí chun tosaigh uirthi i gceann an agallaimh dhrámatúil a leanas:

> D'fhiafraíos den mbean úd, 'An nglacfair mar tá mé, a stór,
> mo chaoifeach ar leaba is m' fhear cumannghrá sa ród?
> Níl áras ná earra agam, fearann ná láthair ná bó,
> ach aon chárta leanna: sin agaibh é, is fáilte, ar bord.' (ll. 13–6)

Ba léir nár éirigh le 'hionracas' seo an fhile an bua a fháil ar an ainnir, mar is é rud a d'fhreagair sí é sna línte seo:

> 'Ní háil liom do shamhail, táir folamh is is tláith do ghlór.
> Chím snáithe lom, caite in do chasóg, is do sheanhata ag fás go sróin.' (ll. 18–20)

a chuirfeadh a macasamhla de théarmaí ó sheanamhrán mór Ultach inár gcuimhne, *Seachrán Chairn tSiail* (Ó Buachalla, 1976: 6–7).[4] Ní chuireann an méid sin beaguchtach ar bith ar an fhile, cibé sin de:

> 'Mo shárú i dtigh leanna is fo chailín ní náir dhomh fós.
> Má tá mise folamh tá m'ealaín níos fearr ná ór
> is tá céad bean chomh maith leat gan fhear ó Chionn Aird go Bóinn.' (ll. 22–4)

Seo an pointe san agallamh a dtéann an bhean i mbun maslú pearsanta a dhéanamh ar an fhile go mór, ag tarraingt anuas go sonrach a mhíchumasaí atá sé mar fhear grá: 'B'fhearr liomsa fear agam a sheasódh an báire ar dóigh/ ' shásódh m'aigne go maidin le stáca beo/ ná do ráfla is t'ealaín, is do channa, dá mbeadh lán den ór' (ll. 26–8). Leis an méid sin tá ealaín an fhile agus a chárta leanna curtha as an áireamh den aon bhuille amháin. Is léir leis an fhile go bhfuil an cás caillte aige faoin am seo ach ní scaoilfidh sé le Máire gan a ionsaí féin a dhéanamh uirthi .i. a thabhairt le fios gur bean dhrabhlásach í: 'Ós gnáth dhuitse an tagartha galánta, láidir ód/ go do shásamh ar leaba, bíodh agat, is tá m'ádh féin romham' (ll. 31–2). Tuigeann bean an amhráin go maith, ina ainneoin sin is uile, cad chuige atá sé agus déanann tuilleadh dánaíochta air mar a leanas:

> 'Ní thabharfainn ar do shiollaí aire, a ghiolla dhuibh ghránna chróin.
> Beidh rúcaire fir agam a shuífeas mo chnámha ar dóigh
> faoin tsúsa sa gcluiche úd ler goineadh Mac Dáire i ngleo,
> is siúil leat, a dhuine, tá mo chuileann le ráithe dá dhó.' (ll. 33–6)

Dar le duine nach dtabharfadh ach bean shamhailteach de chuid Uí Dhoirnín cur síos ar an chaidreamh collaí i dtearmaí dá leithéidí, agus laochra an tseansaoil á dtarraingt anuas anseo aige an athuair. Lena chois sin, is tagairt dhébhríoch do chumann mná lena leannán atá sa líne dheiridh thuas.[5] Éalaíonn an file leis ón iomarbhá ag an phointe sin agus macalla magúil á dhéanamh aige ar fhocail na mná:

> 'Ós brúite do chuileann do chumann ní háil níos mó.
> Is cliútaí liom ainnir nár milleadh a táin go fóill
> ná cluanaí do shamhail, ba bainne is Port Láirge leo,
> is a shiúr 's é mo bharúil nár tharraing tú an cárda cóir!' (ll. 37–40)

Tá de leithscéal aige, de réir cosúlachta, gur cuireadh cluain air (cf. 'cluanaí' thuas) mar gur maighdean a bhí á lorg aige, rud atá le tuiscint, b'fhéidir ón tagairt a rinne sé ní ba luaithe san amhrán: 'is go ndéarfá gur leanbh dá gcanfadh sí ráite ceoil' (l. 6).

Seo an dearcadh céanna, cuirim i gcás, a léirítear in amhrán eile de chuid an Doirnínigh, *An Amaid Shúgach,* mar a gcuireann bean shamhailteach eile an file in éidreoir. Maidir leis an ainm a bhaisteann an file ar an ógbhean, is léir gur leasainm atá i gceist, ag tagairt dá hiompar baoth.[6] I ndiaidh dó bunús na chéad trí véarsa a chaitheamh ag moladh a leannáin go hard na spéire is é rud a scriosann sé a cáil sa dá véarsa deiridh. Seo bean, dar leis, a bhí 'fíneálta, geanúil (l. 1); '[b]hí sí macánta ariamh gé nach dtáinig a ciall' (l. 17). Ach i ndeireadh na dála b'é an gearán céanna a bhí ag an fhile:

Bhí sí fírinneach, seasmhach do thrí fichid buachaill
is go saoilfeá nach raibh sí lúbach,
is dárbh é Ard-Rí na Cruinne ba chráite an chinniúin
a bheith i ngrá leis an amaid shúgach (ll. 29–32).

San amhrán grá deireanach dá dtabharfar suntas anseo atá an comhrá idir leannáin le fáil is mó a bhfuil drámatúlacht ag baint leis .i. *Páiste na Subh*. Sé cinn de véarsaí atá ann ina n-eachtraítear scéal na suirí ón am a mbuaileann an file bleid ar an bhean go dtí an t-am a bhfaightear an focal scoir uaithi i ndeireadh an phíosa. Cuireann an file a chás ar na súile di i riocht ghalar an ghrá:

'Nach gránna an ní dhuit mo chrá is mo ghoin
is gan leigheas domh faoi chruth na réaltain,
gan sláinte a thabhairt domh ón mbás seo 'mo bhun
ach m'fháscadh le hucht do chléibh ghil.' (ll. 5–8)

Sa fhreagra a thugann an bhean ar an mhéid sin tuigtear dúinn go bhfuil sean-aithne aici ar an fhile, duine a bhfuil droch-cháil air ó thaobh a chaidrimh leis na mná:

'A stánaí gan sult atá lán de na hoilc
a bheir mná as a riocht rialta,
le do bhláthbhriathra tur go bhfaighir iad sa dul
is fágann tú ansin faoi chian iad.' (ll. 9–12)

Leanann tuilleadh blandair ón fhile, é á dhearbhú di gur fearr leis a cumann 'ná táinte na gcnoc ó Árainn is a bhfuil/ de phláta go Sruth na Maoile' (ll. 20–2) agus, arís, nach mairfeadh sé beo dá héamais. Bogann an méid sin a croí, de réir cosúlachta, mar ceadaíonn sí dó siúl léi, ach ar aon acht amháin:

'Croí craite ort, lig domh! Ní sámh liom do ghuth.
    Téigh láimh liom is ná bain le m'íochtar

nó na gártha go gcluinfidh mná agus fir
    gach áit ar fud na tíre.' (ll. 25–8)

Maireann an t-amhras, cibé sin de, ina hintinn siúd i gcónaí faoi fhear dá shórt:

'Gheobhair do scanrú ansin ó chách fá do choir
    ach náire ní chuirfeadh an saol ort,
is go mb'fhearr leatsa pis le pléascadh anois
    ná cláirseach is tunnaí fíona.' (ll. 29–32)

Ní rófhada atá an file sásta leis an socrú atá mólta ag an bhean, mar sin féin, agus seo anois é i mbun a shíorachainíochta an athuair ar an ainnir:

'Cha dtáinig is cha dtig is cha léitear sa stair
    cás ar bith is truaighe
ná grá a bheith agam duit is gan grá a thabhairt domh.
    A ghrá ná tabhair thusa fuath dhomh!' (ll. 33–6)

agus geallann, lena chois sin gníomh laochta ar nós Leander a chur i gcrích le haidhm a ghrá a chomhlíonadh. Éiríonn leis an méid sin colg na mná a mhaolú roinnt mhaith agus má thugann sí le fios gur in aghaidh a tola a ghéilleann sí dó ar deireadh: 'Pláigh ort! Is ceart a sháraigh tú mé amach/ is is ábhail nach nglacair fuagra!' agus gur dona léi i gcónaí a dhroch-chlú-san: 'Tá an cása sa ceart ag cách ag teacht ort:/ gur le mná ' chaith tú do rath is do chnuasú', is léir, ina dhiaidh sin is uile, óna focal scoir gur dá lántoil féin atá sí ag dul leis agus, cá bhfios, gur leannán dó a bhí inti riamh anall:

'ach ó tharla sinn i bhfad ó áras anocht
    is an áit seo cosúil uaigneach,

má fhaigheann tusa an gar, go brách ná léig ort,
glac do sháith de go mbeidh tú suaite!' (ll. 41–8)

Is é atá curtha inár láthair ansin ag Ó Doirnín eachtra bheag a léiríonn trína bunchaint thíorúil tréithe inaitheanta de chuid shaol an ghnáthphobail lena linn. Ní dhéanann na tagairtí ardaidhmeannacha do shaol na sean-Ghréige ach an áiféis a bhaineas leis an scéal a mhéadú. Ní mór a admháil, cibé sin de, gur saothar fíoréifeachtach atá ann a mbraitheann a fheabhas mar dhán ar fad ar an chomhrá réadúil a choinníonn an file ag imeacht idir an bheirt leannán.

An Pholaitíocht

Bíodh gur file é an Doirníneach a bhfuil an pholaitíocht fite fuaite ina shaothar ní bhfuair muid uaidh dán polaitiúil i bhfoirm agallaimh aeraigh, spraíúil, macasamhail na n-amhrán grá a ndearnadh plé orthu thuas. Chímid an file i mbun díospóireachta le Gaeil na hAlban sa sár-dhán leis *Tá Bearád i Londain* ach bíonn na hAlbanaigh a léirítear ann anonn is anall idir réidh- agus claoninsint ina gcuid cainte agus in áit an file a dhul i ngleic leo faoin chás is é rud a chuireann sé a n-argóint ar leataobh i rith an ama lena churfá magúil 'Is iombó' i ndeireadh gach aon cheathrú. Ní fíoragallamh ach oiread é dán polaitiúil eile atá maíte ar an Doirníneach .i. *Cá Raibh tú le Bliain*. Sa saothar seo cuireann an file caint ar 'theachtaire loingseora' éigin agus is é atá sa chuid eile den dán an freagra a fuair sé .i. 'tuarascáil ar imeachtaí … Chogadh Chomharbas na hOstaire …' (de Rís 1968: 108). Is é *Agallamh le Cnoc na Teamhrach* an t-aon dán agallaimh leis atá againn ina bpléitear cúrsaí polaitiúla. Tá sé seo cumtha ag Ó Doirnín ar mhúnla a bhí in úsáid ag na filí a tháinig roimhe, go háirithe Séamas Dall Mac Cuarta, agus ní fhaightear an blas réadúil céanna air, dar liom, atá le fáil ar mhórán eile dá shaothar, go háirithe sna tagairtí a dhéantar ann d'aiséirí Chlanna Gael (ll. 25–8); ach tá sé de na comharthaí ó thaobh stíle de, gurbh é an Doirníneach a chum é ceart go leor, nó tá tagairtí go leor ann do laochra na Craoibhe Rua, mar aon leis an ghnáthéagaoin faoina thubaistí do Ghaeil agus a bhí ceannas na Stíobhartach:

> 'S é an dara Séamas do chloígh mo chéadfaí is d'fhág mé faoi bhrón.
> Do b'iomaí tréanfhear den fhíorfhuil Ghaelach a fuair crá croí ag Bóinn,
> is do cailleadh céadta is na mílte laochra ar lár fá mo choróin. (ll. 6–8)

Dara gach aon véarsa atá ag an fhile agus ag Teamhair faoi seach ann agus, gidh gur i mbéal Chnoc na Teamhrach a chuirtear na smaointe faoi athréimniú an tseanchreidimh: 'Ma thig an lá sin beidh sailm chráifeach i ngrianán na níon/… beidh creideamh an Phápa ag an uile ardfhlaith is mo chléir ar mo mhian'/ (ll. 29, 31), níl iontu seo ach aithris ar a bhfuil ráite ag Ó Doirnín i saothar eile leis, m.sh. *Mianta Uí Dhoirnín*: 'Dá mbeadh na scéala mar deir mo bhéalsa/… bheinn seal ag éisteacht le sailm naofa/ in gach ceall in Éirinn ag mórmholadh an Rí'/ (ll. 17, 19–20).

Tagairt pholaitiúil thaircisneach do na Stíobhartaigh a fhaightear — ach sa dul thairis — i ndán agallaimh eile de chuid an Doirnínigh .i. *An Cléireach Bán*. Seo dán ina dtugann an file faoi chléir a mheas sé a bhí ag déanamh leatroim lena gcuid cíosa ar phobal ar a raibh an bochtanas ag goilliúint go mór, agus cúrsaí mar a bhí. Is fiú an tagairt a thabhairt, mar is geall le leitmotif ag an Doirníneach a bhfuil i gceist ann. I ndiaidh dó ríomh a dhéanamh ar na tubaistí go léir, faoina ndearna Colm Cille tairngreacht, a bheadh ina bplá ar Éirinn ó ré na Lochlannach anall, sula mbuailfeadh 'aincheart cléire' an tír, ba é an cur síos a bhí aige ar imeachtaí na Stíobhartach:

> An cúigiú maidhm-éacht tháinig orainn is ar Shéamas an Dara,
> ba ríomh é,
> ler gearradh gach géag dár mhair de shliocht Ghaeil Ghlais
> again sa tír se. (ll. 25–6)

Tá an ráiteas sin ag teacht ina iomláine lena bhfuil i línte tosaigh an amhráin *Mianta Uí Dhoirnín,* ina nochtann an file a dhearcadh ar an saol: '… [C]ogadh Shéamais an dóú rí/ den ainm chéanna fá ndeachaigh Gaelaibh/ i gcathaibh géara, mo bhrón, dá gcloí' (ll. 1–4), mar an gcéanna le *Tá Bearád i Londain*: 'Tá bearád i Londain 's is iomaí fear láidir/ a cailleadh ina thimpeall fán tulaigh á tharrtháil/ (ll. 1–2) … Mo léan nachar chas siad [Sir Wully .i. Liam mac Rí Seoirse] agus Cathal [.i. Séarlas Óg] ar machaire fásaigh/ le chéile, is gan neach acu a bhéarfadh dóibh tarrtháil'/ (ll. 29–30). Bíodh sin mar atá, ní ar ghnóthaí na polaitíochta atá aird an fhile in *An Cléireach Bán*, ach é á léiriú féin ina chosantóir ag an phobal dearóil.

Ina dhiaidh sin is uile, ní miste a thabhairt chun cuimhne go raibh ábhair mhíshástachta phearsanta ag an Doirníneach ar chuid den chléir chomhaimsireach. Ar an chéad dul síos, bhíothas ag cáineadh a iompair mhímhorálta, mar a léiríonn sé féin dúinn in *Gearán Uí Dhoirnín*: 'Is nach dearn mé tréas ach aon chaoinbhean bhéasach/ dá dtug mé spéis di a mhealladh liom' (ll. 15–6) agus:

> Is é deir an chléir liom in aimsir éisteacht
> 'Is tusa an t-éirceach is druid anonn,
> is d'ainneoin Éireann tá d'anam réidh leat
> mar thug tú spéis do fuiscí is lionn'. (ll. 15–20)

Lena chois sin, bhí rud ní ba thromchúisí in aghaidh na cléire ar intinn aige, mar a thugtar le fios i ndán eile dá chuid, ach go háirithe .i. *An Dá Shéan*. Ba é sin an fhaillí a bhí á déanamh acu sna filí, buíon ag a raibh stádas ard, mar an gcéanna le heaglaisigh, sna haoiseanna a caitheadh, cf. 'ach an darna Séan so, bíonn fuiscí ina adharc leis,/ is ní bhfaighinn uaidh deoir' (ll. 19–20)[7] dán a bhfuil eaglaiseach atá ceachartha agus neamartach sna filí á chur i gcontrárthacht le sagart fial ar tháinig sé sin i gcomharbacht air.

An Chléir

Lena aoir a chur i ngníomh in *An Cléireach Bán* tá Ó Doirnín i ndiaidh rogha a dhéanamh de ghné liteartha thraidisiúnta faoi leith, mar atá an chrosántacht, ag a raibh, lena mheascán de phrós is de véarsaíocht, cumas mór drámatúlachta. Thiocfadh dó a bheith fosta go raibh ceangal ag an tsnéadhbhairdne, meadaracht na ngnéithe seo, le cúrsaí aoire.[8] Lena chois sin ar fad, chun go léireodh sé ar shlí bheo, réadúil an caidreamh a bhí ann idir pobal ar a bhfuil leatrom á dhéanamh ag an sagart sotalach seo, 'buinne' nach '[ng]lacann trua le tréan ná trua gan/ fháil mar is mian leis'/ (ll. 35–6) — agus an meon céanna, más fíor, ag a shagart cúnta fosta, an 'stócach fadbhuinneach a bhíos ag tabhach na cánacha thuas' (prós (b) ll. 4–5) — cinneann an file ar chuid den chumarsáid a thaispeáint i gcruth agallaimh dhrámatúil. Má léiríonn an Doirníneach a bharúil féin faoi iompar na cléire seo, agus gan fiacail á cur aige ann, i sleachta an phróis:

> [a] bheir onóir don tsaibhir agus easonóir don daibhir, is mian leofa suí suas insna hionadaibh is uachtraí agus is neasa don tsó … agus deirimsa gur mic tíre i gcroicne caorach iad (prós (a) ll. 11–4)

agus sna línte scoir, (b) ll. 9–10, mar a gcuireann an file caint ar an phobal féin: 'Go seachna Dia sibhse agus mise ar fhíoch agus ar fheirg an fhir chéanna sin!' is é rud a fhágann sé faoin chómhrá idir paróisteánach, atá ar an chuid is gainne, agus a shagart féin méid an leatroim a thabhairt chun solais go hiomlán. I ndiaidh dó an sagart a chur inár láthair ar a thimchuairt sa pharóiste, agus é 'ag tabhach a chíosa' nuair nach '[ng]lacann sé uafa gan maola is cruacha/ is ciseán líonta/' nuair a nochtann an fear céanna ag bothán an duine dhearóil is é seo a leanas an comhrá atá eatarthu beirt ann:

Tiocfaidh an dochtúir chuige go toiciúil,
'Tapaidh, líon seo!'
Is é deir an faonlag, 'Tá mo mhuirín faofaí

is táid ar íneadh,
Mé féin is mo chéile ar gannchuid spré
is maith dhúinn an cíos úd!'

'A thrú gan éifeacht b'fhearr liom féin
do chrochadh ar íribh
ná scarfainn go héag le do bhothán faofaí
gan mo chiseán líonta.'
Dearcaidh an créatúr uaidh go faonlag
tar éis a líonta:
'Mo mhallacht féin go ndeagha mé i gcré
ar an chléireach chéanna!' (ll. 39–50)

Le cruachroíocht iomlán an tsagairt a thabhairt le fios is é an dlaoi mhullaigh a chuireas Ó Doirnín ar an léargas a thugann sé air ná radharc den duine dearóil agus maithiúnas a pheacaí á shíordhiúltú dó ag an chléireach céanna de thairbhe laghad a stóir (macalla soiléir den tromaíocht is dona leis an Doirníneach ina chás féin):

'Má thigid 'na dháil fo Nollaig nó Cháisc
ag iarraidh faoistin:
'Siúil, a phláigh! Ní fhaigheann tú grása,
is táir fo íneadh.
Táir dá iarraidh le trí bliana
is níl mo mhian leat.
Fansa siar! Char thuillis mo bhuíochas
is níl tú díolta.
A bhodaigh bheadaí ag teacht go sobaidh,
is gan mo chíos leat,
cúpla meascán, sin is duisín/
is ciseán líonta.' (ll. 63–74)

Bíodh go dtugtar dúinn gearrchuntas eile ar thíoránacht an chléirigh mar chlabhsúr i sliocht an phróis a leanann an méid sin, níl dabht ar domhan ach gur measa i bhfad mar aoir ar shagart ligint dá phobal féin é a dhamnú lena bhfocail siúd a thagann mar fhreagra díreach ar an iompar agus ar an chaint ainmheasartha, mhíthrócaireach a chleachtadh a leithéid ina leith.

Stádas na bhFhilí

Chonacthas go dtí seo samplaí den úsáid sháréifeachtach a rinne Ó Doirnín de sheift seo an agallaimh dhrámatúil in amhráin suirí leis agus, sa sampla deiridh, in aoir ar chléir na comhaimsire. Tugadh faoi deara fosta a éagsúla leis an dá chatagóir sin agus atá an t-aon amhrán polaitiúil a ndearnadh feidhm den agallamh ann .i. *Agallamh le Cnoc na Teamhrach*, sa mhéid is nach dtapaíonn an file an deis teachtaireacht faoi leith ná dearcadh dá chuid féin a chur ar shúile a lucht éisteachta ann. Le réimse eile ar fad a bhaineann an t-amhrán agallaimh deireanach atá le plé anseo, an saothar is cáiliúla den chineál dár chum sé .i. *Suirí Mhuiris Uí Ghormáin.* Tá an t-amhrán seo iomráiteach, thar aon chúis eile, ar an ábhar go bhfuil sé in ainm is léiriú a dhéanamh ar chineál an Bhéarla a bhí ag éirí coitianta i gcalafoirt agus i mbailte margaidh na hÉireann faoi lár an 18ú céad. Scrúdaíodh an t-amhrán cheana d'fhonn eolas a fháil uaidh faoin cheist sin (Mac Mathúna 2007: 199–204, an scoláire is déanaí dá ndearna anailís air). Tarraingíonn an t-amhrán seo ár n-aird chomh maith céanna de thairbhe an léargais a thugann sé ar thriall mhuintir na tuaithe Gaelaí ar bhailte mar Dhroichead Átha san am, cf. mar a chan Liam Mhac Giolla Chiaráin, file, 'Ag cathraigh Dhroichead Átha gheobhainn fáilte ó na céadtaibh' (Ó Tuathail, gan dáta: 40), agus ar an tionchar a chaithfidh sé a bhí ag na háiteacha sin ar shaol agus ar chultúr mhuintir na Gaeltachta máguairt, go háirithe mar láithreacha cruinnithe ag lucht liteartha na Gaeilge, rud a thugtar le fios in amhráin na linne ar nós saothar sin Mhic Giolla Chiaráin.

Is é an aidhm chéanna atá ag Ó Doirnín in *Suirí Mhuiris Uí Ghormáin* agus a chuireann sé roimhe in *An Cléireach Bán* agus i gcuid de na hamhráin ghrá ar cuireadh sonrú iontu thuas .i. aoir a dhéanamh ar phearsa a léirítear ann. Sa chás seo tá comhthéacs cumtha an amhráin doiléir go pointe. Luann foinsí de chuid an 19ú céad sa cheantar, foinsí nach mbíonn i gcónaí iontaofa (de Rís 1968: 123–5), gur ag dul san iomaíocht leis an Doirníneach faoi bhean de chuid na háite a bhí Ó Gormáin, agus, lena chois sin, go raibh scoil scairte bunaithe aige in aice láimhe, rud a chuirfeadh aighneas ar bun lena chomhfhile agus a chomhscriobhaí, údar an amhráin seo. Bíodh sin mar atá, is léir ar na laigí faoi leith sa Ghormánach a thugann Ó Doirnín chun suntais ina amhrán go bhfuil sé ag déanamh a dhíchill é a chur inár láthair mar dhuine a ndeachaigh an bharúil a bhí aige dá chlú féin i bhfad thar a chumas agus, lena chois sin, nach ndéanfadh sé ach suirí a bhí beag de mhaith le bean ach an deis a fháil chuige: tá cuid ar a laghad den eolas sin ag teacht lena bhfuil sna foinsí ar tagraíodh dóibh cheana. Sonraítear fosta gur a thugtha agus a bhí Muiris don ól ba chúis lena shuirí gan éifeacht: sa mhéid is go mbainfeadh líomhaint dá leithéid dá cháil mar mhúinteoir agus mar shuiríoch araon níl aon amhras ach gur ar an ábhar sin ach go háirithe a cuireadh síos dó í, cibé faoi chúrsaí aighnis le comhfhile ar mhaithe le grá bean áirithe. I bhfianaise sheasamh na beirte fear léinn seo i measc lucht liteartha a gcomhaimsire ní miste ábhar eile a chur san áireamh fosta mar spreagadh ag an Doirníneach an aoir seo a chumadh .i. éad a bheith air le mac Uí Ghormáin maidir le cúrsaí léinn de.

Den dá agallamh a chuirtear ar an ardán san amhrán seo is é an ceann ina mbuaileann mac Uí Ghormáin bleid ar chailín atá ag dul an bóthar is mó a thugann léargas ar an charachtar agus ar an mhíchumas a chuireann mac Uí Dhoirnín ina leith:

Gabhamsa a lámh an oiread is a rá
'Shall travil vith bláth na finne, *sweet rose,'*
'Yes, dar *be me own trath,'* ar sise, a thabhairt sásaimh,
'Fat vill s[é] *kall or feadar shall go?'*

Fhreagair mé an tráth sin lile na mbánchrobh
is tráth aithneas gur pháiste Sacsanta gallta
ainnir na bhfáinní chas mé mo ghlór:
'Me is go to Droichead Áth', *shall give you a* cárta

and heartily fáilte, *madam vith* póg.'
D'amhairc sí mo dháilse is rinne sí gáire,
'Shad is the cás, *me money has none.'*// (ll. 5–16) …

Las mé sa Bhéarla is labhair mé léithi:
'If him had apron fill of the ór
the divil a ha'penny me let you pay.
Shall drink the good ale while feather cock crow.' (ll. 21–4)

Is léir gur thoiligh Gormánach seo an amhráin teanga an Bhéarla a labhairt le go dtabharfadh an bhean taitneamh breise dó; tá sé de na comharthaí fosta gur shíl sé, de réir an amhráin, gur le bean ghallda 'Shacsanta', a bhí sé ag plé, rud a thugann le fios a laghad Béarla a bhí in ainm is a bheith aige féin, mar is furasta a aithint ar a cuidse cainte ar ball go bhfuil míchumas na beirte sa teanga chéanna chomh dona lena chéile. Bíodh sin mar atá, tugann sí taitneamh dá chuid Béarla, dar leis, agus fiafraíonn mar scéala de, *'Fath was you name or town was you home?'* Agus leanann an comhrá ar aghaidh eatarthu, ag déanamh feidhme den bhéarlagar céanna, iad á gcur féin in aithne dá chéile ar dtús: *'Me is cristan Moresious Goraman* cóir,/*I is very schoolmeasther,* dar *bi me soulvation/ shall carry good favour for you* go deo' (ll. 28, 30–2); agus í féin ina dhiaidh sin ag moladh leis: *You is very fine cloathes, you is pretty vright prose,/ you is Latin vell spoke and fath me can name'* (ll. 37–8). Nuair a mhúchann codladh na meisce an drúis, agus acmhainn na híocaíochta, ina comrádaí, tapaíonn sí féin an deis éalú léi i gcuideachta fear eile agus níl de rogha ag Muiris bocht, ar múscailt dó, ach tuairisc a ghrá ghil a lorg ó bhuachaill de chuid na háite. Seo an áit a dtarlaíonn an dara hagallamh den amhrán, agus an pointe a dtugtar béim síos eile do stádas Uí Ghormáin, mar cuirtear in iúl ansin nach bhfuil aige féin ach an cineál Béarla a bheadh ag smugacháin de chuid chosmhuintir an bhaile. Arsa an leannán tréigthe, agus é ag fiosrú scéala dá chomrádaí nua, 'gasún gan chéill nach dtuigfeadh mo ghlór' .i. an Béarla 'ceart', mar a mheas sé. *'"Did you see fair, fine, handsome white lady that was me comrady night last* ag an ól?" Mar a léiríonn freagra an ghlas-stócaigh chéanna, ní beag an dul amú a bhí ar Mhuiris ina bharúil de chumas Béarla an ghasúir, nó bhí an-tuiscint acu ar chaint a chéile: '" *She is make run away vith a shantleman brave, back horse with race and up the* ród mór"' (ll. 44–8).

Gidh go n-aithnítear, gan amhras, nach bhfuil sa chaint a léirítear ansiúd ach scigaithris ar chomharthaí sóirt an Bhéarla a shamhlaítí le cuid de mhuintir na linne sin sa limistéar atá faoi chaibidil, airímid go maith tréithe teangeolaíochtúla faoi leith de chuid na Gaeilge ar Bhéarla charachtair an amhráin sin, díreach mar a bheimis ag dréim le go n-aithneodh lucht comhaimsire Uí Dhoirnín iad agus go gceanglódh siad iad le sórtanna áirithe daoine mar macasamhail an bhuachalla sráide seo nó le bean choimhíoch úd an bhaile mhóir a dhéanfadh a mhór de strainséar ar mhaithe le deochanna saor in aisce a mhealladh uaidh. Mar a luadh cheana, fir léannta a bhí sa bheirt fhilí seo, údar an amhráin agus an t-údar magaidh a bhí aige ann araon agus, mar a thugann an Doirníneach agus comhfhilí eile leis le fios, níor bheag an cáineadh ar dhuine léannta na linne é a bheith gan Bhéarla, cf. *Mná na hÉireann* l. 8: 'tá cailín spéiriúil ag fear gan Bhéarla, dubhghránna, cróin'. Má ghlactar leis an scéal atá i lámhscríbhinní an 19ú céad (de Rís 1965: 125) fá dtaobh de chúlra an amhráin .i. gur theich Ó Gormáin ón cheantar i ndiaidh a cháinte, ag fágáil idir chlár agus fhoireann ag a chéile comhraic i dtaca le cúrsaí teagaisc san áit, tá sé intuigthe ón mhéid sin go raibh tuismitheoirí na háite ag súil le cumas maith Béarla a bheith ag máistrí a gcuid scoileanna scairte mar an gcéanna.

Is é a thagann chun solais ón anailís a rinneadh ar riar na ndánta a pléadh thuas, saothair a chuimsíonn téamaí an ghrá, an chreidimh agus na haoire, dánta a bhfuil páirt lárnach ag an agallamh drámatúil iontu go léir, go raibh an Doirníneach i ndiaidh meán rí-éifeachtach a aimsiú sa chás agus, lena chois sin, ceann solúbtha a d'oir do riar comhthéacsanna: comhrá idir leannáin, cáineadh ar chléir, agus, níos tábhachtaí fós, meán a raibh sé ábalta feidhm a dhéanamh de lena stádas féin mar fhile a chosaint agus a chur chun cinn.

SAOTHAIR LE Ó DOIRNÍN DÁ NDÉANTAR TAGAIRT

TEIDEAL	EAGRÁN	LGH
Agallamh le Cnoc na Teamhrach	de Rís	6–8
An Amaid Shúgach	de Rís	27–8
An Cléireach Bán	de Rís	39–42
An Dá Shéan	de Rís	39
Cáit Bhéilbhinn	Ó Buachalla	7–8
Gearán Uí Dhoirnín	de Rís	42–3
Máire Ní Cheallaigh	Ó Buachalla	59–60
Mala Shliabh Mór Féilim	de Rís	20-2
Mianta Uí Dhoirnín	de Rís	8–10
Mná na hÉireann	Ó Buachalla	61–2
M'Uilleagán Dubh Ó	Ó Buachalla	63–4
Páiste na Subh	Ó Buachalla	67–8
Searc-Rún na dTréan	de Rís	17–8
Suirí Mhuirís Uí Ghormain	de Rís	28–9
Tá Bearád i Londain	de Rís	13–4
Úrchnoc Chéin Mhic Cáinte	de Rís	15–6, 113

NÓTAÍ

1 Ba é fear an leabhair seo a chéadchuir in eagar téacs tábhachtach próis de chuid na tréimhse seo in Oirialla .i. *Eachtra Áodh Mhic Goireachtaidh* (Williams 1969–70), a bhfuil na tréithe atá á dtabhairt chun suntais agam anseo á nochtadh ann. Ní beag mo phléisiúr, mar sin, aiste ar litríocht an cheantair sin a thairiscint do m'iar-chomhghuaillí uasal leis an ócáid seo a mhairstin dó.

2 As de Rís (1969) do théacsaí na n-amhrán, diomaite den mhéid nach bhfuil in eagar aige siúd; fuílleach as Ó Buachalla (1969). Tá eagarthóireacht bheag déanta agam thall is abhus, gan a lua, ar na sleachta athfhriotail seo.

3 Féach, m.sh., Watson (sa phreas *b*).

4 *Seachrán Chairn tSiail* ll. 13–6: … is é dúirt sí liomsa … /'[I]s is annamh chonaiceas sac mar éide/ ar fhear ag bréagnadh na gcailín óg'; ll. 21–6: [D]'fhiafraigh sí díomsa an mar sin ba ghnáth liom/ a bheith ag siúl na n-ardaibh ar bheagán lóin,/ is dúirt mé léithe nár chleacht mé a atharrach/ ach seantriús bán agus boinéad crón.// 'Cé gurb olc leat mo hata cnáibe,/ mo bhata cráige is mo sheantriús liath/…'.

5 Cuirtear *cuileann* i gcomparáid le *toimín luachra, dosán* agus a leithéid.

6 Thiocfadh dó go bhfuil an chiall 'striapach' ag baint leis an fhocal *amaid* i gcanúintí Ultacha mar atá ag *óinseach* i nDún na nGall (Evans 1972: 241) agus i nGaeilge na hAlban (Dwelly 1977 *óinseach, óinseachd* s.v.). Amharc fosta Ní Uallacháin (2003: 111–4) a dhéanann plé ar an *óinseach* mar charachtar sa chleamaireacht in Éirinn agus cur síos ar an bhaint a d'fhéadfadh a bheith aici seo le deasghnátha torthúlachta in oirdheisceart Uladh.

7 Ó tá sé de na comharthaí gur meadaracht snéadhbhairdne atá anseo tá línte an dáin athuimhrithe agam dá réir.

8 Amharc, go háirithe, an taighde nua ag Black (2010).

LEABHARLIOSTA

Black, R. 2010. 'A bawdy New Year's rhyme from Gaelic Scotland', *Scottish Gaelic Studies* 35 (2007–10): 1–35.

de Rís, S. 1969. *Peadar Ó Doirnín: a bheatha agus a shaothar*. Baile Átha Cliath.

Dwelly, E. 1977. *Illustrated Gaelic-English dictionary* (9ú heagrán). Glasgow.

Evans, E. 1972. 'A vocabulary of the dialects of Fanad and Glenvar, Co. Donegal', *Zeitschrift für celtische Philologie* 32: 167–265.

Mac Mathúna, L. 2007. *Béarla sa Ghaeilge: cabhair choigríche: an códmheascadh Gaeilge Béarla i litríocht na Gaeilge 1600–1900*. Baile Átha Cliath.

Ní Uallacháin, P. 2003. *A hidden Ulster*. Baile Átha Cliath.

Ó Buachalla, B. 1969. *Peadar Ó Doirnín: amhráin*. Baile Átha Cliath.

Ó Gallchóir, S. 1971. *Séamas Dall Mac Cuarta: dánta*. Baile Átha Cliath.

– 1972. 'Filíocht an Daill Mhic Cuarta', *Journal of the County Louth Archaeological and Historical Society* 17 (4): 201–14.

Ó Tuathail, É. (eag.) (2ra cóiriughadh, gan dáta). *Rainn agus amhráin.* Baile Átha Cliath.

Watson, S. 1983. 'Mná agus grá i bhfilíocht Uí Dhoirnín', in Ó Máirtín, M. (eag.) *Meascra Uladh II.* Dún Geanainn. 341–53.

– (sa phreas a) 'Aoir agus *Eros*: "Doirnín na rabhán is na siollaí grinn"'. (Le foilsiú in *Éigse Cholm Cille 2010.*)

– (sa phreas b) 'Irish satirical verse in the 18th century: reading the Northern Poets'. (Le foilsiú in *Acta Universitatis Upsaliensis: 60 years of Celtic Studies at Uppsala.*)

Williams, N. J. A. 1969–70. 'Eachtra Áodh Mhic Goireachtaidh', *Éigse* 13: 111–42.

Caitríona Ní Chléirchín

GOLVAN AN BARD
don Ollamh Nicholas Williams

Grásta Dé a bhfuil againne,
　　　　gealbhain muid
　　　　　　　　a thiteann ó Neamh achan lá

Dónall Ó Braonáin

IARFHOCAL

'Cuirtear araoid ar aoichuairteoirí'

Ba mhairg don té nach ndéanadh ach freastal treallach ar ranganna teagaisc N. J. A. Williams. Chuirtí forrán breise air agus bhíodh faobhar ar na ceisteanna. Is iomaí mac léinn a bhordáladh isteach chuig seisiúin teagaisc Nicholas go maolchluasach ach má d'fhan tú, agus má d'éist tú, ba shaibhride tú iad. Léann sa chiall is leithne a chleachtaítí ina chuid ranganna agus seimineáir agus bhíodh an teagasc bunaithe ar an léann scanrúil a bhí air féin, idir theanga, litríocht agus eolas neamhchoitianta nach samhlófaí go brách le scoláire Nua-Ghaeilge.

Cá gcasfaí eolas mionchúrsach ort ar fheithidí, luibheanna, teaghlach ríoga na Breataine, stair an Anglacánachais, Gaeilge na Ceathrún Rua agus an dán díreach in aon bhun amháin? I samhail agus i bpearsa N. J. A. Williams ach a mbeadh claí na cúthaileachta caite agat. Ní le teann bearráin a chuirtí míle is céad ceist ar mhic léinn ranga ach d'fhonn scagadh caolchúiseach cumais a dhéanamh, ugach an dúshláin a thabhairt agus na géabha agus na lachain a scarúint óna chéile. Agus leis an gceart a dhéanamh, ní cheileadh sé dúthracht an teagaisc ar chineál ar bith.

Le fada fiarach an lá, ba é Nicholas a bhíodh roimh mhic léinn an dara bliain i UCD. Ba iad rúndiamhra na copaile agus na haimsire gnáthchaite bunsraith an chláir theagaisc agus ba é barr buaice an tríú bliain an t-ainm teibí céime. B'aisteach linn an Ghaeilge chraicneach agus ardréim phaiteanta an Bhéarla a chloisteáil in aon abairt amháin ach ba ghearr gur tuigeadh dúinn gurbh fhiú an dá theanga a shaothrú in éindí.

Níorbh fhada óna láimh, agus uainne ina dhiaidh, *Foclóir Gaeilge Béarla* Néill Uí Dhónaill. D'áitíodh sé go raibh samhlaíocht neamhghnách sa saothar a bhí in easnamh ar líon mór úrscéalta. B'fhíor dó, gan dabht, agus bhí eolas domhain agus leitheadach aige ar phóirsí caocha an fhoclóra sin. Cuimhním go háirithe ar an bhfocal 'snúúil', cur síos cóir ar an bhfear féin nach mbíodh i bhfad ariamh ón ngearrán iarainn, ón rothar nó ón mbadhsaicil.

De réir mar a bhí acmhainn againn ar chúrsaí litríochta, cuireadh roghanna éagsúla ar fáil dúinn. An uair sin ba mhór i gceist cur chuige téacsúil i Roinn na Nua-Ghaeilge ach bhíodh an toradh foghlama ag brath ar an modh teagaisc. Thapaigh mise deis ar bith a cuireadh ar fáil dúinn cúrsa téacsúil a dhéanamh in éineacht le Nicholas agus chaith mé dhá bhliain shona ag léamh *Pairlement Chloinne Tomáis, Scathán Shacramuinte na hAithridhe, Táin Bó Geanainn, Eachtra Aodha Mhig Oireachtaigh* agus téacsanna eile nach iad ina chomhluadar.

Malairt léargais ar stair liteartha na Nua-Ghaeilge a bhí sna téacsanna seo agus ba cheannródaí é Nicholas sa réimse seo nuair a scrúdaítear líon na dtéacsanna den chineál seo ar chuir sé eagar orthu in *Éigse, ZCP, Celtica, Studia Hibernica* agus ar irisí eile. Bhí an obair seo buille ar bhuille leis na nótaí mínithe agus an tráchtaireacht liteartha a chuir sé ar fáil óir ba léir dúinne i gcónaí nár leor téacs a scrúdú i dtéarmaí na hanailíse teanga amháin, dá fheabhas agus dá spéisiúla téacs ar bith mar fhoinse theangeolaíochta.

Chomh fada agus a bhain sé le staidéir théacsúla, chleachtadh sé modh teagaisc a bhí taobh le léirmhíniú, a d'éiligh staidéar ar an deilbhíocht stairiúil, a tháinig i dtír ar an tuiscint a bhí aige ar chúrsaí fóineolaíochta agus, a raibh mar thoradh air, oiliúint den scoth sa ghramadach stairiúil. Eiseamláir den tsoiléire, den ghéarchúis a mbíodh brabach againne air an t-alt fada 'Na canúintí a theacht chun solais' a foilsíodh ar *Stair na Gaeilge* (1994). Ní dheachaigh sé amú orainn ach oiread go mba é Nicholas an t-aon scoláire a raibh dhá chaibidil leis sa mhórchnuasach feasa sin.

Don té a raibh spéis aige i gcúrsaí teanga, ba gheall le maidhm feasa a chuid ranganna, ar chosúla le seimineáir iad ná seisiúin teagaisc. Fuair muid spléachadh ar oidhreacht theangeolaíochta na hEorpa a bhuíochas dá ilteangachas, sean agus nua, agus spreagadh leanúnach cur lenár gcuid eolais ar na teangacha Ceilteacha. Ní bhíodh na seisiúin úd gann ar gháire ach oiread de bhrí go raibh Nicholas in ann tarraingt ar stór aisteach raibiléiseachais agus acmhainn aige ar ghreann a bhí cliste ach croíúil san am céanna. Ina dhiaidh sin féin, mheabhraíodh sé de shíor nach dtaitníonn an gastaire le duine ar bith.

Tuigeadh dúinn agus oiliúint á cur orainn go raibh printísigh na máistrí móra inár láthair, iar-mhic léinn de chuid Pokorny, Jackson agus Wagner, cuir i gcás. Bhí a shliocht orthu ach b'fhairsinge an brabach a bhí againne, mic léinn, orthu ná cleachtas cúng na fileolaíochta. Thugadh Nicholas le tuiscint gur teanga í an Ghaeilge arbh fhiú a shaothrú mar mheán intleachtúil. Ní athbheochanóir a d'fheidhmíodh faoi ortadocsa cúise ach scoláire de chuid an tsaoil mhóir é a thuig tábhacht an athréimnithe, a shaothraigh a chuid léinn trí mheán na Gaeilge agus a thug sampla praiticiúil dá mhic léinn maidir le cleachtadh na cúirtéise ina chuid scoláireachta.

Léitheoir amplach é Nicholas agus d'fheictí go minic sa Seomra Foirne é agus *Private Eye* á chíoradh aige. Ní bhíodh drogall dá laghad air *The Guardian* a tharraingt chuige féin ag cruinnithe foirne scaití. Cleachtas céillí i bhfianaise chaibidil na linne, seans. Beidh buíochas agus gean nach beag air de bharr na grinnléitheoireachta a dhéanadh sé ar obair na mac léinn iarchéime sa Roinn. Is í tréith seo na léirmheastóireachta macánta an bua is follasaí a roinneann leis. Tuigeadh duit go raibh cúnamh agus comhairle ar fáil ach sin a iarraidh agus chinntigh sé gur thuig tú cá raibh do leas in obair ar bith a bhí ar siúl agat.

Níor ceileadh an sonas follasach teaghlaigh orainne sa seomra ranga agus ba mhinic aige eachtra de chuid na clainne a aithris mar mhionléiriú ar phointe gramadaí. Carachtair rialta i ndráma an tseomra ranga a bhíodh sa mhuirín – Jerome, Dominica, Benedict – agus Smith, mar a thugadh sé ar a bhean chóir. Ná raibh ag Nicholas agus a chomhluadar ach sonas agus sláinte agus i mbliain seo an tseachtó, beannacht: *ad multos annos*.

An Corn (Land's End Cape)
(grianghraf le Tom Corser www.tomcorser.com)

Máire de Grás

CLÁR SAOTHAIR N. J. A. WILLIAMS

Leabhair

1972

1. *The poems of Giolla Brighde Mac Con Midhe* by N. Williams. Thesis (Ph.D.) Queen's University Belfast, 1972.

1978

2. *Riocard Bairéad: Amhráin*; N. Williams a chuir in eagar. (Leabhair thaighde, 26) Baile Átha Cliath: An Clóchomhar, 1978.

1979

3. *Dánta Mhuiris mhic Dháibhí Dhuibh Mhic Gearailt*; N. Williams a chuir in eagar, (Leabhair thaighde, 30). Baile Átha Cliath: Clóchomhar, 1979.

1980

4. *The poems of Giolla Brighde Mac Con Midhe*; edited by N. J. A. Williams. (Irish Texts Society, 51). Dublin: Irish Texts Society, 1980.

1981

5. *Pairlement Chloinne Tomáis;* edited by N. J. A. Williams. Dublin: Dublin Institute for Advanced Studies, 1981.

1986

6. *I bprionta i leabhar: na Protastúin agus prós na Gaeilge 1567–1724*. (Leabhair thaighde, 50). Baile Átha Cliath: An Clóchomhar, 1986.

1988

7. *Cniogaide cnagaide: rainn traidisiúnta do pháistí;* N. Williams a chnuasaigh. Baile Átha Cliath: An Clóchomhar, 1988.

1992

8. *Buail ar an doras: rogha na rann as 'Cniogaide cnagaide'*; N. Williams a chnuasaigh; in eagar ag N. Ní Nuadháin. Indreabhán, Conamara: Cló Iar-Chonnachta., 1992.

1993

9. *Díolaim luibheanna*; N. Williams, a chnuasaigh. Baile Átha Cliath: Sáirséal-Ó Marcaigh, 1993.

1994

10. *Stair na Gaeilge: in ómós do Pádraig Ó Fiannachta*; in eagar ag K. Mc Cone, D. McManus, C. Ó Háinle, N. Williams, L. Breatnach, L. Maigh Nuad: Roinn na Sean-Ghaeilge, Coláiste Phádraig, 1994.

1995

11. *Cornish Today: an examination of the revived language*. Sutton Coldfield: Kernewek dre Lyther, 1995.
12. *A supplement to Cornish today: some further problems in Kernewek Kemmyn*. Sutton Coldfield: Kernewek dre Lyther, 1995.
13. *Lyver Jenesis*; treylyes dhe Gernowek gans N. Williams. Sutton Coldfield: Kernewek dre Lyther, 1995. [The Book of Genesis translated into Unified Cornish Revised]

1996

14. *Feithidí: cuntas ar na speicis Eorpacha is coitianta mar aon le léaráidí daite* by P. Forey, C. Fitzsimons; N. Williams a rinne an leagan Gaeilge. (Eolaí póca). Baile Átha Cliath: An Gúm, 1996.
15. *Mamaigh: cuntas ar na mamaigh is coitianta san Eoraip arna mhaisiú le pictiúir dhaite* by E. Lawrence, R. Lindsay; N. Williams a chuir Gaeilge air. (Eolaí póca). Baile Átha Cliath: An Gúm, 1996.

1997

16. *Clappya Kernowek: an introduction to Unified Cornish Revised*. Portreath: Agan Tavas, Society for the Promotion of the Cornish Language. 1997.

17. *Biaphlandaí: cuntas ar 180 biaphlanda fiáin agus an úsáid a bhaintear astu mar aon le pictiúir dhaite* by P. Forey, C. Fitzsimons; N. Williams a rinne an leagan Gaeilge. (Eolaí póca). Baile Átha Cliath: An Gúm, 1997.
18. *Luibheanna leighis: cuntas ar bhreis is 140 luibh leighis agus an úsáid a bhaintear astu arna mhaisiú le pictiúir dhaite* by P. Forey, R. Lindsay; N. Williams a rinne an leagan Gaeilge. (Eolaí póca). Baile Átha Cliath: An Gúm, 1997.

1999

19. *Nebbaz gerriau dro tho Carnoack: Notes on the Cornish language.* Portreath: Agan Tavas: Society for the Promotion of the Cornish Language, 1999.

2000

20. *English-Cornish dictionary: Gerlyver Sawsnek-Kernowek.* N. Williams, editor, M. Everson, advisory editor, M. Gunn. Dublin, Everson Gunn; Redruth: Agan Tavas: Society for the Promotion of the Cornish Language, 2000.

2001

21. *Armas: sracfhéachaint ar araltas na hÉireann.* Baile Átha Cliath: Coiscéim, 2001.
22. *Rebellyans* by M. Palmer; Penscrefer: N. Williams. Redruth: Spyrys a Gernow, 2001.

2002

23. *Caighdeán nua don Ghaeilge.* (An Aimsir Óg: Páipéar Ócáideach 1). Baile Átha Cliath: Coiscéim, 2002.
24. *Noweth: agan Arluth ha Savyour Jesu Cryst;* translator N. J. A. Williams. Ewny Redreth: Spyrys a Gernow, 2002.

2003

25. *Eachtraí Eilíse i dTír na nIontas: Alice's adventures in Wonderland* by L. Carroll; J. Tenniel a mhaisigh; N. Williams a d'aistrigh go Gaeilge. Baile Átha Cliath: Coiscéim, 2003.

2004

26. *Lastall den scáthán agus a bhfuair Eilís ann roimpi: Through the looking-glass* by L. Carroll; J. Tenniel a mhaisigh; N. Williams a d'aistrigh go Gaeilge. Westport: Evertype, 2004.
27. *Emil agus na bleachtairí* by E. Kästner; N. Williams a cuir Gaeilge air; W. Trier a mhaisigh. Baile Atha Cliath: Coiscéim, 2004.
28. *Gargantua* by F. Rabelais; Breandán Ó Doibhlin a chuir Gaeilge air. Baile Átha Cliath: Coiscéim, 2004. (N. J. A. Williams a d'aistrigh caibidlí 2, 9, 10, 22 agus 58)
29. *Lyver pejadow rag Kenyver jornal: Cornish daily prayer*; compiled by A. Phillips; Kernowek gans N. Williams. Ewny Redreth: Spyrys a Gernow, 2004.

2006

30. *Caighdeán Nua don Ghaeilge.* (An Aimsir Óg: Páipéar Ócáideach 1). Eagrán Nua. Baile Átha Cliath: An Aimsir Óg, 2006.
31. *Cornish today: an examination of the revived language.* Editor/penscrefer: M. Everson. 3rd edn. Cathair na Mart: Evertype, 2006.
32. *Towards authentic Cornish : a critique of Kernewek Kemmyn: Cornish for the twenty-first century of Paul Dunbar and Ken George, Gerlyver Kernewek Kemmyn by Ken George, and A grammar of modern Cornish by Wella Brown.* Editor/penscrefer: M. Everson. Cathair na Mart: Evertype, 2006.
33. *Writings on Revived Cornish.* Editor/penscrefer: M. Everson. Cathair na Mart: Evertype, 2006. (Reprinted with corrections 2011)
34. *English-Cornish dictionary: Gerlyver Sawsnek-Kernowek*; editor: M. Everson. 2nd edn. Redruth: Agan Tavas: Westport: Evertype, 2006.
35. *An eochair os cionn an dorais: Key above the door* by M. Walsh; S. Mac Maoláin, a d'aistrigh go Gaeilge; N. Williams a chuir in eagar. Baile Átha Cliath: Coiscéim, 2006.

2007

36. *Foclóir Béarla – Gaeilge de Théarmaí Míleata agus de Théarmaí Gaolmhara, (English – Irish Dictionary of Military and Related Terms)*; arna ullmhú agus curtha in eagar le N. Ó Maonaigh, An Oifig Pleanála Straitéisí,

Oifig an Cheann Foirne, Ceanncheathrú Óglaigh na hÉireann le cabhair ón gCoiste Téarmaíochta, Foras na Gaeilge (F. Ní Ghallchobhair), N. J. A. Williams, C. McKeown. 4ú eagrán. Baile Átha Cliath: Comhairle Gaeilge Óglaigh na hÉireann, 2007.

37. *Traigéide Mhic Bheatha: The tragedy of Macbeth* by W. Shakespeare; S. L. Ó Súilleabháin a d'aistrigh go Gaeilge; N. Williams a chuir eagar air. Baile Átha Cliath: Coiscéim, 2007.

38. *Colomba* by P. Mérimée; C. Ó Cadhlaigh a rinne an leagan Gaeilge; N. Williams a chóirigh an t-eagrán seo. Baile Átha Cliath: Coiscéim, 2007.

39. *Form and content in Revived Cornish: reviews and essays in criticism of Kernowek Kemyn* by M. Everson, C. Weatherhill, R. Chubb, B. Deacon and N. Williams. Westport: Evertype, 2007.

40. *Bewnans Ke: The life of St Kea: a critical edition with translation; G. C. G.* Thomas, N. Williams, (Eds). Exeter: University of Exeter Press, in association with the National Library of Wales, 2007.

2008

41. *Cuairt na Cruinne in Ochtó lá: Tour du monde en quatre-vingts jours* by J. Verne; Torna (Tadhg Ua Donnchadha) a rinne an leagan Gaeilge; N. Williams a chóirigh an t-eagrán seo. 2nd edn. Westport: Evertype, 2008.

2009

42. *Lyver pejadow rag kenyver jorna: Cornish daily prayer* compiled by A. Philips; translated by N. Williams. Cathair na Mart: Evertype, 2009.

43. *Alys in Pow an Anethow: Alice's adventures in Wonderland* by L. Carroll; an delinyansow gans J. Tenniel; trailys gans N. Williams. Westport: Evertype, 2009.

44. *Skeul an tavas: a coursebook in standard Cornish* by R. Chubb; golegydhyon: M. Everson, N. Williams. Westport: Evertype, 2009.

45. *Adro dhe'n bÿs in peswar ugans deëdh: Tours du monde en quatre-vingts jours* by J. Verne; [golegyth, N. Williams]; versyon cot'hes kernowek gans K. Hocking. Westport: Evertype, 2009.

46. *Jowal Lethesow: Whedhel a'n West a Gernow* by C. Weatherhill; trailys dheGernowek gans N. Williams. Westport: Evertype, 2009. [Translation of: The Lyonesse stone: a novel of West Cornwall.]

2010

47. *Skeul an tavas: a Cornish language coursebook for adults in the standard written form with traditional graphs* by R. Chubb; lymnys gans N. Roberts; penscriforyon: M. Everson ha N. Williams. 2nd edn. Redruth, Agan Tavas, 2010.
48. *Skeul an tavas: a Cornish language coursebook for schools in the standard written form* by R. Chubb; lymnys gans N. Roberts; penscriforyon: M. Everson ha N. Williams. Redruth: Agan Tavas, 2010.
49. *The cult of relics: Devocyon an greryow* by M. Kent; translated from the Cornish by N. Williams. Westport: Evertype, 2010. [Reprinted with corrections, 2012]
50. *Whedhlow Kernowek: stories in Cornish* by A. S. D. Smith; golegyth / editor: N. Williams. Cathair na Mart: Evertype, 2010.
51. *Enys Tresour: Treasure Island* by R. L. Stevenson; trailys dhe Gernowek gans N. Williams; gans moy ès cans delinyans hag afînans dhyworth L. Rhead and F. E. Schoonover. Cathair na Mart: Evertype, 2010.

2011

52. *An Beybel Sans: The Holy Bible in Cornish*; [trailyans Kernewek: N. Williams; penscrefor: M. Everson]. Westport: Evertype, 2011.
53. *Whedhlow ha drollys a Gernow Goth* by N. Roberts; trailyans Kernowek gans. N. Williams. Cathair na Mart: Evertype, 2011.

2012

54. *An Hobad, nó Anonn agus Ar Ais Arís*; J. R. R. Tolkien a scríobh agus a mhaisigh; Nicholas Williams a d'aistrigh go Gaeilge. Eagarthóir: Alan Titley. Cathair na Mart: Evertype, 2012. (Bunaithe ar thriú heagrán *The Hobbit*, 1966)
55. *Desky Kernowek: a complete guide to Cornish.* Cathair na Mart: Evertype, 2012.

56. *Flehes an Hens Horn* [The Railway Children] by E. Nesbit; version Kernowek gans Nicholas Williams. Delinyansow gans Charles Edmund Brock. Cathair na Mart: Evertype, 2012

Ailt / Articles

1967

57. 'Four textual notes on the Middle Cornish drama'. *Bulletin of the Board of Celtic Studies* 22, (3): 236–238, 1967.

1967/68

Ailt / Articles

58. 'Muinn 'we' in south east Ulster'. *Éigse* 12: 297–300, 1967/68.

1969/70

Ailt / Articles

59. 'The etymology of ársuighim'. *Éigse* 13: 181–5, 1969/70.
60. 'A specimen of Drogheda Irish'. *Éigse* 13: 313–9, 1969/70.
61. 'Short texts from Omeath'. *Éigse* 13: 320–3, 1969/70.
62. 'Eachtra Áodh Mhic Goireachtaidh'. [Edited by N. J. A. Williams]. *Éigse* 13:111–142, 1969/70.

1970

Léirmheas / Review

63. 'Léirmheas / Review of Colm Ó Gaora, *Mise*', *An tUltach* 47, (Éanair): 23, 1970.

1971/72

Ailt / Articles

64. 'Eachtra Ghruagaigh na Creige agus na Cruite's an Tiompáin'. [Edited by N. J. A. Williams]. *Éigse* 14: 319–337, 1971/72.
65. 'Eachtra Éachtaigh mhic ríogh na mBan Fionn'. *Zeitschrift für celtische Philologie* 32: 96–119, 1972.

1973/74

66. 'Féasta Philib Uí Mhanntáin'. *Éigse* 15: 126–130, 1973/74.
67. 'An Naomh ag caint le Cailleach Dé' [dán]. *Scríobh* 1: 78, 1974.

68. 'Imthechta Ghenerodeis'. *Zeitschrift für celtische Philologie* 33: 128–139, 1974.

1975/76

69. 'A burlesque poem by Seán Ó Neachtain'. *Éigse* 16: 29–49, 1975/76.
70. 'Téarma dúchasach ar ghalar coise'. *Éigse* 16: 133–134, 1975/76.
71. 'Nóta sanasaíochta', *Éigse* 16: 235–237, 1975/76.

1976

72. 'Nótaí éagsúla ar Phairlement Chloinne Tomáis: cuid a 1'. *Studia Hibernica,* 16: 73–108, 1976.
73. 'A possible source for a passage in Keating's history'. *Zeitschrift für celtische Philologie* 35: 169–171, 1976.
74. 'Nodiadau amrywiol: [4.] Ederyn drydwen'. *The Bulletin of the Board of Celtic Studies* 26, (4): 424, 1976,

1977

75. 'Eachtra Aonghuis mhic Fhirdiach'. *Celtica* 12: 146–170, 1977.
76. 'An Gháirsiúlacht i litríocht na Gaeilge [1-2]'. *Comhar,* (Aibreán): 13–16; (Meitheamh): 8–12, 1977.

1977/78

77. 'Irish satire and its sources'. *Studia Celtica* 12–13: 217–246, 1977–1978.
78. 'Nótaí éagsúla ar Phairlement Chloinne Tomáis: cuid a 2'. *Studia Hibernica* 17/18: 71–90, 1977/1978.

1977/79

79. 'Altú Chlann Tomáis'. *Éigse* 17: 67–68, 1977/79.
80. 'The source of Imthechta Ghenerodeis'. *Éigse* 17: 297–300, 1977/79.
81. 'Leagan cainte in Párliament na mban'. *Éigse* 17: 330, 1977/79.
82. 'Amhrán faoi theach striapachais'. *Éigse* 17: 359–360, 1977/79.
83. 'A note on Scáthán Shacramuinte na hAithridhe'. *Éigse* 17: 436, 1977/79.

84. 'Canu Llywarch Hen and the Finn cycle'. In: Bromwich, R., Jones, R. B. *Astudiaethau ar yr hengerdd: Studies in old Welsh poetry*. Caerdydd: Gwasg Prifysgol Cymru': 234–265, 1978.

Léirmheas / Review

85. 'Review of Niall Ó Dónaill, *Foclóir Gaeilge Béarla*', *Studia Hibernica* 19: 207–210, 1979.

1980

Ailt / Articles

86. 'Gnéithe den aoir i litríocht na Gaeilge'. *Studia Hibernica* 20: 57–71, 1980.

Léirmheas / Review

87. 'Review of Brian Ó Ceallaigh, *Ciall agus creideamh*'. *An tUltach* 57, (Bealtaine): 27, 1980.

1980/81

Ailt / Articles

88. 'Scoggin in Éirinn'. *Éigse* 18: 182, 1980/81.
89. 'Muckletonians'. *Éigse* 18: 284, 1980/81.
90. 'Cath Bearna Chroise Brighde'. *Zeitschrift für celtische Philologie* 38: 269–337, 1981.

1982

Léirmheas / Review

91. 'Review of N. Ní Shéaghdha, *Catalogue of Irish Manuscripts in the National Library of Ireland. Fasciculus VI*. Dublin: Institute for Advanced Studies'. *Éigse* 19: 175–176, 1982.

1983

Ailt / Articles

92. 'Seán Gabha', *Éigse* 19: 395–397, 1983.
93. 'A note on Pairlement Chloinne Tomáis'. *Éigse* 19: 398, 1983.

1984

Ailt / Articles

94. 'The author of Táin Bó Geanainn'. *Éigse* 20: 236, 1984.

Léirmheasanna / Reviews

95. 'Review of C. Mhág Craith, ed. *Dán na mBráthar Mionúr*'. *Éigse* 20: 248, 1984.
96. 'Review of *Scottish Gaelic Studies* (1981), vol. xiii, part ii'. *Éigse* 20: 249–250, 1984.

1986

Ailt / Articles

97. 'Thomas Wilson, Francis Hutchinson agus Litriú na Gaeilge (Thomas Wilson, Francis Hutchinson and the Orthography of Irish)'. *Eighteenth-Century Ireland / Iris an dá chultúr* 12: 204–207, 1986.

1987

Ailt / Articles

98. 'A note on John K'Eogh's Herbal'. *Eighteenth-Century Ireland / Iris an dá chultúr* 2: 198–202, 1987.

1989

Ailt / Articles

99. 'Some Irish plant names'. In: Ó Corráin, D., Breatnach, L., McCone, K., eds. *Sages, saints and storytellers : Celtic studies in honour of Professor James Carney*. Maynooth: An Sagart: 449–462, 1989.
100. 'Of Beasts and Banners the Origin of the Heraldic Enfield'. *The Journal of the Royal Society of Antiquaries of Ireland* 119: 62–78, 1989.

1990

Ailt / Articles

101. 'Dermot O'Connor's blazons and Irish heraldic terminology', *Eighteenth-Century Ireland / Iris an dá chultúr* 5: 61–88, 1990.

102. 'Irish Heraldry: facts and fallacies'. In: *The Heritage Business*. Dublin: University College, Centre for Local and Heritage Studies: 119–29, 1990.
103. 'A problem in Cornish phonology'. In: Ball, M. J., ed. *Celtic Linguistics: Ieithyddiaeth Geltaidd. Readings in the Brythonic Languages: Festschrift for T. Arwyn Watkins*. Amsterdam and Philadelphia: John Benjamins: 241–274, 1990.
104. 'William Bedell: piúratánach, easpag, aistritheoir'. *Léachtaí Cholm Cille* 20: 72–97, 1990.

Léirmheas / Review

105. 'Review of B. Almqvist, S. Ó Catháin, P. Ó Héalaí, *The Heroic Process: Form, Function and Fantasy in Folk Epic*'. *Studia Hibernica* 25: 162–168, 1990.

1992

Ailt / Articles

106. 'A Seal of an Irish Regiment in the Service of the King of France'. *The Journal of the Royal Society of Antiquaries of Ireland* 122: 146–149, 1992.

1993

Ailt / Articles

107. 'An Teach ar Cíos [dán] '. *Comhar*, (Aibreán): 15–18, 1993.
108. 'A modern and scholarly Cornish-English dictionary: Ken George's *Gerlyver Kernewek Kemmyn* '. *Cornish Studies*. Second series: Nine. Exeter: University of Exeter Press: 247–311, 1993.

1994

Ailt / Articles

109. 'Computer Graphics and Heraldry', *The Coat of Arms: an heraldic quarterly* published by the Heraldry Society, New Series volume 10, number 168 (Winter): 310–317, 1994.
110. 'An Rothar Nua [dán] '. *Comhar*, (Lúnasa): 18–19, 1994.
111. 'Na canúintí a theacht chun solais'. In: McCone, K., McManus, D., Ó Háinle, C., Williams, N., Breatnach, L. eds. *Stair na Gaeilge: in ómós do*

Phádraig Ó Fiannachta. Maigh Nuad: Roinn na Sean-Ghaeilge, Coláiste Phádraig: 447–478, 1994.

112. 'An Mhanainnis'. In: McCone, K., McManus, D., Ó Háinle, C., Williams, N., Breatnach, L. eds. *Stair na Gaeilge: in ómós do Phádraig Ó Fiannachta*. Maigh Nuad: Roinn na Sean-Ghaeilge, Coláiste Phádraig: 703–744, 1994.

Léirmheas / Review

113. 'Review of B. Ó Cuív, *Aibidil Gaoidheilge & Caiticiosma: Seaán Ó Cearnaigh's Irish Primer of Religion Published in 1571*'. *Studia Hibernica* 28: 164–167, 1994.

1996

Ailt/ Articles

114. 'Linguistically sound principles: the case against Kernewek Kemmyn'. *Cornish Studies*, Second series: Four. Exeter: University of Exeter Press: 64–87, 1996.
115. Tennyson, A. '*Ancow Arthur: Morte d'Arthur* gans Alfred Tennyson; Nicholas Williams (Golvan) a wrug an treylyans Kernowek', 1996. Available at: http://golvan.evertype.com/ancow-arthur.html Accessed 24 June 2012
116. Tennyson, A. 'Ancow Arthur: translation of Tennyson's Morte d'Arthur'. *Delyow Derow* 15: 32–38, 1996.
117. 'Over the sea to Skye: Celtic plant-names round the Irish sea'. *Watsonia: Journal of the Botanical Society of the British Isles* 21: 63–69, 1996.

Léirmheas / Reviews

118. 'Review of R. Vickery, *A Dictionary of Plant Lore*', *Béaloideas* 64/65: 400–406, 1996/1997.

1997

Ailt / Articles

119. 'Pig-beans and goose-killers'. In: Mac Mathúna, S., Ó Corráin, A., eds. *Miscellanea Celtica in memoriam Heinrich Wagner*. (Studia Celtica Upsaliensia, 2). Uppsala: Uppsala Universitet: 149–157, 1997.
120. 'Mernans an Gof: this poem won first prize in Gorseth Kernow in 1997', 1997. Available at: http://golvan.evertype.com/mernans-an-gof.html Accessed 24 June 2012

1998

Ailt / Articles

121. Articles on 'Gaeltacht', 'Irish language' and 'Literature in Irish'. In: Connolly, S. J., ed. *The Oxford Companion to Irish History*. Oxford: Oxford University Press, 1998.
122. 'The Irish language in county Offaly'. In: Nolan, W., O'Neill, T. P., eds. *Offaly: history and society: interdisciplinary essays on the history of an Irish county*. Dublin: Geography Publications': 543–568, 1998.
123. 'Indirect statement in Cornish and Breton'. *Cornish Studies*. Second series: Six. Exeter: University of Exeter Press: 172–182, 1998.
124. 'Pre-occlusion in Cornish'. *Studia Celtica* 32: 129–154, 1998.
125. 'An Lowarth Cosel: Highly Commended in Esethvos Kernow in 1998', 1998. Available at: http://golvan.evertype.com/an-lowarth-cosel.html Accessed 24 June 2012.
126. 'An Maw a Garaf: first prize in Gorseth Kernow in 1998', 1998. Available at: http://golvan.evertype.com/an-maw-a-garaf.html Accessed 24 June 2012.

Léirmheas / Reviews

127. 'Review of Séamas Moylan, *The Language of Kilkenny: Lexicon, Semantics, Structures*. *Studia Hibernica* 30: 282–284, 1998/1999.

1999

Ailt / Articles

128. 'Saint in Cornish'. *Cornish Studies*. Second series: Seven. Exeter: University of Exeter Press: 219–241, 1999.

129. 'Lowsys yu Logh Lagas Glas / Dulled is the Lake of a Blue Eye; Marthus Bras yu Margh Bryntyn / Wonderous Great is a Noble Stallion; Gwaynten 'ma yn Breten Vyghan / It is Spring in Brittany; Bryntyn o Breten Ow Thas / Noble was the Britain of My Father; Kynyaf / Autumn; Dhe Gof Mordon / In memory of Mordon; Scusow / Shadows; Nyns yu Ma's Ges a Wraf (esrann) / I'm only Making Fun (extract); Maylura (esrann) / Maylura (extract) [Poems in Cornish and English]'. In: Saunders, T. (Ed.) *The Wheel: an anthology of modern poetry in Cornish 1850–1980*. London: Francis Boutle, 198–209, 1999.
130. 'Cusk lemmyn, cuf colon: Gorseth Kernow in 1999', 1999. Available at: http://golvan.evertype.com/cusk-lemmyn.html Accessed 24 June 2012.

2000/2001

Ailt / Articles

131. 'Deth Lowen: second prize in Gorseth Kernow in 2000', 2000. Available at: http://golvan.evertype.com/deth-lowen.html Accessed 24 June 2012
132. 'Téacsanna foghrúla ó Chontae na Mí'. Studia Hibernica 31: 277–291, 2000/2001.
133. 'Ow marghogeth an mordarth: High Commendation in Gorseth Kernow in 2001' 2001. Available at: http://golvan.evertype.com/ow-marghogeth-an-mordarth.html Accessed: 24 June 2012
134. 'Bás agus athbheochan na Coirnise'. *Bliainiris*: 145–163, 2001.

2002

Léirmheasanna / Reviews

135. 'Review of E. Dwelly, *Illustrated Gaelic-English dictionary* [and] A. Watson, *The essential Gaelic-English: a dictionary for students and learners of Scottish Gaelic*'. *Éigse* 33: 268–273, 2002.

2003

Ailt / Articles

136. 'Articles on 'Aibidil Gaoidheilge & Caiticiosma', 'Bible in Irish', 'Giolla Brighde MacCon Midhe', 'Riocard Bairéad', 'Muiris mac Dáibhí Dhuibh', 'Pairlement Chloinne Tomáis' and 'Dialects of Modern Irish'. In: *The Encyclopaedia of Ireland*. Dublin: Gill and Macmillan, 2003.

2004

Ailt / Articles

137. 'Articles on thirteen different people for the *Oxford Dictionary of National Biography*'. Oxford University Press. [Print and Electronic versions], 2004.

Léirmheasanna / Reviews

138. 'Review of *Skeealyn Vannin: Stories of Mann. The Complete Collection of Manx Language Archive Recordings made by the Irish Folklore Commission in 1948* '. *Béaloideas* 72: 253–259, 2004.
139. 'Review of M. McKenna, ed. *The Spiritual rose*'. *Éigse* 34: 197–211, 2004.
140. 'Review of *Scottish Gaelic Studies* (1999), vol.19'. *Éigse* 34: 233–237, 2004.

2005

Ailt / Articles

141. 'Sníomhaí Snámhaí'. In: Gorman, R. ed. *An Guth* 3 (Coiscéim/An Guth): 198-205, 2005. [An dán 'An teach ar cíos' arna athfhoilsiú].

Léirmheas / Review

142. 'Review of A. Wigger, ed. *Caint Ros Muc*', *Éigse* 35: 150–159, 2005.

2006

Ailt / Articles

143. 'An Lowarth Cosel [cuid de] / The Quiet Garden'. In: Saunders, T. ed. *Nothing broken: recent poetry in Cornish*. London: Francis Boutle: 74–78, 2006.

2007

Ailt / Articles

144. 'The Cornish englyn', *Cornish Studies*: Fifteen: 11–25, 2007.
145. 'A Review of The New Testament in Kernowek Kemyn'. In: Everson, M., Weatherhill, C., Chubb, R., Deacon, B. and Williams, N. *Form and content in Revived Cornish: reviews and essays in criticism of Kernowek Kemyn*. Westport: Evertype: 90–226, 2007.

2008

Ailt / Articles

146. 'Pairlement Chloinne Tomáis agus lomadh na hÉireann'. *Léachtaí Cholm Cille* 38: 237–260, 2008.

2009

147. 'Bleujen Dekka an Corawys: an bardhonek ma a waynyas Kesstrif Kencanedh an Gernewegva 2009: This was the winning entry in the Kenkanedh competition of the Kernewegva 2009', 2009. Available at: http://www.kernewegva.com/PDFs/Bleujen_dekka.pdf Accessed 24 June 2012.
148. '"Blejen decka an Corawys" An bardhonek-ma a wainyas an kensa le in *Kesstrif Kencaneth an Gernewegva* 2009', 2009. Available at: http://golvan.evertype.com/blejen-decka.html Accessed 24 June 2012.

2010

149. 'Gaelic texts and English script'. In: Caball, M., Carpenter, A. eds. *Oral and print cultures in Ireland, 1600-1900*. Dublin: Four Courts Press: 85–101, 2010.
150. 'The Preterite in Cornish', *Cornish Studies*: Eighteen: 178–202, 2010.
151. 'Marthus gans Nicholas Williams (Golvan); Submitted to Gorseth Kernow in 2010', 2010. Available at: http://golvan.evertype.com/marthus.html Accessed: 24 June 2012

2011

Ailt / Articles

152. 'Some Cornish Plurals'. *Cornish Studies*: Nineteen: 25–59, 2011.

153. 'Middle and Late Cornish'. In: Ternes, E. ed. *Brythonic Celtic – Britannisches Keltisch: from Medieval British to Modern Breton*. (Münchener Forschungen zur historischen Sprachwissenschaft, vol. 11), Bremen: Hempen Verlag: 237–357, 2011.

Léirmheas / Review

154. 'Léirmheas ar D. Finnegan, E. Ó Ciardha, M.-C. Peters, eds. *The Flight of the Earls: Imeacht na nIarlaí'*. *Comhar*, Bealtaine: 26–28, 2011.

2012

Ailt / Articles

155. 'Kynyaf – Autumn', dán sa Choirnis, *Poetry Cornwall / Bardhonyeth Kernow* vol. 33: 24, 2012.

Léirmheasanna / Reviews

156. 'Léirmheas ar D. Ó Muirithe, *From the Viking word-hoard: a dictionary of Scandinavian words in the languages of Britain and Ireland'*. *Comhar*, Aibreán: 23–25, 2012.
157. 'Léirmheas ar S. Ó Duinnshléibhe, S. *Párliment na bhFíodóirí*; D. de Barra a chuir in eagar'. *Comhar*, Meitheamh: 28–30, 2012.

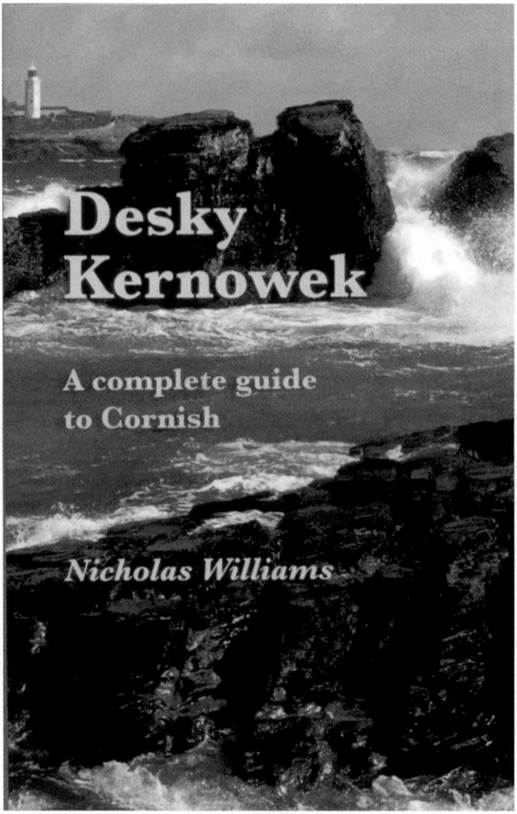

2012. *Desky Kernowek: a complete guide to Cornish.*
Cathair na Mart: Evertype
(le caoinchead Nicholas Williams)

Na heagarthóirí agus na rannpháirtithe / The editors and participants

An Dr Liam Mac Amhlaigh: léachtóir le litríocht agus teanga na Gaeilge, Coláiste Oideachais Froebel, Baile Átha Cliath.

An Dr Brian Ó Curnáin: fostaithe ag leibhéal Ollaimh Chúnta i Scoil an Léinn Cheiltigh, Institiúid Ard-léinn, Baile Átha Cliath.

Albert Bock: lecturer for Modern and Middle Breton and Cornish language and literature and Celtic linguistics in the University of Vienna, Austria.

Dr. George Broderick: former Honorary Research Fellow in the University of Liverpool.

An Dr Marc Caball: léachtóir sinsearach i gColáiste na n-Ealaíona agus an Léinn Cheiltigh agus iar-stiúrthóir ar Institiúid na hÉireann don Léann Daonna, sa Choláiste Ollscoile, Baile Átha Cliath.

Professor Andrew Carpenter: former Professor of English, University College, Dublin.

Professor Thomas Charles-Edwards: Emeritus Fellow; former Professor of Celtic, Fellow Librarian and Fellow Archivist, Jesus College, Oxford.

Máire de Grás: iarbhall d'fhoireann na leabharlainne sa Choláiste Ollscoile, Baile Átha Cliath.

Nicolas Jacobs: Emeritus Fellow, and former Tutor in English, Jesus College, Oxford. Former lecturer in English language and mediaeval literature at Balliol and St John's Colleges, and University of Bristol.

Aifric Mac Aodha: file, eagarthóir na hirise *Comhar*, agus aistritheoir leis An nGúm.

An tOllamh Kim McCone: iar-Ollamh le Sean-Ghaeilge in Ollscoil na hÉireann, Má Nuad.

An tOllamh Mícheál Mac Craith: iar-Ollamh le Nua-Ghaeilge in Ollscoil na hÉireann, Gaillimh.

An tOllamh Peadar Mac Cuillinn: Ollamh Cúnta le teanga agus litríocht na Gaeilge, Ollscoil Notre Dame, Indiana.

An Dr Caoimhín Mac Giolla Léith: léachtóir sinsearach le Nua-Ghaeilge sa Choláiste Ollscoile, Baile Átha Cliath.

Dr. Jon Mills: lecturer in linguistics, University of Kent.

Caitríona Ní Chléirchín: file, agus léachtóir le Nua-Ghaeilge i Lárionad de Bhadraithe do Léann na Gaeilge sa Choláiste Ollscoile, Baile Átha Cliath.

An Dr Ríona Nic Congáil: léachtóir le Gaeilge i gColáiste Phádraig, Droim Conrach, Baile Átha Cliath.

An tOllamh Dónall P. Ó Baoill: iar-Ollamh le Nua-Ghaeilge in Ollscoil na Ríona, Béal Feirste.

Dónall Ó Braonáin: léachtóir, scríbhneoir agus Príomhfheidhmeannach ar Acadamh na hOllscolaíochta Gaeilge.

Professor Philip Payton: Professor of Cornish and Australian Studies at the University of Exeter and Director of the Institute of Cornish Studies. Tremough, Penryn, Cornwall.

Dr. Katharine Simms: former senior lecturer in Medieval History, Trinity College, Dublin.

An tOllamh Seosamh Watson: Ollamh *emeritus* le Nua-Ghaeilge sa Choláiste Ollscoile, Baile Átha Cliath.

Dr. KEP Williams: former lecturer at the Department of Celtic Studies, University of Manchester.

Léacht Uí Chadhain 2009,
Nua-Ghaeilge, An Coláiste Ollscoile, Baile Átha Cliath.
Cainteoir: An tOllamh Nicholas Williams. Cathaoirleach: An tOllamh Alan Titley in éineacht leis an Ollamh Liam Mac Mathúna, leis an Ollamh Máire Ní Annracháin agus leis an Dr Caoimhín Mac Giolla Léith.
(buíochas le foireann na Nua-Ghaeilge, an Coláiste Ollscoile, Baile Átha Cliath)